末代皇族纪实系列

末代皇叔 载涛

贾英华 著

人民文学出版社

图书在版编目(CIP)数据

末代皇叔载涛/贾英华著. — 北京:人民文学出版社,2011
(末代皇族纪实系列)
ISBN 978-7-02-008819-5

Ⅰ.①末… Ⅱ.①贾… Ⅲ.①爱新觉罗·载涛(1887~1970)—生平事迹 Ⅳ.①K827=7

中国版本图书馆 CIP 数据核字(2011)第 230583 号

责任编辑　王永洪
装帧设计　李思安
责任校对　杨益民
责任印制　王景林

出版发行　人民文学出版社
社　　址　北京市朝内大街 166 号
邮政编码　100705
网　　址　http://www.rw-cn.com

印　　刷　北京天来印务有限公司
经　　销　全国新华书店等

字　　数　475 千字
开　　本　680×1000 毫米　1/16
印　　张　32.75　插页 3
印　　数　1—20000
版　　次　2012 年 8 月北京第 1 版
印　　次　2012 年 8 月第 1 次印刷

书　　号　978-7-02-008819-5
定　　价　43.00 元

如有印装质量问题,请与本社图书销售中心调换。电话:01065233595

目　录

序　言 …………………………………………… 王乃文 1
开卷语 ……………………………………………………… 1
第壹章　传奇身世 ………………………………………… 1
　　两度被迫"出嗣"……3
　　留学于法国索米骑兵学校……6
　　创建皇家禁卫军……10
　　被迫交出军权……13
第贰章　溥仪手中离不开的"拐棍"……………………… 15
　　隆裕面前"现眼"与溥仪的信任……17
　　"张勋复辟"的禁卫军总司令……19
　　向溥仪举荐洋师傅——庄士敦……21
　　纂修玉牒获赐……22
　　溥仪大婚的"领衔主管"……23
　　"宫中盗宝"的幕后策划者……24
　　涛贝勒府的小太监孙耀庭……25
　　建福宫大火……26
第叁章　"逊帝"出宫赴津之后 ………………………… 29
　　出面斡旋"逊帝"的人身安全……31
　　操心二女儿的婚事……34
　　赴东陵探视慈禧墓被盗……37
　　调停"淑妃"离婚案……38
　　受到溥仪"手谕"严厉斥责……39
　　末代皇后婉容"隐私"真相……41
　　没有委任状的伪满洲国"驻京办主任"……42

第肆章　载涛第三位庶夫人王乃文的身世 …… 45
出身寒门……48
父母的"庚子婚姻"……49
偷偷拜师……51

第伍章　王乃文学艺前后 …… 55
学唱大鼓……57
城南游艺园偷艺……59
全家闯"关外"……60

第陆章　出师遇"祸" …… 63
登台谢恩……65
"和义轩"遭遇流氓……67
京剧结缘……70

第柒章　初识"皇叔" …… 73
初见载涛……75
"皇叔"携三位妻妾登门……77

第捌章　涛贝勒提媒 …… 81
携逛"朗润园"……83
载涛遣人"说媒"……85
初进涛贝勒府……87

第玖章　奇怪而尴尬的结婚仪式 …… 91
出奇简单的婚礼……93
涛贝勒的五十大寿……98
大阿哥溥儁"过府"……100
载涛与王乃文之父失和……101

第拾章　山老胡同的涛贝勒府 …… 103
宅邸布局……107
婚后初学骑马……111
首次与载涛发生争执……116

第拾壹章　"王府"旧礼节 …… 119
初识旧家规……121
宗人府"宗令"……125
一妻三妾的分工……129

宽厚待仆人……129

第拾贰章　过年节的掌故……………………………… 133
　　涛贝勒府过年……135
　　漫话春节……138
　　端午与中秋……140

第拾叁章　涛贝勒粉墨亲授……………………………… 143
　　反串"青衣"……145
　　从夫学戏……147
　　往来京津……149

第拾肆章　载涛弟兄仨人………………………………… 153
　　"少帅"的莫逆之交……155
　　性情迥异的哥仨……157
　　涛七爷独特的"长寿秘诀"……159
　　洵六爷的"桃花运"……161

第拾伍章　吃喝玩乐的"行家"………………………… 163
　　丹青里手……165
　　饲喂金鱼……167
　　养花……170
　　一日两餐……172

第拾陆章　烹饪与美食家………………………………… 175
　　御膳"绝活儿"……178
　　"坛子肉"与"翠衣肉"……179
　　下里巴人"醋卤"面条……182

第拾柒章　一代京剧"名票"…………………………… 187
　　初拜"架子花"钱金福……189
　　立志拜师杨小楼……190
　　反串《贵妃醉酒》的由来……194
　　载涛亲授王乃文《贵妃醉酒》……196

第拾捌章　教出"猴王"李万春………………………… 199
　　拿手好戏《芦花荡》……201
　　李万春拜师载涛学"猴戏"……202
　　高徒不忘师恩……204

亲授李万春猴戏"十字诀"……207

第拾玖章 妻妾之间 ……211
慈禧"指婚"姜婉贞……213
王乃文险遭毒手……215
莲花落"女王"的悲惨身世……218

第贰拾章 养马、驯马、画马 ……221
驯马……224
纵马畅游朗润园……225
和汤二虎三房姨太太赛马……227
画马……230

第贰拾壹章 自行车迷 ……233
贱卖小卧车……235
全家人成了自行车迷……237
悭吝与大方……240

第贰拾贰章 "提笼架鸟"的尾声 ……243
小赵自杀……245
涛贝勒府的"活标本"——老太监贾顺儿……247
"死不了"……248
梅兰芳传授的练眼诀窍——养鸽子……250
养鸽子行家……251

第贰拾叁章 几次回避政治的"力辞" ……253
拒绝王揖唐邀请"出山"……255
拒绝日本特务机关长土肥原……258
再斥日本浪人田中……260
载涛怒责"昏君"……262

第贰拾肆章 窘困落魄的贫民生活 ……267
鬼市卖古董……269
亲记家庭"流水账"……270
从"打鼓的"身上得到启发……273

第贰拾伍章 德胜门脸儿的"鬼市" ……277
涛贝勒在"鬼市"上被认出来……279
"抗日女婿"达理札雅……284

三儿子溥伒续婚……285

第贰拾陆章　居住在京城大杂院 …………… 287
西扬威胡同戊六号……289
姜夫人在北平解放炮声中病逝……291

第贰拾柒章　解放之初 …………………………… 295
操办五哥载沣丧事……297
"福贵人"京城访"皇叔"……299
"躲"了白凤鸣的婚礼……300
当上街道居民小组长……301
出任市民族委员会副主任……302
上书周恩来总理反对"满清"提法……304
搞"运动"我可不懂呵……305

第贰拾捌章　平民"皇叔" …………………………… 307
载涛与周妙云"假离婚"……309
强逼王乃文找工作……311
合影欢送参军的孙女……312

第贰拾玖章　被毛泽东封为"弼马温" …………… 315
毛主席亲笔签署委任令……317
载涛与马政局成立的来龙去脉……319
成立马政局的"首倡者"……322
马政局顾问的由来……324

第叁拾章　马政局往事 …………………………… 327
卜云龙眼中的载涛顾问……329
和同事们融洽相处……333
孙女金蔼玥前来看望……335
军委办公厅致函载涛……336

第叁拾壹章　与郑新潮的军马之缘 ……………… 339
"弼马温"的由来……341
筹建马政局的历史档案记载……346
朱德总司令打来电话让载涛"相马"……349

第叁拾贰章　牧马人的情怀 ……………………… 351
题写"牧马山庄"……353

草原阅马……355
　　夜宿大车店……357
第叁拾叁章　视察西北军马场 …………… 359
　　拿手"宫廷菜"……361
　　途经岷山千里雪……362
　　探望女婿达理札雅……364
　　展示收藏的清朝大元帅服……366
　　重逢马政局老同事……366
　　与"右派"结为挚友……368
第叁拾肆章　政治上的新生 …………… 371
　　在全国政协第二届三次会议上发言……373
　　由李济深介绍加入"民革"……375
　　跟楚溪春夫妇成了朋友……377
　　毛主席让载涛到监狱去看望溥仪……378
第叁拾伍章　珍藏红领巾的童真 …………… 383
　　载涛曾找老舍求见毛主席——保释溥仪……385
　　亲侄溥仪特赦之后……386
　　周总理让民政局安排溥仪四妹的工作……391
　　主持溥仪的简朴婚礼……393
第叁拾陆章　知恩图报 …………… 401
　　毛泽东派章士钊送来稿费为"皇叔"修房……403
　　演猴儿的遇上老侯的儿子小侯……406
　　邀溥仪观看妻子演出京剧……407
　　亲授刘长瑜唱戏……409
第叁拾柒章　梅兰芳的戏缘 …………… 413
　　梅兰芳亲授《宇宙锋》……415
　　载涛应邀为梅兰芳"说戏"……419
　　赴梅宅拜访梅兰芳……420
第叁拾捌章　楚溪春和仇鳌、李淑一 …………… 423
　　老友楚溪春……425
　　仇鳌和李淑一……426
　　牵线邀李淑一、仇鳌与溥仪共餐……431

第叁拾玖章　"历史中人"撰著文史资料 ……433
　　与光绪皇帝史官之子——恽宝惠的合作……435
　　载涛亲笔记载的辛亥革命前后的宫廷内幕……436

第肆拾章　暮年生活 ……441
　　丰富多彩的社会活动……443
　　暮年往事之怨……444
　　关心幼子婚姻……445
　　喜欢一人遛弯儿……447

第肆拾壹章　文化被"革命" ……451
　　一箱珍贵历史照片被抄走……453
　　载涛——"真不愿意活了"……455
　　稀世珍宝上交国家……458

第肆拾贰章　历经风雨 ……461
　　达理札雅夫妇之死……463
　　侄子溥仪病逝前后……465
　　七十九岁最后一次骑车赴十三陵……466

第肆拾叁章　病逝前后 ……471
　　突患半身不遂……473
　　想吃"老北京风味"……475
　　确诊前列腺癌……479
　　周总理亲自批示《人民日报》发布讣告……481

第肆拾肆章　载涛逝世之后的故事 ……485
　　心思缜密嵯峨浩……487
　　骨灰室的编号——"八"……488
　　追忆载涛的最后录像和录音……489
　　王乃文留下《贵妃醉酒》珍贵影像……492
　　"皇叔"后裔……495

后　记 ……497
附录一　载涛简历 ……502
附录二　主要参考资料暨书目 ……505
附录三　爱新觉罗氏帝系及葬地（陵寝） ……507

序　　言

　　作为载涛的遗孀,得知贾英华先生撰写《末代皇叔载涛》,我认为这是一件好事。

　　早在七十年代初,我在溥仪遗孀李淑贤家遇到了贾英华,他就向我采访不少关于载涛生前之事,以及载涛与溥仪交往等情况。京城人都知道,载涛人称涛贝勒,乃是光绪皇帝的胞弟、宣统皇帝溥仪的七叔,曾经当过清末军咨大臣,还在法国骑兵学校学习过骑术,考察过欧洲军事,创建了皇家禁卫军。当日本军队侵入中国后,载涛拒绝侵略者的高官厚禄,甚至侄子溥仪让他当伪满洲国高官,他也给予回绝,表现出了应有的民族气节。

　　我从三十年代嫁给载涛,目睹了涛贝勒府的衰败过程,也洞悉载涛在驯马、画马以及京戏、烹饪等吃喝玩乐等方面的闲情逸致。载涛不仅培养出"猴王"李万春,还和梅兰芳一起传授给我《贵妃醉酒》等京戏精萃。

　　解放后,毛主席亲自任令载涛当上了解放军马政局顾问,还掏出稿费给我家修房,载涛感激地说:知我者,毛主席!载涛担任了全国人大代表、全国政协委员,不仅贡献出了驯养军马绝技,还留下了多篇记载晚清生活的宝贵文史资料。

　　贾英华曾采访过数百名皇族及相关人士,了解载涛和溥仪等人生平,同时还录制了我几十个小时的录音、录像资料,在八十年代末期,即已写出近十万字书稿。他念给我听后,我感到很真实。所以,我愿意为贾英华这部书作序,并推荐给大家。

　　兹作序如上。

王乃文
一九九五年十二月二十三日

序 言

　　作为载涛的遗孀，得知贾英华先生撰写《末代皇叔载涛传》，我认为这是一件好事。

　　早在七十年代初，我在溥仪遗孀李淑贤家遇到了贾英华，他就向我采访不少关于载涛生前之事，以及载涛与溥仪交往等情况。京城人都知道，载涛人称涛贝勒，乃是光绪皇帝的胞弟、宣统皇帝溥仪的七叔，曾经当过清末军咨大臣，还在法国骑兵学校学习过骑术，考察过欧洲军事，创建了皇家禁卫军。当日本军队侵入中国后，载涛拒绝侵略者的高官厚禄，甚至侄子溥仪让他当伪满洲国高官，他也给予回绝，表现出了应有的民族气节。

　　我从三十年代嫁给载涛，目睹了涛贝勒府的衰败过程，也洞悉载涛在驯马、画马以及京戏、烹饪等吃喝玩乐等方面的闲情逸志。载涛不仅培养出"猴王"李万春，还和梅兰芳一起传授给我《贵妃醉酒》等京戏精萃。

　　解放后，毛主席亲自任令载涛当上了解放军马政局顾问，还掏出稿费给我家修房，载涛感激地说：知我者，毛主席！载涛担任了全国人大代表、全国政协委员，不仅贡献出了驯养军马绝技，还留下了多篇记载晚清生活的宝贵文史资料。

　　贾英华曾采访过数百名皇族及相关人士，了解载涛和溥仪等人生平，同时还录制了我几十个小时的录音、录像资料。在八十年代末期，即已写出近十万字书稿。他念给我听后，我感到很真实。所以，我愿意为贾英华这部书作序，并推荐给大家。

　　兹作序如上。

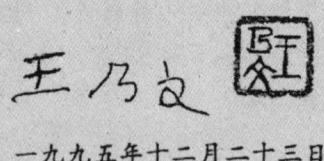

一九九五年十二月二十三日

开 卷 语

无疑,末代皇叔载涛,堪称近现代史上一位极具传奇色彩的人物。

面对这样一位历史人瑞,五十代年初,国务院总理周恩来曾饶有兴趣地向毛泽东主席当面作了生动扼要的介绍:

"载涛是光绪皇帝的弟弟、宣统皇帝——溥仪的七叔……"

当毛泽东满面含笑与载涛伸手相握之际,顺便询问起京城皇族与正关押在抚顺的溥仪有无来往,谁知,载涛吓了一跳,慌忙摆手说:

"他是战犯,怎么敢跟他来往呵。"

"战犯也可以改造好嘛。据说溥仪改造得不错,你们家族可以到抚顺去看望看望嘛!……"

继而,毛泽东客观评述了载涛在晚清历史上的地位——

虽然,载涛在清末只任过军咨府大臣,但在其兄摄政王载沣摄政监国期间,却一直站在哥哥的背后,在重大政治事件中,真正出主意、出面斡旋的都是他……

对这位处于历史关键时刻的"皇叔",毛泽东显然一眼看透,评价得再清楚不过。载涛出生于光绪十三年①,亲历宣统、民国、北洋军阀以及八年抗战、解放战争直到新中国建立的历史过程,"文革"末期,才病逝于北京。

早年,载涛曾赴欧留学,归国后执掌宫禁大权。随后,在清末民初宫廷一系列风云变幻中,诸如择选帝师、溥仪大婚、张勋复辟,以至"逼宫"、遣返太监、避乱天津……载涛无不成了幕后主要策划者之一。

自晚清迄今,皇弟、皇叔、涛贝勒、涛七爷等鼎鼎大名,京城上下谁人不知?然而,载涛字"野云",并非尽人皆知。丰富、坎坷、大起大落的人生轨迹,令人叹为观止,堪称晚清以来一位极其特殊的历史见证人。

---

① 光绪十三年,即公历1887年。

伴随腐朽的晚清王朝垮台，宣统退了位，载涛于是乎亦赋闲在家，政治上虽然宣告"褪色"，个人生活却从此愈加五彩斑斓起来。在其所擅长的京戏行当中，猴戏称冠，当代京剧艺术家、"猴王"李万春居然是他的得意高徒，这一向被传为梨园佳话。他亲笔所绘工笔马，早已成为当代艺术珍品。

溯观晚清以来一系列历史事件，在大是大非面前，载涛始终是个难得的明白人。

纵令伪满洲国建立，作为"皇叔"，载涛并未趁机谋取高位，当汉奸王揖唐力邀联手成立华北汉奸政权时，始终坚辞回避；日本人相邀出山，更是断然拒绝……一种暗蕴胸臆而威武不可屈的民族浩然之气，使为数不少的京城皇族汗颜不已。

覆巢之下，岂有完卵？然而，在皇权被褫夺之后，载涛自有其活法，在各式强权走马灯似的轮番登台之际，默默选择了习武、唱戏、作画，虽未超然物外，但也泰然适之。

毋庸讳言，在敌伪肆乱时期，难以养活四位妻妾和一大家人口，在没有任何经济来源的条件下，坐吃山空，终至潦倒，乃至凌晨赴"鬼市"变卖府中旧物为生，也就不足为奇了。解放前，昔日一呼百应的"皇叔"，竟自甘淡泊地在居处附近的西扬威胡同口摆上了小摊，兜售糖豆、大红枣，以维持简单生计。

也有人认为，这是他明哲保身的"装穷"伎俩。但无论如何，载涛不趋强权、顺应时变、自食其力的身影，实为皇族作出了无声的楷范。

可以说，新中国成立之后，夙夜匪懈的毛泽东对这位潦倒的"皇叔"格外青睐，"钦点"载涛为"弼马温"——出任中国人民解放军马政局顾问，更成为千古佳话。

尽管年届花甲，载涛仍然每天骑自行车横跨整个北京城，精神抖擞地赶赴位于五棵松附近的解放军总后勤部的"新北京大院"上班。更为新中国的军马事业和培植优良种马，奔波于边疆僻壤，风餐露宿，殚精竭虑地贡献出早年留学法国的驯马绝技。

在中国近代史上，作为清末贝勒到国外专攻"马学"，载涛可谓独此一家。其改良军马的精辟见解及实践，早已记入了历史档案，堪称暮年书写的神来一笔！

"文革"袭来，饱受冲击。一位庶夫人以菜刀自杀身亡，竟至惊动了周恩来总理——祸兮福所倚，却也因此有幸得到周总理对爱新觉罗家族予以保护的批示，使皇族众生逃过了灭顶之灾。

及至耄耋之年,仍携幼子骑车百里,奔赴十三陵野游……成为一生"最后的杰作"。载涛以胸襟开阔的特殊方式,潇洒地向亲友和自然界"挥手作别"。

回顾载涛出生的年代——绵延中国数千年的封建王朝,至晚清已成强弩之末,震惊世界的辛亥革命,终使风雨飘摇之中的末代王朝寿终正寝。

辛亥革命,不仅为中国的历史进程打上了一个特殊的符号,更将爱新觉罗家族的地位来了个历史性的神奇"大变身"。

载涛的价值或许就在于,用自身丰富的阅历详尽地记录了一段末代皇族历史,且这种记录无法复制。

或许,读者能从这位历史老人纷至沓来的种种遭际中,悟出点儿什么……

载涛夫人王乃文(右)向本书作者娓娓讲述了末代皇叔载涛的传奇人生

第壹章

传奇身世

*携传奇身世出场，载历史涛声而归。

*头上的光环足以惊世骇俗——道光皇帝之孙、醇亲王奕譞第七子、光绪皇帝的"御弟"、宣统皇帝的七叔……却因慈禧太后突颁懿旨，自幼两度被迫"出嗣"——过继嘉庆皇帝之孙奕谟贝子、道光皇帝第八子钟郡王奕詥为嗣。

*作为贵胄学堂第一批学员，载涛毕业于法国索米骑兵学校，曾考察欧洲八国，被任命为军咨大臣，奉命组建皇家禁卫军。鲜为人知，奉命出洋考察陆军归国时，还带回一个专攻马克沁机关枪的留德学生担任教练，制定了中国第一部机关枪操典。

*袁世凯放风，佯调载涛率领禁卫军出征，吓得他自动请求解除禁卫军兵权，遂成一个历史笑话。

图片说明：一九一〇年四月，载涛（左一）出访美国。
中间为首席随员李鸿章之子——李经迈

俨然百年以来,演绎尘世历史的"活化石"。

集晚清宫廷暨王府秘辛之大成,蕴藏于腹中——

如此谓之毫不为过。因其身份及经历竟如此奇特,乃至无可替代。

忽忆《神仙传》载——或有人问之麻姑,寿及几何?答曰:三见沧海变桑田①……

蓦然悟此,不由肃然起敬——涛贝勒饱经沧桑,屡历风云变幻,岂非堪誉"麻姑"?

…………

往事如烟弥散。倘追溯起来,在晚清末年的历史上,末代皇叔——载涛虽未曾有过任何声名显赫的功绩,但作为光绪皇帝的弟弟、宣统皇帝的七叔,却屡屡荣膺过不少清廷要职。

在京畿内外提起这位皇叔,虽属大名鼎鼎,若究其实,都不过是"世袭罔替"的结果而已。

然而,涛贝勒并非一直幸运地长在醇亲王府内,而是自幼两度被迫"出嗣",算得上命运多舛。

两度被迫"出嗣"

生于帝王之家的"御弟"——载涛,三岁便被封为二等镇国将军,同年又被晋封为不入八分辅国公,十五岁晋多罗贝勒,十七岁入陆军贵胄学堂学习军事,可谓一路顺风顺水。

仅从以上履历不难看出,载涛休说战功显赫,连奔赴疆场的经历都没有,只是凭空沾了祖上的荫德而已。

再说,自从清朝入关后,"八家铁帽子王"俨然成了死啃"铁杆庄稼"的代言人。而在晚清,一言难尽醇亲王府幸运若此,反正一下子冒出了两代皇上、一朝摄政,可谓权倾朝野。地位之显赫,居然超越了所有"铁帽子王"。

---

① 《神仙传》,晋人葛洪所著。此处引文用其大意。

提及载涛的身世，或许要从他的父亲说起。

载涛的父亲醇亲王奕譞，膝下共有七子。长子载瀚两岁夭折；次子载湉，即光绪帝；第三子还未起名字，便临盆即亡；四子载洸，仍不到五岁亦夭亡。

颇值得一提的是，奕譞第五子——末代摄政王载沣，即是溥仪的生父。第六子载洵，为清朝郡王衔多罗贝勒，显因溥仪当上宣统皇帝的裙带关系，曾出任海军大臣。算来，载涛虽只是三兄弟之中的"老末"，却属足智多谋者。

确切地说，载涛的母亲是醇亲王的第二侧福晋——刘佳氏，先后生下载沣、载洵、载涛三兄弟。

而刘佳氏早年受到的最大刺激，恐怕莫过于载涛的被迫"出嗣"。

刘佳氏虽先后育有三子，载涛却是唯一自幼在母亲怀里长大的孩子——确切的出生时间，是光绪十三年旧历五月初三日寅时①。

载涛年仅四岁时，父亲奕譞便不幸去世。十一岁那年，没有任何先兆，慈禧太后突然决定将他过继给嘉庆皇帝之孙奕谟贝子②为嗣子。

听到这个意外的消息，刘佳氏竟然哭得死去活来，死活不肯答应。

显然，违背懿旨，无疑是死路一条。在众人的一再劝说下，载涛莫名其妙地被当做女儿般"嫁"了出去。就在过继那天，竟然还送去了"嫁妆"。这件事又成了当时京城的一桩"奇谈"。

然而，载涛的坎坷，并未因离开母亲而告完结。

奕谟夫妇原本无子无女，凭空得个儿子，简直乐不可支，于是大宴群朋，庆贺蒙赐得子，对载涛更是宠爱备至。

谁料，奕谟偶因作画且题诗，讥讽并影射慈禧太后③。老佛爷闻知大为震怒，就在载涛过继奕谟第五年，也就是光绪二十八年六月十二日，又突然颁下懿旨：将载涛过继给奕谟的堂弟——道光皇帝第八子钟郡王奕詥为嗣。此外，

---

① 即阳历1887年6月23日，凌晨三点至五点。
② 奕谟，嘉庆皇帝第五子惠端亲王绵愉之第六子。初封不入八分镇国公，再进封贝子，加贝勒衔。于光绪二十年五月过继其五哥惠郡王奕详第二子镇国将军载济为嗣，此后，载济于七月十四日卒，年仅十五岁。

奕谟贝子府，位于北京市东城区东四九条胡同西头路北，现为东四九条小学校址。本书作者自幼住在东四九条东口。当八十年代采访王乃文时，谈及此事，王乃文开玩笑说："那你和过继奕谟贝子的载涛，算是街坊呵。"

③ 据说，奕谟随手涂了一幅别有寓意的画作，上面仅画一只女人的脚，并题诗一首："老生避脚实堪哀，竭力经营避脚台。避脚台高三百尺，高三百尺脚仍来。"这里，所画的脚，寓指"搅"，意为慈禧胡搅，即使如何避免，也难逃慈禧太后"脚（搅）仍来"。

又将远支溥佶过继奕譞为嗣孙。

对此，醇亲王府并无多大反应。才不过五年间，而遭遇得子又失子，奕譞夫妇难以承受，双双病倒。尤其以性格倔犟著称的奕譞，无法接受这样的刺激，不久便辞世。

然而，前后父母轮流而换，对年幼的载涛而言，心灵上的迷茫与失落自然可想而知。

这还不算完，载涛不但被抢来换去，偏偏又被慈禧点将前去为奕譞致祭。只是载涛由于新的身份不能下跪，在祭奠仪式上，极端尴尬显然再清楚不过地写在了载涛脸上。明摆着，此系慈禧故意弄权所为，死也不肯放过奕譞。因此不到半年，奕譞的福晋也被气得大病而亡。

此时，载涛已是十六七岁，面对皇族这些陈年往事，不能视而不见，只是迫于慈禧太后的淫威，只能遵命且委曲求全而已。

实际上，幼年的经历对于载涛终生性格的形成，产生了重大影响。怕事、躲事，无疑成了无可选择的"座右铭"。

然而，世袭罔替的老规矩，仍使载涛自幼便踏上了吉凶难测的仕宦之旅。

初涉宦海，是从恭送五哥载沣赴德赔罪开始的。光绪二十七年，慈禧太后颁布懿旨，让载沣代表清廷就枪杀德国公使克林德之事，远赴异国，向德皇谢罪。载涛和六哥载洵一起到达天津塘沽港口，忐忑不安地送别五哥载沣。

手足情深。目睹载沣左右为难的窘境，载涛也感到心头像压着一块重重的石头。载沣返京之后，向兄弟和家人谈起自己拒绝向德皇威廉二世行跪大礼时，载涛顿然眼前一亮，没想到平时懦弱、口吃的五哥，临危之际竟有如此凛然风骨，真不愧爱新觉罗后代。

直到多年之后，每当提及此事，他仍然啧啧称赞。

载涛自三岁被封为"镇国将军"之后，其父醇亲王奕譞去世。就在载沣承袭了王爵的同一年，载涛与六哥载洵也同时被晋封为公爵。

晚清贵胄学堂名册上的载涛贝勒像

从此，载涛并未如前辈那样凭借军功觅侯封王，而是借着"恩光福禄"平步青云。

光绪二十八年，是载涛命运中极为重要的一年。这一年，他承袭了贝勒之衔。这是他一生中被冠之以"名"的称呼，从此被世人称为——涛贝勒。

理所当然，他所居住的龙头井胡同的钟郡王府，遂改称"涛贝勒府"。

留学于法国索米骑兵学校

不掌军权，无以固国。

古往今来，莫不如此。在载涛的最后一位庶夫人王乃文处，笔者曾见到过一部精装的《贵胄学堂同学录》，虽经近百年风霜，却保存得完好如初。

据王乃文介绍，这部同学录是载涛收藏多年、轻易不肯示人的。谈起贵胄学堂的往事，她也不甚了了，只是约略记得，载涛晚年时不止一次提起，曾和五哥载沣、六哥载洵一起去煤渣胡同上课两年，还记下过不少课堂笔记。

作为贵胄学堂的第一批学员，载涛跟两位哥哥一样，虽然身份特殊，但也必须遵守堂规。原因是据说慈禧太后相当重视，并作出亲笔批示：这批贵族子弟学习如何，必须如实奏报……甚至连办学的奏折，亦经过"御批"。这些大

载涛（中）访问法国

概是光绪三十年左右的事儿。在贵胄学堂，载涛兄弟平生第一次接受了新知识，接触到数学等现代科学，视野由此渐趋开阔。从《贵胄学堂同学录》遗留下的醇亲王府三兄弟的照片上来看，年轻的载涛称得上英气勃发，从容淡定的贵族气质已初露端倪。

胞兄登基当上皇帝，载涛理所当然水涨船高、好事不断。光绪三十四年，当光绪朝已奄奄一息之际，这位"皇弟"却从贝勒被晋封为郡王。但只是虚衔而已，并无实封。

继而，侄子溥仪被立为宣统皇帝，五哥载沣荣膺摄政王。至此，醇亲王府几乎成了"皇上"、"王爷"扎堆儿的"潜龙邸"。

载沣刚刚上任，便代行下旨，颁布了三项清廷重要任职。

一是，载沣亲任陆军大元帅——在溥仪年幼无力担承陆海军大元帅的情形下，由监国摄政王载沣代理。二是，把海军从陆军部独立出来，任命六弟载洵为筹办海军大臣。三是，宣统三年七月，把军咨府从陆军部划分出来，协助载沣统辖陆军和海军。适逢载涛赴法学习三年归来，遂被载沣委任为清廷最重要的官职之一——军咨大臣，相当于国家军队总参谋长一职，俨然掌控了陆海军联合参谋总部。

从这项任命便可以看出，载沣对于七弟的信任程度。

不言而喻，载涛、载洵兄弟俩成了名正言顺的军咨大臣和海军大臣。尤其载涛，主要职责是"协助载沣统辖陆军和海军"，俨然成了国家军队的第二"掌门人"，除载沣之外，朝野群臣无人比肩。

载沣和载洵、载涛这哥仨，三足鼎立，成了清末宫廷军队的最高联合掌权者，形式上已牢牢把控了晚清王朝的军权。

可惜的是，载涛没有军队直接指挥权，手里更没有铁杆嫡系，只是一个虚空头衔。危难之际，载涛无法调动任何能打仗的部队。

此前，作为宣统的七叔，早在溥仪即位当年——宣统元年，便被定向送往著名的法国索米骑兵学校接受正规教育。这段留洋经历，无疑成为载涛终生引以自豪的资本。

自古祸福无定。这段求学生涯日后却成为载涛只重"战术"，不懂"战略"的致命要害。因此载氏三兄弟尽管大权在握，却仍然无法掌控全局。实际看来，载涛在战略上统率全局虽然欠缺，但战术上专精一路却绰绰有余。

精通骑术是载涛的个人"专利"，对骑兵和军马研究颇深。这得益于在法国军事院校期间，他不仅系统学习骑兵理论，也深入研修了步兵战术，这在晚

一九一〇年四月,载涛(左一)出访美国。中间为首席随员李鸿章之子——李经迈

清众贝勒中,堪称唯一。

另有意外收获的是,一九一〇年,载涛在法国索米骑兵学校毕业后,奉旨赴欧洲八国考察陆军①。此次追随其左右且后来成为朋友的,乃是李鸿章之子李经迈。

尤其在德国,这位"涛贝勒"通过考察德国重工业和军工厂,领略了德国陆军的现代化武器,感受颇深。回国后,将所见所闻拟就奏折,向朝廷作了如实汇报。

此行,载涛留下更多的,却是上百张考察欧洲的历史照片。说得更实在一点儿,这次欧洲之旅,实则为他通过李经迈结识庄士敦、进而推荐给溥仪当洋师傅,埋下了伏笔。

自然,载涛始料未及的是,此举日后竟成了"导火索"——直接或间接诱发了宫中一系列变革事件。

言归正传,苦读法国军校且精通骑术的"涛贝勒",尚未找到英雄用武之地,大清朝就彻底垮了台。但说到底,载涛仍然是当时爱新觉罗家族中,唯一在国外研习过军事且通晓军事理论者,这是毫无疑问的。

---

① 据王乃文回忆,1910 年,载涛考察了欧洲八国。但笔者始终没查到详尽的考察八国报告。

在涛贝勒府里,其庶夫人王乃文见到过一幅珍贵的历史照片。这帧照片上,年轻的载涛身穿清朝军服,顶戴花翎,腰悬军刀,十分威武。王乃文曾好奇地问起照片的拍摄地点。

载涛手抚照片,仿佛在拭去历史的风尘。他似乎感慨良多——这是奉旨前往德国时所拍摄,又同时回忆说,那次先后去过八个国家,都是中国人眼中的"世界大国"。当时还没有飞机,乘坐的是专用列车。说着,他还拿出一张在火车门口拍摄的历史照片,侃侃而谈,俩人端详议论了许久。

载涛因其特殊身份,自然受到各国欢迎。那时他刚二十多岁,还是一个年轻小伙子。照片上的载涛,看上去身材高大魁梧,英气逼人。王乃文不仅见过这些照片,还和载涛一起仔细观赏过。

遗憾的是,这张照片后来却不知丢在何处。偶然,王乃文在王府内还见到过载涛旅欧佩戴的那把军刀,原本放在仓库里,后来也不慎遗失。

下落不明的佩刀和老照片,或多或少地见证着载涛当年未曾开始即已结束的军事生涯……

颇值得提到的是,一九〇八年十二月,清廷为了加强皇族集权,总揽全国军事,组织成立了禁卫军。这支凌驾于所有军队之上的皇室武装,名义上由载沣统管,因其根本无暇顾及,便委托七弟载涛负责,实际全由涛贝勒说了算。

然而,尽管载涛掌管陆军,载洵掌管海军。若照王乃文后来的话说,这哥俩谁也没戏。她曾听载涛说,六爷载洵掌管着整个海军经费,借着修颐和园的名目,把不少钱挪到了国外,所以谁都知道洵六爷财大气粗,出手阔绰,至于指挥军队则是十足的外行。

而在王乃文的眼里,载涛正好相反,纯粹是一个守财奴,连家里一分钱都记上账,还亲自查账,不像那位六爷手笔颇大,根本不在乎小钱儿。若说治理国家和统辖军队,更是缺少韬略,心里没底。

有趣的是,如果说起载涛处理国内的军务之事,最有意思且广为流传的算是"南巡"的轶事。

据说,载涛与萨镇冰①为筹划开放军港事宜,曾联袂南下象山。当时的浙江巡抚——蒙古人增韫,特意先期赶赴上海,专程迎接二人。

黄昏时分,增韫闲来无事,独自到福州路一带闲逛,当地人一打眼便能瞧

---

① 萨镇冰,字鼎铭,1859年出生于福州色目人萨氏家族。曾任清朝海军统制(总司令)、民国海军总长,还代理过国务总理。任清朝北洋海军副统领时,创建烟台海军学校。萨镇冰是中国海军史上的一位卓越人物。1952年去世。

出,这是个初来乍到的"外地佬"。正怡然自得之际,增耘忽然被一个打扮得妖妖俏俏的少女和一个花里胡哨的老妪强拉硬拽地拖进了妓院。尴尬的是身上分文未带,反复解释均无济于事,只好叫妓院跟随自己到客店给付一块大洋了事。

载涛闻知,见到增耘时,哈哈大笑:

"没想到,上海竟发生了把巡抚强抢到妓院这等事儿……"

有趣的是,不知怎么,这件事竟又被辗转传成牵涉载涛的"桃色"事件。继而,又传到其兄载沣耳朵里,闹得满城风雨。谁也没想到,一件无中生有的事儿,却给相当本分的"涛贝勒"强加上了一段"绯闻"。

创建皇家禁卫军

溥仪甫一即位,载涛便受命于载沣,组建皇家卫队。这使"皇叔"颇感责任重大。

紫禁城的安危,始终是萦绕在载沣心头的大事,载涛自然心知肚明。显而易见,溥仪年幼不谙世事,没有一支忠心耿耿的警卫部队,身为皇父的载沣,必然寝食难安。

早在光绪二十七年,载沣便曾以光绪帝胞弟的身份,以专使身份出使德国。

访德期间,德国皇帝也让其胞弟亨利亲王亲自招待,还陪同载沣参观了德国的精锐部队。这次,载沣亲眼目睹了德国禁卫军的威武士气与精良装备,于是私下请教亨利亲王。结果大吃一惊,亨利亲王掏心窝儿地告诉他:

"在德国,皇族的制度规定:无论你是皇帝的亲弟还是皇子,都要从军校毕业,到部队从士兵当起。然后,才能升为将领。"

最使载沣心悦诚服的是,亨利亲王还叮嘱载沣,皇族一定要紧紧地把握兵权,禁卫军要用最新的武器装备保卫皇帝。载沣听后感慨万分,一路思忖着归国而去。

没想到第二年,亨利亲王奉德皇之命,又回访中国,将德国皇帝的照片和礼品送给慈禧太后和光绪皇帝。载沣亦同样奉命陪同招待,私下交谈之中,二人重提皇族武装这一敏感话题,观点再次不谋而合。

很显然,皇族掌握兵权的想法在载沣脑海中萌动已久,只是由于慈禧一手把持朝政,光绪帝被软禁于瀛台,作为胞弟,自然顾忌颇多,哪儿敢轻易提出如

载涛亲笔起草的报呈溥仪关于制定亲王以下佩戴爵章的奏折

载涛报呈溥仪制定亲王以下佩戴爵章的样式（照片底片收藏于本书作者处）

此建议？故此一直秘而不宣。

机会终于到来。光绪三十四年十月，光绪皇帝和慈禧太后相继去世，政治形势陡然发生剧变，载沣作为监国摄政王，仅在两个月之后，便着手实施酝酿已久的皇族武装——禁卫军。显见，七弟载涛成为禁卫军统帅的不二人选。

当年十二月，载沣下诏命七弟载涛和毓朗贝勒、陆军部尚书铁良，为"专司训练禁卫军大臣"。

对于此诏，载涛理解颇深，在五十多年后撰写的回忆录中，初次揭示了其中"玄秘"：

"其中规定：所有练兵规划奏请事件，均径行封奏密陈，硃批特准发下，始行咨陆军部备案，与近畿六镇不同。"

这样，禁卫军完全成了载涛与六哥载洵直接掌握、且不同于任何部队的特别武装。

由载涛直接统辖的禁卫军训练处，在溥仪即位当年——宣统元年正月，便在京城内的西堂子胡同内开始办公。

有意思的是，载涛竟调来和自己一样酷爱京戏的"红豆馆主"溥侗等六人，充任军咨官。很快，这些人便组织圈定了禁卫军的编制、人员，还绘制了禁卫军军服所需的各色标志，譬如帽徽、领章、肩章，又确定"团鹰"为禁卫军标识，明显与普通陆军区分开来。

不言而喻，组建动作如此神速，载涛自然发挥了重要作用。

每当暮年忆及禁卫军一事，载涛总会笑着提起一个细节：禁卫军没有鼓手，编制内只有司号长、号目、号兵，因禁卫军只吹奏军号，而无鼓手。对此，载涛的结论是"此虽小节，亦当记及"。

不久，铁良被调去协助载洵筹备海军，载涛顿然失去了一个得力助手。虽然又调来一个"镇国公"级别的皇族为训练大臣，却是个不懂行的新手。禁卫军训练处办公地点迁往新街口新购置的一处民房，拆除民房之后，打算建造新式楼房，作为禁卫军司令部的永久办公地。

看得出来，载沣兄弟铁定决心，有意打造一支皇族单独掌控的新式精锐部队——近而保卫紫禁城，远则控制京城内外。

此计划若得以全盘实现，至少几年内，溥仪可以高枕无忧。

事实证明，这只是个落空的如意算盘。

与此同时，载涛还筹划着建立几标军马，打算从河北、山东农村挑选壮丁充实队伍，确定了各级统领，甚至在禁卫军内拟建立陆军、骑兵、工程营、辎重营。其中，还要专门成立警察队——宪兵。这两支队伍也都确定了队长人选。更有意思的是，还打算单独建立一支军乐队。

宣统二年，载涛奉命出洋考察陆军，特意带回了一个在德国研习马克沁机关枪的留德陆军学生，担任机关枪教练，并亲自为其改名——张铨。需要提及的是，载涛归国后，专门制定了中国第一部"机关枪操典"，并颁布实施。

可见，载涛的一系列想法，远远超出了一般禁卫军部队编制，足可建立起一支武器精良的现代化实战部队。

载涛还在晚年的回忆录中重点提到，从欧洲考察归来，他参考中外制度，奏请制定爵章，计分五等——亲王、郡王、贝勒、贝子、公。凡亲王以下任军职者，由禁卫军大臣奏请后颁给佩戴，全部采用禁卫军原存的爵章式样。

可以想见，禁卫军建制对当时朝政也产生了一定影响。

从载涛留下的有限记载以及照片中，也可以清楚地看到，当时不仅真刀真枪地组织起了禁卫军，还开始了实地训练。起初，禁卫军借用南苑的旧营房，接着又在西郊畅春园旧址上，建起了军队营盘，更打算校阅之后，全军迁入。

此外，载涛又在京城西安门内旃檀寺，建立了步兵更番所。在西安门内大光明殿建立了骑兵更番所，以备紫禁城出现危难之际，能够听命于摄政王之令，及时驰援。

被迫交出军权

当载涛将一切布置停当，于宣统三年七月二十五日，奏请载沣亲临德胜门外的黄寺教场阅兵，并授标旗。他在回忆录中，面对异常紧张的局势，心绪复杂地慨然兴叹：

"距'武昌首义'，已不足一月矣。"

事后看来，兄弟三人兢兢业业建立起来的禁卫军，竟完全成为了"马后炮"。

然而，时不我待。随着辛亥革命风云骤起，宣统王朝只得同意"立宪"，此举无疑为帝制画上了历史句号。

一九一一年十月，武昌起义爆发，载沣仓皇失措之际，被迫同意起用袁世凯。袁世凯返回京城之后，潜心组织了所谓责任内阁，清廷军权瞬间全部落入袁世凯手中。

此时，宫廷仅剩下一支铁杆禁卫军掌握在载涛手中。

在此关键时刻，载涛究竟有何作为呢？他曾详细回忆了这段亲历事件：

"禁卫军是一支新练成的精锐之师，未尝不可一试。但是，冯、段①已先任为第一、二军总统，担任前线军事，此两军为袁所能直接操纵。于是，将禁卫军编列第三军，专门负保卫京畿之责。我自永平秋操营地赶回北京，内阁总协理大臣已决定如此主张，我亦不便再持异议。及听到前线作战缺乏炮弹应用，我立即派遣禁卫军炮标统带吴金声带领炮队一营，配带应需实弹，专车抢先开往前线。"②

然而，在袁世凯与徐世昌二人已暗中达成默契的形势下，载涛此举已属徒劳。

非但如此，载涛还成了袁世凯的眼中钉。嗣后，袁世凯放风，佯说欲调载涛亲率禁卫军出征，前去镇压"革命军"。这样一来，载涛吓得赶紧自动请求解除兵权。到后来，这件事竟也成了皇族闲聊之际的一个笑柄。

眼瞅袁世凯出任内阁总理大臣之后，载涛的禁卫军权力难保，载涛遂与载沣多次商议，认为在所有旧臣中，只有曾为清廷效力的徐世昌较为可信。于是，"奏请"徐世昌接替载涛，为专司训练禁卫军大臣。

---

① 此文中所谓冯、段，即冯国璋、段祺瑞。
② 引自载涛著《禁卫军之建立与改编》。见文史资料选辑，1959 年 12 月。

在辛亥年的漫天火焰之中，皇族内阁以载沣为首，被迫辞去摄政王，载涛亦被解除禁卫军大臣之职。

追想以往的挥斥方遒与苦心孤诣，转眼间灰飞烟灭，他垂头丧气地返回涛贝勒府，多日闷声不语。

其实，载涛内心再清楚不过，这支专门用来保卫侄子溥仪的禁卫军，已经"失效"。接下来只能眼睁睁地瞧着袁世凯为所欲为。

谁知，更让人烦心的事儿还在后面。表面上俯首帖耳的徐世昌，接过禁卫军大权之后，再也不听从载氏三兄弟的暗中指挥或私下授意，就连举荐者——载涛的话，也根本不买账。自此，载涛兄弟已然明白看错了人，索性深居简出，再也不搅入军政界的是非。

及至后来，载涛听说，袁世凯为解除自己的军权，曾经煞费苦心，始终想不出好主意。正是徐世昌向袁世凯"献策"，佯称以让载涛带兵开赴前线为由，迫使其主动要求解职。每念至此，载涛无不气愤得连声怒骂，然而，内心胆怯是实，终究不能全怪对方。

至此，是否徐世昌出此阴招儿已不重要，载涛失去军权已成事实。不久，禁卫军训练处奉旨改设军司令处，冯国璋①随后任禁卫军"总统官"。

由于早先颁布的清皇室"优待条件"中，早已明确规定：

"原有禁卫军归中华民国陆军部编制，其额俸银饷，仍如其旧……"

这样，冯国璋仍然得以充任旧职。直到民国三年一月，冯国璋调任江苏都督之后，当年即将禁卫军改为陆军第十六师。

民国六年八月，冯国璋出任代理民国大总统，陆军十五师与十六师担任其警卫。次年十月，冯国璋卸任，仍然带十六师两个连随身护卫。直到民国八年十二月，冯国璋病逝于京城，前身为禁卫军的十六师才与其彻底脱离干系。

然而，禁卫军与皇族的渊源仍未结束。

嗣后，由于溥仪和婉容皇后、淑妃以及三位老太后仍暂居宫内，此时，守卫紫禁城的依然是由禁卫军改编而成的十六师第二团，而团长则是原禁卫军管带索崇仁。

一直到一九二四年，溥仪被迫出宫为止，这支禁卫军部队才结束了"御林军"的历史使命。

"御林军"的终结，正是载涛宫廷生涯实质结束的标志。

---

① 冯国璋，河北省河间人，直系军阀，曾任民国总统。1919年12月，在北京病逝，终年六十岁。

第贰章 溥仪手中离不开的『拐棍』

* "载涛,你管陆军,知道咱们的兵怎么样啊?"

    "奴才只练过兵,没打过仗,实在不知道究竟……"

    在宣统是否"逊位"的御前会议上,他在隆裕太后面前现了眼。

* 一个始终没有公之于世的秘密——张勋复辟,私下已任命载涛为禁卫军总司令。

* 推荐洋师傅庄士敦进宫、纂修玉牒、操纵溥仪大婚的"领衔主管",轰走宫中太监……遂成溥仪手中离不开的"拐棍"。

图片说明:载涛成了溥仪手中离不开的"拐棍"。图为
  载涛(左二)和溥杰(右二)陪同逊帝溥
  仪(中坐者)接见觐见者

解析晚清宫廷和皇族玄机的一把"钥匙"。

几近夸张的譬比？倒也不是。

偏偏生于醇亲王府，又被慈禧发送出去先后成了两个王爷的嗣子，对于京城王府，再门儿清不过。

命犯奔波劳碌之苦，虽为皇帝侄儿上蹿下跳，然而，终无回天之力，眼睁睁瞅着日落紫禁城，大势已去。

…………

尽管载涛不情不愿地挣扎于前途一片渺茫的所谓"宦海"之中，仍徒然为着侄儿的皇位和家族荣耀终日奔波着。然而，大势所趋，欲为即将逝去的王朝"卖命"，也不见得有多少机缘，因为宣统正面临着"逊位"的绝境。

极端的尴尬等待着载涛。

在争论是否"逊位"的那次清末著名的御前会议上，可以说，涛贝勒现足了眼。

隆裕面前"现眼"与溥仪的信任

当野心勃勃的袁世凯假借辛亥革命之势，逼迫"宣统逊位"的关键时刻，在隆裕太后主持的御前会议上，发生了前所未有的激烈争论。

军机大臣奕劻极力主张溥仪逊位，以换取"优待条件"。然而也有不少大臣，诸如恭王溥伟[①]等人慷慨激昂，表示决不同意"逊位"，载涛也当然支持如此主张。

然而，提及如何剿灭革命军时，众人又傻了眼。载洵虽主战，却拿不出丝毫主见。载涛更是一直没敢吭声。根本不懂军事的隆裕太后，转过头来，询问起以留洋学过军事而在皇族闻名的载涛：

"载涛，你管陆军，你知道咱们的兵怎么样啊？"

[①] 溥伟，爱新觉罗氏。光绪六年出生于北京，系第一代恭王奕訢嫡孙，光绪二十七年承袭王爵。历任正红旗满洲都统、禁烟事务大臣等职。在辛亥革命时期，拒绝在清帝"退位诏书"上签字，是清皇族中的复辟派。"九一八"事变后，日本帝国主义为诱迫溥仪早到东北筹建满洲国傀儡政权，将溥伟从大连接到沈阳，让其当"四民维持会"会长，扬言要以溥伟为首建立"明光帝国"。1936年1月，溥伟在贫病交加中，猝然死于长春一家旅社里，终年五十六岁。

此时，载涛慌忙磕头回答说：

"奴才只练过兵，没打过仗，实在不知道究竟……"

隆裕太后听到这些话，气得半晌没做声，停了一会儿才说：

"你们先下去吧……"

此时，载涛羞愧地涨红了脸。

辛亥革命爆发不久，尽管载沣仿照先祖，发布了"罪己诏"，仍难以阻遏京城内外上下声讨皇权内阁的声势。

次年正月，宣统逊位。但并没有影响载涛在小朝廷中的地位，作为"皇上"的叔叔，仍然受到溥仪的无比信任。

许多难以处理之事，溥仪仍交七叔斡旋。譬如庆亲王奕劻去世，便让溥仪感到十分为难。因为死者是胁迫隆裕太后发布"宣统逊位诏书"的"元凶"之一，最受皇族憎恨。但是，奕劻临终前，又修遗书一封呈交溥仪，这样，溥仪碍于情面，不得不授其谥号。

在草拟了几个"恶毒"的谥号之后，由于载涛以及师傅们的苦谏，溥仪最后极具讥讽地授奕劻的谥号为"密"，其意显系"追补前过"。

载涛临危受命，带领一干属下前来参加尴尬的葬礼，同时还送去了陀罗经大悲咒被以及三千块钱丧事补助费。这才算打了圆场，从而避免了皇族内部的一场恶斗。

此外，溥仪还指定七叔载涛负责承办"大婚"。在整个大婚过程中，载涛跑前跑后，甚至亲自偕夫人姜婉贞迎娶婉容，可谓尽心竭力。

由于大婚筹办得毫无纰漏，涛贝勒因而得到"宣统"褒奖。

乃至后来溥仪赴天津寓居前，偷偷跑到日本使馆时，依然是载涛作为臣下领衔"近支王公世爵"，为贺溥仪二十整寿而前去祝寿。

载涛备受"皇上"重用自不待言，截至溥仪大婚前，从清宫档案中查到的载涛一系列授命，后人便可以"浏览"到这种信任：

一九一四年一月二十日 礼亲王世铎去世，溥仪赏给其陀罗经被，并派载涛前往治奠。

一九一五年二月二十五日 任命载涛为宗人府左宗正。

一九一六年一月二十七日 任命载涛为宗人府宗令。

一九一七年一月二十七日 庆亲王奕劻去世，溥仪赏给陀罗经被，派载涛前往治奠。

…………

载涛成了溥仪手中离不开的"拐棍"。图为载涛（左二）和溥杰（右二）陪同逊帝溥仪（中坐者）接见觐见者

仅从以上几例，便不难看出，载涛在逊清王朝中，不光是与溥仪关系最为亲近的"皇叔"，还是一位能替"皇上"奔走的臣下，因此颇得溥仪依赖也就无足为奇。

"张勋复辟"的禁卫军总司令

溥仪的"复辟梦"，也是载涛的梦呓。

在一九一七年的"张勋复辟"那场闹剧中，载涛也曾上下张罗，成为理所当然的支持者。

此举虽然外界所知不多，但据说在载沣的日记里却不乏记载。据说，上面还有二人的往来记录。只不过因为张勋复辟时间短暂，紫禁城内的动作未被悉数揭露罢了。

本书作者收藏的载涛批改的官中奏章印件

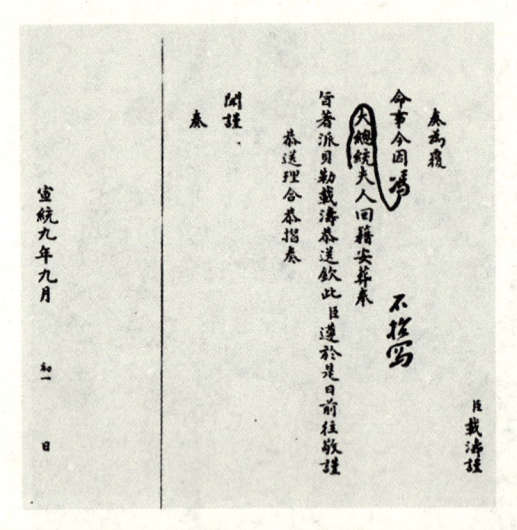

其实,早在张勋进宫觐见溥仪之前,就曾屡屡去龙头井胡同的涛贝勒府拜访载涛,多次密谋"复辟"。连张勋进宫也是载涛从中起着穿针引线的重要作用。

一个始终没有公布于世的秘密,便是"张勋复辟"中,私下已任命载涛为紫禁城禁卫军总司令。当然,溥仪对此也是心知肚明的。如此复杂的形势下,只有七叔出任这个关乎身家性命的要职,才能够让"逊帝"放心。

应该说,载涛平日里,尤为注意维护皇上的尊严,而不允许任何人轻有"冒犯"之举。一次,时值民国大总统冯国璋的夫人去世,溥仪亦派载涛前去祭奠。

之前,一位属下代载涛起草了一份奏章给溥仪,上面将"冯大总统"按皇上的规格写在了"顶格"。奏章是这样写的:

> 臣载涛谨奏为复命事,今因冯大总统夫人回籍安葬,奉旨著派贝勒载涛恭送钦此。臣遵,于是日前往,敬谨恭送。
>
> 理合恭摺奏闻,谨奏。
>
> 宣统九年九月初一日

颇值得玩味的是,当载涛看到代拟的奏章之后,亲笔挥毫在"冯大总统"处注了一笔:

"不抬写!"

随后,他又将"冯大总统"四个字与其他字拉平,责令部下又重新抄写一遍。足见,载涛依然将溥仪视为"圣上",而不允许任何人比肩。

这里需要提到,仅在六个多月前,冯大总统刚任命载涛为"镶黄旗蒙古都统",而载涛却给皇上写了一封谢折,不但对"冯大总统"未加丝毫理睬,而且贬责有加。

由此可见,载涛对民国政府可谓深恶痛绝,对溥仪却堪称一片"忠心"。

向溥仪举荐洋师傅——庄士敦

相对乃兄载沣,载涛算是一个颇好交际之人。

早在溥仪的洋师傅庄士敦进宫之前,载涛便在京城事先见到了他,且作了长时间的融洽交谈。

因为,确切地说,载涛正是洋师傅进宫的推荐者——"伯乐"。

早在载涛出任军咨府大臣时,出洋考察陆军,李鸿章之子李经迈曾担任随团翻译,两人从此结成至交。每年李经迈进京时,大多都住在涛贝勒府。正是载涛看到溥仪出宫迟早成为必然,遂建议溥仪未雨绸缪,研习英文,以备将来之用。

于是,由载涛出面说动了其兄载沣以及宫内各老太妃,请一位洋师傅进宫教授溥仪学习英文。后来,李经迈推荐了同住上海的朋友——英国人庄士敦。据庄士敦的回忆录记载,自己由李经迈陪同,从上海来到北京,首先见到了溥仪的七叔载涛。

随后,庄士敦又由载涛引见,见到了载沣以及逊清宫廷相关人员,初步商定了进宫教学的一系列步骤。

不久,在庄士敦进宫成为溥仪的师傅之后,载涛又亲自将一匹心爱的、浑身油黑却又长着白尾巴的珍稀马种,送给他充当坐骑。在平日交往中,庄士敦意外发现,载涛不仅喜欢汽车,而且尤其喜爱驾驶德国汽车。

当庄士敦好奇地问起时,载涛略显得意地告诉他:

"我早年在德国学习过陆军,连德国皇帝威廉二世都接见过我呢。"

此时,庄士敦顿显惊讶之态。

假日里,载涛邀请庄士敦一起前往西郊温泉附近、其父的墓地郊游,陪同的还有载涛十一岁的儿子溥佳。

刚刚来到墓地前,一位管理人员便跪在载涛面前,随即交上修葺陵墓的细账,请他审阅。庄士敦见到载涛先去墓前行过祭奠礼,然后坐下来,仔细审查账目。随后,载涛还向底下的包工头详细打听过实际价格,仔细做了核算。

对此,庄士敦感到十分诧异,这本应由王府管家具体处理的事宜,载涛竟事无巨细,事必躬亲。足见,这是一位行事异常细致的王爷[①]。多年之后,庄

[①] 参考自庄士敦著《我在溥仪身边十三年》,淡泊、思奇译,2009年4月第一版。

士敦在其回忆录中,对载涛作出了赞赏的评价:

"见多识广,为人聪敏机智,善于处理一些棘手之事。"

现存的清宫档案中,收藏着许多载涛的亲笔奏折。其中饶有意味的是,他连偶因患病不能"上朝",也屡屡上奏以示忠心。譬如,他在一封呈报溥仪的奏折中写道:

拟恳恩施,再行赏假五日。赶紧调理,一俟就痊,即行销假。当差伏乞皇上圣鉴。

臣 载涛跪奏

显然,在逊清朝廷中,载涛仍然一如既往视溥仪为"宣统皇帝"。

纂修玉牒获赐

皇叔载涛忠心耿耿,侄子溥仪自然看在眼里。

早在载涛于一九一六年就任宗人府宗令之后,又被配以左、右宗正各一人。自此前后,不断有人提议清理各王府的田产。

但是,由于溥仪"逊位",清朝贵族丧失了原有的特权,这些提议也跟着全部泡了汤。"铁杆庄稼"——俸禄吹了灯,载涛所承袭的各地众多田产,也渐渐失去了把控,更甭提所谓"清理"之事。

然而,载涛尽心竭力地做了一件令溥仪和皇族都拍手叫好的漂亮事儿,此举便是纂修皇帝的家谱——玉牒。按照惯例,这桩于祖上和家族都具有重要影响的大事,非心腹亲信牵头不可。因为,其间不免有些需要隐讳和避讳之处,自是不可言传的。

本来,溥仪逊位之后,仍然暂居宫禁,遂将纂修玉牒视为承继大统的标志之一。可是却屡因经费困难,迟迟无法完成。

原来根据宗人府惯例,玉牒理应十年修订一次,这次本应从一九〇五年开始,谁知,一直延宕到一九二〇年才筹到经费。于是在载涛亲自主持下,整整两年的工夫总算没有白费,他带领一些人终于将玉牒纂修完成。

当玉牒大功告成之后,载涛按照惯例亲将原本呈送宫内,并举行了隆重仪式,宗人府收藏了玉牒副本。此时,正值溥仪大婚前夕。

自然,溥仪大喜过望,决定隆重嘉奖皇叔载涛。然而,宫内经济拮据,溥仪的几位师傅经反复商议,只能颁给载涛一个并无实质意义的"赏赐"——著载涛之子溥伸"头品顶戴",以示恩宠。

不料,溥伸无福享此殊荣,六年后便一命呜呼。

纂修玉牒的殊功喜悦,终究盖不过爱子的早殇,载涛此时的心情自是极度伤感和压抑。

溥仪大婚的"领衔主管"

溥仪"大婚",成了宫中矛盾的焦点。

即使在这桩重要事项上,载涛仍被指定为"领衔主管"。

一九二二年二月十五日,溥仪为了隆重筹办大婚,决定设立"大婚典礼处",亲派七叔载涛以及师傅朱益藩、内务府大臣绍英、耆龄办理此事。

连所有"选妃"之事,也统统由载涛事无巨细地包揽了下来。以至所有婚典仪式和其间筹办事宜,亦无不由他亲自督阵指挥。

这显然并非夸张。在中国第一历史档案馆里,保存着载涛亲笔书写的一件奏折:

> 郡王衔多罗贝勒载涛等谨奏,为奏闻事。
>
> 宣统十四年二月十二日钦奉谕旨:
>
> 候选同知端恭之女额尔德氏封为淑妃。钦此。现据掌礼司谨择得本年另缮清单,恭呈御览,俟命下之日,再由臣等交各衙门敬谨办理,理合恭折奏闻,伏乞皇上圣鉴。谨奏。
>
> 郡王衔多罗贝勒臣　载涛
> 毓庆宫行走　　　　朱益藩
> 总管内务府大臣　　臣绍英
> 　　　　　　　　　耆龄
>
> 　　　　　　　　　　　　　　　宣统十四年

无疑,溥仪的"大婚"成了轰动京城内外的大事。尤其是宫中择选皇后和妃子的过程,实质是载洵和载涛弟兄俩在"斗法",站在两人身后的则是两位老太妃。

在择选皇后的问题上,载洵支持文绣,此举受到了敬懿皇太妃相助。而载涛主张的婉容,得到了端康皇太妃的支持。

最终几经斡旋,无论从门第和外貌,均足以使"皇叔"说服宫内诸太妃,当然也说动了五哥载沣,从而确立婉容为皇后。而文绣从原来的"皇后"变成了"淑妃"。

可以说,在后、妃的前期角逐中,载涛起到了关键性作用。

由此可见,载涛对于溥仪"忠心"可鉴,实谓无微不至。

载涛清楚地知道,大婚之后的溥仪并不幸福,而且愈来愈对那种宫廷"小圈子"感到由衷的厌倦,总想出宫看一看高墙外面的"精彩"。于是,悄悄建议溥仪以出宫探望自己为名,来"皇叔"家里玩玩儿。

虽然这种机会并不多,但总算给溥仪沉闷的深宫生活带来一缕新鲜空气,聊胜于无。

或许溥仪接触洋师傅庄士敦受到影响,不久即萌发了"出洋留学"的念头,也因此在宫中掀起了一场不小的风波。

"宫中盗宝"的幕后策划者

溥仪和溥杰弟兄俩所谓"宫中盗宝",实际是为了秘密筹措出洋留学的经费。但世人鲜知,七叔载涛此次的角色乃是重要的幕后策划者。

如此看来,因叔侄来往繁多,载涛理当是爱新觉罗家族中最早的知情者之一,后来载沣闻讯及时出面阻止了溥仪。很有可能是皇后婉容给其母仲馨打去电话,仲馨又转而向载沣透露消息[①]。

几种说法如今虽已难以考证,但至少有一点确定无疑,即早在溥仪酝酿出洋之前,载涛便亲赴天津替溥仪和溥杰在天津英国租界的戈登路,购置了一幢颇为像样的楼房。庄士敦在其自传《紫禁城的黄昏》一书中,曾记载过这一史实。不过,文中只提及一位有名的"王爷",却绝口没提载涛的名字。

后来,天津英租界的那幢房产,竟成了溥仪兄弟俩利用宫内读书的机会,向外盗运明清珍贵文物的据点。实际上,这或正出于载涛的老谋深算。只不过彼时,叔侄认为宫中珍宝均系自家所有,并无"盗"的概念。

[①] 当时有一种说法是,皇后婉容向母亲仲馨透露了这一消息,其母亲为维护女儿的"皇后"尊位,立即禀报了载沣。

当溥仪以赠送二弟溥杰的名义,陆续把宫中的历代珍宝及画卷等①偷运出紫禁城时,并不敢向谨小慎微的父亲透露半点消息。但同时,却最听从七叔的主意,悄悄把这些国宝秘藏于天津英租界的房产内。

当溥仪和溥杰苦心运作了多半年之后,载涛已经完全把天津方面布置停当。

就这样,叔侄三人分工合作,兄弟俩"顺手牵羊",密切配合。据溥杰回忆,从宫中盗出的珍宝,足足装了几十箱②。当时,从京城运输到天津,需装上火车,两边都要接受税关盘查,一点点儿纰漏,都会使近一年的努力,功亏一篑。

于是,载涛处心积虑,授意儿子溥佳以自己的名义,出面联系叔伯兄弟载抡的亲家孙宝琦③,打着醇亲王府的旗号,办理了免税和免检手续,将这几批珍宝顺利送抵天津。

虽然,后来又发生过许多变故,导致国宝散佚。然而,溥仪对于七叔的信任,倒是始终没有什么变化。

涛贝勒府的小太监孙耀庭

其实,精于算计的载涛,在宫中也有自己的心腹之人。

没过几年,曾在涛贝勒府当过小太监的孙耀庭,凭着聪明伶俐混身紫禁城,当上了司房小太监。

那天上午,孙耀庭正在司房低头算账,猛然被人一拍肩头:

"呵,这么用功呵?"

"哟,是您哪!"孙耀庭抬头一看,原来是涛贝勒府的师兄贾顺儿,赶紧撂下笔,笑脸相迎,"您有啥吩咐?"

"无事不登三宝殿。告诉你,涛贝勒府来人喽。"

"谁来啦?"一听是老府里来了人,以为有什么事儿。

"载涛庶出第五子……"贾顺儿故意停顿了一下,然后,戏谑地说,"领钱来喽!"

---

① 这批稀世国宝,包括宫藏珍罕古字画一千多卷、王羲之父子的草书真迹、宋版书数百部、张择端的《清明上河图》、马远等人的《长江万里图》等等。
② 另据李玉琴回忆,溥仪在天津英租界内存有一百四十八箱从京城宫中运出的珍宝。
③ 孙宝琦,浙江杭州人,曾任税务督办。1924年,曹锟任大总统后,任命孙宝琦为内阁总理。孙宝琦娶有五个太太,生下十几个女儿,其中分别嫁给庆亲王奕劻、盛宣怀、袁世凯、载抡等人的儿子。其故居在北京东四六条胡同内,与本书作者出生地只相距两个胡同。

"是小凤儿生的那个吗?"这小凤儿,指的是被载涛"收房"的周妙云。

"猜得不错,现如今可不敢叫人家小凤儿了,府里都得管她叫'大姨'啦。"

"是喽。"孙耀庭一边说着,赶忙麻利地让管银子的太监,把钱交给了"柜上"。

一天,一个来自南皮县的小太监,偶然谈起晚清赫赫有名的张之洞①是他的同乡。听此,孙耀庭搭讪说:

"那位张爷可是个人物,可惜早不在喽。过去,就住在白米斜街,过世之后,被'圣上'封的'张文襄'公呵……"

事实上,载涛一直关注着聪明伶俐的孙耀庭。到后来,孙耀庭被挑中伺候皇后婉容,成了储秀宫的贴身太监,载涛始终让府内的太监和他联系不断。

直到溥仪被逐出紫禁城,孙耀庭仍然追随婉容左右。当然,孙太监在此期间也成了涛贝勒在宫内的耳目②。

建福宫大火

建福宫大火,成了溥仪出宫的前兆。

当载涛得知宫中那场意外的大火后,千钧一发之际只做了一件事——立即打电话给原九门提督的老朋友、此时恰任京畿卫司令的王怀庆,让其火速派消防队赶往紫禁城。

为稳妥起见,载涛还向警察总监通报了获知的火情,请他们尽快增援灭火。

宫中大火被扑灭之后,溥仪才知道是七叔载涛做出了最关键的举动,一再称赞七叔是个明白人。

没想到,宫中的一把大火,居然引发溥仪做出了轰走所有太监的断然决定。

这是载涛始料未及的。有悖祖制之事,自然遭到了载沣的强烈反对。然而,溥仪携载涛之子溥佳赶往醇亲王府那番话说得更绝:

"王爷如果不同意,我就不再回宫!"

于是,在溥仪的软硬兼施之下,载沣只得不再反对。对此,载涛深感无可

---

① 张之洞,字孝达,汉族,清代直隶南皮人,洋务派主要代表人物之一,所提出的"中学为体,西学为用",是对洋务派的总结和概括。毛泽东评价其在推动中国民族工业发展的贡献时说"提起中国民族工业、重工业不能忘记张之洞"。张之洞与曾国藩、李鸿章、左宗棠并称晚清"四大名臣"。

② 本书作者当年采访时,孙耀庭披露了不少载涛打探宫内消息的秘闻。溥仪大婚前择选后、妃,便是其中之一。

奈何。

就这样,宫中现有的上千太监,除留下几位老太妃和看守各宫的一两百名外,余者一律出宫。偌大的紫禁城,刹那间几乎成了一座空城。

此时,载涛这位过去的大内禁卫军统帅,只得临时担负起协调指挥的重任。据末代太监孙耀庭回忆,当时宫内连搬运重物的人都找不到了,不得不从社会上招一些未阉的少年充作太监。

宫内外的具体事儿,仍是载涛斡旋筹办。因为溥仪此时,几乎不再信任宫中的任何人,甚至感到随时有遇害的可能。

无疑,载涛成了溥仪手中须臾难离的一根"拐棍"。

第叁章

「逊帝」出宫赴津之后

* "逊帝"被迫灰溜溜出宫，躲进什刹海北岸的醇亲王府。载涛与其子溥佳找到鹿钟麟、黄郛，提出八条请求，同时要求保障溥仪生命安全。

* 蒙古王爷达理札雅如愿成了载涛的乘龙快婿，早年清兵借助蒙古骑兵进关的历史，总是在其脑海里打转……

* 涛七叔奉溥仪之命，赴东陵探视慈禧墓被盗事宜，居间调停"淑妃"离婚。由于反对投日，竟意外遭到溥仪手谕斥责。

* 关于末代皇后婉容"秽闻"真相，从伪满归京之后，载涛告诉了妻子王乃文。

* 四处替溥仪寻"妃"，成了没有委任状的伪满洲国"驻京办主任"。

图片说明：载涛（右一）与醇亲王府全家人合影。载沣（右二后立者）、载洵（左一）、载涛福晋（左三后立者）、李佳氏（中坐者）、刘佳氏（右六坐者）、溥仪生母瓜尔佳氏（左六后立者）。一九一四年摄于醇亲王府慌不择路。走出紫禁城的"逊帝",似乎成为反观殖民者入侵中华大地的"多棱镜"。

面临猝然出宫,叔侄俩眼花缭乱,被丧失了"皇权"的疯狂世界所包围,无异到处乱撞的没头苍蝇。

使尽浑身解数——似难概括"皇叔"螳臂挡车的所作所为……

尽管"宣统"早已逊位,然而,溥仪的安危和荣辱仍关系着末代皇族的命运。

鉴此,"皇叔"昼夜瞪大眼珠,密切注视着"逊帝"的行踪。

…………

出面斡旋"逊帝"的人身安全

载涛心急如焚,经过频频斡旋,才得以迈进醇亲王府,与茫然无措的溥仪凄然会面。

一九二四年十一月五日,溥仪在鹿钟麟的军队荷枪实弹逼迫下,灰溜溜离开紫禁城,躲进了什刹海北岸的醇亲王府。

哪知,溥仪一行刚住进去,便发现醇亲王府已被团团包围起来,任何人都不准随意进出,无疑被拘禁了起来。

胆怯的载沣,更是骤然间精神失常,只是一个劲儿焦急不安地在屋内走来走去,完全没了主意。

受命于危难之际的载涛,在溥仪全权委托下,与其子溥佳共同找到鹿钟麟,当面"禀报"有关事宜。虽说是禀报,实质是一种有条件的洽谈,称之"通融"似更贴切些。

晚年的溥佳曾写过一则文史资料,客观记载了溥仪出宫前后的情形。其中记述道,父亲载涛当时向鹿钟麟等人提出了八条请求,其中主要是保障溥仪等人的生命安全,取消对溥仪行动自由的限制,从内务府中临时取出部分钱物供其使用……

自然,并无过分要求的八条请求,到最后均被一步步解禁。但洽谈的过程却异常艰苦,尤其是曾参与"逼宫"的警察总监张璧,竟然相反提出要求溥仪

载涛（右一）与醇亲王府全家人合影。载沣（右二后立者）、载洵（左一）、载涛福晋（左三后立者）、李佳氏（中坐者）、刘佳氏（右六坐者）、溥仪生母瓜尔佳氏（左六后立者）。一九一四年摄于醇亲王府

交出传国玉玺的苛刻条件，一度使谈判陷入无法继续的僵局。

久经世故的载涛，和颜悦色地作出了解释。他告诉鹿钟麟等人，所谓"传国玉玺"早已失传，清朝历来的规矩是一任皇帝继位便镌刻一次，至今全部存放在交泰殿，可以随时清点。无疑，载涛此时采用的是心理战术，因为这些人不太可能了解更多关于传国玉玺的规矩。这番话冠冕堂皇，足以令人相信，总算最终解了围。

使载涛稍感安慰的是，当溥仪出宫第二天，段祺瑞便致电冯玉祥[①]对"逼宫"之事表示反对：

"……要知清宫逊政，非征服比。优待条件，全球共闻。虽有移住万寿山之条，后商未为不可。迫之，于优待不无刺谬，何以昭大信于天下乎？望即从长计议。"

谁知，冯玉祥立即复电段祺瑞，针尖对麦芒地反驳说：

[①] 冯玉祥，祖籍安徽巢县，民国著名爱国将领，曾任陆军检阅使、陆军一级上将、国民政府军事委员会副委员长、民革政治委员会主席。1948年9月1日遇难，享年六十六岁。

"此次班师回京，自愧尚未做一事，只有驱逐溥仪，乃可告天下后世而无愧。"

在这封复电中，冯玉祥不仅影射段祺瑞为逊清宫廷效力，还将此行动，作为"可告天下后世"的国事，显然，早已拿定主意，无可悔改。

见此，载涛无计可施，只得在此期间，百般周旋于各国使团之间，使之大多对保障溥仪的生命安全作出了承诺。虽然面见冯玉祥将军遭到拒绝，但此事被推诿到内阁总理黄郛手里时，载涛心里顿然有了底。因为他当年担任军咨府大臣时，曾保送黄郛赴日留学，总归仍应有一些往日余情。

毕竟老面子生了效。黄郛出言信誓旦旦，保障溥仪的生命安全，至于限制出府的问题，还有待于张作霖等人到京后再行商议……

眼见事有转机，载涛松了一口气。然而，此时他并不清楚的是，溥仪在帝师郑孝胥等人策划下，早已暗中投向了日本人。而载涛由来已久，始终对日本人十分反感，这使叔侄二人产生了观念的鸿沟。

在此期间，载涛一度十分消沉。他的妻子姜婉贞曾回忆说，自从溥仪出宫之后，载涛情绪低落，多日足不出户，闭门思过。有一天，他长叹一口气，对妻子说：

"唉，这简直是从天上到了地下，今后能平安活着就不错啦……"

显然，载涛已经预见了并不美妙的未来。

祸兮福所倚。当段祺瑞就任民国临时执政的当天，十一月二十四日，便颁令公开宣布解除对溥仪居所的监控。醇亲王府门口把守的士兵虽然仍在站岗，却允许进出了。

哪料，五天过后，即十一月二十九日，溥仪私下瞒着载涛和载沣，借看房为名，由郑孝胥和陈宝琛陪同，悄悄溜出醇亲王府，一头钻进了位于东交民巷的日本公使馆。

此时，正值溥仪二十岁生日，面对前来朝贺的清朝六班遗老遗少，载涛只得捏着鼻子，作为第一班领衔，亲率在京的近支王公大臣，跪伏在地，向溥仪"山呼万岁"。

载涛等人此举，被永远"锁定"在了历史旧照之中。

后来，溥仪特意在回忆录——《我的前半生》中，记忆犹新地提到了七叔这一带头作用。但在当时，叔侄之间对日本人的态度隔阂，却仍无法立即消除。

不多日，在日本人的精心策划下，溥仪偷偷离开北京，几经辗转，寓居于天津张园。

载涛事后才知这一真实情形,但已无可挽回。

操心二女儿的婚事

在为溥仪四处疲于奔命的同时,不知怎么,二女儿金允诚①的婚事,却时时晃动在他的眼前。

因长女早夭,载涛遂把次女看成掌中宝,许久以来,始终将她的婚姻大事放在心上,先后为其考虑过好几个对象。

当溥仪出宫的第二年,载涛最终选定准女婿,其父塔旺布里甲拉,京城人称"塔王"②,素来与他很熟悉,还彼此时有往来。

仅第一次见面,载涛就喜欢上了未来的"乘龙快婿"——达理札雅。

那次,塔王携达理札雅前来,名曰到涛贝勒府做客,实际是让载涛"相姑爷"。

在短短的会面中,达理札雅待人彬彬有礼,文雅的谈吐,乃至端正的仪表,都给载涛留下了深刻的印象。

起初,载涛以为这位来自大草原的年轻人,一准是满嘴外地口音,谁知,达理札雅谈起话来,竟然是一口地道而流利的"京腔",使见多识广的涛贝勒吃了一惊,油然而生一种莫名的好感。

经塔王介绍,载涛才知,达理札雅早在十岁时,便随父母回到北京罗王府居住,由于久住京城,受到周围环境熏陶,其语言及生活习惯已完全"京化"。

当载涛又得知达理札雅年仅十九岁,与女儿年纪相当,爱好广泛,尤其酷爱骑术。再一询问,他不仅从六岁就练习骑马,对马匹有着极为特殊的喜爱,而且家中畜养名马三四十匹,专门雇有骑师为其驯马。

面对这样一位未来的女婿,居然有着与自己相同的爱好,载涛打心眼里满意。仅以此而言,这桩婚姻便已成功了多一半。

后来,达理札雅的父亲塔王再次专程来到涛贝勒府拜见载涛,而载涛也按照礼节,前去罗王府回访了塔王。

双方频经一番接触,又通过"放定"等一系列旧式程序,这桩婚事,便告尘

---

① 金允诚,又名韫慧,为载涛次女。婚后生有六女一子。金允诚才貌俱佳,精通诗文、绘画、音乐,著有《爱吾庐诗草》。
② 塔王,即达理札雅的父亲,世袭第八代内蒙古阿拉善王位。曾出任袁世凯政府的京都朔卫使和蒙藏院总裁,病逝于民国二十年,其长子达理札雅承袭王位。

毡子胡同内的阿拉善王府旧址（本书作者摄于二〇一〇年九月）

埃落定。

年轻有为的达理札雅，系塔王第三福晋所生。其生母是满族人，名叫姜静德，出自名门，知书达理，生有三子一女，长子即达理札雅。

由于塔王常年居住在京城的罗王府，按照以往规矩，头一个孩子须在内蒙古本地生育，若是男孩儿，即可能袭位。鉴此，塔王夫妇在达理札雅出生前夕，便从京城的罗王府返回了内蒙古的罗王府。

实际上，京城的罗王府原叫阿拉善王府，地处地安门外三座桥府夹道，紧靠恭亲王府的东墙。始于康熙年间修建，其规模与建筑式样，无不仿照早期清王府，院内约有房屋二百多间。由于第三代王罗卜桑多尔济远征新疆等地平叛有功，声名显赫，因此人们仍习惯成自然地把这座府院，俗称"罗王府"。

耳目灵通的载涛，打听到塔王曾与张作霖、阎锡山等不少军界首领结为盟兄弟——后来，达理札雅也和张学良结为义兄弟，还与宋哲元等人交往匪浅——喜不自禁。因为自从溥仪出宫之后，他就一直盘算着结交有实权的军阀，以谋求将来发展。

载涛拿定主意，一定要借办婚事，笼络住各方实权人物，至少与塔王结成

"铁盟友"。深谙历史的载涛，内心十分明白，清朝进关就是借助蒙古骑兵才得以成功的，所以，历朝尤其清末特别重视理藩院的作用，蒙族则是最重要的可借用力量。

两人想到了一起。塔王历来视"皇上"为正统，对于皇叔则更是不敢怠慢，攀上这门皇亲，无疑，在大草原上更可以呼风唤雨。于是，塔王表现出了足够的诚意。为筹办婚礼，塔王派人专程从内蒙古阿拉善旗提回两万大洋，又从草原调来助手以及仆人三十多人，可见其重视程度。

闻此，载涛感到十分惊诧。不仅如此，塔王还为新娘准备了全套的华丽衣饰以及珍贵的首饰。同时，为馈赠皇亲国戚，塔王父子还从内蒙古运来大批土产，诸如上好的羊皮、牛皮，以及稀少的药材——锁阳、苁蓉膏、枸杞，外加奶皮子、奶豆等风味食品。

自然，载涛也极为重视女儿的出嫁，一掷何止千金？仅陪送的嫁妆就达四十多抬。其中不乏珍贵的珠宝首饰、各类贵重衣物，甚至连宫中皇帝赐予的珍宝以及前清三朝的古铜佛等文物，也纳于其内。

举行婚礼那一天，达理札雅异常庄重地穿上了内蒙古民族服饰。而新娘金允诚，也依照内蒙古习俗，穿上了阿拉善旗的盛装，由八抬大红呢轿抬着，前去紧傍恭王府的塔王府成亲。

在迎亲的浩浩荡荡队伍中，领头的达理札雅，乘坐着崭新的马车，从什刹海西岸的涛贝勒府，兴高采烈地接走了载涛的女儿金允诚。

一路上，庞大的乐队，演奏起欢快的乐曲，引得沿途群众拥挤不堪。

送亲和娶亲的众亲友，乘坐着二十辆挂着彩条的马车，逶迤行走在大街上，竟然长达数里地。尤其讲究的是，每辆马车里都必须乘坐夫妇二人，谓之讨吉利。

"皇叔"的女儿出嫁，再加上男方家是声名显赫的蒙古王爷，从京城内外前来贺喜的宾客，竟然多达上千人，除爱新觉罗家族的亲友纷纷前来贺喜之外，喀喇沁右旗贡王等显贵亲友也特地从内蒙古千里迢迢赶来祝贺。

由于载涛的出席以及塔王的斡旋，这次婚礼仪式，举办得异常隆重。皇族和蒙古王爷这两方诸亲友，纷纷前来贺喜，偌大的罗王府内变得拥挤不堪，场面之大，一时轰动京城内外。

婚后，一件重大事件倏然摆在新婚夫妻面前。

若按传统观念，达理札雅以长子身份，理应承袭王位，但由于塔王的三福晋姜静德宠爱次子，执意想让次子承袭王位，使"袭王"之事久久无法确定。

对此，金允诚深感忧虑不安。

早在婚前，载涛就多次叮嘱女儿金允诚婚后务须和睦相处，照顾好丈夫。于是，她遵照父亲教诲，委婉地劝丈夫应以学业为重，与此同时，她按照满族贵族的礼教，每天早晨偕达理札雅到塔王夫妇居处请安，晚上再去聆听父母教诲，终于使可能转移的王位承袭，峰回路转。

显然，金允诚的作用不可小视。

女儿的明智，自然不乏其父载涛背后的点拨。一九三一年春，达理札雅的弟弟因车祸意外去世，其妻服毒殉夫。塔王由于忧伤过度，不久竟病逝于京城，经南京国民政府任命，达理札雅承袭了阿拉善王爷。

照理说，新王承袭应即时举行大典，但因达理札雅须"守孝"三年，再加上迎接班禅大师以及日本人骚扰等原因，"承袭大典"一直迟迟未能举行。

女婿和女儿一家多舛的命运，使载涛多年忧心忡忡……①

赴东陵探视慈禧墓被盗

谁料想，溥仪悄然赴津，非但没能使京城众皇族感到内心踏实，反而变得更加不知所措。

因为紧接着，各路军阀抢占京城滩头走马灯似的轮番登场，使以醇亲王府为首的皇族陷入了更大的恐慌。

反复权衡的结果，载涛和载沣只得决定向潜往天津的溥仪靠拢。然而，当两家人从北京逃往天津时，火车在中途突然停驶。

据溥仪的二妹韫龢追忆，当时两家人顿时惊慌失措，若非载涛出面联系张学良的兵车，意外在所难免。因为路上遭劫，已成当时司空见惯之事。

实际上，载涛和载沣、载洵弟兄三人早在天津预先购置了房产，于是顺理成章地住了进去。

直到溥仪长期寓居天津，载氏三兄弟之中，只有载涛依然在京津之间常来常往。

一九二九年，军阀孙殿英在河北马兰峪，掘开清乾隆和慈禧太后的陵墓所发生的举世震惊的"东陵盗墓案"，使溥仪顿足捶胸，在天津亲率清朝遗老设

---

① 此节部分内容，参考自"阿左旗文苑"载：《阿拉善王达理札雅生平》——罗永寿、张文第、张世杰著。

坛祭奠的同时，更对国民党政府提出强烈抗议。一时间，社会舆论大哗。

尔后，溥仪又下令亲派远在京城的载涛立即赶赴东陵探视。于是，载涛急不可待地驰往东陵处理善后事宜。

不出所料，载涛到达之后，孙殿英的部队早已撤离。其实那支"土匪部队"不走，载涛也不敢贸然前去。当时，慈禧陵寝的明楼前已被挖出一个长深数米的巨坑。被称为"金刚墙"的护墙，也被炸开了一个很大的缺口。甬道内的石门不但被全部撞开，就连迎面摆置的慈禧的棺材外椁也被劈开。

内棺早已无一物，慈禧的尸首也被扣在了棺材盖下，惨景令人不忍卒睹。

来不及悲叹，载涛忙命手下掀开棺盖，但见慈禧的尸体上身裸露，被反趴着扔弃在地上。翻过来放平后，只见尸身早已发霉，入葬前口含的那颗珍贵的宝珠亦不知被何人盗走。很显然，由于盗墓者执意搜取那颗国宝珍珠，竟野蛮地将慈禧太后的嘴唇抠破……

悲叹和愤恨一时难以言表，载涛只得下令先将尸体重新包裹入棺，同时将墓室清扫整理一番之后，关闭了墓门。

经过世人多般渲染，载涛此举竟然带上了传奇色彩。原本并不十分敢作敢为的性格，在公众认知中多少有了些改变。

调停"淑妃"离婚案

似乎成了溥仪的临时"消防队"，凡出现紧急或危难事件，溥仪首先想到的便是请七叔出山"灭火"。

更令各界"聚焦"的是，淑妃文绣在与"逊帝"溥仪闹起"离婚"的轩然大波中，竟是载涛居间调停的。

在天津卫，当淑妃突然提出离婚之后，一时被各大小报纸炒得沸沸扬扬。"帝妃离婚案"高居新闻"榜首"……来自各方面的传言和猜测，使溥仪既恼火又尴尬，无奈只好又私下从京城叫来七叔载涛担纲"协调"。

对于溥仪此举，身边诸人心中无不打鼓——这事能有戏吗？

结论显而易见。因为，当初就是载涛与婉容的父亲荣源同为"车友"，在驱车出游途中成为至交，因此才在后、妃"海选"后期力挺婉容，使文绣一夜之间从皇后变成了"淑妃"。新仇旧恨叠加，无论对人还是对事儿，文绣面对载涛此次调停的态度是可想而知的。

按照叔侄事先的商定，载涛会见文绣，当面提出了妥协意见——在不离婚的前提下,"淑妃"可以居住在北京两位老太妃的石碑胡同寓所,每年由溥仪补助六千块钱生活费用。

果然,这个妥协方案遭到了文绣的断然回绝。因为她是有备而来,早已聘请好律师来打这场离婚官司。

针对此事,载涛可谓不遗余力,但最终文绣仍跟溥仪离了婚。因为实质与调停者的能力无关,文绣早就打定主意非离不可。

载涛的调停,虽以失败告终,依然让人们进一步看到溥仪对他的信赖程度。

受到溥仪"手谕"严厉斥责

然而,载涛并不全知,就在这一时期,溥仪始终与国内外各路军阀"眉来眼去",朝思暮想着"复辟大清"。

前不久,个别日本人就曾以各种方式相威胁,大致的意思是,如果溥仪不听从劝告——到东北给日本人当"傀儡",那么很有可能"死于非命"。

尤其使溥仪内心不安的是,有人向他禀报了一个十分确切的消息:"小恭王"溥伟已经去东北祭过祖陵。这也就意味着,如果溥仪不去东北,溥伟便极有可能在日本人的支持下取而代之上台"称帝"。

处于内心的极端矛盾、挣扎中,溥仪自然想到了生身父亲载沣和七叔载涛。

于是,载涛与载沣应溥仪之邀,如约来到天津静园。

在静园,溥仪心绪复杂地谈起了溥伟祭祖之事。开始,载涛并未发表意见,载沣却不以为然,轻蔑地说:

"让他祭去!最多是个'皇帝梦'。让他闹去吧,绝没有好下场!"

溥仪听到父亲与自己的想法甚不合拍,顿显满脸不悦之色,连连说:

"不提他了,不提他了……"

这时,载涛看出载沣与溥仪态度上的明显分歧,也没敢贸然下什么实质性结论,只是支吾了几句无关痛痒的话,便就此打住,不再插言。

其实老于世故的载涛,何尝不知此行的关键所在?但因听命于溥仪已成积习,当面虽未多说什么,而离开溥仪之后,却在载沣的府第内,大放悲声:

"五爷,事关重大!他可千万不能轻举妄动啊!"

载涛嘴里的这个"他",自然指的是溥仪。随后,由于受到载涛的感染,载沣也不禁痛哭失声。

由此不难看出,载涛在溥仪面前,轻易不敢发表异议。

自然,载涛凭着多年混迹政坛的经验,从溥仪的言谈之中早已看出亲日前途凶多吉少,所以才在五哥面前有了这样一番话。不管载涛是否因怕溥仪投靠日本人而殃及自己,还是另有所谋,但在民族气节这件事上,毕竟辨出了大是大非。

不言而喻,溥仪自从抵达天津那一天起,就无疑落入了各方争斗的"漩涡"。

出宫之后,国内外诸多势力,虽然目的各异,但都以"复辟"大清为诱饵,竭力博取溥仪的信任,以骗其"入套"。

对此,载涛和载沣旁观者清,时刻最担心的依然是溥仪被日本人利用而误入歧途。

早在此前,载涛便风闻溥仪与日本人往来密切,因此思来想去,只得十分担心地请载沣转告侄子,千万要小心。谁知,善意的提醒却惹怒了鬼迷心窍的溥仪。

当载沣向溥仪鹦鹉学舌一样地转达载涛的提醒时,没想到,溥仪大发雷霆,对七叔直呼其名:

"载涛有什么话不好对我直接讲明的?非要王爷来说?"

"是载涛不敢直说,这才叫我来转话的呵。"

不料,溥仪拍案而起,还借机翻起了"陈年旧账"……

因溥仪处于各种势力包围之下,皇族的各路人马深受影响,经常向溥仪反馈各类情况,其中一次竟然连载涛对溥仪发泄不满的话,也添油加醋地禀报了上去。

"甭以为不知道,载涛一再在背后说我的坏话!"

"果有此事?"载沣根本不信。

于是,溥仪一一列举,告诉载沣这些都有人证。溥伈、溥熙,甚至溥杰都在场,可证实载涛确曾声言,所有"皇上"和北京办事处的一举一动,都有人主动密报,所以"皇叔"无所不知。

听到这儿,载沣脸都吓白了,因为溥仪接着直言相告,载泽乃至内务府大臣宝熙都来这儿集体告了载涛一状。余怒未消的溥仪,根本听不进父亲那些怯懦的劝告,执意发布了一道言辞激烈的手谕,板起面孔严厉斥责七叔载涛:

"载涛非但不以祖宗之事为念……今日所说,实属目无圣上……"

不出载涛所料,溥仪果然不听劝阻,在众叛亲离之下,经日本人一番"包装策划",悄然离开天津,偷偷潜往东北,"正式"投靠了日本人。

岂止载涛这位叔叔,生父载沣也心绪复杂地落泪不止……

"临行"前一天,溥仪将父亲载沣和弟弟、妹妹等接来居住地,装作漫无目的地闲聊了一晚上。

这次,溥仪唯独没叫载涛。

第二天清晨,当载涛见到溥仪留给载沣的那张特殊"留言"时,溥仪早已在日本人的庇护下悄然离津。当时,载沣见到溥仪手写的纸条,气愤地说不出话来,沉思半晌过后,才感叹着说出近乎结论的话来:

"这是走的石敬瑭①的路呵!……"

此时,载涛却感到极度懊丧,接着载沣的话茬儿说:

"看来情况不妙呀!……"

话虽不多,却同样从中嗅出了危险的味道。

从此,载氏兄弟之间便很少谈起溥仪潜往东北之事,向来深以生在爱新觉罗家族为自豪的载涛,对溥仪的"傀儡"角色自然深感厌恶。

末代皇后婉容"隐私"真相

诸多史实扑朔迷离。而载涛对于"伪宫秽闻"之事,至少留下了"一家之言"。

关于末代皇后婉容通奸之事,历来众说纷纭。王乃文曾听载涛回忆起此事内幕。当年,载涛曾到伪满洲国为溥仪过生日,归京之后,私下告诉了王乃文——

从天津到伪满洲国坐船大概需要两三天,航行中婉容感觉晕船,随身的太监和老妈子也都眩晕不已。"奸闻"在夜间发生后,不久,婉容随之怀孕。

溥仪得知后,立即找来婉容,"皇后"迫不得已吞吞吐吐地道出了实情。溥仪勃然大怒,从此不允许婉容再迈进自己的房间,这对天子夫妻算是彻底隔绝开来②。

---

① 石敬瑭,五代时期后晋王朝的创立者。后唐时为河东节度使,镇守太原。公元936年,其勾结契丹灭后唐,遂被封为帝,立国号"晋"。割燕云十六州归契丹,每年献帛三十万匹,称契丹为"父皇帝",自称"儿皇帝"。

② 对此事细节,至少有两种不同说法。其一,是一名日本军官在船上强奸了婉容。此说法被写入了溥仪的《我的前半生》未定稿;其二,王乃文根据载涛的回忆,是李体育在船中和婉容发生了关系,以致怀孕。存疑待考。

载涛虽然在溥仪的"亲日"问题上持反对态度,行动上却无法拦阻一些贵族子弟前去投奔"皇上"。尤其溥仪登上伪满"康德皇帝"宝座之后,不少前清遗老及其弟子更是趋之若鹜,趁机谋求一官半职。

就连载涛的二儿子溥佳,也前往伪满充任溥仪的伪宫内府侍卫处处长。有人曾就此事询问过载涛,身为父亲却只能表示无可奈何。

因为,连自己的儿子都管不了毕竟是事实,多说无益。

没有委任状的伪满洲国"驻京办主任"

虽然一向讨厌日本人,但一来为侄子溥仪"分忧",二来聊以打发寂寞时光,载涛只得"被迫"打鸭子上了架。

由于胆小的载沣对多变的时局畏之如虎,只想深居简出度日,不愿多管闲事。因此,溥仪便把京城的一些皇族事务,统统委托给"皇叔"办理。由此,载涛似乎成了一个没有委任状的伪满洲国"驻京办事处主任"。

从中可以看到,溥仪依然信任这位叔父。当时,皇族中无论是谁,如果欲去伪满洲国投靠溥仪,都要事先找到载涛,由他亲自签名开具一份"出国证"才能办到。这算是载涛当时手中的一项特权,非其他皇族所有,连载沣也没这种权力。

由于分身乏术,载涛难以做到事无巨细,便让溥仪的同宗兄弟溥修当上了"帮办",负责书写公文、帖子等。诸如,每当溥仪过生日,溥修就要担负起在京筹办事项,短不了还要亲自跑去长春祝寿。载涛倒不一定每次都去。

溥仪潜往伪满之后,授权载涛为维护清帝陵寝的统领,负责看护祖宗坟茔。只是这个统领并不好当,因为适逢乱世,掘坟盗墓的琐碎事儿屡见不鲜,因此载涛叫苦不迭之际,更是感到不堪重负。

此时,与光绪同辈的"载"字辈中,已所剩无几,载涛也就理所当然地成了爱新觉罗家族在京城的"家长",更以此成为颇具影响力的皇族主持者之一……

斥责归斥责。关键时刻,叔父载涛仍被溥仪视作心腹"铁杆"。

一九三五年,溥仪的"后继"婚事迫在眉睫。事件起因是日本关东军煞费苦心,欲让溥仪迎娶日本老婆以加强日满"亲和"。不料,表面虽为"傀儡",溥仪却并不完全买日本人的账,于是暗中加快了"本土寻妃"的步伐。

遇此重大问题,溥仪当然最信任父亲和叔父。因其父亲载沣社会活动能力弱,溥仪只好又找来七叔斡旋。为防日本人暗中捣鬼,溥仪悄悄让载涛和幼时的汉文师傅朱益藩两人,亲办此事。连日里,信件来往频仍。

为安全起见,溥仪与载涛之间的通信居然使用了暗语。信中所谓"惜仲仁兄",即胡嗣瑗,时任伪满洲国执政府秘书长。而所谓"先生",亦即溥仪的代名词。信中敏感内容,多处使用了隐语或替代词句。

譬如,"选眷"——选妃,便有意写成"选卷"。即使这些信件偶然落到外人手里,也看不出什么究竟。想见,溥仪对自己的婚姻大事,绝不等闲视之,也在很大程度上折射着"康德皇帝"当时首鼠两端的真实心态。

笔者从历史档案中,摘录了关于载涛就溥仪寻"妃"之事,与朱益藩联名亲笔写给溥仪的几封信。从中,不难看出某些端倪。

惜仲仁兄、先生阁下:

敬启者:选卷一事,数月以来,钦钦在抱。迭经广托至交,到处物色,亦尝搜得多卷,或因社会恶劣,不免沾染;或因家长乐从,而本人不愿,以致一无成议,不胜焦灼。迭经桔叟转述遵嘱催令速办,并承谕不分满汉,皆可入选,似此范围较广,或更易于挖罗。

唯自机关南迁,汉人在京,稍有头面者,历历可数,其有意谋事者,往往多所顾忌,一俟物色如何,再行相机办理。前此托付之人虽多,或因未负责任,未能悉力访求,拟请于世家大族姻戚众多者,加派一二人,公同搜采,似于事理较便。伏希陈明示复为幸。泐此只请台安。

载涛 朱益藩 拜启
夏历廿八日

惜仲仁兄、先生阁下:

敬启者:选卷一事,共事诸人,仍在切实进行,唯尚未有所获,不胜焦灼。因忆涛在长时,闻沈庵经进之件,未蒙发下。此二卷涛近日曾得寓目,第才品尚属可以入选,拟恳代为请示可否,由涛等遴派妥人,护送至长,恭候钦定。

如蒙坐到俞允,希即速复,以便遵行。大典正在修订,窃意此事,似宜提前办妥,不可更行迟延也,专此敬颂勋绥,鹄候回玉。

载涛 朱益藩 同启

惜仲仁兄、先生阁下：

  前此仲业传谕之件，当即留心物色，未敢稍懈。顷接初四日来函，因商定先将已获两卷，交佟某，请代为进呈。有乌雅氏一卷，摄照未就，涛等尚在访求，如续有佳卷，当再一并呈览。两卷履历，均开列粘贴卷端，皆缙绅后人，家规正肃，未染时下习气，如其中有录取者，请电由仲业速达，即当略制衣物，护送前往，此时位号未定，因不必有所铺张。

  然当此严寒远出，凡衣饰用品，衾帏盘川，安家诸费，似亦在所必需。涛等约略估计，拟请先行汇寄三竿，由涛等酌量送给，事毕开单报销。如上意别有优给，即希示知遵办。专肃。祇请台安，诸唯亮照。

载涛 朱益藩同启
十二月初十日

  事后，从溥仪择"妃"之事来看，载涛竭尽全力，在京城内外上下寻觅，尽管未能全如人意，但没少操劳费心倒是真的。

第肆章

载涛第三位庶夫人
王乃文的身世

*若说王乃文嫁给载涛纯属误打误撞，确是实话。其父母的"庚子婚姻"，源于八国联军打进京城，其父匆忙被"抓"去完婚，这才有了她的后续故事。

*母亲总共生过九个孩子，却只活了四个。其父王俊生，学成出徒，在鲜鱼口附近著名的"富连成"戏班给戏迷王爷"穿行头"，遂埋下了与涛贝勒联姻的伏笔。

*瞅胡同口一个姓范的姑娘学唱大鼓挣了钱，便央求城南游艺园守门的"邓秃子"帮忙，偷偷拜了师。

*若没这段小插曲，她也许无由与载涛成就姻缘。

图片说明：载涛（左四）、载洵（左二）与贵胄学堂同学

第肆章 载涛第三位庶夫人王乃文的身世

活灵活现——演绎着从皇族王公到自食其力的公民的活标本。

历史的淡淡回声，凝集于"皇叔"三位妻妾的由来，反倒勾勒出了一个畸形的封建大家庭的聚散离合。

仅以最后一位平民庶妻的相识以及嫁娶过程，却也映现出皇族文化与市井世俗的奇妙交融。

城南的曲艺和京剧艺术，居然成了原生态的"大媒"。

　………

往事悠悠。说王乃文嫁给载涛纯属误打误撞，倒是一句再明白不过的大实话①。

旧京城尽人皆知，虽说"皇上"的旧朝代早就没了影儿，皇族子弟也大都

载涛戎装像

败了家，可在民国那年头儿，载涛凭借着"皇弟"和"皇叔"的奇特身份，再加上靠着祖业那点儿家当，倒也仍然财大气粗，一般人休敢小觑。

这些轶事，王乃文自然是幼时从父亲和大人的闲聊中听到的。那当儿，她还一直挺纳闷儿：

"'皇上'的叔叔是个什么样儿？……"

没料到，十八岁那年，她不仅见到了涛贝勒，继而还被娶过去，成了他的第四位妻子。

---

① 此前，载涛曾娶有一位福晋、两房庶夫人，继而又娶了第三位庶夫人——王乃文。她不仅是载涛迎娶的最后一位庶夫人，也是唯一陪伴载涛度过暮年最后时光的妻子。王乃文既经历了"涛贝勒府"由民国初年以来逐渐衰败的全过程，也亲眼目睹了"末代皇叔"在旧时代的坎坷遭遇，更亲身见证了载涛在新中国所获得的令人惊叹的"新生"。

为了客观再现历史真实，本书从下一章起，仍以第三人称叙述的形式，娓娓道来王乃文追忆载涛的婚姻暨婚后生活，以及发生在载涛身上的真实故事。

自然，她家和载涛根本谈不上"门当户对"，倒是俗话所说的"男娶贱第，女嫁高门"的嫁妾婚配。

只是这个"偶然"，还须从头说起。

出身寒门

提起老北京的四角城圈儿，有这么句旧话——"南贫北贱，东贵西富。"此话不假，名府豪宅大多集中在东城，西城则云集了相当规模的富商大贾，高门深院着实不少。

王乃文自小长在南城，出身寒门自不必说。

自打记事起，她就再也忘不了珠市口附近的住家——旧称"万明路"的那个偏僻去处。后来在京城的巨大变迁中，早已成了一隅历史遗迹。

退一步而言，如果父亲当初学的不是"衣箱"这行当儿，间或去各王府给那些戏迷王爷"穿行头"①，她和载涛十有八九无缘得见。

每逢家里人后来谈起王乃文的婚事，便时常和父母的婚姻相提并论，说这也是"偶然"。

她祖父原本是山东烟台一带人，早年间逃荒到了京城，勉强凑个本儿，以卖糖豆、瓜籽、大枣之类的北京风味维持生计，属于贫民阶层是没错的。外祖父家则不然，大致可称之"小康之家"。

母亲在姐仨里排行老大，底下还有个弟弟。人口虽不少，但外祖父是个多少有点儿名气的厨师，能炒一手好"京菜"，接长不短地被富豪人家用小卧车接去掌勺。因此，日子过得也还宽裕。母亲因行大，从小没上过学，只是在家料理一些家务。

在她幼小的记忆里，母亲身材不错，脸庞白净，称得上漂亮——听人家说，当姑娘那时得加一个"更"字。

母亲先后生过九个孩子，却只活了四个。王乃文上边有个哥哥，底下一弟、一妹。刚刚七岁那年，王乃文不仅要帮着母亲做家务活儿，还得照看弟弟和妹妹。街坊都夸她懂事早，应了那句老话——"穷人的孩子早当家"。

提起城南"游艺园"，老北京没人不知道。游艺园占地宽阔，总共五个园子——京戏、评剧、文明戏、曲艺、电影、话剧、曲剧、杂耍……一应俱全。晚上

---

① "穿行头"，戏剧行话，指给演员妆扮戏装。

各馆子全部开放,还能乘船顺河游览全园景观。

颇聚人气的游艺园,门票钱仅两毛。进门之后,各厅随便观看。当时最出名的是唱"文明戏"的张孝颖。人长得漂亮,嗓子又好,俨然京城的"大众明星",也一直是王乃文心目中的"偶像"。

由于游艺园离家很近,以往王乃文经常背着妹妹在门口转悠。一来二去,结识了守门收票的老人。听着小姑娘一口一个"邓大爷",又瞧她挺喜欢曲艺,好心的老人有时偷偷地把小姐妹俩放进去:

"进去吧,可别淘气……"

父母的"庚子婚姻"

照王乃文说来,谁跟谁有缘,没准儿是前世注定。

先瞧她家里的环境。姥爷算是中等人家,两个舅舅大学毕业,两个姨儿也上过大学。仅她母亲被戏称"大家闺秀"——从小大门不出,总共没上过几年学。

王乃文从小就在姥姥家抚养。母亲怀胎才七个月,正患病发高烧时,竟意外把她生了下来。家里条件差,姥姥实在看不过眼,便把她抱到自己家里去养活,十分疼爱。

相对而言,姥姥家富裕些。姥爷一直工作且挣钱不少,把她抚养到近五岁,才送回母亲身边。

大舅和二舅大学毕业之后,先后到关外工作,家里只剩下姥姥和母亲。一家人的日子愈来愈艰难,年迈体弱的姥爷,免不了着急上火,突患急病辞世。大舅闻讯,频频来信催促:

"我们接母亲来关外吧,别待在京城了。"

正商量着,恰逢"庚子事变"①,八国联军打进京城。满城风传外国兵进京到处疯抢大姑娘,二姨和三姨吓得匆忙躲进学校,听说有校方保护,家里才勉强放了心。

全家偏偏剩下母亲没地方可去,一家人吓得团团乱转。隔壁街坊出了个主意,让她母亲赶紧找"主儿"②。

---

① 庚子年,系指 1900 年,正值八国联军打进北京。史称"庚子事变"。
② 找"主儿",北京土话,即找丈夫的意思。

"说得容易,上哪儿去找呀?"

"人们传说二毛子只要大姑娘,而不喜欢结了婚的媳妇。"

眼瞅着北京城里一时风行开了"抢姑爷"。可巧,近邻认识一个小伙子,愿意从中牵线:

"听说老王家有个小子,还不错。"

一打听,听说王家经济环境差些,家里人却慌不择路地说:

"得了,管他呢!咱们给俩人往一块凑合一下吧。"

为此,二舅专门从关外返京一趟,张罗姐姐的婚姻大事,还不止一次焦急地催办:

"别犹豫了,赶紧吧。"

老王家当然愿意,连相亲都没顾得上就算妥了。

她父亲叫王俊生,当时刚出徒,正在鲜鱼口附近著名的"富连成"戏班①——叶家挣饭,一听此事,喜出望外,乐得不得了。

母亲年轻时,那一趟街的老街坊谁都知道唐家大闺女能干、漂亮。甚至,还有人打抱不平地说:

"嫁给那么穷的老王家,真可惜呵。"

"没办法,不嫁不行,'红毛子'②把她抢走怎么办哪?"

结果,匆忙间把小伙子"抓"去,水灵灵的大姑娘就这样草率"出聘"。事先,母亲连身新衣裳都没来得及做,只把出门的衣裳匆匆拿了几件便走。于是,二舅手提俩包袱,亲自把她母亲送到了老王家。

哪知,老王家穷得母子挤住在一间旧房内,眼看儿子成亲,老母亲只能临时找个地方去睡觉……这事儿日后成了笑话。父亲家里乱七八糟,连窗户都没来得及糊。据说,那阵儿红轿子根本找不到,晚上仅用一乘蓝轿子,就把人抬了过去。

结婚那天,母亲从天桥南城隍庙奔这儿一下轿,刚迈进洞房,果真称得上"洞房"——黑洞洞的一间小屋,眼泪几乎掉下来,一句话差点儿脱口而出——我家的厨房都比这儿强!立马便要抬腿返回娘家。姑姑一看这架势,当场便给她母亲伏地跪下,一个劲儿哀求说:

"嫂子,你可别介意呀,你瞅我家实在没办法,以后咱们慢慢来吧。"

---

① "富连成",是北京最早成立的京剧戏班子之一,创始人是叶盛璋。后来成名的著名京剧演员如马连良、谭富英等,大多曾在此学艺。这个戏班,在京城内外久负盛名。

② 红毛子,系指俄国士兵。

此时,母亲死活不吭声。其实,姑姑也怕红毛子,刚找着一个主儿,还没走,便反复央告:

"你瞧,我们也来不及糊窗户、刷房子。没那工夫了,你就凑合着得了。"

由于老奶奶和姑姑好说歹说,母亲总算留了下来。姑姑焦急万分,连忙唤她父亲走进屋:

"麻利点儿,你快进来吧。"

父亲挺老实,也不太会说话。谁想,母亲一眼就瞧中了眼前的"新郎"——典型的北京小伙儿模样,打心里挺喜欢。可到了晚上,母亲还是觉得挺委屈,又哭起来没完,父亲反复劝说着:

"别哭了,你心疼心疼我妈吧,你没瞧老人多着急呀。"

母亲好歹答应下来,勉强成了这家的媳妇。

那一年,母亲正好十七岁,父亲比她大三岁。

母亲事后提起结婚的情形时说,刚结婚的姑姑夫妻俩在外地开了一家衣裳店——那时叫"洗衣局",大年初四便离开了北京。

渐渐地,母亲见父亲是个正经本分的老实人,模样不错,浑身上下一直拾掇得挺干净,也就安心跟着过日子来了。

此时,姥姥仍在北京生活,三姨毕业后在京城找到了工作,二姨则随丈夫去了关外。直到三姨不幸身患痨病①去世,剩下姥姥一人,二舅又专程从关外赶来劝说:

"您可甭在北京啦,在这儿我们不放心。我哥哥让我接您来了,跟着我们一起走吧。"

于是,二舅变卖掉两幢旧房,留给她母亲一点儿钱,便带着姥姥奔了关外。

偷偷拜师

一个偶然的机遇,王乃文开始学唱大鼓。

此前,家里从没人干过这行。平时,连看戏父亲都不愿女儿去凑热闹。

学唱大鼓,源于王乃文和隔壁小姑娘的一次闲聊。瞅胡同口有个姓范的姑娘学唱大鼓,还挣了钱,于是她便"眼红"起来,继而动起了心思——人家一个人养活全家,我为什么不能?一天,她终于向妈妈撒开了娇:

---

① 痨病,即肺结核。

"范家那姑娘能学大鼓,我也能学会。"

谁想,不仅母亲不同意,父亲也不赞成。母亲唯恐她去学艺受罪,屡屡劝阻:

"听说那地方打人可厉害了,再说这大鼓儿也不是一天两天能学成的。咱们生活苦点儿就苦点儿呗……"

"挨打?我不怕!"

在一再恳求之下,父母无可奈何地漫应着,满以为说过也就完了,哪知女儿偏偏生就一个犟脾气,非学成不可。她和街坊女孩儿一块玩儿时,再次提起:

"你瞧人家女孩儿,能唱大鼓挣钱,赶明儿个咱俩也学去吧。"

"说得可容易,跟谁学去呀?"

"南城有个'游艺园',离我家不远……"她悄悄对街坊的小女孩儿说,"我认识一个看门的邓大爷。"

"干脆咱俩跟邓大爷说说,看行不行。"小女孩儿也跟着兴奋起来,"那咱俩就去试试吧?"

没几天,俩人找到了邓大爷,一起哀求道:

"邓大爷,求您让我俩进去玩一会儿,好吗?"

年迈的邓大爷,抬眼瞧了瞧她俩,嘱咐说:

"进去可别闹,也别满世界乱跑啊,不差么就回家呵!"

起初,邓大爷以为她俩又来看"蹭戏",谁知,两个小姑娘竟是央求他帮忙认个师傅学唱大鼓。老人愣住了,一再追问为什么。王乃文直截了当——太穷,就为接济家境。

没想到,邓大爷爽快地应承下来,但叮嘱她们须和家人商量妥当。俩人走进园内溜达一圈儿,又返回门口找到邓大爷,再三恳求老人千万别忘了这事。

"你们唱过吗?"邓大爷单刀直入。

"虽然不会,可我肯学呀!有大爷您帮着说说情,我俩肯定好好学。"

"人家徒弟都有师傅,你们有吗?不成就别瞎捣乱了。"

"不介,我们来了就是想当学徒呀。"邓大爷见两个小女孩儿确有诚意,不由转变了口气:

"当徒弟得给人家写'字儿',找师傅还得有人请师傅。"

"我俩都愿意呀。"

"那人家还不一定要不要你们呢。"他无奈地说。

"那赶明儿个,您跟他们说说,好不好?"

当时她什么规矩也不懂,稀里糊涂就是愣要拜大鼓师傅。邓大爷外号

"邓秃子",人缘一向挺好。这时,一个年轻伙计纳闷儿地走过来:

"哎,邓秃子你弄俩小姑娘在这儿干吗呀?"

"她俩想去拜师学大鼓。"

"这不是现成的吗?找高师傅呀。"

这下提醒了邓大爷,当下就拽着她俩去拜师。谁想,唱大鼓的高师傅听后,回答得挺干脆:

"行啊,让她们家里头来人写字据,要学五年哪。"

王乃文这才明白,学唱大鼓敢情需要五年才能上台。

"你俩如果学会了出去唱,挣了钱,要交柜上一半。"高师傅丝毫不绕弯子。

"那中途如果不想学行吗?"她开始犹豫了。

"不唱可不行,不然要交赔偿金二百五十块,再退学。"

"哎哟,这哪儿拿得起呀?"她说,"我家连饭辙都没有,哪儿有二百五十块钱呀?"

谈来谈去,没辙,只好认头。于是,她俩偷偷拜了师。

多年之后,王乃文回过头来不由慨叹:世事无常,若没这段小插曲,也许真的跟载涛成就不了这桩意外的姻缘。

第伍章 王乃文学艺前后

* 或许因京韵大鼓，才使载涛与她产生共鸣。瞒着家里，开始学艺生涯时，她年仅十二岁，艺名翠香。

* 三伏天，迈进家门，却不敢脱汗衫，母亲一把扯下她的衣裳，猛然愣住了。女儿的后脊背尽是一道道鲜红的掸把子印痕……

* 原本拜师时，约定五年出徒，眼瞅才两年多，便登台演出。第一次是在天桥"和义轩"，唱的是《层层见喜》，门口的水牌上还出现了她的艺名——"王云霞"。

图片说明：当年王乃文唱大鼓的西单"启明茶社"已拆除，门口竖起了两尊铜像。左立者即王乃文原型，右坐者即白凤鸣原型（本书作者摄于一九九九年）

一段错位"奇缘",像极了具有巨大张力的海绵,吸纳着社会的五光十色。

这绝非普通海绵,而是汲取几千年封建滋养,吐纳出晚清最后一丝世俗残存。

梨园的回光返照,成了门第不当的嫁娶桥梁。

袅袅余音——满汉八旗的"八角鼓",悄然替换成了琴瑟合弦。

…………

或许,因为京韵大鼓,才使酷爱戏曲的载涛与王乃文产生共鸣。

学唱大鼓

学艺绝对是个苦活儿。王乃文从第一天起,便意识到了这点。

每天早上六点多,就得从万明路步行到很远的师傅家,开始学唱京韵大鼓。赶上冬天,路上又冷又黑,冻得话都说不出来。

成天受罪更甭提了,走进师傅家门,先要伺候一家人起床,然后收拾屋子,倒尿盆、扫地……一到冬天冻手冻脚不说,还得抱着水壶走挺远,去一家茶馆打开水。这壶水除给这家人喝水、洗脸用,还要给师傅沏茶。

在"写字据"所立下的五年里,王乃文无数次犹豫过,但内心异常清楚,半路中辍得赔钱,只得硬着头皮学下去。

虽然名义上由师傅教唱大鼓,其实,高师傅已近暮年,没多大精神头儿了,最多只在旁边瞅着,真教"活儿"的是二十八岁的师哥——高众奎。别看只是师哥,但一板一眼要求忒严格,管教比师傅还厉害。

王乃文乍去时,高师哥正在教授徒弟翠兰,她算第二个徒弟。没过两天,师傅便给王乃文起了艺名——翠香。

不久,师傅家又陆续来了两个年轻姑娘,按序排下的艺名分别叫翠喜、翠英。王乃文依然负责扫地、叠炕。另外那个小姑娘也如此,一人买东西一人做家务事,两人倒换着干活儿。

甭看这姐儿几个整天提心吊胆,生怕挨打,但总是"在劫难逃"。夏天,高师哥经常提个掸把子,凡听到谁忘词或跑调儿,就没头没脑地乱抽一顿,至少也得重重挨几下手板:

"记住没有？应当怎么唱！……"

一边打，一边让她们接着唱。头天教的，第二天就考唱，逼着姐儿四个背到半夜，不然，第二天一顿饱打绝对跑不了。

内心虽早有准备，却没想到学"活儿"如此之苦。人前背后，不知落过多少泪。一次，连母亲也心疼得泪水涟涟。

三伏天，迈进家门，她满头大汗，却不敢脱下汗衫，只洗了一把脸，便赶紧躲开。

"大姑娘家的，身上怎么不洗洗，等着臭了？"母亲说着，一把扯下女儿的衣裳时，猛然愣住了——孩子的后脊背上，一道道鲜红的掸把子印痕，触目惊心……

"怎么不早跟妈说呢？"母亲一把搂住她，痛哭失声。

"说有什么用？我就想让家里日子过好点儿，盼着早点儿上台挣钱呵……"她边说边抽泣着伏在母亲怀里[①]。

每天清晨，高师兄吃完早饭，便大模大样儿往小凳上一坐：

"谁唱？今天上新的。"

话说得再明白不过，如果学不会就得挨打。冬天打手板，夏天拿掸子抽。每当学不会时，师傅就立马板起脸来：

"伸手！"

她只好乖乖伸出手，高师兄抄起板子就"啪啪"抽打手掌心。

"唱得不对！为什么不记着？这腔儿怎么唱的？"

打完之后，高师兄才柔声告诉这些师妹，这个调再起点儿，那句唱腔应当落点儿……临了，总是甩下一句：

"你那么唱就不对，自己想想应该怎么唱？"

"哎，是哪点儿不对呢？"

"到那边去，好好想想。"高师兄一般不直接告诉她错处在哪儿，只是点到为止。

往往，王乃文需要承认唱得不对，然后再重唱一遍。这时，高师兄便唤过另外一个小姑娘。

"翠英哪，你过来！"

虽然翠英稍微聪明点儿，但头一天教的也不一定能完全学会，便赶紧学唱。

---

① 当王乃文向本书作者回忆到此处，仍禁不住泪如雨下。

"比前头的强点儿,那边去!"

高师傅当时总共收有四个女徒弟,年龄分别是十七、十五、十三、十二。早上,师傅让她们逐一唱完,有时还单独唤王乃文过来盘诘:

"翠香,你给我过来,学会了没有?"

王乃文踌躇着,不敢说学会了,只是胆怯地慢慢挪着小步蹭过去。

"再唱一个曲子,我听听。"

往往,她随着师傅弹弦儿,按照京韵大鼓的节拍,倒总能勉强唱上来。

城南游艺园偷艺

时常眼含着泪水,暗下工夫学艺——泪眼婆娑中,王乃文仿佛看到了自己登上舞台的那一刻。

人,一旦有了信念,就不会被任何难事所吓倒。渐渐地,她适应了学艺生涯,眼泪流得越来越少,"活儿"却越练越熟稔,稍稍有闲,就琢磨起上台时左手拿"板"、右手拿"楗"的姿势和神态。

不久,她又偷偷跑回城南游艺园找邓大爷,不为别的,就是想悄悄"偷艺"。

当时,游艺园在天桥西南角一个叫"四面钟"的地方,步行到天桥仅需十来分钟。那儿聚集了众多京城曲艺界的名角儿,仅大鼓这一行当就囊括了著名京韵大鼓演员刘宝全、唱滑稽大鼓的"架冬瓜"、唱梅花大鼓的金万昌等不少著名老艺人。

在游艺园,她第一次见到了刘宝全的徒弟白凤鸣[1]。看上去,他也就二十出头儿,瘦高挑儿,一表人才。王乃文对白凤鸣印象极深,不仅因为他后来娶了"洵贝勒"[2]的三女儿金蕊蝉为妻,还因为后来与其同台演出过,关系历来不错。

尚未走近"四面钟",一阵阵热烈的掌声便远远传来,一听便知道那是压轴的"鼓界大王"刘宝全登场了,她急忙快步赶过去。打眼瞅去,刘宝全已是一位垂暮老人,中等个子,身材适中,面目挺和善。人们尤其喜欢听他演唱的

---

[1] 白凤鸣,著名京韵大鼓演员、少白派京韵大鼓创始人。其父白晓山做过清代吏部小官,曾为八角鼓、单弦牌子曲票友,后改唱木板大鼓。长兄白凤岩是京韵大鼓弦师,长期为京韵大鼓名家刘宝全伴奏。白凤鸣八岁起向父亲学习演唱,后向刘宝全的弦师韩永禄学习板路,又向兄长白凤岩学习声韵和唱腔。解放后曾任中央人民广播说唱团团长,1980年去世。

[2] 洵贝勒,即清末摄政王载沣之六弟载洵,曾任清末海军大臣、东陵守护、宗人府右宗令。

《水浒》段子，每当他演唱之际，观众往往趋之若鹜。

其实，刘宝全堪称文武全才，最出彩的要数《大西厢》和《八扇屏》。每次演出时，台底下观众最多，唱到精彩之处，大多掌声雷动。

当上这样的名角儿多不容易呀——王乃文暗自羡慕着。事实上，刘宝全作为著名老艺人，此时日子同样过得相当艰难，只是舞台上空自风光而已。

这番"偷艺"，虽不能说"博采众长"，终究让王乃文熟悉了各种流派的特点。

其实，她的恩师高师傅尤擅京韵大鼓，还会唱梅花大鼓。当时，京韵大鼓主要唱"武戏"，像《三国演义》、《水浒》，连唱带表演。梅花大鼓则主要唱"文戏"，像《红楼梦》、《西厢记》等曲目。

乃至高师傅和师兄教完之后，王乃文偶尔忘了调或词儿，还可以跑到这儿耳濡目染一番，反倒在唱腔、身段等方面渐渐开了窍，也算是一种有形熏陶。

全家闯"关外"

寒来暑往。一家几口人，每天指望着父亲去馆子里挣两三毛钱，勉强养家糊口。眼看生活越走越艰难，母亲只得发了"狠话"：

"走，你们都走吧！"

于是，父亲和哥哥一起投奔了丰润县。

这是王乃文最崇拜的两位鼓界大腕刘宝全（下）和白云鹏。她时而悄悄溜到城南游艺园去观摩偷艺。照片源自本书作者收藏的民国初年首版中国第一部京剧杂志《菊部丛刊》

后来，父亲在丰润县衙里当差，哥哥也找到了个差事。由于两个舅舅有文化，大舅混上了科长，二舅也成了什么股长，都搬往城内的县衙里去住。父亲和哥哥一家人则在衙门外头居住，这样，便在丰润县临时落了脚。

一天能够吃上一顿糙白面，一家人的日子比起京城算是好过多了。不久，大舅向二舅询问王乃文等人在京城的情形，二舅便把母女这几年近况详说了一遍：

"乃文欠着教大鼓的师傅一笔钱，总共要还人家二百五十块。没办法呵，这得多咱唱完才能出徒呢？"

"那怎么行？咱俩人在外头工作，让外甥女唱大鼓？绝对不行！你赶紧拿钱回去，把她赎出来。"

二舅听了大舅的话，连忙揣着攒下的钱返回北京，找到姐姐，让她出面去央告师傅，无论如何也不能再让乃文学大鼓，话说得没有任何余地：

"咱闺女不打算学了，因为我大哥不让她再唱大鼓了！"

这时，王乃文已经学徒两年多，唱得还算不错。然而，母亲板着脸和高师傅谈妥，赔付全部学费，不再学唱大鼓。于是，王乃文也和母亲一起径奔丰润县。

天有不测风云。那一年，日本鬼子打到丰润县，县城内外顿时乱成了一锅粥，连县长都跑得没了影儿。王家住在衙门外头，距县衙仅隔一道墙。母亲吩咐王乃文马上收拾衣裳，打个包袱，赶紧逃跑。

兵荒马乱中，逃难的灾民奔走呼号，全家人被冲散。母女俩喊破嗓子也没找到父亲，只好继续逃命。稍稍停住脚，母亲望着四散奔逃的人群，发起了愁：

"这一大家子人往哪儿跑呢？"

娘俩把攒下的钱，全部掏出来买了火车票，拿定主意直奔京城。坐上火车返回北京，哪知连落脚的地方都找不到，只好四处寻亲访友，托人帮忙。最后，总算央求从前关系不错的老街坊腾出一间旧房，凑合着临时住下。

不久，父亲也从丰润返京，找到了母女二人。王乃文那年十八岁。家里一直是借债度日，根本没有一点儿进钱的道儿。这时，有人便给父亲出主意说：

"得了，现在世道也变了，不是当年那时候啦。闺女不是学过一点儿吗？就让她唱大鼓去吧。"

为谋生，父亲只好同意王乃文暂时到过去的落子馆唱大鼓。掌柜得知王乃文归来，连忙赶过来：

"行啊，你来得正好。"

"我一定好好唱。"王乃文当即表了态。

"可你要做一身好衣裳，才能出台呵。"

掌柜的话倒是蛮实在，一个大姑娘，没身像样的衣裳怎么上台演出？于是，母亲借钱裁了两身衣裳。没想到，女儿稍加打扮，便让人眼前一亮。

原本拜师时，约定五年出徒才能登台。拿定主意后，她就边学边随师傅和师哥开始上场演出。第一次登台，是在天桥"和义轩"。

初次亮相是"垫场"，大鼓段子叫《层层见喜》。这次的报酬虽然和师傅对半劈，但毕竟能给家里添点儿进项，她心里仍是喜滋滋的。

就这样，跟随师傅一边学，一边出去卖唱。通常名角儿来得晚，在后台休息时，她便给人家"垫场"——先唱。这样，四个学艺的小女孩，每天虽然只挣三四毛钱，但也得跟师傅对半劈。

眼瞅才两年多，不仅能登台演出，门口的水牌上还出现了王乃文的艺名。尽管只能帮衬家里不多的钱，她依然异常高兴，每天回到家里，不再愁眉苦脸。

名头渐响，开始正式登台，一块钱一曲——一般茶馆五毛，高级一点儿才一块。接着，父亲又出了个主意，原来的"翠香"不雅，于是给女儿改了个艺名"王云霞"。一天早上，掌柜在门口挂上了一块大大的水牌，上边赫然写着：

"王云霞"。

第陆章

出师遇『祸』

* 出师那年，她还不满十八岁，大鼓段子却足足学会了二三十曲。正式在西单"启明茶社"挂牌演出，头一次唱的是《杀惜》、《活捉三郎》，博了个满堂好。

* 跟她同挂水牌的，有著名相声演员常连安、高德明和高德亮兄弟俩、唱铁片大鼓的漂亮姐儿郭晓霞、唱梅花大鼓的金万昌、唱京韵大鼓的白凤鸣等众多名家。

* 岂料，一天园子散场，已是夜里十一点多钟，竟在"和义轩"遭遇流氓。

* 不久，父亲在街上邂逅涛贝勒。

图片说明：王乃文最崇拜的两位鼓界大腕刘宝全（右）和白云鹏。照片源自本书作者收藏的民国初年首版中国第一部京剧杂志《菊部丛刊》

"皇叔"与平民"灰姑娘"的奇异姻缘,源于一桩飞来横祸。

倘若无此遭遇,"偶然"便擦肩而过。

曲艺界骤失一位大鼓书名家,没落王府多了一位才艺佳人。

没辙,或许命该如此?

…………

从十二岁学艺,至十六岁开始跟随师傅到各处演唱——茶馆、堂会、天桥戏园,总算熬到了出师登台。

母亲高兴至极。当时,全家每人只有一件衣裳,晚上要等家人睡着,聪明能干的母亲才能给她洗净衣服,用烘笼烤干,第二天早上再穿。

拜师时家里太穷,请不起客,这次总归了却一桩"心事"。

登台谢恩

兴奋之余,母亲找到师娘,一再对师傅夫妇多年的栽培表示感谢,恳请补上那次没钱请客的缺憾:

"云霞如今登台了,在我家略备薄酒感谢师傅和师娘,请务必赏光呵。"

晚上,高师傅全家以及师哥、亲友,在王家欢聚一堂,来了个一醉方休。畅饮之际,师傅轻声撂了一句话:

"就冲云霞这条好嗓子,日后必红!"

于是从这天起,师徒俩倒了个个儿——王乃文不用每天去师傅家学艺,高师傅反倒天天早上到家来为她吊嗓子。

人,最难忘怀的是一生中的重大转折,她亦如此。

言归正传,出师后的首场演出,是在天桥"德义轩"——京城比较大的落子馆,比名盛一时的"小桃园"还火上几分。除了正式剧场,在当时已属一流。场子里大约能容二三十人,观众可以一边喝茶吃点心、嗑瓜子,一边听大鼓。

似乎有别于其他茶馆,听众走进"德义轩",不用买票,坐下才掏茶钱。

不一会儿,茶役便拿着锦缎扇子面走过来,上面写着几个演员的名字和唱"活儿"——段子目录,客人可以随意点唱,点一次交一块钱,不点也可以听

"蹭儿"。

王乃文头一段唱的是《杀惜》,接下来唱的是《活捉三郎》。临了,落了个满堂好,掌声不断。

第一炮算打响了,连弹弦子的师哥高众奎也高兴得直冲她竖起大拇指。

不多日,王乃文正式在西单的"启明茶社"①挂牌演出。茶社在闹市设了三四十个茶桌,足能容纳一百多人。

每天午后两点多,王乃文先去"德义轩"演唱,一直到傍晚六点多。散场之后,回家吃完晚饭,七八点钟,又得匆匆前往"启明茶社"——行话叫"赶场"。

临唱前还要"打脸儿"——化装,穿上旗袍。每天要晚上十一点多才散场,虽然累点儿,可心里痛快,好歹能为家里分忧了。

当时,在"启明茶社"挂水牌的还有相声演员常连安、高德明和高德亮兄弟俩、唱铁片大鼓的"漂亮姐儿"郭晓霞、唱梅花大鼓的金万昌、唱京韵大鼓的白凤鸣等众多名家。

众星云集。王乃文以年轻端庄、唱功扎实而渐渐小有名气。

这段日子,差不多每天都是白凤鸣"压轴"。王乃文往往被排在倒数第二名上场,算是"次压轴"了。那一年,她刚刚十九岁。

"人怕出名,猪怕壮。"王乃文在多年后依然坚信,此言不虚。

以往,有些老听众专爱听她的拿手唱段《李逵捉鱼》、《华容道》……王乃文尚未到来,观众便往往准备点"活儿"。王乃文只是专心演唱,台下都是些什么人,却一直没留意过。

这地界有个外号"地痞"的无赖,经常去王乃文所在的落子馆捣乱,故意找茬儿嫌她的价格贵,在别的姑娘面前也成天胡说八道。他居然能从大早晨一直听到晚上散园子,一会儿让这个姑娘唱一曲、那个姑娘来一段,没人敢惹。

第一次见到王乃文,"地痞"便满嘴暧昧地用大拇指冲台上一挑:

"哎哟,这是谁呀?一瞧门口这名字,以为是哪个新来的大姑娘。哎哟,你现在有艺名啦,唱一个给爷听听吧……"

王乃文索性扭过身,根本不搭理。

---

① 启明茶社,旧址原在西单商场中心附近,现已拆除。

当年王乃文唱大鼓的西单"启明茶社"已拆除,门口竖起了两尊铜像。左立者即王乃文原型,右坐者即白凤鸣原型(本书作者摄于一九九九年)

"和义轩"遭遇流氓

岂料,一天晚场散后,已是夜里十一点多钟,王乃文刚走出来便被"地痞"突然拦住。

"王云霞,怎么样,陪我去哪个饭店吃点夜宵吧?……"

说完,死乞白赖缠住不放,王乃文顿时被吓坏了。

那个"地痞"年纪轻轻,听口音像是奉天人,虽然穿着便衣,可腰里鼓鼓囊囊,看上去似乎揣着手枪。由于刚出道儿,头一次遭遇纠缠,内心十分害怕。她早就知道有这么个坏人,经常拦截、勒索女艺人,这次偏巧让自己撞上了,见此,只好客气地解释:

"对不起,我今天身体不舒服,得早点儿回家。"

说罢,她托辞去茅房,转身跑出门,抬腿就上了"包月车"。坐在车里,心仍在狂跳个不停,拉车的小伙子跑得飞快,一溜烟似的送她回到家。

"地痞"见她施计逃脱,干瞪着两眼,气得直喘粗气,在后边大声叫喊着:

"你跑得了和尚,跑不了庙!"

王乃文自知,从此得罪了这个"地痞"。当天晚上,"地痞"由于没等到人,掌柜也没透露王乃文住哪儿,便大发起雷霆:

"嗨!你们怎么让她跑啦,赶快给我找回来!"

"她刚出道儿,还不懂事儿哪,心里头害怕。"掌柜连忙劝解。

"她妈了个巴子的……"

"地痞"怒骂不停,随即高声扬言:

"她明儿个来不来?来了,我就把她带走!"

大伙纷纷走过来,一个劲儿好言相劝:

"爷,您别生气,明儿个再来看看,劝劝她,现在她跟生人出去还不习惯。"

"好了,明儿见。"

"地痞"当晚气哼哼地走了,但第二天一早又来"守株待兔"。

王乃文虽然提心吊胆,次日仍然去了园子,因为家里还等着钱用。果然不出所料,"地痞"早已静候多时。

开场前,管点"活儿"的伙计刚手持锦缎扇子往前走,猛听一声蛮喝:

"大爷今儿点个'活儿'!……"

王乃文这时从台后偷眼一看——好家伙,"地痞"把手枪"啪"地往桌上一拍,又掏出一大把光洋,哗啦啦往桌上一倒,点名让她一枚洋钱唱一段。

"叫王云霞出来给我唱!……我喝茶,让她唱,什么时候把这堆洋钱唱完,就什么时候算,不唱就毙了她!"

王乃文顿时被吓得晕头转向……一段"活儿"才一块钱,这一大堆钱什么时候唱完呀?明明是来耍横儿!她自然不敢明言,只好偷偷躲在后台。

掌柜和伙计们闻声,纷纷凑上前劝解,点头哈腰地哀求他高抬贵手:

"王云霞病了,请了病假,没上园子里来。等她来了,一定让她给先生唱……"

"你们不让她来可不行,我天天来这儿,就得给我唱!""地痞"的语气越来越嚣张。

掌柜见势不妙,忙派人跑到后台,私下通知她:

"赶紧回家去,这几天千万别露面啦。"

听着"地痞"暴跳如雷的狂吼,王乃文吓得慌忙逃了出去。

由于"地痞"反复前来捣乱,王乃文一连几天没演唱。可是,那个流氓成性的家伙仍不依不饶地嚷叫不止。

园子的伙计又说软话、又赔不是。没想到,对方较上了劲:

"不是不来吗?我天天来这儿等着!"

连续闹了几天,由于王乃文始终没露面,"地痞"没趣,只得怒气冲冲地走了。大伙儿见状,叫苦不迭地说:

"咱们这可怎么办哪?"

第二天,掌柜和伙计来到王乃文家,直言相告。母亲听后,异常担心:

"没准儿,这非要惹出乱子不可。"

"能有什么乱子呀?"王乃文感到不解。

"昨天那个地痞说,今儿个还要到茶馆跟你泡,你得想办法躲一躲呀。"

"那怎么办哪?"王乃文束手无策。

"到那儿跟他说点儿软话儿,行不?"

出于长久之计,母亲给她出了个"软主意",但父亲和掌柜都不同意。而且,掌柜还特意劝她:

"你可不能去呀,如果让他瞧见,那还有好儿?他把你带走会出事儿,你先躲躲,过些日子再说吧。"

王乃文虽没敢露面,母亲倒去了茶馆,见到那个流氓,低声下气地央求:

"爷呵,您瞧那天让您生气,云霞回家就躺下了……病了,直到今天还没起来哪。她不能出来啦,过两天再陪您喝茶吧。"

"噢,你们这叫'推'。这不行,你今儿推明儿个明儿推后儿个,早晚得有那天!"

说完,他把手枪又"啪"地使劲拍在桌上。母亲一瞅,被吓得不轻,接着好言相慰:

"我们赶紧给她瞧病,病好了就叫她来。"

说完,母亲不知所措地慌忙跑回家。打那儿起,王乃文更不敢出门,只得闭门默默度日。

在那个年月,哪个茶社差不多都有流氓或日本走狗,王乃文瞧见这些人就害怕,几次三番对家人说:

"我不去唱大鼓了,太害怕啦。"

此时,她已经挣了一些钱,几天不唱,家里也能吃上饭。母亲知道女儿担心家庭经济拮据,总是哄她:

"你先凑合着去,慢慢再想办法吧。"

谁想,值此狼狈不堪之际,父亲偏巧在街上邂逅"涛贝勒"。载涛与王乃文的相识相知,也正是从这里开始的。

若以王乃文后来的话说,自己跟载涛之间,恰是"因戏结缘"。

王乃文的父亲在万明路邂逅"贵人"载涛,成就了女儿与涛贝勒的姻缘。图中如今的万明路,已成了城南繁华之地(本书作者摄于二〇一〇年九月)

京剧结缘

　　王家并不在旗,而是汉人。

　　起先,父亲王俊生在"梨园行"给唱戏的名角儿擎大旗,兼管衣箱。由于薪水不多,又学起了"扎靠"①手艺。

　　所谓"靠",便是戏台上武将头后所扎的"旗"。父亲每天到戏园子去给京剧演员穿戏衣、扎旗靠,渐渐在行内有了一点儿名气。偶然间,结识了"名票"涛贝勒。

　　说起来,其实扎靠这门手艺并不简单。尤其头后四面旗,既不能紧,也不能松,角儿戴上不能难受。这种手艺须经舞台上下多年历练,才能炉火纯青。

　　人所皆知,载涛历来酷爱武生行当,尤其擅演长靠武生,《长坂坡》是其当家拿手戏。可以想象,载涛勾脸有专人化装,穿衣裳则由王俊生负责。由于多

---

　　① 扎靠,即京剧中的武将背后插的旗子,俗称扎靠。

年跟随载涛伺候扮戏,这一晃儿,戏衣、枪靶子以及戏衣箱,已购置不少。

以往,父亲在戏班子长期管"戏箱",精通"行头"这行当,经常奔走于庆亲王府、洵贝勒府和涛贝勒府等京城各王府之间,行话叫"伺候爷"。

因王俊生"扎靠"瓷实,载涛穿上感到特别舒服,又见他老实巴交,因此每逢王府里排戏,总少不了叫上他来"帮衬"。

这样一来,俩人关系越来越熟稔。也正因此,王俊生跟各王府关系混得非同一般。

到后来,载涛索性专门找王俊生"扎靠",且非他不可。

久而久之,载涛也总爱跟年轻人"拉根儿"①,有时见面还短不了彼此开个玩笑:

"哎哟,小王呵,忙什么呢?"

王俊生由于岁数不大,加之载涛的显赫身世,一直称载涛为"爷":

"不忙,就等着伺候涛贝勒爷您哪……"

谁知,这一个"等"字,果真让他等着了。一天上午,王俊生正在家门口——万明路附近聊天,打老远就瞧见一人正骑着高头大马在街上闲逛,开始没怎么在意。忽然,他听到此人招手喊自己:

"小王,小王。"

因平常认识的熟人都不称其名王俊生,而管他叫小王。他眼见一位戴着墨镜的高大汉子策马而来,高声问起:

"哎呀,小王你怎么在这儿呀?"

他猛然抬头一看,旋即认出京城赫赫有名的涛七爷,大吃一惊,赶忙紧走几步,过去请安:

"哎哟,这不是涛贝勒吗,您怎么骑马上这儿来啦?"

"我到这边随便溜达溜达,怎么在这儿碰上了?"载涛端骑马上,笑呵呵地说。

"哎呀,贝勒爷,敢情您上这边遛弯儿来啦?"

"是呵,你怎么在这儿呢?"

"涛贝勒爷,我就住在附近呵。"王俊生赶紧自我介绍。

"哟,我今儿个出来这么远能遇见你?算是有缘。"

"七爷,今儿晚上什么戏呀?我好把戏衣给您从戏箱拿出来呵。"

"今儿个,咱唱一出《长坂坡》。你把旗靠和戏衣,全都拿出来摆上,勾完

---

① "拉根儿",老北京话,闲聊的意思。

脸儿好穿。"说完这番话，载涛欠身下马，牵着马边走边说，"咱俩认识多年了，聊点儿家常话儿吧……家里怎么样？"

聊天当中，载涛关切地问起他家中近况。王俊生那年四十多，仅比载涛小几岁，于是委婉地试探着对他说：

"我家离这儿不远，也不敢冒昧请您到家里去。"王俊生本来是一句客气话，没想到，载涛倒认了真，慨然应允：

"没关系。走，到你家里瞧瞧去。"

第柒章

初识『皇叔』

＊三天之后，载涛又骑着自行车来到万明路，第一次走进王乃文家。

＊没几天，载涛又携姜婉贞及周妙云、金孝兰妻妾三人，乘小卧车专程来到王家串门。

＊载涛"三顾茅庐"，王乃文清唱了一段传统京韵大鼓。载涛听了，一个劲儿夸她唱得忒有味儿。

＊父亲总是按照职业习惯，把世人都比喻成戏中的人物："这是涛贝勒，人家可是京城一'角儿'，上咱家这儿来可不容易呀。"

图片说明：王乃文的父亲在万明路邂逅"贵人"载涛，成就了女儿与涛贝勒的姻缘。图中如今的万明路，已成了城南繁华之地（本书作者摄于二〇一〇年九月）

京城"丑小鸭",倏然变成主人心目中的白天鹅,并非来自上帝的"魔法",却是由于"国粹"的引力。

京腔京韵自多情。一曲京韵大鼓,勾去了涛贝勒的"魂"。

从王府迈入柴扉,纯属扮戏的"长靠",竟促成无意间穿针引线的结果。

看似无意间的遛马,居然联袂"秦晋"。

…………

初次跟载涛见面,王乃文年仅十七。

因父亲街头偶遇载涛,才引出这一档子从天而降的皇亲姻缘。

初见载涛

二人邂逅之后,王俊生在前边牵着马,载涛缓步跟随他来到万明路的家门口。此时,王俊生手指着大门口,说:

"贝勒爷,您瞧,我家就住在这门里。"

载涛好奇地从外面探头瞅了瞅:

"噢,你家住在这儿,挺好呵。"

"贝勒爷,我可不敢让您进去,家里太窄巴了。"

"没关系,今儿个我就不进去了。天不早了,我得回去。"

"您往哪儿去呀,我送送您吧。"

"甭送了……"

载涛说着,纵身上马,很快消失在胡同口。

当时,载涛住在东城山老胡同,居然一直骑马来到前门外的万明路。载涛走后,旁边的街坊纷纷询问起来:

"哎,小王,那位骑马的是谁呀?"

"可真有气派呵,瞅上去就不是一般人。"

"那当然啦,他就是宣统的叔叔,大名鼎鼎的涛贝勒!"

"是真的吗,你开逗吧?"谁都不相信骑马离去的就是载涛,纷纷追问,小王你怎么认识这么有名的大人物。王俊生一拱手,诚恳地对众人说:

"咱伺候过涛贝勒唱戏,人家上这儿逛街来啦,碰巧遇上的。"

街坊们七嘴八舌,一时说什么的都有。谁也没料到,三天之后的上午十点多,记忆力惊人的载涛,又风度翩翩地骑着自行车来到万明路,居然直接找到了他家,碰巧,王俊生正在屋内。

"王师傅在吗?"

这次,载涛称呼极为客气。乍见到载涛时,王俊生感到惊讶万分:

"哎哟!贝勒爷,您怎么来了?可真想不到呵。"

"没事儿,我骑车路过这儿。"载涛显得挺随意。

"您赶紧进来坐吧,光临寒舍,这太委屈您了。"

王俊生一家人居住着两间破旧平房。这时,王乃文恰好也在家,载涛刚走进屋门时,她便在里屋看见了。王俊生客气地让进载涛之后,连忙转身从里屋唤出母女俩,向载涛作了介绍:

"这是我老婆和闺女。"

说着,他还冲母女俩使了个眼色:

"你俩还不赶紧拜见贝勒爷?先鞠个躬吧。"

"得,今儿个算头一次见面。"载涛微笑着说。

于是,王乃文拘谨地朝载涛鞠了一个躬。见到她,载涛上下仔细打量了一番,接着笑着打听:

"这是你闺女呀?"

"是呵,她叫乃文。"

"名字挺好。"载涛刚见第一面,便露出欣赏之色。

载涛落座之后,王俊生忙吩咐女儿:

"家里来了贵客,还不赶快沏茶?"

当时,王乃文并不知来客是谁,只是静静地端上一杯茶。接下来又感到纳闷儿,眼见上了茶,来客却连茶杯都没碰一下。

若按老北京话说,王乃文是个"杵窝子"①,平时不爱说话,见陌生人就躲。

载涛极少来到平民百姓家,瞧什么都新鲜,活像《红楼梦》里的刘姥姥进了大观园,一会儿瞅瞅这个,一会儿又端详那个:

"你们家几口人呀?"

"总共五口人。"王俊生小心翼翼地回答。

---

① 北京俗语,意为见外人不会说话,显得窝囊的人。

一会儿，载涛又好似漫不经心地问起：

"小王，你有儿子吗？"

"有呵，到街上卖报去了。"

王乃文的哥哥每天卖报挣钱，恰巧没在家。因为是多年老熟人，俩人又不由自主地扯起京剧界轶事，足足聊了半天儿。眼看临近中午，载涛关切地问：

"哟，小王，你得吃饭吧？"

因为素知王俊生总是吃过午饭，就得去园子给演员扮戏。眼看到了午饭时间，王俊生不好意思地说：

"贝勒爷，您在这儿吃饭吧。我吃完饭，待会儿还得上戏园子……"

"哎哟，那你们家吃午饭吧，我改天再来。"

说完，载涛起身迈出门外，径自推起自行车走了。

王乃文注意到，临走时，载涛特别微笑着瞅了她几眼。以往，王乃文见着陌生人不爱说话，总是不声不响地伫立在一旁。载涛跟父亲说话时，她也没言语，只是在一旁默默听着，载涛走时也没送。

"涛贝勒爷，晚上见。往后，您有戏就提呵。"父亲热情相送。

她百思不得其解，只见父亲倚着门框，瞧着涛贝勒的背影，一个劲儿发愣。

此时，王乃文并没多想，眼瞧着载涛身穿西服、脚踏马靴、头戴黑色礼帽的打扮，仅凭少女的直觉，便发现这位贝勒爷没一点儿架子，说话格外和气，对自己明显有一种特殊的好感。

客人走后，父亲才告诉她，那是京城鼎鼎大名的"涛七爷"！打这儿起，王乃文才知道，瞅上去挺随和的大高个儿，竟然是宣统皇帝的叔叔、光绪皇帝的七弟。

"小宣统儿"，是民国年间大人们时常提起的人物之一。"光绪"，她倒印象极深，当年不少铜子儿上就铸着这两个字。再说，大鼓书里也有光绪被囚瀛台的传奇内容。

对此，王乃文印象尤深。

"皇叔"携三位妻妾登门

载涛确是有备而来。

她的直觉没错。没过几天，载涛竟亲自驾驶着小卧车，由一位庶夫人陪着又来到王家。王乃文此时还不认识载涛夫人。载涛刚走进屋，便客气地介绍说：

"这是贱内周妙云,跟着我上你家里来瞅瞅。"

王乃文悄悄打量着……载涛的庶夫人烫着头,穿着丝绒旗袍,光瞧那身时髦打扮,就知道是个上流人物。以往来过她家的女人,从没穿过那么漂亮的衣裳。此时,载涛向她父母介绍了周妙云。

"你挺好吧?"周妙云笑着问。

"挺好的……"王乃文腼腆地回答着毫无意义的客套话。

从打一见面,她就对周妙云感到挺亲近,并不显得陌生。可她和载涛乍见面,多少显得有点儿拘谨。这时,载涛还特别问起她:

"乃文呵,你今年多大啦?"

"十七了。"

载涛满面笑容地跟她闲聊起来,王乃文吞吞吐吐地对答着,倒感觉这人还不错。

不久,载涛又带着三位妻妾——姜婉贞、周妙云及金孝兰悉数登场,乘坐小卧车专程来到王家串门。

事后,载涛才告诉她,这辆黑色小卧车是敞篷的,冬天还可以撑上顶子,还捎带着透露,这次是几位妻妾集体来参谋拿主意的关键一次。

父母眼见众多贵客临门,顿时慌了神,连忙沏茶倒水,一阵热情招待。

当载涛偕三位妻妾走进屋内,王乃文才发现,姜夫人下肢瘫痪,在女仆搀扶下才能勉强挪进屋就座。载涛的三位妻妾一边闲聊,一边上下端详着王乃文,不但彼此贴着耳根悄悄说话,还私下交换着眼色。

王乃文似有察觉,大概明白了是冲自己而来,却又不知葫芦里卖的什么药……暗暗猜测着,她不禁跟母亲在背地里嘀咕起来:

"我实在弄不清楚,涛贝勒到底有几个夫人哪?"

母亲赶紧低声叮嘱,可甭多嘴,只是让她在旁边静静地听大人聊天。

载涛一家离去,父母却变得心事重重,一连几天没睡踏实。

其实,夫妇俩早对载涛的真实想法料定了八成——涛贝勒一准看中了女儿。

自打离开"启明茶社",王乃文就成天闷在家里。虽说演唱过一段日子大鼓,家里有了点儿积蓄,还在万明路附近租了三间房,但也架不住坐吃山空。没多少日子,家里的经济又开始紧张起来。父母和她无不焦急万分。

有一次,载涛来家闲聊时,父亲提起王乃文当初学艺的往事,涛贝勒的眼睛忽然一亮:

"咱闺女不是学过几年大鼓书吗?……"

"是呵。不然，也惹不了那档子事儿啊。"

载涛听后，执意非让王乃文唱上一段不可。她虽然再三推脱，但在父亲和载涛的一再要求下，只好清唱了一段传统京韵大鼓。载涛听了，连声叫好，一个劲儿夸奖，说是唱得忒有味儿。因为他原本就酷爱京剧和大鼓，堪称内行。

这一天，载涛向王乃文询问了不少大鼓书的曲目和演唱技巧。她的准确回答，更让载涛刮目相看。

从此，载涛更是青眼有加，总是让周妙云不时过来看望，关系也越来越近乎。

偶尔，载涛来到她家，从不多说什么，眼瞅着家里生活困窘，总短不了搁下几块钱：

"给孩子买点儿东西吧。"

父母起初往往婉言谢绝，载涛总是怜惜地说：

"别价，你们生活挺困难，怎么也得吃饭哪。"

不久，载涛带金孝兰来得多了起来。金孝兰比周妙云年轻，长相也更漂亮些，而且爱笑，但不爱多说话。周妙云似乎见多识广，很多场合下，都能侃侃而谈。

渐渐地，载涛不再常来常往，只派金孝兰或周妙云单独来家串门，不久便都成了频频出入的常客。她一家人内心明白，载涛的两位妻子当然是有备而来，翻来覆去打听最多的就是王乃文从前学大鼓的情形。母亲每次都据实相告：

"其实呵，街坊谁都知道乃文这点儿事。"

一次，载涛特意偕周妙云一起来串门。稍待了一会儿，周妙云盘问起了母女俩：

"您和女儿都在家待着呀？"

"是呵。"

"大姑娘怎么没出外做事儿呢？"

"哎，在家待着哪。"母亲见到周妙云追问起来，便禁不住重复道，"提起来我这闺女呀，也不怕您笑话。从前她学过唱大鼓，可现在遇到事儿了，不敢上园子去，只好在家里待着哪。"

"这到底怎么回事儿呀？"周妙云仿佛忘却以前的问话，又刨根问底起来。

"我这个闺女学会了不少唱段，唱得还挺有点儿意思，也有人爱听。"她母亲说，"可是，流氓总来捣乱，女儿再也没法儿登台了。"

"果真有这种事？"

"是呵……"

母亲不由叹了一口气。这时,周妙云跟她母亲说了会儿悄悄话,因为声音不大,王乃文也没听清。倒是听见载涛对父亲连续说了两句:

"挺好,挺好……"

"这是怎么回事儿呀,我家这么穷,哪儿好呀?"王乃文始终不太明白,在旁边听着周妙云一个劲儿夸自己,更是不明所以。

父亲依然按照职业习惯,把世人都比喻成戏中人物。王乃文在载涛和周妙云来家之前,就听父亲对家人说:

"这位涛贝勒,可是京城一'角儿',上咱家这儿来可不容易呀。"

特别有意思的是,载涛这次还去院内瞧了瞧其他几家邻居,然后便起身告辞。

载涛缓步走在前边,周妙云跟随其身后,亲热地拉着王乃文的手,一直走到院门口。只见一辆小卧车停在路边,周妙云坐上车,在载涛身边微笑着打招呼:

"我们走了,再见……"

王乃文跟随父母向载涛和周妙云客气地招手告别。

眼瞧着马路上一股青烟飘散而过,载涛驾驶着小卧车走了。

晚饭之后,见到父亲和母亲一再回避,而又在反复商量着什么,她似乎隐隐察觉这无疑跟自己有关系……

第捌章
涛贝勒提媒

＊关系骤然升温。

＊载涛不仅携王乃文一起去戏园子听京戏,还带她去西郊"朗润园"闲逛游玩。两位庶夫人急不可耐地轮番前来提媒:

＊"真给闺女找个拉洋车的呀?让她坐小卧车还不愿意?老爷说了,给你们公母俩留点儿钱……"

＊初进涛贝勒府,只听见清脆的两声:"来客了,来客了……"再一细看,才知是一只鹩哥在叫。

图片说明:当年王乃文走进涛贝勒宅邸的垂花门,现
　　　　如今仅剩下了房顶上的瓦片和一个狭窄的
　　　　小门洞(本书作者摄于二〇一〇年九月)

或许，惊鸿一瞥的瞬间，竟留下永久的印记。

绝无轰轰烈烈的恋爱，也没有花前月下的誓约。

刘姥姥走进大观园式的目瞪口呆，亦发生在她的身上。

…………

位于京城西郊的"朗润园"①，确是一座颇有来历的著名园林。溥仪在"逊位"后的一九一九年十二月，仍在紫禁城内颁布"谕旨"，"朗润园著加恩赏作为私产"。也就是说，这里从此成了载涛的私家园林②。

幽雅的园内总共有十几处闲房，无论三合院或是四合院，无不建造得古朴大方。当时大部分租给燕京大学的教授，只留下了一幢较大的房宅，总共不过六七间房屋，仅供皇族和亲友游玩时小憩。

携逛"朗润园"

以往听说，按老规矩，载涛每逢盛夏"三伏"都要偕家人来此避暑。

逛过之后，王乃文才知道这里确是个清静所在，不仅环境静谧，且林木繁茂、山水相映，细细观之，别有一番情趣。

专属皇族所有且自祖上传袭下来的朗润园，与燕京大学仅一墙之隔，然而，并非老死不相往来，还有一道小门相通。涛贝勒府的人来朗润园游玩，大多从燕京大学的大门进入。

园里的正门便是邻街朝外的那两扇大门，一般闭门不开。只有载涛从京城骑马进驻朗润园时，不便穿燕大而过，这才打开大门迎将进来。

载涛第一次带王乃文坐小卧车去朗润园游玩，正值酷暑时分。走进园里，俨然霎时换了个世界，燥热的心境瞬间变得清凉透爽。一行人入房稍憩片刻，抹了把脸，便在载涛引领下，四处游玩起来。

---

① 朗润园，位于北京大学校园内。清朝嘉庆年间，为庆亲王永璘的赐园，旧名"春和园"，咸丰年间改赐恭亲王奕䜣，改称"朗润园"。奕䜣去世后此园被内务府收回，一度作为赴颐和园上朝的诸臣会议的场所。1919 年 12 月，溥仪将朗润园赐与载涛。

② 载涛因家庭生活没有来源，后来将朗润园低价卖给了燕京大学。因是私有祖产，载涛和几个妻子以及儿子都各自分到了八千块钱，连用人也分到了一部分。

王乃文由载涛陪着逛过朗润园,才知这是一个清静幽雅的所在。图为季羡林题写的"朗润园"(本书作者摄于二〇一〇年九月)

道路两旁,葡萄架、藤萝架,浓荫蔽日。杨柳、洋槐、核桃,枝繁叶茂。此外还有苹果树、海棠树……炎炎烈日下,淡淡的果香随风袭来,更使人有一种悠然陶醉之感。

沿湖旁的假山缓缓步行,抬眼可望水中的荷花,娇艳如画,一束束探耸的莲蓬,婆娑摇摆,显现出一派清雅的景致。此时,湖中一叶小舟缓缓划过,船上的人头戴大草帽,使人如临仙境一般。

小山顶上有座精致的小凉亭,坐在里面一边品茗一边居高观赏园中风物,凉风徐来,美不胜收。午餐过后,载涛吩咐王乃文和众人接着游玩,自己则按老习惯酣然入睡。

午后,载涛睡毕,又偕众人遛了个弯儿,吃过晚饭才乘车回府。王乃文也尽兴返家,开心地向父母讲述起了朗润园内的所见所闻……

不知不觉,王乃文与载涛已来往了将近一年之久,两家人也变得极为熟悉起来。

在大自己九岁的周妙云指点下,称呼也变了,王乃文开始叫姜夫人为"老太太",见到载涛称"老爷"。对于载涛的两个妾,则分别唤作大姐、二姐。礼节也有所演化,由从前的见面鞠躬,改为"请安"。

几乎每月王乃文都被邀至涛贝勒府做客,或是由周妙云陪同载涛前来王家看望。临行时,总会撂下五六十块大洋,说是让她添几件新衣裳,再贴补一下家里生活。

这段时间,载涛还经常派车接她和家人到京郊各处游玩。一次,正玩得高兴,周妙云忽然对她说:

"咱们姐儿几个老待在一块儿玩儿,多好啊!"

此时,王乃文仍未真正明白话里的含义,只是愉悦地点头不已。

不久后的一天,周妙云突然来家,故作亲热而又絮叨地劝说起她的母亲:

"还是那句老话儿,您就别惦记让乃文唱大鼓了,跟我们在一块不是挺好吗?"

"不唱可不行,我们一家人就指望她了。我还想让她再'奔'几年……"

母亲又板起脸,明确表示不同意。

"没关系。"周妙云好像早已料到,慢条斯理地说,"您老二位的生活嘛,以后可以完全由老爷承担……"

见母亲依然没做声,周妙云又劝说道:

"您放心,我们一家人和大妹妹都相处得挺好,全都愿意她来府里,老爷尤其喜欢她。"

王乃文虽然没说话,但深知这最后一句话是真的。此刻,终于明白是载涛派周妙云来"说媒"的。直到几年后,周妙云才告诉她,当时自己本不愿提亲,是载涛硬逼着来的。

巧舌如簧的"红娘"走了,母亲可犯开了愁……

连续几天,父母翻过来调过去考虑,始终犹豫不决。

载涛遣人"说媒"

愈熟愈近。平时,王乃文和载涛的两位庶夫人总在一起玩儿,谁不见谁都挺想念,宛如亲姐妹。

当时在京城,谁家有一辆小卧车都是稀罕物件,两位庶夫人总拿家里的小卧车说事儿。她们习惯称载涛为老爷,不止一次殷勤地说:

"老爷什么时候用车接你,你就来府里,反正你在家也没事儿,就常上这里来玩儿吧。"

一天,两位庶夫人索性跟她母亲直接挑明:

"老爷跟太太都喜欢她,要把她留在府里,您看怎么样?"

"不行,那哪儿成啊?"母亲佯作不解,"再说我家这姑娘眼瞅十九岁,也该出嫁了。"

再到后来,周妙云依然是那老一套,只是话里格外透出一份熟人的亲热:

"你闺女出嫁还能找个什么好主儿,让她坐小卧车还不愿意?老爷说了,给你们公母俩多留点儿钱,留着慢慢花,不会难为你们的。"

"那我怎么跟她说呀。"母亲似乎显得挺为难。

"你甭难为她,老爷反正不会让你们老两口饿着,还每月能给你们点儿零花钱。这多好啊。"

母亲听她俩总提钱,显得有点儿不愿意了:

"哎哟,咱这不成了'卖'闺女啦?"

"这可不是,你瞧我俩不也嫁给老爷了吗?云霞比我们年轻多了,肯定讨老爷喜欢。"

禁不住一再劝说,母亲最终松了口:

"如果这事儿成了,你俩以后可得向着她点儿。王府里规矩大,她什么全不懂,你们得教教她。"

"好吧,我们回头跟老爷说去。"

母亲说这些话时,可没当着王乃文的面。这些话是迈进王府之后她才听说的。到最后,载涛托了一个"中人"前来游说了几次,最后又捎话给她父母:

"行啊,父母愿意就行。不就是老两口嘛,每月发生活费,再给一笔钱,做点儿小买卖吧。"

母亲不由动了心,又跟父亲学舌。父亲倒没意见,内心盘算——毕竟嫁给了多年熟悉的老朋友。

王乃文最初不愿意,内心忐忑不安。母亲倒反过来耐心劝说,见实在谈不通,就急赤白脸地嚷了起来:

"人家这么诚心诚意,你还不去呀?"

尽管母亲再三犯急,王乃文仍不想嫁到载涛家当妾。

"不去不行!都说好啦,过几天就用小卧车把你接走啦。"

"哎哟,这可不行,我不去。"

"不去可不行!"

谁知,听到她母亲叫嚷,同院的街坊纷纷跑了过来,既有劝女儿的也有劝母亲的。

隔壁大婶好心地把王乃文拉到堂屋,耐心地劝说着:

"甭害怕,你跟她们一起玩儿得不是挺好吗?你干脆出嫁得了,你们家平时哪儿有多少'进项'①啊?"

"再说,涛贝勒爷每月还给你爹妈生活费,眼眉前先给一千大洋,你还不去哪?"

"我可到底怎么办哪?"她内心依然犹豫不决。

---

① 进项,老北京话,意为进钱的项目。

"赶明儿个,王府来人接你的时候,就痛痛快快跟人家走吧。"大婶劝说着。

"我不去,不愿意去。"

为此,母女成天拌嘴,一直闹了许久别扭。没辙,最终她只得同意出嫁。

婚事说妥,从此她不再登台演出,载涛每月贴补她家六十元现大洋作资助。一家人的生活倒再也不用发愁。

初进涛贝勒府

婚事骤近。

载涛一步紧似一步,大有立娶到手之势。一天上午,周妙云乘坐小卧车来接王乃文去涛贝勒府见见世面。王乃文犹豫好半天,终归拗不过周妙云的盛情相邀,再加上父母早已点头,只好跟随前往。

以往只在外面到处玩儿,这次进了王府见到什么都透着新鲜。

此前,载涛的两位庶夫人曾问起过王乃文:

"你会请安吗?"

"不大会。"

的确,起初她真的连请安都不会,内心忐忑不安,唯恐进府露怯。

所谓新涛贝勒府[①]地处北京东城区山老胡同内。进口不远,路北有两扇朱漆大门,左右各蹲伏一头石狮子。最显眼的标志,则是大门两侧枝干繁茂的大槐树。

尚未走进府门,一位面目和善的老人便笑呵呵地迎了出来。周妙云介绍说,这是王府里的"门房"[②],名叫金福,满族人。这时,金福冲她拱手,略施一礼:

"老爷正等着你呢。"

走进大门,迎面便是"垂花门",即二门。迈进门槛,便可看到北屋正房一溜七间——"五明两耳",挑檐抱柱,东西厢房各三间,四周走廊环绕。王乃文好奇地东张西望着,长长的回廊,设计巧妙,甭说下雨不用发愁,即便围着院子走一圈儿,也不用担心淋到身上一滴雨点。

这种院落,京城历来俗称"殿院"。

[①] 为区别于从前龙头井的老涛贝勒府,老北京人往往把载涛迁到山老胡同的宅第,称作新涛贝勒府。

[②] 门房,即守大门兼传报信儿的。

她刚刚迈上正房台阶,就被两声清脆的招呼吓了一跳:

"来客了,来客了……"

"谁说话呢?"王乃文纳闷儿地问起周妙云。

"你瞅呵!"周妙云乐了,顺手一指廊下精致的架子,"那不是吗?"

正抬眼寻摸,她又听一个清脆的声音跟着尖叫起来:

"来客了,来客了……"

四周瞅了个遍,她才发现,正房门口各悬着一个架子,上面蹲着两只小鸟。见她仍不明白,周妙云便解释说,那只先叫唤的小白鸟叫"八哥",黑色的叫"鹩哥"。只有八哥叫一声,鹩哥才跟着学一声。

越看越有趣,王乃文不由"扑哧"笑出了声。

"哈哈哈,哈哈哈……"她正掩口而笑,突然被正房内传来的几声男人大笑吓了一跳。原来,载涛夫妇正在等她。走进屋,载涛从座位上站起身,兴奋地问候着:

"乃文来了?"

此时,王乃文木然地站在屋内,不知施什么礼节才对,一眼瞧见姜夫人正在直对屋门的后炕上端坐着,忙躬身问候。

直到此时,载涛既没让座也没握手,倒是姜夫人许久未见,一个劲儿冲她微笑,紧张的心情这才稍感轻松一些。随后,姜夫人细声细语打起了招呼:

"玩儿来啦?"

"嗯……"王乃文微微低着头,只是支应了一声。

"这些日子,你上园子里玩儿去了吗?"显然,姜夫人指的是朗润园。

"老爷带我玩儿过啦。"

接着,姜夫人又问了一些闲话,却依然始终没让座,王乃文便站在屋内怯生生地有问必答。

正值盛夏季节,已是午后四点,天

当年王乃文走进涛贝勒宅邸的垂花门,现如今仅剩下了房顶上的瓦片和一个狭窄的小门洞(本书作者摄于二〇一〇年九月)

气依然酷热。只是由于心情紧张,王乃文压根儿没感到天热。一阵客套之后,彼此又聊了一会儿,载涛便对周妙云说:

"让乃文上你那屋坐会儿吧。"

于是,周妙云走过来,热情地拉起王乃文的手说:

"跟我走,歇会儿去吧。"

见王乃文连请安都不会,周妙云一劲儿替她难受。临走时,姜夫人还客气地说:

"乃文呵,我看到你就打心里高兴,往后常来府里,你就习惯了。"

"哎……"只是漫应了一声,王乃文便默默地走了出去。

周妙云引领王乃文离开正房,来到自己的卧室休息。初进王府第一天,仅从涛贝勒府正屋的摆设上,她就已经感觉到了什么叫"排场"。

接下来,她跟着周妙云在府里慢悠悠转了一圈儿,又返回屋里休息了一会儿,遂被载涛招来一起共进晚餐。

返家之前,姜夫人亲热地唤她过来,亲手送了一叠贵重的衣服料子。临走出府门之际,载涛又温和地询问:

"乃文,怎么样啊,在府里玩得好吗?……"

"玩得挺好呵……"

"以后常来府里玩儿嘛。"载涛呵呵笑着对她说。王乃文听后抬起双眼,默默点了点头。

不久,载涛亲自择定了婚期。

王乃文总算想通了——其实,在父母和载涛方面的双重压力之下,不通也得通。新婚前一天,她重新理发,从头至脚穿上了嫁衣。头上佩戴着新买来的首饰,尤其显眼的是,还别了一个耀眼的凤钗。手上则是戒指、镯子,所有衣裳和首饰都是涛贝勒府早就做好,打发人专程送到她家的。

婚礼当天清晨,载涛派去伺候自己的两个贴身仆人,专门候在她旁边。此前,周妙云还专程前来教过她一阵子,见到载涛和夫人时如何磕头、请安等诸般礼仪。

王乃文很早便在家里穿戴整齐,当听到娶亲的小卧车驶到门口,遂被一些亲友簇拥着送出院门。临走前,母亲反复叮嘱她:

"到了府里,一定得听话呵。"

"听您的,我一定伺候好贝勒爷!……"

第玖章

奇怪而尴尬的结婚仪式

*清晨，涛贝勒府仅有一个丫鬟乘小卧车来家里接她，更令人诧异的是，迈进府门，走到殿院，居然连个人影儿也没见到。

*奇怪而尴尬的结婚仪式——岂料，终日期盼的隆重婚礼，竟这么简单地结束。她后来才知，只是"纳妾"才如此。

*所谓的婚礼两天之后，即阴历初二，是载涛五十大寿，据说这是以此来庆贺载涛的半百寿诞。

*被废掉的大阿哥溥儁的下落，成了人所罕知之谜。事实上，溥儁曾到过涛贝勒府落脚。

图片说明：载涛（后右一）和醇亲王府一家人。左后起为载洵、瓜尔佳氏、载涛福晋姜婉贞、载洵福晋。中坐者左为李佳氏、中为载洵之子溥侊、右为刘佳氏、载沣。前排站者为三家子女，前右三为溥杰漫长的人类演进，丝毫没省略掉异性结合的标志性仪式。

纵然空遗纳妾的无奈，也留下了王府纳妾过程的记载。否则，休说百年，即使数十年之后，也难以说清封建残留礼教的究竟。

一页珍贵的文史资料，成了末代绝响。

"婚礼寿诞"的两重合一，使原本平淡无奇的婚事，罩上了一层尴尬色彩。

…………

那是一九三六年阴历四月二十九日①。

上午九点钟左右，一辆扎彩的小卧车将王乃文接进涛贝勒府。

这一年，王乃文虚岁二十②。

就在头一天晚上，母亲把女儿唤到自己屋里，千叮咛万嘱咐：过门后要知礼、忍耐，务必跟前面几房太太处好关系，尤其要按王府里的规矩行事。

然而，完全没料到，王府的新婚规矩却使王乃文目瞪口呆。

出奇简单的婚礼

婚礼，出奇的简单。即使与北京传统的婚俗相比，亦迥然不同。

那天清晨，涛贝勒府的一个丫鬟乘坐小卧车前来迎接。事先早已说好，无需家里父母相陪，而由丫鬟偕王乃文乘车进府完婚。根本没有亲属陪伴的嫁娶，已经够新奇的了。

更令人诧异的是，迈进府门，里面竟十分清静。迈进垂花门就是殿院，居然连个人影儿也没见到，王乃文甚感意外，觉得心里怦怦直跳：

"这是怎么回事？咋连一点儿声音都没有？"

见不到一丝婚礼的喜庆，只不过仆人都换上了新衣裳而已。实在令人纳闷儿，直到走入殿院正屋，也没人朝她言语一声。

轻步迈进正屋门槛，厅堂正中央的八仙桌边端坐着涛贝勒爷，另一边则是姜夫人，脸上无不透着喜兴劲儿，嘴里却是一声不吭。仆人笔直地站立在两

---

① 阳历6月18日。
② 王乃文于一九一七年阴历九月二十（阳历11月4日）出生于北京。

旁,屋内静得吓人。那种气氛实在让人沉不住气,王乃文多少有些沮丧,内心深处却变得惴惴不安:

"这哪儿像婚礼呀?……"

此时,仆人在地上轻轻撂下一块红毡垫子,看样子是要预备磕头。刚刚站定,侧面站立的一位贝勒爷的贴身老太监,冷不丁冲她客气地一躬身,双手捧着一柄极为精致的如意:

"您吉祥如意!……"

然后,又后移半步,平静地对她说:

"请您把这柄如意交给老爷,再跟老爷说,您大喜!……"

依照嘱咐,王乃文顺从地把一柄如意小心翼翼地递交载涛。接过如意,载涛依然没说什么,随手又递给了老太监。正胡乱想着,老太监又满面笑容凑近她,叮嘱王乃文给载涛磕头。她忐忑不安地走到红毡垫前,刚伏地磕了三个头,老太监又努嘴儿又做手势地暗示她站起来。

于是,略略整一下衣襟,王乃文再次伏地磕了三个头。

冲载涛磕完头,老太监从涛贝勒手里小心翼翼地拿过如意,然后双手垂膝,恭候在姜夫人身边。王乃文刚走过来,老太监又把如意转交给她,叮嘱她捧献给姜夫人。

磕来拜去,王乃文倒有了一种怪诞的感觉,竟不明白到底是谁跟谁在结婚……这时,忽听老太监在一旁小声儿提醒:

"您给姜夫人也要磕头,还要对她说'您大喜'了!"

于是乎,王乃文又连忙规规矩矩朝姜夫人伏地磕了三个头。而且,老太监又接茬儿叮嘱,让她照样再给姜夫人磕六个头,直磕得她满脑袋晕晕乎乎,起身时,似乎已经"晕菜"了。

直到很久以后,王乃文也没弄明白,自己和载涛结婚,为什么要冲姜夫人说大喜?简直滑稽透顶。

此后,姜夫人吩咐仆人送给王乃文一盒衣料,又微笑着对她说:

"您大喜了,休息休息去吧……"

这是整个婚礼仪式当中,唯一一句含蓄地提及婚事的话。

结婚这天,王乃文奇怪地见到,自始至终,载涛仅身穿普通蓝绸子大褂儿。显然,这是寻常穿的居家服饰,"新郎"连结婚时都没换一身衣裳,顿使她颇感说不出的失落。后来才知道,载涛平时穿着始终很随便,根本没拿结婚当回事。

当天,亲朋好友来了不少,载涛远没有想象中那么严肃,跟大伙儿在一起有说有笑。亲友一走,婚礼就算结束了。

目睹整个婚礼过程的,除了载涛、姜夫人以外,屋里只有周妙云和老太监以及专门伺候载涛的一位白姓男仆,再有就是接她完婚且伺候她的贴身丫鬟。

上午十点左右,载涛陪王乃文慢步踱到一座独立院落。抬眼望去,青砖砌就,虽然规模不大,却十分雅致。院内两棵桃树正盛开着,鲜艳的桃花倒给寂静的院子平添了几分喜气。

走进卧室一看,陈设虽然简单,却专门预备了一个老妈子来伺候。王乃文感到很意外:

"哟,还给我找个老妈子,多麻烦呀。"

这时,载涛冲王乃文一努嘴,叮嘱老妈子:

"多照顾点儿,她新来的。"

王乃文特别留意到,载涛并没有介绍自己的身份,仅称呼"她",内心感到一丝气恼,由于初来乍到,只得勉强忍着没敢发作。

王乃文居住的是一拉溜两明一暗三间北房,摆设齐全。迎门是一款长条案,前面是张八仙桌,两边各放置一把大理石芯太师椅。

条案上一面大镜子正对着屋门,两侧摆放着一对瓷花瓶。东墙根是个硬木翘头案,上面的硬木架上托着"八仙人"叉瓶。左右两侧是深铜色金钟和洁白的玉磬,显得极为考究。南窗根下有个茶几,两边各摆放着硬木太师椅。

后来,她才听说,卧室的一切家具都是依据载涛的癖好摆设的。

恰值天气炎热。王乃文身穿一件粉纱绣花儿大褂,里头还有件粉色衬衫,下身着一条长裤,镶着花边,整套衣裳都是深粉色。载涛缓步走进屋,挺随意地对她说:

"这么热的天儿,把大褂脱了吧。"

"嗯。"王乃文懒懒地答应着,随之换上了日常家居服饰。

载涛随意在屋里漫步一圈儿,手指着屋里的洗澡间,轻声对她说:

"乃文,你都忙活半天了,赶快洗洗去吧。"

说完,便起身离去。老妈子走过来,倒了一杯茶水,轻轻放在桌上,和颜悦色地说:

"赶待会儿,您要是累了,就到屋里歇会儿去,还没到吃饭时候呢。"

王乃文漫应着,打量起自己居住的里间卧室。最抢眼的是那张带帐子的硬木雕床和一座精致的梳妆台。跟两把老式太师椅相对的那个洋式玻璃茶几,"彰显"着涛贝勒曾经出洋考察的身份。看来,至少载涛对于西洋摆件是相当欣赏的。

值得一提的是,这间卧室与慈禧太后在宫内的卧室布置竟然差不多。不过,西太后对西洋的东西一直持厌恶态度,而载涛偏好"新潮",这也是人所共知的。

此时,王乃文的心情和以前来府里做客时完全不同,不知为什么,依然有些紧张——虽然,自己成了王府的正式成员,但以后会发生什么,却使她心头感到迷茫。

一个仆人轻步走来,沏好茶,又无言地走了出去。屋里,又剩下王乃文孤零零一个人。

原以为,结婚是一桩热热闹闹的人生大事,没想到竟如此冷清。她无事可做,稍微躺了一会儿,回味着刚刚结束的婚礼,又不明原因地觉得好笑起来。

以前,她曾不止一次想象过自己结婚的隆重场面,也曾无数次产生过绮丽的幻想。谁能料到,王府与普通人家的婚礼差别如此悬殊。而少女时代期盼已久的婚礼,就这么简单、无味地结束了①。

后来,她才知道,王府的"大婚"并非全然此般光景,只是像自己这样"纳妾"的身份才如此尴尬。

思来想去,身心疲惫。于是,她洗过澡,躺在炕上眯盹了一会儿。蒙眬间,老妈子走进来,轻唤着:

"您醒醒吧,去外头屋擦把脸,待会儿该吃饭了。"

说着,老妈子把一双新拖鞋递了过来。镜子、化妆粉悉数备妥,已搁在桌上。坐在梳妆台前照着镜子,王乃文觉得从来没这么漂亮过,也没穿过如此鲜艳的衣裳。于是擦擦脸,又在脸上抹了淡淡一点儿粉。

"铃铃铃,铃铃铃……"

没待一会儿,仆人一路摇铃走来。偌大的王府,始终以此作为一日三餐的信号。老妈子走过来提醒她:

"您该走了,到吃饭的时候了。"

她匆匆跟随老妈子走出屋门,步入饭厅。

这是一顿丰盛的午宴,尽管没有邀请王府外的客人光顾,载涛和姜夫人照例向她微笑着。以往,到府里做客时十分随便,此时,她却感到异常拘束,唯恐

---

① 王乃文在向本书作者回忆新婚过程时,明显露出不满,竟陆续谈过好几遍,情节细致可信。足见此事在她一生记忆中占据重要位置。

不懂规矩而失礼,所以,匆匆吃过饭便返回屋内。

这次,她才真正体会到什么叫"食之无味"。

回到卧室不久,载涛踌躇满志地走进来。这是婚礼后,"新娘"与"新郎"第一次单独相处。

"怎么样?"载涛微笑着询问。

"咳,这半天我都晕了……"她没敢照实说出内心的不满。

"可能开始不太习惯,慢慢就好……"

载涛说完,便返回了姜夫人的卧室。望着新婚丈夫消失的背影,王乃文感到一丝莫名的怅然。

或许受宫廷礼仪影响,王府晚间那顿饭,似乎才是真正的婚宴。

当晚,爱新觉罗家族陆续来了不少人。王乃文记得,载涛的叔伯兄弟润贝勒①和其子溥仲,溥字辈的如溥伒②、溥俭弟兄俩、溥佑等人纷纷前来祝贺。

连溥仪的父亲——逊清摄政王载沣③,虽然远在天津,也派人送来一盒绸缎以示祝贺。甚至,溥仪的汉文师傅陈宝琛④、朱益藩⑤等人也送来了贵重的贺礼。

事实上,王乃文对这些所谓礼品毫不经意,唯一使她觉得有趣的是晚上的"堂会"。

晚宴之后,载涛早已叫人下"帖子",邀来了一台小型曲艺堂会。著名相声演员高德明、高德亮兄弟俩,京城鼎鼎大名的"莲花落"女艺人赵翠清……王乃文从侧面打眼一瞧,以往的同行熟人还真不少。

场面异常热闹,不仅为新婚平添活跃气氛,也使载涛乐得一晚上合不拢嘴。宴请宾客时,涛贝勒高兴地站起身:

"得嘞!今儿晚上这儿又多了一位——乃文,让大伙儿见见……"

眼见各王府的贝勒、王爷们,一起尖叫起哄,闹成一团,载涛伫立厅堂中间,向诸位抱拳拱手,兴奋不已:

"乃文是唱大鼓的高手,赶明儿一起唱着玩儿,就更热闹啦。"

宴会散后,王乃文感觉有点儿疲劳,便随意走进载涛的卧室。哪知,载涛

---

① 润贝勒,即载润。清末时,做过御前大臣。解放后,被聘为中央文史馆馆员。
② 溥伒,即我国著名的满族书画家和古琴演奏专家。解放后,任北京古琴研究会会长。
③ 载沣,溥仪之父,清末摄政王。解放后,一直赋闲在家,于1951年在北京去世。
④ 陈宝琛,溥仪在宫中的师傅。一直追随溥仪,鼓吹复辟帝制,曾被溥仪称为"智囊"。
⑤ 朱益藩,溥仪在宫中的汉文师傅。亦长年为助溥仪复辟而奔走。

微笑着对她说：

"你就上自己屋里去歇歇吧，一会儿我去看你。"

平常载涛挺随便，时常这屋瞅瞅、那屋看看，还不时闲聊上几句，此时却不见了踪影。晚上，卧室里静得瘆人，王乃文心想：今儿个结婚，怎么没人闹洞房？甚至连一点儿热闹的气氛都没有。

过了许久，直至午夜前，载涛才迈进屋里，王乃文禁不住说：

"我怎么心里老害怕呀？"

"有什么可怕的呀？甭怕。"载涛说着，顺手拉上了窗帘。

载涛一边脱鞋，一边随口提起，自己累了，便留在了屋里，没一会儿，便躺在床上呼呼睡着。

王乃文圆睁着双眼，心绪复杂，睡意全无……

涛贝勒的五十大寿

若与婚礼相比，载涛的生日倒显得更热闹一些。

婚礼两天之后，即阴历初二，是载涛五十大寿，府里称之为"整生日"。后来，

载涛（后右一）和醇亲王府一家人。左后起为载洵、瓜尔佳氏、载涛福晋姜婉贞、载洵福晋。中坐者左为李佳氏、中为载洵之子溥侊、右为刘佳氏、载沣。前排站者为三家子女，前右三为溥杰

听说婚礼便是据此而择定"吉日"——以新婚之喜来庆贺载涛的半百寿诞。

前来道贺者,正所谓既道喜(即新婚之喜)又拜寿。而祝寿的排场,远比婚礼隆重得多。

寿日那天,整个王府异常喧闹。由于载涛是爱新觉罗家族中辈分最高者之一,皇族中不少人早早便来拜寿。据王乃文回忆,"小皇上"——溥仪从东北还打发人送来了不薄的贺礼。大厅里摆上了贡桌,四周还围上桌布,人们纷纷焚香上贡。

王乃文听说"宣统"派人前来拜寿,便凑上去瞧热闹。由于载涛事先嘱咐几位庶夫人不要露面,她静静伫立在垂花门内,望着各色人等进进出出。奇怪的是,人流中竟有不少戴着进宫上朝的顶戴花翎。王乃文纳闷儿地低声议论着:

"哎哟,这些人怎么穿得跟唱戏的一样啊?"

载涛走来,附耳告诉她,这是溥仪派来的伪满大臣。再有,就是清朝的遗老遗少,大多是京城各王府的后裔。

没多大工夫,载涛就打发溥仪派来的伪满大臣走了,这场戏也算收了场。

王乃文冷眼瞧着,那几个伪满大臣跟寻常人没什么两样。"大臣"走后,王乃文也变得轻松起来。此前,她一直站在殿上一侧,因为根本没座位可坐。

跟平时一样,只有载涛和姜夫人端坐着,王乃文和其他两房庶夫人全直杵杵站立一旁,连儿媳妇也都伫立一排,一起倾听着夫妇俩谈话。只见姜夫人语气轻松地对载涛说:

"得啦,今天可好,是您的整生日。"

这时,又走进一位皇族子弟,恭维地朝载涛深施一礼:

"涛贝勒爷呵,您这不是双喜临门吗?"

"是呵,同喜,同喜!"

载涛一听,高兴得哈哈大笑。

晚上,为庆贺五十大寿,载涛在什刹海后海岸边的"庆和堂"摆了几十桌酒宴。当年,这家饭庄专门经办各王府宴席,尤其擅长烹制满族风味菜肴。留下的宾客,无不在此推杯换盏、大快朵颐。

在这次宴席上,王乃文头一次被载涛乐呵呵地向爱新觉罗家族以及各界亲友作了正式介绍,也见识了满族人之间残留的那些繁琐的礼节。

说实话,对这些虚伪的客套,王乃文打心眼里腻歪。

大阿哥溥儁"过府"

晚清之后,被废掉的大阿哥溥儁①的下落,成了一个未解之谜。

事实上,溥儁曾到过涛贝勒府。王乃文不仅曾经见过,还和他闲聊过。笔者曾向王乃文询问,溥儁什么模样?谁知,在她的记忆里,这位大阿哥长得并不如人意,也丝毫没有所谓"帝王之相"……

此时来到涛贝勒府的溥儁,已无当初的狂傲之气,穿戴也极为普通,几乎沦落得衣食皆无着落。

为何溥儁前来求见载涛?原来,他和父亲端郡王都先后投奔了内蒙阿拉善旗的罗王爷,即塔王,继而,溥儁娶了塔王的女儿。本来,载涛的女儿韫慧远嫁塔王之子——阿拉善旗的达理札雅,于是,载涛自然与溥儁也成了亲戚。

由于溥儁耐不住内蒙草原的荒凉,只得携妻返回京城居住,所以又来求见载涛。

适值载涛一家人的经济状况也并不乐观,无法从根本上接济大阿哥。

然而,出于姻亲的面子,载涛不好不见,只好勉强接待,虚与委蛇地客套几句场面上的话,便再也无话可说,只好端茶送客。

再到后来,溥儁来到载涛家里,载涛出面寒暄几句过后,便找个借口离开,只留下王乃文跟大阿哥闲侃。

其实,溥儁前来别无他意,因其无一技之长,只望得到"皇叔"加姻亲一家的周济,但是,若按载涛私下对王乃文的说法是:

"能救急,可救不了穷呵……"

于是,溥儁白来了几趟之后,见载涛实在无力相助,便再也没见踪影。

据王乃文所知,溥儁先是无奈地投奔了久居京城的塔王,当塔王死后,溥儁一度栖身于塔王的马圈,最终落魄而死……

当载涛听到这个消息,唉叹不已……

---

① 溥儁,即爱新觉罗·溥儁(1885—1942),端郡王载漪之子,道光帝是其曾祖父。戊戌变法之后,光绪皇帝被囚,慈禧太后打算立端郡王载漪的儿子溥儁为皇帝,随后颁布懿旨:溥儁入继穆宗同治帝为嗣,赏头品顶戴,称"大阿哥",预定光绪二十六年举行"光绪禅位"典礼,改年号为"保庆"。翌年,慈禧太后以载漪纵容义和团,其子溥儁因父获罪不宜做"皇储",宣布废除"大阿哥"名号,遂将载漪父子均流放新疆。载漪父子逃到内蒙,暂居阿拉善旗罗王府妻舅家。1942年死在京城的塔王府。

载涛与王乃文之父失和

可想而知,王府贝勒与平民之间的"跨门第"婚姻,毕竟带来难以弥补的贫富隔阂。

婚礼那天,王乃文的家人连王府都没能进来,每当回想起来,全家人始终郁闷不已。平时,两家人不能说"老死不相往来",但实质上却基本没什么交往。

结婚之前,载涛对她一家作了明确交待,据说这是王府历来的规矩——王乃文也难辨真假:

"如果进府瞧闺女,母亲和姐妹可以来。父亲不能见、兄弟不能见……"

她父亲一听,立时火冒三丈:

"我的闺女嫁给涛贝勒爷,就不让我们见面啦?"

"这是王府的老规矩。"载涛托人捎的话,明显强辞夺理。

"我最疼闺女了,你们不让我瞧她?我这辈子就再也不瞧,我走了。"

从此,父亲再没登过涛贝勒府门,提起此事便愤愤不已。就为此事,他一跺脚径奔遥远的西安,直到解放后才返回京城定居。

倒是母亲每月被允许进府看望女儿一次。偶然,家里的妹妹代替母亲前去,拜见载涛福晋时,见面便张口称呼一声:

"姜夫人吉祥。"

这样,就算打过了招呼。于是,她家人每月到王府里跟姜夫人说几句吉祥话儿,讨些赏钱,以维持家庭生计。大多数是她妹妹进殿向载涛请个安,道声谢之后,拿钱就走。

也有时,载涛亲手交给她的母亲。反正每月家里准有人去,由府里交付一家人的赡养费。

婚前,载涛跟王家说好,除赡养费外,她父母每人一月四块钱,加起来一共八块钱,算是养老金。后来,王乃文的哥哥找到工作,又结婚成了家,由于载涛帮忙,当上了法院"站丁"。仅从这点看,一家人始终念着涛贝勒的好儿,倒是真心话。

客观地说,载涛在四个妻妾之中,或多或少偏向王乃文一点儿。因为她年纪最轻,有时载涛还喜欢她跟自己撒娇。按王乃文的话来说,如果载涛找茬儿,她可不答应,心情不悦便不理睬他。载涛若见她不高兴,往往还会过来抚慰一番：

"怎么又有气了，成了家雀儿啦，你气性小点儿好不好？"

如果见她仍然不搭理，载涛就赶紧躲着点儿。反正老夫少妻，老夫不免哄着少妻一点儿，也就没事儿了。

如此看来，这便是载涛所谓的"夫妻之道"。

第拾章

山老胡同的涛贝勒府

*搬家意味着"衰败"。

*此乃载涛顿失"铁杆皇粮"、失去生活来源的无奈之举——将西城龙头井胡同的涛贝勒府作价十六万元现大洋租金,以百年为限典给天主教会。变卖老府的钱款,又购置了山老胡同旧门牌二号、西扬威胡同十四号,而后者成了他最后栖身之处。

*载涛叫上她去"荣寿固伦公主府"练骑马。婚后,她心情抑郁,初次与载涛闹起矛盾。

图片说明:当年载涛的山老胡同宅邸,如今已被岁月侵蚀得丝毫看不出当年的风貌。图为山老胡同宅邸目前的大门(本书作者摄于二〇一〇九月)

"础润而雨。"

世道的风雨,宛如一场秋雨一场凉的秋寒,无声地扫尽枯萎的落叶。转瞬间,时代发生了沧桑剧变。

"皇上"时代,早已寿终。达官替代了贵人,民国嬗代晚清政府,西服革履替换了长袍马褂,兵痞的军装俨然成了街上平民的装束……凡属世袭的旧一套,统统被风卷残云般荡涤已尽。即使偶尔掺杂其间的,也只是一些光怪陆离的色彩。

而所谓新府门上已然褪色的斑驳点点,则显示着大清世袭的残颓败象。

…………

进府之后,她便听人并非无意地闲聊,搬家意味着"衰败"。

极而言之,连溥仪都从紫禁城被轰了出去,"搬家"——迁至九河下梢的天津卫,这还不是明摆着嘛。

起初,王乃文不明白这是怎么回事,因为老年间的涛贝勒王府自己没赶上,只知道在辅仁大学附近。

如今的"涛贝勒府",若仍称之为"王府"的话,那是在"宣统"被逐出宫之后,载涛顿失"铁杆皇粮"来源的无奈之举——化奢为俭。载涛拿定了主意——情急之下,遂将西城龙头井胡同的涛贝勒府①忍痛作价十六万现大洋租金,以百年为限典给天主教本笃会,用作辅仁大学的校址。

嗣后,他花费八万元购买并修缮了山老胡同二号的一幢旧宅院,全家搬了进去。

这是一九二五年三月。

登载于香港报纸上王乃文回忆山老胡同宅邸生活的访问记(本书作者摄)

---

① 位于如今的北京市西城区柳荫街附近。

正当王乃文学唱大鼓时,载涛也已从龙头井胡同的涛贝勒府迁进了山老胡同的新宅邸。图为龙头井胡同的涛贝勒府旧址(本书作者摄于二〇一〇年九月)

第拾章 山老胡同的涛贝勒府

当年载涛的山老胡同宅邸，如今已被岁月侵蚀得丝毫看不出当年的风貌。图为山老胡同宅邸目前的大门（本书作者摄于二〇一〇年九月）

宅 邸 布 局

山老胡同的宅第，虽不如原来的涛贝勒府那么壮观，但在旧京城的豪门巨富中，仍不失一处阔绰的宅院。

拆东墙补西墙。载涛无奈地用变卖老府的钱款，购置了宽街附近的两幢宅院。其中一处是山老胡同旧门牌二号——如今是山老胡同七号，另一处则是西扬威胡同戌六号①，而后者成了他的最后栖身之处。

一眼便知，山老胡同这处宅院是清朝遗留下来的官邸，共分左、中、右三个院落。临街为颇具品级的"广亮大门"。任何人走进正门之后，都要先经过随侍居住的院子，到达"回事"院落，然后再经过庭院，才能抵达正殿。

中间那一路，从垂花门进去便是殿院。偌大的宅邸十分宽敞，院落四面均建有精致的回廊，载涛和福晋姜婉贞居住在第二进殿院里。如再说细点儿，正

---

① 后改为西扬威胡同十四号。

殿紧靠东边是载涛的居室,西边则是姜夫人的居室。

若瞧北屋三间正屋的摆设,那可堪称一绝。白天走进正屋,并不太明显,若晚上走进正屋,最耀眼的是屋顶上的玻璃穗子的西式大吊灯,如果打开电灯,可以霍然感到一片罩眼金光,整个屋内照得如同白昼,简直会使人头晕目眩。

人们也许不清楚,屋内的摆设全是"螺钿"——就是说,若按现代人的观点,这是一整套黄花梨高级"组合家具"。但这些绝非寻常之物,无论桌椅上、后炕背上、八仙桌上,无不镶嵌着五颜六色的各色玉石及贝壳,价值连城。

几乎所有幸运地观赏过这间屋子摆设的人,都禁不住发出惊羡的赞叹:
"这些可是罕见的镇府之宝啊!"

然而,载涛却从来没拿这当过一回事。再瞧正房的屋顶,悬挂着考究的西式吊灯,这是其他王府罕见的。正屋格外宽敞,东西各一间耳房。西耳房是家人平日吃饭的餐厅,东耳房则是载涛平时挥毫绘画的专用书房。

迎门则是宽大的后炕,那盏精致的洋式台灯是载涛在"庚子"年前后出使欧洲带回来的。紧挨着北边的是一个长条案,上面摆放着一对名贵的"玉插瓶",瓶身上面绘制着红色大寿桃图案,正当中则是一架颇具历史价值的中式大座钟,表面是清一色的"烧蓝"。

正屋东边放了一张雅致的小琴桌,上面摆着一对西洋座钟,钟上盖着玻璃罩子。有趣的是,里面还有几个西洋小人模型,伴着座钟的走动,还会俏皮地跳舞。

据说,这和故宫里的西洋钟极其相似。大人不在时,往往有府内的孩子溜进来,偷偷地又看又摸。

琴桌两侧各有一个茶几和一对太师椅。并排还有一张名贵的"翘头案",上边摆着极为名贵的"五色瓶"和"崩瓷瓶"[①],两者之间的一个硬木框架上放置着康熙年官窑粉彩大果盘,瓷盘里盛满了鲜红的苹果。后来,王乃文在醇亲王府还见过一个同样的康熙年大果盘,听说溥仪小时候只要一哭,放在瓷盘里立时破涕为笑。

据说,如此布置不仅是摆设,还为了"熏屋子"。经人提醒,王乃文才感觉屋内弥漫着一股淡淡的果香。此后才知,府里遵照载涛的吩咐,隔一天就换上新鲜苹果,撤下去的苹果便赏给仆人。

---

① "崩瓷瓶"为老北京土话,即为汝窑开片瓷器。

再看西墙,被一套组合的大型穿衣镜和黄花梨木大柜严严实实地遮盖住,看上去异常整洁。

南墙下,紧靠窗户是一张黄花梨硬木框、大理石面的书案。案前是一把考究的太师椅,椅子靠背镶着花白色大理石,这便是涛贝勒的专用"宝座"。

刚刚进府的好奇渐渐消失,王乃文发现,这些摆设在各王府大同小异,只不过根据主人实力尽财尽趣而已。看过涛贝勒府的摆设,那么其他王府的情形便可"一叶知秋"。

事实上涛贝勒新府最引人注目的,恐怕非正屋当中的老式冰箱莫属。这在当时实属罕见,许多人认为冰箱是舶来品,至少是中国仿外国制造的,若看过这台"国产"冰箱,看法似乎应该有所改变。

老式冰箱四周俱是硬木框,布满雕镂的花格孔洞,表面镶着白色大理石。打开冰箱门,里面有个抽屉似的大铁盒子。底下一层是放置冰块的地方,可以相对保温。上面的铁丝网架则可以摆放水果等保鲜食物。

大铁盒子作为老式冰箱的主要部分,能够轻巧地抽拉出来。这个冰箱在盛夏季节,最受载涛钟爱,堪称王府一绝。

王乃文后来渐渐明白,虽然今非昔比,但从正屋的布局,仍不难看出涛贝勒府当年的气派,依然是其他一些破败的王府无法比拟的。

府内规矩颇多,载涛其他几位庶夫人,无不与其分开居住。后罩房是一溜七间北房,载涛的三儿子溥佳夫妇居住其中,仆人占了两间。南院则住着溥佳妻子的老母亲以及孩子、保姆。

第三进院内,栽种着不少苹果树。迎面三间北房,旁边是东西厢房,是溥佳之子金子钟及保姆的住所。在王乃文眼里,载涛的大孙子金子钟,是个百分之百的老实人,一天到晚闷在家里头念书,轻易不迈出府门一步。

最后一进院落是并排五间北房。东西厢房各三间,东厢房归庶夫人周妙云和其子溥僖①居住,遗憾的是,母子都染有大烟瘾。

周妙云日常住在后院,载涛总住在殿院,相隔太远,平时根本不去,说白了是懒得去。实际上,载涛内心异常清楚,大烟一旦上瘾,戒掉势比登天还难。

王乃文婚后带着载涛的几个孙女居住在西厢房,往往要通过一段长廊,才能到达载涛的卧室。这个院内还栽种着不少海棠、丁香、刺梅,每逢春暖花开之际,各色花香沁人心脾。

---

① 溥僖,后改名金岱宾。

西路院落的第一进不对外开放,只有尊贵的客人来访才能打开门锁。院内松柏苍翠,山虎、喇叭花点缀其间,四周环廊围绕,中间是以"瘦、露、透、秀"闻名的江南太湖石……所有宅院布置,全依载涛的癖好——清雅、幽静。

二进院落的三间北房里供奉着各路神仙——有人称"佛堂",也有人称"神殿"。

王乃文猜想,或许载涛始终幻想各路神仙都来保佑自己,所以既供奉开口便笑的大肚子弥勒佛,也供奉着南海观世音,同时也不敢冷落那些叫不上名字的诸多神佛。冷眼瞅上去,瓷的、泥的、铜的,应有尽有。

北墙上布满一个个佛龛,大小不一,形态各异,唯一统一制式的是佛龛前的铜香炉。据说,内中尚有大明宣德年间的遗物——宣德炉。

第三进院落是最后一进。正房是精致的祠堂,专门用以供奉列祖列宗,正前方还挂着一幅画像,即是载涛的父亲醇亲王奕譞,跟醇亲王府悬挂的那幅奕譞的画像一模一样。

每当年节或父亲奕譞的忌日,载涛都要沐浴更衣,亲自焚香膜拜。每逢此时,王乃文和姜夫人、周妙云、金孝兰也得陪着载涛拈香磕头。

东路的格局,倒与京城各王府有所不同。正院的垂花门里,专有一座大院饲养鸽子和各种名贵鸟类,院里五间东房,仅稀有品种的鸽子便足有数百只,还设了专门的仆人负责喂养。所以,这个院子又俗称"鸽子院"。

说起鸽子院,不能不提及载涛独到的偏好。涛贝勒素来爱吃鸽子蛋。因为他认为鸽子蛋远比鸡蛋营养成分高得多。于是,府里几乎每顿早餐都有一盘鸽子蛋。逐渐地,全家都跟着吃上了瘾,到后来居然成了每餐必备的一道风味菜。

提到养鸟,就更邪乎了。载涛始终视鸟为心爱之物,天天巡视,风雨无阻。名贵的翡翠鸟、黄鸟比比皆是。院墙上挂满各色鸟笼子,唧唧喳喳叫个不停。

珍异的虎皮鹦鹉也不下数十只,是他从少数几只亲手繁殖起来的。孵窝时,载涛时时过来察看,关心备至。王乃文事后回味起来,爱鸟正是载涛童心未泯的一个侧影。

听说最早只是消遣,后来这里竟然成了载涛琢磨绘画的写生之地,不准家人随便乱动。他每每废寝忘食,细细观察各种小鸟的每个动作,研究其习性,然后用画来"重现"。

当然,涛贝勒府彻底破落之后,也就顾不上了,只得忍痛将这些名贵的鹦鹉低价变卖。此是后话。

鸽子院后边是载涛亲自参与改建的"戏楼"。若说起戏楼,京城几乎遍地可见,然而,涛贝勒府的戏楼之讲究,亦是京城罕见。雅致的戏楼里有一座玲珑的戏台,一般文武戏都走得开。

外界无人不知,载涛时常在家登台献艺,实际这里也算是涛贝勒的排练场。许多当代京戏名流,也大多在这里亮过相。

台下约有百十个座位,分为三六九等,既有沙发,也有靠背椅子,稍后还有小凳子。稍稍不同于外边戏园子的,则是每人面前几乎都有一张讲究的八仙桌,上面摆放着茶点以及沏好的茶水,供客人品茗。

戏楼前边是书房院,载涛的四位妻妾,包括几个孙子、孙女都在这儿念书。王乃文进府许久,依然有一位教私塾的老先生,每天摇头晃脑地教后辈念什么"子曰诗云"。那时念的课本仍不外老一套,诸如《大学》《中庸》……

北屋是载涛的大客厅。平时,客厅前半部分用来招待客人,后半截则是载涛多年收藏的各种文玩和古旧书籍。侧面有一间大厅,载涛总在那儿绘画看书,还经常独自一人在屋里休息,有时见到王乃文走进来,还会对她呵呵一笑:"我在这儿呵,无非就是图个清静。"

书房后头,参天古树掩映着假山、堆石和长廊。在王乃文眼里,与府内那些陈谷子烂芝麻形成鲜明对照的,却是四季盛开的各种花卉和繁茂的树木。院内的两棵海棠,每当花开季节,仿佛映红了几近半个院子。

白丁香、紫丁香、刺梅、苹果树……相继舒篷涨蕊,一年四季,宛如置身于百花园内。

宅院东路还有一个大敞院,里边种着茄子、辣椒等蔬菜,以供府里日常生活所需。王府中譬如扫院子、打更的仆人,大部分都在此院厢房栖身。

纵观山老胡同的"涛贝勒府"布局,仅依旧势改建,并无创新格局。整个旧宅庭院颇深,从东城区山老胡同一直通到后边的利溥营胡同,不可谓不大矣。

婚后初学骑马

载涛自旧王府搬出来之后,便一直居住在山老胡同。

仅隔一个胡同便是西扬威胡同,那里原来是载涛专门养马的"马厩"。提起这个地名,京城远近闻名。

皆因涛贝勒喂养的马匹,无一不是顶尖级的种马,晚间一声嘶叫,声震四

位于西扬威胡同斜对面的荣寿固伦公主府,成了载涛夫妇的练马场。图为荣寿固伦公主府后门,正门即现在北京中医医院的大门(本书作者摄于二〇一〇年九月)

方。不夸张地说,足以响出几里地,街坊四邻无不被迫"洗耳恭听"。

遗憾的是,挑来拣去,载涛到最后只剩下五匹"优品"。其中两匹极为温顺,是专门拉车用的。还有一辆用马拉的轿车,里边仅容四人,周围镶着玻璃,上面的棚子冬升夏降。与众不同的是,此车配有专门车夫,非常人所能乘坐。

西扬威胡同斜对面路西,便是著名的"荣寿固伦公主府"。那时,老公主已搬往德胜门外,不再居住这里。

昔日的大公主府①,看起来,外表不甚显眼,其实里面院落颇大,从中医院北头到南头,差不多有一里地之遥。

当时,老公主的孙子曾凯尚在世,苦于无力修葺,因此府中虽有花园、大殿,却始终没人居住,只是遗留下一位看门的老人,不发薪水,白住在门房里,捎带看管旧府。

起初,老公主府里垃圾成堆,一片残垣断壁,载涛亲自带着仆人拾掇出一

---

① 大公主府,是俗称。这里是指慈禧的干女儿、奕訢之女荣寿固伦公主的宅第,位于现在的北京市宽街中医医院。

块空场地。每当他走进院落,看门的老人便出来问候:

"涛贝勒爷,您来啦?走一趟呀?"

"进府遛一趟。"

刚开始,载涛有时带着全家几十口人来此遛弯儿,顺便骑一会儿马。到后来,只剩下载涛和王乃文感兴趣,成了纯属俩人的活动项目。

照载涛的话来说,嫁给涛贝勒,不会骑马可不行。于是,载涛便从头开始教王乃文骑马。因为她从没骑过,他特意挑了一匹枣骝马。这匹坐骑最初是拉车的,只为图个老实可靠。枣骝马浑身枣红色鬃毛,顺从听话,跑起来速度不快,四平八稳。

"遛遛去,走!"载涛出其不意,一把将王乃文抱到马上,"骑吧!这匹最老实。"

王乃文小心翼翼地骑在马上,双手死死攥住缰绳,马匹稍稍一动,她便吓得一哆嗦。载涛从认蹬、坐姿一一教起:

"端坐在马上,别害怕,放松缰绳,让马慢慢走……"

渐渐地,王乃文能骑着马在空旷的院落里来回转圈,胆子越来越大。没几天,竟然能挺起腰板,纵马跑到院外去了。见此,载涛笑呵呵地满口称赞:

"乃文,不简单呵。"

那一时期,载涛时常来这个大院遛马或者驯马,此前一准儿先派人打扫一下场地。在王乃文看来,载涛驯马最拿手的,当数策马跨越障碍物。由于他在法国索米骑兵学校接受过专业训练,绝非常人可比。

在"公主府"宽敞的大院里,载涛扬鞭策马,来回跑圈儿。跑着跑着,他会突然勒紧马缰,瞄准角度,直直地朝一人多高的障碍物冲上去。眼见就要撞到障碍物,仿佛电光石火之间,他双腿紧夹马肚,坐骑一声长嘶,四蹄腾空一跃而过……

在坐骑疾速奔跑当中,载涛骑着骑着会忽然不见了人,仔细一看,原来是倒悬在马肚下,做了一个胯下藏身的动作。忽而,他又钻出来,猛一翻身,倒立于马背之上……

伫立一旁的王乃文,简直看愣了。只见载涛连续不断地做着花样翻新的骑术动作,譬如俯身拾物、刀劈横木等,甚至还在马背上倒骑策马。突然,载涛一个鹞子翻身,腾身下马,汗淋淋地站立在她的面前。

此时,载涛抄起手中的马鞭,轻轻地磕着马靴,脸上现出微微的笑意。显然,这是当年出任所谓军咨大臣时,从未有过的自信。

直到这次,她才领教了载涛的真功夫,佩服得五体投地。

王乃文再清楚不过,最受载涛宠爱的两匹良马是"小兔虎"和"紫燕子",它们不仅跑得飞快,且能迅速领悟主人意图。外间有人误称"小兔虎"为"小兔子",实际名叫"小兔虎",意为"动如脱兔"——奔跑得飞快,"头形如虎"。

然而,这匹"小兔虎"脾气极大,甚至急了还敢踢人,对于主人却忠诚无比。在赛场上,绝对不失为一把"好手",常常为载涛在众骑友面前"露脸"。

一次,在老公主府的院落里吃葡萄时,王乃文首次看到"小兔虎"发威,狂奔长嘶,无人能够驾驭。只见载涛疾步上前,勒住缰绳,一声招呼,"小兔虎"才驯服地驻足止前。这匹宝马,一身浅灰颜色鬃毛,并不显得特别高大,只是脖颈上长着特殊的"一撮毛儿",显得格外好看。

另一匹"紫燕子"亦颇罕见,全身油亮的紫色鬃毛,异常漂亮,起初是载涛专门买来当做"玩儿马"的,平时则是坐骑。经过特殊训练,它竟变得十分聪颖,能"听懂"载涛的各种语言和手势。

"紫燕子"尤其擅长跨越障碍,一跃跳过半人多高的栏杆,竟不费吹灰之力,显然成了载涛表演马术的得力"搭档"。他时常拍着马背赞叹地说:

"自古以来,良将难求,良马难得呵。"

平时,载涛骑在马上,稍一勒紧缰绳,"紫燕子"立即就明白主人什么意思。对于这匹好马,载涛十分疼爱,还时常亲切地抚摸着马脖子,附耳说道:

"哎哟,你可受累了。"

载涛特别喜欢这匹马,平时不舍得骑。只有遇到较大的比赛场合,才牵出来一试雄威。往往,他赛完马之后,跳下马背便异常亲热地轻轻抚摸着马鬃,简直比孩子还要多疼几分。凡看到马累了,他绝不肯再骑上去跑一点儿路。

王乃文初次看见"紫燕子",便极为惊叹,它浑身紫色,跑起来四蹄腾空,轻捷如飞,像一只疾飞的燕子,所以被称作"紫燕子"。

然而,"紫燕子"也不免偶有疏忽。一次,载涛身穿马裤马靴,手持马鞭,骑着"紫燕子"前去训练。路上偶遇老熟人,他便骑在马上聊起天来。"紫燕子"由开始的亢奋逐渐变得懒洋洋,后来竟打起了瞌睡。

哪知,这匹马腿一软竟然把载涛摔了下来,被路旁的石头磕伤了肩膀。马是赛不成了,颇通人性的"紫燕子",居然不声不响地把载涛驮回了家中。

载涛到家后立即找来住在南长街的著名骨医马达轩,把摔碎的肩骨打上了夹板,一直在家里静养了三个多月,才能勉强下地活动。从此"紫燕子"似乎变得更为懂事,连载涛一个简单的手势,也能明白无误。

闲暇之际,载涛经常在大公主府内苦练马术,王乃文则每天紧紧相随。她看到里边的操场上铺有石板,地面捆着一道道的沙篱。载涛训练马跳杆,从低到高,循序渐进,最后高达数尺。每隔几天,载涛便提前招呼王乃文:

"咱们该上那儿去一趟了吧?"

"好啊,咱这就走……"

每当听到载涛的召唤,她总是愉快地响应着。午睡醒后至晚间,总有一段空闲,俩人便时常一起骑马前往公主府,练上几趟。好歹冒出一身汗,回来便擦汗洗澡,静待晚饭。

老公主一生未育,去世后,王乃文不仅见过那位过继的后人——曾凯,还陪同载涛到他家里吃过饭,曾凯一家人也与涛贝勒府时有往来。每逢载涛夫妇前去做客时,老公主的过继孙子、媳妇以及大奶奶,总是热情出迎,纷纷朝载涛亲热地叫上一声:

"七爷,给您请安啦。"

载涛则只对大奶奶称呼一声:

"大奶奶,一向挺好吧?……"

对于其他人,载涛只用一句"你们都好吧!"替代所有问候。看得出来,这一家人对"皇叔"甚是恭敬。大公主的后代由于没有直系后人,所以,彼此交往逐渐变得少而又少。

或许深受溥仪影响,载涛养马之外,还豢养着一只外国大狼狗。每天要吃不少肉,由太监贾顺儿专门负责喂养——上边是肉,底下则是用肉汤拌过的窝头,每天定时喂食、洗澡。在王乃文看来,这算是载涛在酷爱养马之外的又一癖好。

载涛堪称见多识广,对一般事毫不经意,仅对京城赛马情有独钟。有一段时间,他参加赛马简直着了迷。每到星期六或星期日,便戎装齐备,骑上最喜爱的马,另外还牵上一匹备用,兴冲冲奔往赛场。

每次赛马前一天夜里,他总是吩咐仆人为赛马加喂一次黑豆,多加点儿草料。参赛当天早上,载涛一起床便开始催促王乃文梳妆,然后饱饱地吃顿美餐,话说得再明白不过:

"不吃好,怎么能赛过京城那些马场高手呢?"

在强手如林的京城,若想夺得赛马之冠,殊为不易。因为,许多外地高手经常慕名前来,矛头直指京师名家。对此,载涛心里颇为有数儿,自信而不轻敌。凭着丰富的驯马经验和独树一帜的实战能力,在多次赛马中,他无不力挫群雄,从未铩羽而归。

往往,从赛场上牵马回家途中,时常有人对载涛称赞地高喊:

"涛七爷,真不简单啊!……"

"哈,哈,哈……"

载涛昂首骑在高头大马上,神气十足,不再摆出平时那种做作的谦虚。听得出,此时的笑声是发自内心的。

这在王府渐趋败落的岁月里,毕竟实属难得。

首次与载涛发生争执

婚后,王乃文一度心情抑郁,再加上前边几房妻妾,少不了矛盾重重,因此总想出府闲逛散心。

然而,进府后才知,平时不能随便出入。凡外出,须经载涛准许才行。有一次,她向载涛告假,想出门看望一位姐妹,载涛说什么也不允。于是当着姜夫人的面,俩人闹开了矛盾,为此,王乃文不解地质问载涛:

"为什么不让我去呀?"

"我家里头没这规矩!"载涛口气十分强硬。

"没这规矩?为什么不早说!"

载涛两眼直直地瞪着她,一声没吭。王乃文火气颇大,根本不听载涛那套,始终叫嚷不停:

"你不让去,我就偏去!"

"外边这么乱,不能去呵!"

载涛虽没吐口,但口气明显缓和下来。因为他不愿在殿上当着姜夫人大声吵闹,没想到,王乃文赌气换了一身衣裳,不管不顾地奔出了大门。

出府之后,见到一起长大的小姐妹,她吐露了心里话:

"刚才,我这是跟涛贝勒赌气才跑出来的。"

谁知,那位发小儿听后,连忙劝说:

"得了,你早点儿回去吧。不然,涛贝勒还不气坏了?"

晚饭之前,王乃文仍气鼓鼓地返回了王府,却没去餐厅。载涛听说之后,便吩咐老妈子提着饭盒,盛上饭菜,还有筷子、小碟儿等一套家什,统统端了过来。

王乃文吃过晚饭,回到卧室,见到载涛时仍没言语。此时,他倒沉住了气,一声也没吭。

于是仍像每天一样,她去洗澡间拾掇卫生。载涛这时走过来,平和地说:"你呀,真够拧的。你瞧瞧,她们谁敢?"

"嗯!……"

从这一声"嗯",载涛算彻底了解了她的倔脾气。王乃文的意思是,你跟那几房妻妾可以,跟我发火可没门儿。这时,载涛又微笑着询问她:

"出门之前,我瞧你那么厉害,是不是索性豁出去了?"

"当然了。"

听到此话,载涛据实以告,如果此事发生在婚前,她不听话走掉,这婚怕是铁定结不成了。王乃文听后,依然默不作声。

晚上,她没理载涛,倒头便睡。次日清晨,载涛也没再说什么,一场家庭"冷战"就算过去了。

仅从这件小事儿,王乃文倒瞧出载涛并非小肚鸡肠。末代太监孙耀庭进宫前曾在涛贝勒府待过一段,跟涛七爷混得异常熟悉,他对载涛的评价是:

"其实,涛贝勒待人不错……"

第拾壹章

『王府』旧礼节

*王乃文学会第一个规矩——请安,每天清晨还要对载涛和夫人道声"您吉祥"。

*变成最后一位庶夫人,才领悟了什么叫"妾不如客"。王府里的一日三餐,并不像外边传说的那么奢侈。晚餐大多吃米饭,照例是"四菜两汤"。

*载涛"奉旨"成了宗人府的"宗令",王乃文追随其赴东陵视察。

*原配夫人姜婉贞,四十多岁之后,意外患了"下痿"。外界不知,载涛对于家中一妻三妾,各有分工。

图片说明:旧王府的礼节压得王乃文喘不过气来。右起:载洵的福晋、载涛的福晋姜婉贞、载沣的福晋瓜尔佳氏、载沣的母亲刘佳氏、李佳氏以及六爷载洵凋零,有如飙风袭来。岂止自然界的时令,偌大世袭王府亦日显渐趋败落的迹象。

淘空了的旧宅邸,仍日复一日地重复着往昔的迂腐礼仪。

三跪九叩的每一个动作,似乎都在默默埋葬着这些过时的陋习。

只是,时人浑然不知历史的演进,懵懵懂懂地依然如故。

…………

然而,一言难以蔽之——不懂旧规矩,在王府中连一天也混不下去。

婚后,王乃文被迫学的尽是些所谓老辈儿传下来的"礼节"。

尽管以后才明白,载涛也同样讨厌这些繁琐陈腐的旧规矩,但话虽这么说,却也并没实质性的反对——所以便成为非学不可的"功课"。

初识旧家规

王乃文学会的第一个规矩,便是请安。

从迈入王府第一天起,王乃文便觉得实在"心累"。每天早晨,凡登上大殿的台阶,就要按照旧规矩对载涛和姜夫人道一声:

"您吉祥!"

旧王府的礼节压得王乃文喘不过气来。右起:载洵的福晋、载涛的福晋姜婉贞、载沣的福晋瓜尔佳氏、载沣的母亲刘佳氏、李佳氏以及六爷载洵

这是每天相见时必不可少的第一个"节目"。

虽然,婚前她被告知了请安的规矩,却并不懂得这个礼节道道儿还不少。载涛平时住的正屋,人们都习惯称它"殿上"。王府内有个一成不变的规矩,一大早,起床之后,所有女眷梳洗完毕必须到姜夫人屋里请安——准时上午八点半,府内这一群人必须排班站立,被俗称"站班"。

除王乃文以外,加上周妙云、金孝兰这三房庶夫人,还有载涛的两个儿媳妇——溥佳和溥佺的妻子,另外就是专门伺候姜夫人的老太监、老妈子、丫鬟……都要到殿上去"集体"请安。她倒也什么都不用管,只是随时听从吩咐罢了。

早在王乃文进府第一天,载涛便提前带她来到殿上,指着屋内地上一块砖,叮嘱道:

"赶明儿个,你就站这块砖上,记住了?"

"是,贝勒爷。"王乃文漫应了一声。

请安,无疑成了府内旧礼节最有代表性的刻板"符号"。虽说府里也没什么必办的正经事儿,但每天早上载涛却起床很早,待仆人把屋子打扫干净,姜夫人也就起了床,静等儿子和儿媳妇来陆续请安。

随着时代变迁,临到后来,晚辈们若是在家就来,如果上班便可以免礼。

平时,府内称谓异常奇怪。王乃文和周妙云、金孝兰既不当面称姜婉贞为姜夫人,也没别的称呼,只是每天早晨依次请安时称呼"您",无一不是重复老一套:

"您起来了,睡得好吧……"

"好,好……"

姜夫人轻轻点着头,每次的回答都是那么认真。一年三百六十五天,见天如此,连丝毫变化都没有。

她随众人站在屋内两侧,一般从上午八点钟直到十点钟方结束。而几个儿媳妇则殷勤地为载涛点烟,沏茶倒水。

由于根本没有座位,大多数人站得两腿发麻。如果在常人家里,有话则长无话则短,这里可不行,无论如何也要一起站俩钟头才能散去。

载涛一般静坐外屋,待儿子和儿媳妇请安,叫一声"老额玛"时,便哼一声,点下头,然后便去旁边的院里赏鸽子、玩鸟去了……

待他走后,儿媳妇还要逐一到里屋向姜夫人问候,按照规矩都须尊称其"奶奶"。

起初,王乃文只知道请安,并不懂"回安"。当第一次载涛告诉她,跟儿媳妇见面时,要彼此请安,往后见面便是这种礼节。于是每次遇到儿媳妇前来请安,王乃文便赶紧回安,这也成了每天必不可少的刻板礼仪。

　　请安之后,大家默默环立,瞅着太监、老妈子、丫鬟这三个人伺候姜夫人梳洗打扮、吃早点。之后,两个儿媳妇便一左一右地搀扶着姜夫人到中厅坐下。

　　姜夫人由于双腿有疾,仅能在中厅稍坐一会儿,就由两个儿媳妇一左一右地搀着,在屋里转圈走溜儿。上午十点钟左右,姜夫人照例仍返回卧室歇歇儿,众人才能"下班儿"。王乃文曾经多次对载涛大发牢骚:

　　"早知道王府规矩这么大,我就不来啦,多受罪啊。"

　　载涛听了,却不以为然:

　　"我打小儿就是这样,这些规矩可是老一辈传下来的。"

　　其实,王乃文平时和载涛在一起时,彼此话并不多,当着姜夫人也不敢多聊天。有一天,她在背地里对载涛嘀咕说:

　　"您把人给管得成了傻子,我真不知道怎么好了。"

　　"瞧你说的,你真是那样吗?"载涛半开玩笑地说。

　　"以后甭那么多规矩,行吗?"王乃文似乎委婉地发问。

　　载涛听后,不再说话。见此,王乃文再也不敢吭声,只好钻到自己屋里喘粗气。

　　这些烦人的旧礼,谁都讨厌,但是没法儿不"遵"。久而久之,与其说渐渐习惯,倒不如说变得"麻木"了。

　　进府之前,她做梦也想不到,王府就餐的规矩竟也如此复杂。每逢餐前,老妈子双手端着漆盒,里面盛着王乃文的饭碗和碟子、筷子、勺儿——一整套餐具,整整齐齐摆上餐桌。

　　也就是说,老妈子预先要进去把碗、筷放在主人面前。开饭铃声响过,载涛和姜夫人先在一个大圆桌前坐定,然后,其他人才能依次入座。

　　"吃吧。"

　　听到载涛一句照例吩咐,先动了筷子,姜夫人才随之吃饭。此后,三房侍妾才能跟随着拿起筷子。否则,谁先动筷子,都算破了王府的旧规矩。

　　平常,餐桌上摆着四菜两汤,天天如此。刚开始,王乃文心里忐忑不安,吃饭时,连菜也不敢夹,只是先瞅着别人,见到人家没夹哪盘菜,便不敢先动筷子。

　　按照府里的老规矩,她夹菜之后要先搁在面前的小碟儿里,然后,再夹到自己的饭碗里。碗里始终没盛多少饭,菜也不敢多吃,她刻意模仿着别人,见到人家喝羹,才敢尝一点儿。瞅人家拿碗时,小拇指头跷着,只好也跟着学,唯恐露怯,谁想,如此小心还是学"歪"了。

初来乍到,她暗自思忖,怎么也得拿着点儿劲儿,因为身旁几个儿媳妇盯着自己。载涛不好意思领着她到各屋介绍这位"三奶奶",便吩咐周妙云引领着,先后到几个媳妇屋里去认了一下门。

结婚之后,王乃文感到与过去做客时相比,似乎"身价大跌"。譬如,以往一起吃饭时,坐在第三位,除了载涛、姜夫人便是她。现在才知,敢情那是把自己当做客人对待的。

如今,变成了涛贝勒最后一位妻子,才顿悟什么叫"妾不如客"。

吃饭时,周妙云、金孝兰依次排坐在了前面。载涛解释说,这是按照先来后到排序的。她抬眼一瞅,自己居然坐在第五位,按序正好最后一名。下面依次坐的是几房儿媳妇。善于察言观色的老妈子,一眼瞧出王乃文脸色不对,连忙叮嘱她先坐下,然后低声附耳解释:

"她们都比您先来的。可别介意呵,姐姐呵,您排'三'了。"

虽然老妈子如此称呼,年龄却比她大许多。实际上,所谓"排三",是指她在妾中的序位。

婚后当天中午,好不容易她才别别扭扭地咽下第一顿饭,反正没算吃饱,便独自溜回屋内。暗想,这不成了熟透的黄瓜——落架儿①了吗?……

王府内就餐的讲究,确实不少。王乃文早就发现,不仅不能抢在载涛之前,即使在其他妻妾之前动筷子,也算犯了忌。饭间,谁也不给谁布菜,只能埋头吃饭,还得留神一样,千万甭夹载涛从没动过的菜肴。在她看来,吃饭的过程,简直成了活受罪。

其实,王府里的一日三餐,远不像外边传说的那么奢侈。早餐,大多是白米粥,再加一些点心。午饭,一般按载涛的习惯吃面食,比如烙饼、馅饼、饺子、面条等。

晚餐的主食则大多是米饭,照例"四菜两汤",但每天都适当改换口味,让人并不觉得过分单调。"四菜"里,比较常见的是肉炒黄瓜丁、肉炒蒜苗、木须肉、熘肉片,有时也搭配上一些鱼虾等海鲜。

所谓"两汤",一般是白鸡汤、卧果(鸡蛋)汤,冬天则是冬瓜汤、黄瓜汤。

---

① 落架儿,这是一句老北京的俏皮话,意为同音字——"落价儿"。

偶尔，载涛一时兴起想吃什么，还会随机点一两道"特色菜"，但这种情形极为少见。

这是王府的一般配餐。若有客人来，"四菜两汤"就变成了"五菜两汤"，只不过添上一道菜而已。

王府里的主厨老侯，是地地道道的满族人，属于涛贝勒府的老辈儿，最擅长的是京菜。对"色、香、味"，颇为讲究，虽然年过半百，仍然手脚利索。载涛对他的厨艺一直比较满意，每逢府里的重大喜庆日子，总是短不了由他掌案。

每天在大厨房饭厅吃饭的，除了以上几位以外，自然还有载涛的两个儿媳妇。长子溥佳，几乎每天抽大烟，起床很晚，大多赶不上三顿饭的正常时间，只好自己在屋里吃。日久天长，便只好另设一个小厨房，专找了一个厨子给他做饭。

载涛的另一个儿子溥伣，平日在西陵守卫队值班，离京城很远，经常不在家吃饭。孙子、孙女等人也在自己屋里吃，一日三餐都由保姆送去。

府里还有个不成文的旧规矩，凡在大厨房吃饭的人，即使先吃完也不能起身，要偷偷瞄着载涛的动静，必须等他吃完才能起身。往往，载涛吃罢饭，便站起身招呼一声：

"你们吃吧，可要吃饱了呵……"

每当载涛站起来一抹嘴走了，这无异一个信号，老太监立马就得搀扶姜夫人起身。其他人，即使没吃饱也只能随之离席。

仅从一日三餐也不难看出，完全衰败了的旧王府，仍然沿袭着封建旧式家庭的习俗。这些陈规虽然已经被王府里的大多数人、尤其是年轻人所厌恶，却仍像演戏似的天天"上演"着。

宗人府"宗令"

小宣统"逊位"，并没有完全取消其对于皇族的辖管权限。关门皇帝依然对苟延残喘的"小朝廷"继续发号施令。

当溥仪从宝座上被赶下四年之后，载涛"奉旨"署理声名显赫的宗人府[①]。

转过年来的一九一六年二月，载涛又"奉旨"由署理宗人府改为补授"宗令"，"荣升"宗人府一把手。

---

① 宗人府，清朝专门管理皇族等事务的机构。

临到王乃文进府之际,宗人府的差事儿仅剩徒有虚名。

从前,宗人府有什么正事儿还时常遣人向载涛汇报,比如哪些皇家建筑该维修,让他拿个准主意。无奈后来资金越来越紧张,大多是拆东墙补西墙,载涛也懒得再细管。

有一次,王乃文跟随载涛到东陵视察。那时没有别的车,只好乘坐马车前往,两人衣着随意,跟一般游人差别不大。他俩一大早就动身,直到午饭时尚未赶到。

抵达东陵之后,王乃文甚感疲惫不堪,载涛却有意让她瞧瞧每一座陵墓,还指指点点介绍着,慈禧太后埋在哪个陵墓里,另外一座陵墓埋的又是哪位皇帝。午后,载涛还带着她在那儿吃了顿饭,又四处游逛了一遍。

那些守卫东陵的官吏,虽然仍在应差,却完全是糊弄事儿,根本不向载涛汇报实情。

其实,哪座陵墓该修,必须下拨经费,否则全是一派空话。对此,载涛显得非常无奈,只好装模作样地一再询问:

"维修这座皇陵,有没有钱哪?……"

驻守东陵的官吏原本指望着跟载涛讨钱,听了这些故意反问的官场话,便再不做声。王乃文渐渐明白,这一趟纯粹属于浪费时间,无功而返是必然的。

尽管慈禧太后生前对醇亲王府并无多少好处,然而,载涛从来没说过此人坏话。每当有人问及,他总是含含糊糊地说:

"呵呵,慈禧太后,那也算是老人家了……"

至于其他,再也不肯往下说。总之,他对慈禧太后表面仍然挺尊重,还多次说过:

"这个女人,才也有、谋也有、政治手腕也有,完全可以把握朝廷。只是到后来仅剩下她一个人了——独木难撑啊。"

载涛还对王乃文回忆说,慈禧太后七十多岁时,身体也不行了。她患病时,光绪皇帝也正值病重,慈禧太后放出话来,非得要死在光绪皇帝的后头。据说去世前夕,她还一个劲儿向贴身的太监询问:

"皇上现在如何,身体怎么样啊?"

听到慈禧太后发问,太监不敢细说,只得委婉地告诉她:

"还好,还好。"

"皇帝进药了吗?"

"不进了。"

她听载涛说，所谓"不进"，就是吃不下去了，也就是说当时光绪皇帝病得连药都吃不下去了。据说，奄奄一息的慈禧太后临到最后还给光绪皇帝留下一句话：

"皇帝安息吧……"

至此，慈禧太后虚弱的身体也走到了终点。

外界不少人，尤其是爱新觉罗家族的人们传说，光绪皇帝是被毒死的。甚至有人认为，光绪皇帝是被慈禧太后毒死的。

王乃文曾好奇地问过载涛，载涛对前一种说法并不加以否认，而对后一种说法，却道出了一种趋向于否定且模棱两可的看法：

"这可不一定……"

在清末宫中，先是光绪皇帝，随之便是慈禧太后相继去世。载沣虽是"监国摄政"，却苦于能力有限。当时载涛还小，根本拿不起事儿来。当溥仪进宫"登基"时，慈禧太后和光绪皇帝仍停灵于宫中，所以，宫廷陆续调去几位老臣，进宫专门筹办"国丧"。

数十年后，载涛曾实实在在地对王乃文回忆说：

"那时候我还不行哪。那年我整十八，进宫时才十二岁，也不敢跟慈禧太后犟嘴呵……"

王乃文虽没研究过清朝历史，然而早年唱大鼓时，多少也受过一些晚清历史熏陶，因此屡向载涛询问起众说纷纭的珍妃之死。作为光绪的七弟，载涛始终认为，珍妃是慈禧让大太监崔玉贵推入宫中的枯井内而死。

反正王乃文询问那些历时久远的往事时，总免不了有几句话令载涛不爱听。每当此时，他便呵呵一笑，有意岔开话题，王顾左右而言他。

王乃文知道，载涛自有他的处世哲学。平时在家里，从来不轻易对任何人品头论足，总是难得糊涂地一味说：

"这人好呵，了不起……"

在平时，载涛是个颇讲究场面的人，到外边格外注意穿戴。每逢出门会客，总是一身长袍马褂，待人彬彬有礼，见了熟人更是抢先热情地打招呼。此时，谁也看不出来，这位竟是"宣统皇帝"的七叔。

王乃文结婚许久，一直感到挺纳闷儿，从没见过载涛儿子中的老大和老四，一问才知这两个儿子皆已早丧。载涛先后共有六个儿子，如今只剩下二儿子溥佳、三儿子溥俊、五儿子溥僖、六儿子溥仕，平时彼此礼而宾之，倒也相安无事。

不久,二儿子溥佳跟随溥仪远赴长春,在伪满洲国任职,不再经常回京。三儿子溥侒在西陵守卫队,平时身穿日本军服,挎着日本军刀,名义为"康德皇帝"守陵,实际上是日本人手下的伪军,领取的是日本人的月薪,也不经常在家居住。五儿子溥僖没有工作,妻子倒在誊印厂找了一个差事儿,才算略有些微薄的收入。

在往日那些年月,只有幼小的第六子金从政——溥仕正在上学,始终跟随载涛生活在北京。

载涛的福晋姜婉贞,总共生过六个孩子,包括大格格、二格格两个女儿。由于大格格早夭,只剩下二格格居住在家里,后来下嫁内蒙古阿拉善旗王爷达理札雅。

说起来,载涛的原配夫人姜婉贞,四十多岁时,患了"下痿"①,不仅无法走路,竟从此不能与载涛同房。

尽管如此,载涛平日绝不在外过夜。一直想再纳妾,却始终没有合适的。周妙云从前是载涛买来的一个使唤丫头。载涛洗澡时大多由她伺候,擦洗浑身也少不了她,故此年仅十五岁就被载涛收了房。

此后,周妙云倒是如愿地生下一个孩子,便是载涛的五儿子溥僖。只是上学时经常逃学,考试经常不及格,短不了被载涛训斥。

此后,载涛又从外头雇来个姑娘当丫鬟。她叫金孝兰,个子高大,相貌端正,只是稍有些笨手笨脚。她整天伺候姜夫人,从早上开始,便给姜夫人梳洗,一直到晚上入睡,才能休息。

当金孝兰二十多岁时,理当出聘,家人找到了载涛。可是,姜夫人偏偏不舍得让她走:

"她伺候我挺好的,我可不让她走。"

"那怎么办呢?"不仅载涛发起愁,家人也不知如何是好。

此事商量到最终,载涛打发人出面,跟她家发了话:

"那一家不是想娶你闺女吗?给他们一点儿钱,就甭娶她了,把她留给我家老爷得了。"

经过反复劝说,那一家终于同意。于是,姜夫人乐了:

"她一心一意伺候我,我也挺舒服。她也愿意留在这儿,这不挺好吗?"

随之,载涛便把金孝兰留下收了房,没多久就有了喜,遂生下第六子金从

---

① "下痿",即下肢瘫痪。

政。按照爱新觉罗家族的排行,在溥字辈里起名"溥仕",论起辈分来,跟"宣统皇帝"——溥仪是同辈的叔伯兄弟。

这样,载涛除姜夫人外,有了两位庶夫人。三年后,王乃文又被载涛娶进了涛贝勒府。

难得的是,四位妻妾之间从没吵过架,见面往往彼此一乐,见天如此,倒也实属难得。

一妻三妾的分工

有意思的是,外粗内细的载涛,对于家里一妻三妾,各有分工。

看得出来,在一妻三妾中,数姜夫人最受尊重,举凡府里有大事,载涛总是先找她商量。二、三庶夫人"主内"——周妙云掌管房产事宜,所以经常在载涛眼前。金孝兰是大高个儿,身材健壮,姜夫人喜欢她孔武有力,便于搀扶自己,所以留在身边服侍,后来还教她管理一日三餐等日常家务。

王乃文则"主外",侧重社会上的"外交"。杂事不管,只是去府外联系事宜或载涛到外面办事,经常带上她,这样,似乎成了载涛的"外交妻子":

"今儿个有个重要活动,你可得陪我去呀。"

因为外出不能抬脚就走,至少要捯饬一下,所以载涛要提前招呼。有时她穿旗袍,后来才改穿西服,若是亲友寻常小聚,便可随便一点儿。家族如遇婚丧嫁娶等大事,则要穿得庄重些才是。

以往载涛到人家宅门做客,唯恐丢面子,时而叮嘱一妻三妾,穿什么衣裳合适。载涛对此颇为讲究,丝毫不能马虎。倒是王乃文个性较强,偶尔还会惹得载涛不太高兴。

其实,载涛也尝试过"换将"。有一天,他让金孝兰陪同出去办事,只是返家后便再也不让她去了。王乃文后来听载涛说,金孝兰在外边见人便一个劲儿冒汗,竟然说不出一句整话来。载涛无奈,只得坦言放弃:

"得了,以后出门办事,甭让她去了,还是让'老四'去吧……"

宽厚待仆人

府里规矩大,连载涛的名字也绝不能随便叫。

府外前来看望的客人,大多称其"七爷"。满族小辈儿,则称呼"贝勒爷"。

在背后,仆人往往都避讳直呼其名而尊称为"上头"。

载涛虽待人宽厚,但若让他知道谁往外偷东西,却绝不轻饶。因此,他经常对仆人说:

"谁家里日子不好过,就跟我直说,我给你们钱嘛。可有一样,偷东西可不行。"

谁想,此语竟不幸言中。

有一年冬天,王乃文早晨起来,正要出去理发,恰巧碰见一个仆人,正拿铁桶往外偷煤,猛然瞧见她,顿时慌了神,连忙跟她打招呼:

"哟,是您呀,出去呀?"

"你快走吧。"

王乃文赶忙吩咐仆人走掉,随之又叮嘱他的老婆说,以后可不准这样干了,如果自己向载涛禀报,他明儿个就得"下野"。谁都知道,载涛的脾气历来如此。所以,王乃文对于此事始终没敢跟载涛透露一丝消息。

载涛平时很少打人。王乃文曾听家里人说,早年府里成立戏班时,涛贝勒经常揍人,每天硬逼着伙计拿大顶、练武功,凡是不用功的,都免不了受罚。

后来他年纪稍大一些,便很少动手打人,有时还歉疚地对仆人说:

"我脾气不好,可不能随便跟底下人找茬儿。"

一旦发现仆人有了难处,载涛却会毅然出手相助。一个老书童的媳妇难产,被送进医院,可是没钱动手术。四十多岁的老书童便到殿上来找载涛。那天,王乃文也在旁边坐着。老书童跌跌撞撞走进门,跪在地上央求说:

"贝勒爷,您救命吧!"

"哟,这是怎么回事儿呀?"

"我那口子要生孩子进医院动手术,我哪儿有钱哪?人快死啦,您救救命吧。"

"需要多少钱哪?"性格直爽的载涛连忙询问。

老书童说了一笔不小的钱数儿,载涛听了,马上吩咐说:

"得!你到那前边柜上拿钱去吧。"

"我给您磕头了。"老书童说完,感激地跪在地上连磕三个头。

老书童等媳妇出院之后,又来给载涛磕头道谢:

"哎哟,我四十多岁了,没想到媳妇难产。要不是您开恩,还真难办了。我给您磕头啦,您救了大人和孩子两条命,我感激您一辈子哟!"

"起来,好好的就行了。"

载涛问清情况,脸上露出了欣慰的笑意。

其实,按照王府仆人的说法,载涛最好伺候不过,无论什么事儿,总有一定的钟点。每天早晨,姜夫人从里屋出来,在外屋后炕上一坐,儿媳妇就过来伺候她喝茶、点烟,时间先后总不差几分钟。

王府分里外院,里院住的都是家里人。平时,仆人见到载涛从府外归来,无不规矩地按照王府的礼节,赶紧靠在一边,先让载涛走过去:

"贝勒爷,您回来啦?"

"啊,回来了。"

平日,载涛对府里的仆人都挺关心,见面时常问起:

"你家近来有什么事儿啊?"

"没啥事儿。"

每到此时,仆人这么一拱手打千儿,载涛便点点头,信步走了过去。平时,他不时家长里短地跟身边的仆人闲聊,待人十分亲和:

"你今儿个上哪儿,有什么事儿呀?……"

实际上,王府的旧规矩是随着家庭经济的衰败而"礼崩"的。譬如,王乃文平时跟载涛当面尊称"您",尤其当着外人需要格外注意。后来家境渐窘,彼此称谓宽松很多,老规矩也不像从前那么大了。

由于老年得子,载涛特别喜欢长得胖乎乎的小五儿——溥僖,盼咐王乃文每天要到小五儿的屋里照看一眼:

"小五儿,干吗哪?睡了吗?"

每天晚上,王乃文巡视一圈之后,才回到卧室睡觉。载涛还经常打发人告诉溥僖的母亲周妙云:

"你放心吧,小五儿在这儿玩儿得挺好……"

第拾貳章 过年节的掌故

*涛贝勒府如何过年？大年初一早晨，所有人无一例外都要去给载涛夫妇磕头拜年，府里连唱三天大戏。

*春节来临，殿院供桌上，总会摆满老三样——月饼、蜜供、苹果。每到大年三十，载涛必带几个儿子，守候到午夜子时，下跪"接神"。

*府内过节，除春节之外，唯五月节和八月节最受重视。五月节，全家须吃一次粽子；八月节，府内要供奉"兔爷"，品尝月饼之际，台上的大戏便在锣鼓声中拉开帷幕。

图片说明：昔日涛贝勒府的宽大宅院，已成了大杂院。只剩下院内两棵仰头一眼望不见树梢的百年老树，显示着此院不同寻常的繁华历史
（本书作者摄于二〇一〇年九月）

风起于青蘋之末。

古籍上的记载,似乎没错儿。或许,彼时没人懂什么"蝴蝶效应",却对眨眼间一损俱损的皇族败相,看得真真儿的。

仅以一年一度年节的奢繁而论,细微之处却也掩盖不住所谓王府的衰颓之态。

设若无此记载,或许多年之后,再无人知晓式微的涛贝勒府,在晚清迈入民国后,年节是如何度过的了。

....

实际上,每逢过年,涛贝勒府便变得热闹非凡。

大年初一或三十晚上,府里都要燃放爆竹或放"盒子"①,比娶媳妇还要隆重。按照惯常礼节,人们平时见面只向载涛作揖即可,不用总磕头。逢到年节,或遇到重要之事才行"大礼"。

涛贝勒府过年

有人说什么"三十夜里熬一宿",涛贝勒府里可没这种事儿。

外界并不知,每逢过年,涛贝勒府的大人从不熬夜。夜里仍然各归各家,该睡觉就睡觉。

逢到大年三十晚上,载涛便亲手在"鸽子院儿"燃放"盒子",引得众人纷纷前来观赏。然而,一过午夜十二点,大家便歇手休息。

府里有个老规矩,平时谁也不串门。但凡年节,尤其是大年初一早上,除姜夫人外,几个妾及儿子、儿媳妇,连同府内所有仆人都要来到殿院,去给载涛和姜夫人磕头拜年。

此时,载涛夫妇一左一右,端坐后炕,当间儿一张小炕桌。儿子和儿媳妇们,先要给载涛三跪九叩地磕头,这道大礼是不能免的。别有特殊讲究的是,一般人须磕九个头,王乃文虽然也要磕头,但只须和其他庶夫人一样磕六个,

---

① "盒子",即小型礼花。

底下人仅磕三个头即可。

究竟什么道理,谁也说不清,只道是老辈儿传下来的规矩。

载涛尤其疼爱孙子辈,每当府内几个小孩儿前来拜年,便嘱咐王乃文给每个小孩儿发两三块压岁钱。

随后,载涛还会分别赏给妻妾一些礼物,大多是衣料。其实,这些礼物都是他让金孝兰和王乃文到京城著名的"丽丰"绸缎庄买来备好的。无须带钱,只让对方记上账就行了。待年根底下,载涛都要亲自打电话,让"丽丰"派人前来结账。

王乃文听载涛说过才知,府里从老辈儿就极讲究礼节。涛贝勒府极力仿照宫内规矩,仆人对于他的吩咐,无不口称"嗻",随即照办。

每逢过年,载涛往往唤来京城数十名著名戏曲、曲艺演员,来府里大唱三天。若遇红白喜事,也要演唱上几天。

这些演员一般都离王府较近。其中有个女演员叫赵翠青,擅唱"莲花落"。岁数虽大,在京城却颇有名气,就居住在不远的西扬威胡同内。

府内那座戏台,足有一人多高,跟正式的舞台无二,不仅有幔帐,还有上下门,一般武戏都能打得开。大戏开锣之后,一挑帘子,便能开始演出。

戏台前面摆着不少八仙桌,如无府外的宾客前来观看,姜夫人和几位庶夫人便坐在这里。载涛端坐在正中间的太师椅上,任何人不能擅动。后边是一排排观众椅,能坐不少亲眷。

舞台前面两侧,是茂盛的大树和假山石。北边宽阔的院内树木繁多,种植着不少梨树和海棠树以及不少花卉,地上铺满青草,绿树浓荫,青草葱郁。王乃文曾眼见,有的人甚至擗下一朵鲜花儿,在地上恣意打滚儿。

这里跟任何王府不同的是,院内有五间北房、两间西房,演员累了可以进去歇一会儿。

载涛时常在台上演唱、排戏,也有时在上边演练"开打"。府内老人多,年轻人少,他倒是经常鼓励小青年上台练戏。闲暇时,载涛还喜欢找几个熟人一起到台上唱着玩儿,偶尔兴起,还会撂下话来:

"今儿个,咱们晚上活动活动吧。"

这就是说,载涛凡想唱戏或听戏,府里管事的就马上通知找人,当晚就能聚齐。此外,他还有个癖好,喜欢三四人同台演唱"莲花落",只不过总是《探亲家》、《小过年》等几个俗得不能再俗的老曲目。

每逢此时,还通常有一两个丑角儿,穿上行头、化着装,头上梳俩小辫儿,在台上边舞边唱。

　　说来,一般角色到府里唱堂会,最多唱三四台小戏,时间不算太长,大多赏四十块钱。晚上吃过晚饭,还可以再玩上一会儿。

　　载涛喜欢让几个妻妾陪坐一旁,悠闲地听戏。说不定什么时候,一高兴他就跳上台去,加入表演行列。

　　戏台右路不仅连着殿上,还跟园内的长廊相通。若从殿上去听戏,经长廊即可到达,连瓢泼大雨都淋不着。

　　跟外边戏台不一样的是,登台演出可以自由选择,谁会京戏,都能随便登台演唱。想唱什么曲目,跟乐队打个招呼就行,未必非经载涛允许不可。

昔日涛贝勒府的宽大宅院,已成了大杂院。只剩下院内两棵仰头一眼望不见树梢的百年老树,显示着此院不同寻常的繁华历史(本书作者摄于二〇一〇年九月)

　　譬如,王府里有个轰鸽子的老头儿——连达,擅扮老旦,唱得有板有眼,颇受载涛赏识,经常点他上台吼两嗓子。也有时,载涛没"点将",老头儿便瞅空儿溜上台去,像模像样地唱上一段《吊金龟》。然后,心满意足地蹦下台。

　　拿王乃文来说,戏台便在隔壁西院,平时闲着没人,她若溜达过去,可以随便登台唱上两段再走。有一次,王府内演唱《齐双会》。台下坐着一排公爵、王爷,谁要愿意唱,都可以事先报名饰扮一个配角,乃至扮戏中的老生,这是载涛特意嘱咐的。

　　载涛向来不唱文戏,只唱武戏。虽然戏台不大,依恃着深厚的功底,仍然可以对打或踢飞脚。载涛在这个舞台上演过《芦花荡》,戏中饰张飞,手、眼、身、法、步,无不惟妙惟肖。

　　每当载涛翩然登台,台下的掌声总是格外热烈……可贵的是,观众的掌声并非刻意恭维主人,而是褒奖涛贝勒精湛的演技。

漫 话 春 节

　　在这座恢弘的旧宅邸,每逢春节来临,殿院供桌上的瓷盘里,总会摆满从地安门点心铺专门订做的老三样——月饼、蜜供①、苹果。

　　供桌上方正中间挂着一幅彩色的观世音像,从大年三十开始,一直摆到正月十五才撤——俗称"三堂供"。院内的祠堂和佛堂,也是这三样,人们天天燃香祭拜。王乃文观察到,三处摆的瓷盘尺寸大小不一,殿院内摆的最大,叠起来足有二尺多高。祠堂和佛堂里的"三堂供"则只有一尺多高。烧香最有讲究,这一炷香,始终要有专人负责,一直烧到正月十五,绝不能间断。否则,便被视为不吉利。

　　每到大年三十那天,载涛必带着几个儿子,守候到午夜子时,全体下跪"接财神"。这里有个规矩,府里的女人通通都要回避,不允许观看,唯恐"冲撞"了财运。等到"财神"驾临之后,全体子孙再磕头辞岁。

　　然后,府内一齐燃放鞭炮、"盒子",这可称得上府里一年四季最热闹的时刻。

　　同往年一样,载涛身穿新衣裳,点燃第一挂鞭炮或"盒子"之后,便喜气洋洋地站在旁边观看。顿时,各种名目的礼花,什么八仙人、龙凤呈祥、麻姑献寿、八仙过海……纷纷冉冉升空。

　　瞬间,空中燃放的烟火,照耀得府内一片光明,如同白昼。

　　据说,这通烟火,往往是春节期间花费最大的一项,一般人家休想买得起。随着家境衰落,燃放的烟火,一年比一年差,这无疑成了涛贝勒府日益陷入窘迫的标志。到最后,根本买不起烟火,全家吃上一顿饺子就算度过阴历年,这是后话。

　　每到年前,殿院便张灯结彩,搭起马蹄铁皮的大棚,外面涂满绿漆。整个大棚比房檐还高出二尺多,几乎遮盖住大半个院落。所有宾客走进时,无不感到阔绰与气魄相加的气派。

　　年底,载涛往往亲驾小卧车给几个妻子购买首饰——银项链居多,大多是到东安市场的一家金银首饰店挑选,当面付款结清。

　　连平时几个妻子理发或美容,也有载涛指定的专门地点——"美白"理发

---

　　① 蜜供,满族人称为"萨琪玛",是满族人传下来的一种北京传统小吃。

馆。大多乘坐马车而去,平时无须现金支付,年底结账。载涛本人也是固定常客,则多数乘小卧车往返。

若说起来,比过大年重视程度丝毫不差的,则是载涛的寿日。尤其每逢他的整生日——逢五、逢十,溥仪大多派代表参加,其他爱新觉罗家族"载"字辈的,也会悉数到场。像载沣、载洵和载涛这三兄弟,缺一不可,两位兄长则大多偕眷前来。

至于溥字辈的,譬如溥伒、溥佐等人,也无不前来磕头祝寿。往往,从先来后到的顺序上,也能看出远近亲疏。

殿院正屋里,照例放置黄垫,供来客磕头行礼。每当尊贵的宾客迈进门,随侍的老太监就高声颂唱:

"贵客驾到!……"

府里的规矩和宫里略有不同,往往大年初五那天,要唱上一天大戏。全家人若无要事,必须齐聚此院看戏,只为图个团圆乐呵。当晚,吃过一顿团圆饭,好戏便开锣上演。

这一天,载涛经常让平时不露面的几个儿媳妇也一起看戏,自己则端坐台下正中央。此时的涛贝勒府,便成了京城名角荟萃之地。

然而,也有不尽如人愿之事。像赫赫有名的碧云霞,以旦角戏著称,在城南游艺园曾以擅演《狸猫换太子》而誉满京城,从前,载涛特别喜欢她的戏,曾多次悄悄去城南游艺园观赏,也总想邀请碧云霞来府里唱戏,但不知怎么总也没能兑现。

载涛唱戏需找配角,王乃文大多为他配演《贵妃醉酒》中的杨贵妃。《齐双会》的配角,由著名武生如福兰饰演,载涛则反串配唱小生赵宠,而由孟小如饰李奇这一角色。

眼瞧到了大年初六,如果载涛的戏瘾仍没过完,便一路接着唱下去。这天,他往往不再登场,而是坐在台下静静观赏。

即使是伴奏的专业乐队,载涛亦要求必须水准上乘,且出高价从外边聘请。仅此一项,府里便要支出不少。但载涛在这方面舍得花钱,满不在乎,时常挂在嘴边的一句话是:

"说什么也不能请'棒槌'来府里呀。"

载涛所讲的棒槌就是水平不高的票友。虽然他本身非戏曲专业人士,却是一般专业京戏演员无法望其项背的,实属"外行里的内行"。

有一次,载涛让皇族的魁公爷饰扮高力士,陪王乃文唱《醉酒》。论起辈分,魁公爷虽比载涛晚两辈,但演到高潮处,载涛仍然带头鼓掌叫好,无拘无束,并不拘泥。

看戏当中,载涛总是笑容满面,一副嘻嘻哈哈的模样,不断插科打诨,更对梨园轶事兴味十足。譬如,在《狸猫换太子》中饰演宫女寇成玉的碧云霞,是谢虹雯——原为著名京剧表演家杨宝森的夫人,后来嫁给了四小名旦之一的张君秋——的母亲……

聊起诸如此类的戏坛趣事,载涛总是津津乐道。

端午与中秋

涛贝勒府过节,不一定每节都如此奢费,除春节以外,唯有五月节和八月节最受重视。

每到五月节,全家须吃一次粽子,但不演戏。总是提前两天就包好粽子,包括豆沙、枣泥等各种馅。临到当天,载涛便亲自叫上所有仆人:

"全都吃粽子去吧。"

他还往往亲至厨房,吩咐大师傅多准备点儿肉:

"可得多炖点儿肉,再多烙些大饼,让大伙儿吃饱喽!"

王乃文看透了载涛的心思。这位贝勒爷最喜欢的是伙计们端着一碗肉,卷着大饼,纷纷前来向他谢恩的热闹场面:

"七爷,谢您赏呵……"

每逢此时,载涛总是哈哈大笑着说:

"吃吧,多吃点儿呵。"

八月节,府里照例要供"兔爷",这是丝毫不能马虎的。

每年八月节前,府里都要提前雇人买来一个纸糊的架子,外面画着白兔和月亮,里面点着蜡烛。瞧上去,像个大型"走马灯"。此节上供与其他年节截然不同,大多是些苹果、西瓜、蜜桃等水果,但需点蜡、烧香,整整热闹上一天。

八月十五这天,府里无论男女老少,均要品尝一下从外边点心铺订做来的月饼。此时,还有个必不可少的仪式——把一块直径一尺多的"全家福"月饼,切成无数小块。

然后,由载涛领头上前,拿走头一块。接着,姜夫人以及几位庶夫人、儿子儿媳,纷纷依次领取一块月饼,放入自己面前的小碟儿之中。

于是,在众人品尝月饼之时,台上的大戏或曲艺节目便在喧闹的锣鼓声中拉开帷幕。

八月节的演出，不一定全部是京戏，时常有京城的曲艺名家前来唱堂会。曲目大多是载涛喜欢的赵翠青的莲花落、高德明和高德亮兄弟俩或唐瞎子表演的传统相声、白凤鸣的单弦、金万昌的梅花大鼓等等。

台下的主人和宾客一边嗑着瓜子，一边品茗赏月，人数总不少于上百人。

舞台上的精彩表演，通常要到午夜方散。载涛在这方面舍得花钱，每位演员还能得到一笔赏钱，当然都是事先说好的。

尤其令人称奇的是，对于著名演员，载涛必亲自恭送到府门口，拱手道别。

鉴此，曲艺界无不戏称涛贝勒是一位"梨园"知音——"怪王爷"。

第拾叁章 涛贝勒粉墨亲授

＊他不仅能唱武生，还能反串"青衣"。《贵妃醉酒》便是最著名的一出青衣反串戏。

＊四大名旦之一的尚小云，时常居住在天津的载洵家中，两人成天一起切磋京戏新唱。尚小云饰演的第一出洋装京戏——《摩登佳女》，便是载洵掏钱捧起来的，仅服装就花掉一笔惊人的款项。

＊载涛弟兄三人有个共同特点，无一不酷爱京戏，但不爱出门逛街，也从来不串门。

＊在皇族里，每当长辈问话之后，晚辈依然要像宫里那样应答——"嘛……"。

图片说明：载涛夫妇早年驰骋的舞台早已被拆掉，大院内空余一堆残破的景象（本书作者摄于二〇一一年九月）

粉墨春秋——

看似无非氍毹演绎尘梦。即令如此,也是历史不可隔绝的一部分。

人生如戏?见识懂了戏曲小舞台,才更领略人生大世界。

戏台上浓妆淡抹登场,婉音百转。谁知,戏里如泣如诉的表演,亦成了悲秋的现实。

…………

虽然,众人都知道载涛偃文重武,但生活中,却屡劝家人习文。

当年载涛曾聘请过一位私塾先生,专门教授其子溥偱以及几位妻妾和一些孙女功课,还时常询问有否长进。

王乃文婚前没怎么念过书。婚后,载涛让她投师私塾门下,随众人从《千字文》、《百家姓》念起,每天用功不辍。可是《论语》刚念了一半,载涛却转了念头,忽然一天晚上对她说:

"你先甭念书了,跟我学戏吧。"

由此,王乃文又跟载涛学开了京戏。说实话,这倒是她极感兴趣的。

演唱京戏,尤其擅长武生,堪称载涛终生最大嗜好之一。大凡名演员杨小楼扮演过的武戏,他差不离都会。按专家的话来说,有的戏甚至比杨小楼演得还"瓷实",乃至有所创新。

这些菊坛轶事,往往成为清末贵族间茶余饭后的闲谈佳话。

反串"青衣"

府外有所不知的是,载涛不仅能唱武生,还能反串"青衣"的重头儿戏。

譬如,《贵妃醉酒》便是他反串最著名的一出戏。教授王乃文唱戏也是从此戏开始的。

起初,提起学戏,王乃文头天晚上还在纳闷儿——载涛唱的是武生,自己怎么学呢?没想到,第一出载涛就教她演唱青衣戏——《贵妃醉酒》。

这一年,载涛已近六旬,王乃文确有点儿担心他教不了。按照载涛的说法,《醉酒》这出戏,在梨园行儿不是谁都拿得起来的,既有歌舞,还有武

载涛夫妇早年驰骋的舞台早已被拆掉,大院内空余一堆残破的景象(本书作者摄于二〇一一年九月)

功——载涛说,这主要是"软功",在大幅度的身段动作中,行腔显得很吃"活儿"。

然而,观赏过载涛《芦花荡》里的猛张飞,卸装之后稍停片刻,台上又赫然出现了《贵妃醉酒》里婀娜多姿的杨贵妃,使所有在场的观众眼前顿时一亮。巨大的艺术反差和深厚的功力,征服了见多识广的京城贵族。

当载涛示范性地表演一段后,王乃文算是彻底服了气。难以想象,载涛将近一米八的大个子,身材魁梧,舞姿竟如此轻盈,唱腔如此"柔美"。凡见过载涛边舞边唱的人,无不由衷地赞许:

"哎呀,载贝勒哪儿像年过六旬之人哪?"

一大段载歌载舞之后,载涛居然平静自如,丝毫没有王乃文预料的大喘粗气,反而笑着问她:

"哎,你瞧怎么样?……"

"太棒了!"

从此,王乃文对于载涛的戏功,钦佩得五体投地。至于京戏练功,载涛是从弯①腰、弯腿教她学起的。

每天早晨六点多钟,不能吃早点,洗漱完毕就开始"熬腿",这样她练了足足一年多。

每当此时,载涛总在一旁仔细观察。然后,端坐在院中一个凳子上,亲手把着她来回弯腰、劈腿,反复学"卧鱼"这个动作。后来,王乃文才明白,这是为了日后在舞台上演好戏中"闻花"等高难度动作。

虽然地上铺着毡子,只是练得时间过长,也不免一身汗、一身土。但载涛严格要求她,绝不能有半点儿松懈。这当儿的载涛,由体贴的丈夫变成了一丝不苟的"严师"。

不久,载涛开始教她学起了台步和身段,一招一式极为耐心。十个手指应该如何攥,手腕如何转动更显轻柔。言传身教中,还不时手把手地纠正她的错处。一番苦练,他自己脸上也往往大汗淋漓。

甭瞧青衣手持扇子这个动作看起来挺简单,载涛却认为其中大有学问。从"文胸武扇"讲起,他滔滔不绝,以至说到青衣拿扇子的姿势——闭扇时要潇洒,打开扇面时,要平稳庄重,绝不能发"飘"……王乃文听后,豁然开朗:

"原来,这里竟然有这么多名堂呵。"

对于京戏的"板、眼",起先她不太懂。载涛告诉她,要学好唱腔首先要明白"尺寸"、懂得"板眼"。载涛时常右手轻拍桌子打着"板眼",一句句地反复教唱,一招一式耐心地传授。

直到多年之后,仍有人夸她唱戏"板眼"瓷实,其实,纯粹是载涛一板一眼"抠"出来的。

从 夫 学 戏

载涛无疑是个超级戏迷,不仅有各式的角色服饰,连登台演戏的各种靴帽均一应俱全。

王乃文起初不懂,为何要苦练许久连腿带腰的"卧鱼儿",到后来才明白这是为了《醉酒》中的高难动作——"叼杯"作铺垫的。载涛帮她一点点儿地"抠"戏,还带她上戏园子观赏过许多不同的名角儿演唱的《醉酒》。

---

① 此处弯字,音:微。

不久，王乃文向载涛提出了内心酝酿已久的想法：

"往后有时间呵，我想再多学点儿其他流派的青衣戏，找谁好？"

当时，在青衣行当中，"王派"甚是有名，鼻祖当然是王瑶卿①。因当时王氏年事已高，但高徒尚在。经刘长瑜的父亲周大文②介绍，认识了王瑶卿的大弟子，学习青衣唱法。

载涛告诉她，其实人家也是冲着介绍人的面子来的，但说定学成这出戏，要交纳数额不菲的学费。

那一年，王乃文已满二十一岁，内心总嘀咕是否学晚了？载涛便以亲身经历启发她：

"这可不晚哟。我开始学戏时，也已经二十啦。只要下苦功就行。"

起初学的是《汾河湾》。在这出戏里，需腰里系带子，再挽起袖子，手里拿着簸箕和笤帚缓步走出，然后两人对面穿插走过……看似简单的情节，却集中展示了表演者细腻的表演"真功"。王瑶卿的大徒弟反复示范，王乃文频经一番苦练总算过了关。

学过几出京戏之后，载涛却明令她不准出外登台，只能在家里的戏台上演唱。无论家里谁过生日，或是小孩儿满月，随便找个因由，就让她唱上一出戏，既是娱乐，也为的是让王乃文实地演练。

遗憾的是，她没学会几出"王派"剧目，加之也没怎么正式登台，到后来基本忘光了。然而，为之痴迷的梅派名段，却铭刻在心，终生不忘。

此后，为培养王乃文的艺术"感觉"，载涛连续多次带她到戏园子欣赏梅兰芳③先生饰演的整出京剧——《贵妃醉酒》。载涛说得好，若学好梅派戏，没有梅派的功底绝对学不成。梅派戏是"平中见奇"，要慢慢地咂巴滋味，确实学到精髓才行。

《醉酒》这出戏，王乃文先后苦学三个月，载涛才让她配胡琴伴奏。一个戏班子的职业琴师，专门在业余时间为载涛拉胡琴，每次现点酬金，随叫随

---

① 王瑶卿，原名瑞臻，号菊痴，晚号瑶青。祖籍江苏淮安，著名京剧表演艺术家、教育家，早年经常进宫侍奉，是京剧"花衫"行当的创始人。他集旦行艺术之大成，促进了旦角与生角并驾发展，后被梨园界尊奉为"通天教主"。他生于1881年，卒于1954年。

② 周大文，生于天津，祖籍江苏。曾担任张学良的私人教师。历任张作霖大帅府电报系主任、张家口海关监督、开滦矿务总局督办、北平市市长等。酷爱京戏、烹饪。

③ 梅兰芳，著名京剧表演艺术大师，名澜，字畹华，江苏泰州人。1894年生于北京。出身京剧世家，十一岁登台演出，饰青衣兼刀马旦。长期的京剧生涯中，形成"梅派"。他在抗日期间，拒绝登台演出，表现了民族气节。解放后，任中国京剧院院长、中国戏曲研究院院长、中国文学艺术联合会主席、中国戏曲家协会副主席。

到——这不叫"跟包",俗称"底包",即外请的琴师。

王乃文原先学过大鼓,"上弦"较快,在载涛的亲自指点下,轻松入门。载涛高兴得一个劲夸她聪明。殊不知,王乃文在背后下了不少拙功夫。即使夜里躺在床上,也在不停琢磨梅派身段和唱腔。

她首次在涛贝勒府的舞台上演出《醉酒》之后,没想到,受到载涛一再称赞:

"乃文呵,唱得不赖,还真有点儿梅派韵味儿。"

时隔不久,载涛又教她学唱《贩马记》,这是一出梅派名戏,俗名"三拉"。后来,他索性教她演唱《齐双会》,这其实是全本《贩马记》中间的一段戏,颇吃唱功。

这出戏的女主角叫李桂枝,由王乃文扮演。戏的大致内容是——李桂枝自幼丧母,父亲是长年在外的贩马商人。继母趁其父贩马在外,竟将李桂枝、李宝童姐弟俩轰了出去。之后,李桂枝千方百计地生活下去,不辞辛苦供养弟弟念书。最终,李桂枝嫁给了赵宠,而赵宠赶考中榜当上县令,弟弟也一考高中当上了"八府巡按"……最终,父亲归来,全家喜获团圆。

王乃文打心里喜欢这出结局圆满的大戏,因此学起来格外用心,按载涛的话说,确是"挺有长进"的。

不久,正式排演时,载涛特意邀来一些名角客串。其中,戏中的赵宠由如福兰扮演,这位"富连成"的大师哥,不但擅唱武生,亦能客串小生,是"福"字辈里颇有名气的一位"角儿"。另一戏中人物李奇,由孟小如饰演,须生唱功尤为出彩。

京剧《齐双会》在涛贝勒府的舞台上一经"亮相",顿时轰动。王乃文也因饰演美丽、顽强、聪慧的李桂枝而蜚声京城,各王府的亲友纷纷打听,无不欲一饱眼福。载涛此时倒绷住了劲,轻易不允许王乃文到外面去唱,反而在各方面要求愈加严格。

无论唱腔或表演动作,哪怕稍欠火候,载涛也会要求她重复多遍,直到完全准确才能过关。

往来京津

此前,虽然载涛经常来往于京津之际,王乃文却从没去过天津。

直到载涛的侄子——溥仪的四弟溥任结婚时,王乃文才跟随载涛来到天津庆贺。头一次见到载涛的六哥载洵,她感觉洵六爷面相上一脸忠厚,并非狡诈之人。

这次,王乃文陪着载涛在天津待了整整三天。

头一天中午,载涛夫妇应邀在载沣家中共进午餐。王乃文见载沣说话虽不甚利落,但幼子结婚,毕竟是大喜事,话也明显多起来:

"呵!你们都来啦,都挺好吧?……"

餐桌上,她初次见到溥任的母亲——但始终没说过话。在与溥仪的六妹、七妹坐在一起吃饭时,她只是随便应酬了几句。因为临来前,载涛事先叮嘱过她,在这种场合,绝不能多说多道。

吃过午饭,王乃文便陪载涛返回了自家——载涛在天津英租界购置的一幢小楼。午间休息后,醇亲王府的载氏三兄弟携眷,前去极少光顾的天津豪华饭店共进晚餐。京津两地各界人士来得不少,场面煞是热闹。载涛历来熟人多,于是带着王乃文一一上前打招呼。

席间,她又见到载洵。这次时间充裕,来得及仔细打量。洵六爷称得上相貌堂堂,长方脸,胖乎乎的,看上去身子骨相当不错。载涛在王乃文耳边低声说,六爷最近娶了个十九岁的姑娘,王乃文连忙四下张望,却没见六爷身边携带年轻女子。闲聊中,载涛还当面对妻子夸奖六哥载洵:

"哎,咱家六爷可是我们兄弟中的漂亮人物啊!"

载洵只是呵呵一笑,不置可否。载洵个子较高,比五哥载沣高出近半头,身材也比载涛稍胖。载洵颇爱昆曲,还擅长演唱"八角鼓",确如载涛所说,果然是位多才多艺的"帅爷"。

王乃文初见载洵,便对这位"大老伯子"颇有好感,觉得六爷为人亲和。载洵担心王乃文怕生分,便主动过来招呼她说话,丝毫不给人刻板的感觉。因为相处不多,载洵见她虽说话风趣,风度举止却不失大家风范,印象也着实不错。

这次天津家族相聚,王乃文观察到载涛与两位兄长见面,彼此都很客气,却不像一般人家那么亲热。兄弟间没事儿不来往,除非有要事,才打发亲友前去递信儿:

"您把六爷找过来,说我请他有事儿。"

如此淡淡的关系,兄弟三人从没表现出过分的亲昵。每当兄弟或侄子来到家里往厅堂一站,长辈问完话之后,仍然要答"嗻"。王乃文看在眼里,觉得这种缺乏亲情的旧家庭没意思透了,往往扭头不视。

每逢拜年时,侄子们给载沣磕头,磕过头干站一会儿就走,这年就算过完了。王乃文发现五爷说话时,时不时加个"啊"字,显得多少有些结巴,如焦急起来,就得加个"更"字。

相形之下,载洵倒是个典型的"外场"人,交往颇广。晚间吃完饭,朋友大多喜欢到他家里抽大烟。京津两地的上层人物或多或少都懂点儿京戏,也多数会唱几句"八角鼓",或者说点儿成人笑话儿。若在这方面,载洵堪称全才,口似悬河,侃侃而谈……

似乎顺理成章,载洵对于唱大鼓出身的王乃文格外青睐,有着更多的共同语言,一见面便聊个没完。一旁的载涛从来不介意,反倒尤感自豪,时不时还夸上几句妻子往日的大鼓书京韵如何浓郁,引得洵六爷禁不住提议,非让弟媳唱上几句不可。

这种氛围之下,王乃文从不怯场,只要载涛不反对,站起来就唱上两嗓子,无非《层层见喜》之类的鼓词,婉转而高亢的曲调,足以听得老哥俩不住叫好。谁也没料到,来到天津,兄弟间的联络反倒比京城频繁起来。

相比之下,洵六爷家的楼房建得格外漂亮,王乃文时常晚间陪载涛到他家玩儿,彼此说说笑笑,提起什么清末老事儿来,大家总是哈哈一乐。载洵自从抽大烟上了瘾,晚上便有了余暇。王乃文若陪载涛来串门,只能干坐旁边,聊天根本搭不上茬儿。

王乃文了解到,京津两地官称"六爷"的载洵,堪称开明、大方又潇洒的皇族人物。素来喜欢"时尚",尤其爱捧戏子。譬如,四大名旦之一的尚小云,便时常居住在天津的载洵家里,两人成天一起切磋京戏新唱。

众所周知,尚小云主演的中国第一出洋装京戏《摩登佳女》,便是载洵掏钱捧起来的,仅服装就花掉一笔惊人的款项。

载沣和载洵、载涛这哥仨,性格各不相同。老五载沣说话口吃,着急时便有些结巴,但属于大事不糊涂那类人。由于载沣较为内向,六爷跟七爷这哥俩儿倒很能说到一起。由于载涛性格活泼,爱说爱笑,跟朋友凑在一起,尤其能活跃气氛。王乃文对于社交场合知之不多,自然不敢随便搭讪,只能在旁边听着,倒觉得别有情趣。

载涛在艺术爱好上,与两位兄长都不太像。不仅酷爱京戏,且有建树,还能亲自登台演出,开创了京城内外独树一帜的"猴戏",在中国戏剧史上,也留下了浓重的一笔。这显然是两位兄长远远不及的。

载涛一向性格开朗,为人风趣,交际广泛,醇亲王府最棘手的事,差不多都由他来出面斡旋。他没有明显而迂腐的等级观念,朋友堆儿里不仅上层人士多,中层也不少,底层朋友更是众多。出外办事时,无论见过面或初次打交道,都属"自来熟",很快就能跟人家攀谈起来。

在王乃文眼里,哥仨倒有个共同特点,都酷爱京戏,但不爱出门逛街,也从来不串门。

其中,载涛尤甚。

第拾肆章

载涛弟兄仁人

＊饭局完毕，载涛往往直接返家，算是很规矩。晚清末年，相当一部分京城王爷，在府外都有"外室"，出外寻花问柳的，也绝不在少数。载涛虽在天津置了一幢小洋楼，终年也待不了几天。

＊若探究载涛健康长寿的秘诀，按他暮年的话来说，不过是遇到什么事都想得开罢了。不然，也遇到过连锅都揭不开之时，如果小心眼的话，早就一命呜呼。

＊载洵的"桃花运"并没使其安享晚年。洵六爷死后，青楼女子遂把天津的房子卖掉，径奔东北，从此再没露过面。

图片说明：性格迥异的醇亲王府载氏三兄弟。左起：
七爷载涛、五爷载沣、六爷载洵

参透人生归宿。

凡事只当过眼烟云,终以养寿为妙。

戏里戏外,扮演着迥然不同的百变角色。

瞬息万变的人生大舞台,阅尽悲欢离合,皆不过演绎了勾人魂魄的一个"情"字。

……

世人罕知,载涛跟"少帅"张学良很早就结成了莫逆之交。

两家人虽不常见面,但关系相当密切。若有红白喜事,都会相互发帖送礼。倘若对方家里"弄璋"、"弄瓦",必会送上礼品,譬如提上一两个精致的礼盒,里边盛着漂亮的小孩儿帽子或小衣裳……

往日,王乃文受载涛委托没少办过这类场面事儿。

"少帅"的莫逆之交

载涛和张学良一家,包括其胞弟张学铭以及其弟媳妇都异常熟悉,况且与朱老铁①因是京戏同好,自然交情匪浅。而朱老铁的亲姑姑,就是张学铭的夫人——"朱八小姐"。

载涛时常偕王乃文与朱老铁一起排戏,朱老铁喜欢饰演小生,载涛擅演长靠武生,而王乃文饰演青衣,三人排戏十分搭配。朱老铁家居住东城区东四九条胡同里,其父为晚清官吏,所以一家人对"皇叔"毕恭毕敬。

皆因朱老铁的一个儿媳妇名列当时的"四小名旦"之一,全家堪称京剧世家。有时,王乃文还到九条胡同里的朱家串门聊戏,边聊边唱,欢声笑语达于户外。

那阵子政局不稳,载涛轻易不愿出门,实在闷得慌了,便随意找几位近支的贝子、贝勒,凑几个人到饭馆去"撮"顿饭。

其实,醉翁之意不在酒,这里面大有名堂。

当时京津两地的著名饭庄都有年轻漂亮的女招待,吃完饭便可以带走。

---

① 朱老铁,系著名明清史学家朱家溍的父亲。

性格迥异的醇亲王府载氏三兄弟。左起：七爷载涛、五爷载沣、六爷载洵

有的王爷风流成性，往往吃过饭，便把身边伺候的女招待捎走陪夜。

据载涛追忆，晚清末年，相当一部分京城王爷，都有"外室"。有的还不止一两处，经常出外寻花问柳的，也不在少数。

但是，载涛不同。饭局完毕，大家各奔东西，而涛贝勒往往径直返家，在当时算很规矩的人。其实，这多少与家教有关。由于其父奕譞治家颇严，所以弟兄三人都没有太多的"绯闻"。

载氏兄弟三人中，据说只有一位在府外东城某处有座外宅，还育有后代。王乃文听说，解放后，母子二人还曾找上门来要求"认宗"，被断然拒绝①。

六爷载洵迁居天津之后，在京城没剩多少房产，仅在天津卫有一处特别讲究的楼房。五爷载沣在天津也置有一幢楼房。载涛虽在天津英租界也购买了一幢小楼，但比起两位哥哥的房子却差多了。

平日，载涛大多居住在北京，即使偶尔去天津办事，一般也只是暂住几天。其实，载涛在天津的楼房具体在什么位置，王乃文始终没弄清楚，甚至连路都不认识。只约略记得这幢楼房地处英租界，院墙边上种着一圈松树，院内的花

---

① 此种说法，采访自王乃文，姑待考证。

草则大多是四季常青的品种。如汽车驶进去,需经过一道不算宽大的栅栏门。

负责看管房屋的是一位姓姜的老人,进涛贝勒府几十年了。早在父亲那辈儿就伺候载涛,和老伴管理些杂务事儿,始终为涛贝勒看家,多年如一日,尽心尽责。

姜老人是管事,底下还有两个下人,听从其差遣。往常,王乃文和载涛见到姜老人,也不叫什么名字,只是点点头就算打过了招呼。

老姜的妻子是个"老北京",喜欢经常做些"老北京风味"。有一次,老两口晚上在院里喝粥,正赶上载涛路过,随口询问着:

"今儿个晚饭,你们吃什么呀?"

"您瞧,我们晚上就喝点儿粥。"

没过一会儿,老夫妇便盛来一碗,载涛尝了几口掺着枣和栗子的小米粥,随即夸奖:

"这粥可真好喝呵!"

"在天津喝这么一碗京味粥可不容易。"王乃文笑着对载涛说,"这粥您要是没喝够,我再跟老姜头儿讨一碗去。"

"你别开逗,这可不成!"载涛一本正经地摇摇头,"咱俩都吃过饭了,这是人家老两口的晚饭呀……"

性情迥异的哥仨

往常,载涛何时吃饭、喝水,包括吸烟,都有"定时"。据说在这一点上,跟五哥载沣何其相似乃尔。

王乃文听载涛说过,载沣素来有一句口头禅,叫作"照例"。大凡下人请示事情,总是那句老话。据说,这是跟父亲奕譞学来的。

另一次,她陪载涛乘坐火车前往天津,只带着溥俊的妻子和闺女。刚到天津,载洵闻讯马上赶来,要陪同他们坐汽车四处游览。

洵六爷跟载涛不同,特别舍得花钱,陪着这一行人到劝业场游逛了多半天,还在外边品尝了一顿天津"狗不理"包子。此前,载洵也短不了从绸缎庄买回上等料子,尤其是最时髦的丝绒,托载涛捎给王乃文。

在天津城里,载洵还陪王乃文去市场亲手为她挑选衣料。相形之下,出手远比载涛大方得多。买东西必买上等的,否则便不买,而且一买就是四套——载涛的四位妻妾每人一套,还在上面注明是谁的。这些,无不使王乃文意外感到,载洵比载涛心细得多。

自然,王乃文也会投桃报李,总想着回报洵六爷,只是没有机会。一次吃水果时,她特意让仆人剥掉香蕉皮,亲手递给前来做客的载涛。

不料,载涛见到,却马上伸手拦住:

"哎,你可别这么把香蕉送给六爷。"

"哟,怎么啦?"

起初,王乃文以为夫君吃醋,载涛却低声告诉她:

"这样不行,六爷规矩忒大。如果吃香蕉,不仅剥皮,还得用西式餐刀切成几段,再用叉子插着吃。"

听到此话,王乃文只好让仆人重新切好之后,再送给载洵。她还发现,六爷吃香蕉果然极为讲究,剥过的香蕉皮精心地叠在碟儿里,简直像一只即将起航的小帆船儿。

载洵颇通古文,但思维却不守旧,新建的楼房也按照新式理念设计,大厅都是全新的装潢。因为趁钱,总想摆阔气,家具也全部购置洋式的。

此外,载洵还以爱玩儿会玩儿著称。在天津,稍有点儿名气的朋友吃完饭,往往喜欢到洵六爷家里去过大烟瘾,之后便开始演唱京剧或昆曲——当时叫昆腔,俨然把这里当成"富人俱乐部"。

每逢载涛到六哥那儿去,载洵便热情地邀请夫妇俩到饭馆吃饭。如有小型聚会,便只邀几个老熟人作陪,一边吃一边聊,每次都要到晚上十点钟后才散。

王乃文始终内心纳闷儿不已,洵六爷对于载涛并没显示出格外的亲情,倒是对于自己表现出了"特殊热情"。直到洵六爷张口,让她教授数曲几成绝响的"八角鼓"和"大鼓书"时,王乃文方才顿悟。

这还不好说?她倾其所能,遂将师傅所亲授的秘不外传的几曲"绝响",统统教给了洵六爷。对此,载涛没有丝毫不悦之色,反而为她绝妙的京腔京韵,击掌叫好。

自此,有了这几曲王乃文的童子功"真传",洵六爷在京津票友之中,更是今非昔比,名声大噪……

凡事就怕比。自打从载洵家里归来之后,王乃文便对载涛有了看法——远不如载洵出手阔绰。拿做衣裳来说,载涛非得到年节或换季,才给妻妾添置新衣裳。

王乃文每月四块零花钱,平时便攒起来买鞋、洋袜子、新衣裳。新鞋也无非是缎子绣花鞋。但那些新式高级服装,即使再便宜,也买不起。

载涛遇到看不惯或心情不好时,还会数落她几句。王乃文才不管这些,反而认为这是自己攒的钱,谁也管不着。载涛不愿意听她叨唠这些,于是,王乃文便不服气地犟起嘴来:

"我瞅着料子挺好看,就想买!"

可是,载涛出于节俭,总让她买来衣料在府里制作。当时有个小裁缝,平时就住在府里,谁做衣裳都到他那儿去,倒挺方便。一次,王乃文买来衣料,小裁缝早就得到载涛吩咐,遂殷勤地说:

"我给您做吧。您平时骑马,连帽子带马衣、马裤一起剪裁,行吗?"

面对载涛的管束,王乃文觉得再也无法从载涛那儿讨出更多的钱来,只好"认命"。

载涛虽然也在天津买了一幢小楼,但长年没人居住,即使去也待不了几天。有一年,天津突发洪水,楼里所有家具都泡了汤。载涛随后赶去,见此惨状,叹了口气:

"甭拾掇了,不然还要花钱,干脆卖掉得了。"

楼房卖掉之后,载涛考虑到两位兄长仍在天津,于是又买了一幢更小的楼房,还给四位管事人预留了两三间住房。不久,由于涛贝勒府经济状况日渐拮据,于是下决心裁减支出,最后,负责管事的老两口只得带着两个仆人无奈地返回京城。

自此,载涛在天津的那幢楼房,变成了名副其实的"小楼"。

涛七爷独特的"长寿秘诀"

然而,弟兄三人之中,载涛思维最活跃,颇能顺时达变,自然健康益寿。

与京城各府相比,载涛算不得保守,电话也是各王府最早安装的一个。载涛素来愿意在电话中与五哥载沣商量事儿,也时常喜欢用电话与外界沟通。在京津两地,都称得上是一位"时尚达人"。

晚年的载涛依然身材魁梧,体魄健壮,是"载"字辈里最长寿的一位。亲朋好友无人不知,这与涛贝勒多年的生活习惯有着极大关系。

平时,载涛颇重养生,一向起居准时,吃喝也颇多讲究。早上从不喝酒,只在中午或晚上略饮一点,每天绝不超过一两。

由于生活中刻意节制,以致外界相当一部分人不知道他会吸烟。其实,载涛向来不抽国产烟,只认"埃及"牌子,其他香烟一律不沾。载涛认为这种香烟尼古丁含量低,并自我限定,每天最多不超过五支。

平时吃得饱睡得着,中午必睡午觉。每天晚上十点过后,他立即沉入梦乡,早上六点多钟准时起床,从不睡懒觉。

以致有人总想探究载涛健康长寿的秘诀。若按照载涛晚年的话来解读,不过是——无论遇到什么事,都想得开罢了。

的确,纵观载涛的一生,既享受过最奢华的贵族生活,也遇到过连锅都揭不开时,若是小心眼的话,早就一命呜呼了,更遑论高寿。

在王乃文看来,载涛之所以身体好且能长寿,主要是性格所致。

他心胸开阔,酷爱养花、养鸟,却不爱发脾气。偶尔和王乃文发生摩擦,总是谦让着她,因毕竟俩人整整差了三十岁。但也并非从不发脾气,而是发完就没事儿。这,或许是载涛长寿的另一重要原因。

一年四季,载涛的作息时间雷打不动,从不一曝十寒。每天早、中、晚三顿饭,非得府内打铃之后才吃。同时还立下了一道规矩,全家人听到统一铃响,才能就餐,他从来准时无误。即便后来王府生活每况愈下,无论好歹,从不挑食,更不暴饮暴食。

王乃文早就观察到,载涛的生活很有意思,每天吸烟时间是固定的,即中、晚餐后各一支。在外应酬时一般不吸,偶遇特殊情况才破例陪着人家吸上一支。而视其平生,这种情形极其有数。

大凡爱新觉罗家族都知道,载涛身高体壮,不仅爱饮酒,且善饮。酒量不小,但很自制,从没听人说他喝醉过。日常饮的酒大多是"西凤"、"汾酒"、"四特",尤爱绍兴黄酒,还时常对朋友推荐说:

"这种黄酒'养人'①,有益无害。"

晚饭之前,载涛大多会喝一点儿酒。按他的话说,也就是"抿"几口而已。他时常说啤酒"养胃",所以偶尔也喝点儿啤酒,但因喝惯了白酒,喝啤酒倒并不多。

对于大多数宴会邀请,载涛颇有分寸,一般均予谢绝。即使到场,无论谁出面劝酒,他自有一定之规,绝不会饮酒过量。尽管经常有人"力捧":

"七爷,好酒量!……"

"唉!太过誉了……"

---

① "养人",是老北京话,即滋补人身体的意思。

他总是轻轻摆摆手,自知地笑笑,绝不因"捧"而忘乎所以。

洵六爷的"桃花运"

对于洵六爷的意外结局,载涛始终甚感遗憾。

再说洵六爷,自福晋死后,通过人家介绍,又新娶了一房十几岁的太太。据说这是位新进"青楼"①不久的"天津姑娘",人长得漂亮,还从未接过客,便被载洵"赎身"娶回了家。

那次,载涛从天津归来,娓娓讲述过所听说的青楼女子之后,对王乃文说:

"我看这女孩儿,还挺有造化……"

王乃文听到此话,立时撅起了嘴,当面没敢说什么,却在背后嘲笑说:

"是啊,妓院的妓女,比我还有造化。如果受到洵六爷的宠爱,说买什么就买什么,随便花钱多爽快!人家六爷财大气粗,花钱不在乎……"

当载涛听到妻子暗含讥讽的风凉话,气得暴跳如雷地大骂一顿,才算解了这股原本不沾边儿的怒气。

谁知,从天而降的"桃花运"非但没陪伴载洵安享晚年,反而为日后留下了难以磨灭的"话柄"。洵六爷病重期间,载涛前去看望。不久,载洵过世,青楼女子遂把天津的楼房一股脑儿卖掉,随即径奔东北,从此再也没露过面。

每逢提起此事,载涛便不禁长吁短叹不止。

王乃文认为,载涛与两个兄长之间,实际上并不亲热,有的只是表面客气。载沣只要听说七弟夫妇前来,无不亲自迎接进院。她在旁边听着兄弟俩谈话,从不搭茬儿。载涛夫妇告辞时,载沣照例礼而宾之地送至门口。

同样,每逢载涛见到载沣偶尔来看望,总是快步走过去握手:

"五老爷,来了呵。"

直到后来,载沣中风瘫痪,日常走动仍需有人推着轮椅,便更是很少来找载涛。王乃文一直很奇怪,兄弟俩偶然见面时,彼此经常说一些旁人听不懂的话。后来才知道,那是一些事关"卖府"之类的隐语,所以不想让局外人知道,当然连这位"弟媳"也包括在内。

在她的印象里,载沣统共跟她没几次的谈话中,无外乎几句毫无实质内容的应酬话,什么"好啊,这个好啊……"

---

① 青楼,即妓院。

每逢此时,王乃文便讪笑着说:

"得!谢谢您,谢谢您了……"

往往聊不了几句,彼此淡而无味的谈话,便告无言结束。

静下心来,王乃文甚感百思不得其解——

曾经位高权重的"皇父摄政王"和长袖善舞的"皇叔"之间,兄弟情感为何其淡若水?皇家贵胄的出身,教袭后嗣的难道只是这些不疼不痒的"套话"?……

第拾伍章 吃喝玩乐的『行家』

*在清末迄今的画坛，皇叔载涛颇具独特的艺术品位。其画马之作，堪称翘楚。

*颇好笑的是，耗子却向来是他的一"怕"。凡看到珍珠金鱼便不免联想到老鼠，只好低价贱卖。

*他酷爱养花儿，走进宽阔的宅院，俨然步入了鲜花世界。

*府里跟外边有所不同，一天只吃两顿饭。餐桌照例还要摆上几碟咸菜，听说，此乃涛七爷的看家小菜儿。

图片说明：载涛堪称丹青里手，尤以画马技艺高超。
图为载涛送给王乃文胞妹王敏的画作（本书作者摄于九十年代中期）

戏如人生？

在戏外"退隐"的皇叔，反倒扮成了戏里的才子佳人。

吟诗无意，作画倒是好手——面向帛纸，倾吐内心锦绣。

岂知擅描丹青的里手，亦堪称吃喝玩乐的"行家"。

远离政坛，悠然自得——算是参透尘间的"逍遥大仙"。

…………

反过来，先说载涛的"乐"。

论起载涛的多般才艺，似应首推"画技"。

清末以来的画坛，晚清皇族的国画艺术，品位非凡，颇具独特的历史地位。诸多"马作"中，载涛的作品堪称其中翘楚。

一因辈分，"皇叔"身份自然无人比肩；二是，因爱马而"画马"的深厚功力，即令晚清画坛巨擘溥儒也赞叹不已。

丹　青　里　手

虽为一介武夫，载涛却自幼酷爱古玩字画。

不仅喜欢绘画和书法，更兼癖好收藏。外人罕知，载涛多年来还一直收藏各种荷包、扇子，从古迄今，各种式样的古扇、荷包，应有尽有。王乃文曾在他的书房里，欣赏过这些珍贵藏品，五颜六色，门类齐全。

除古扇、荷包之外，古今名人字画，他也着实收藏了不少——只是收藏的方式，似乎与众不同。这些包括宫内的珍品，大多廋集在载涛的书房里，整捆整捆地堆放着，价值似乎无从判断，好在主人亲自掌握着一本详尽记载，或曰"目录"。

仅以大多源自晚清宫廷的出处，便足以证明其稀罕的程度。当然，这些藏品所彰显的首先是主人的不凡阅历以及审美雅趣。

载涛素以画马出名。难以想象的是，涛贝勒自认最好的一幅珍品，却是难得一见的铅笔画。王乃文亲眼所见，这幅完全使用铅笔画就的奔马，绘制了半年之久。尺幅之大，超乎想象，足有一人多高。

载涛堪称丹青里手，尤以画马技艺高超。图为载涛送给王乃文胞妹王敏的画作（本书作者摄于九十年代中期）

这是载涛第一次用铅笔画马，整幅画面颇宽，京城著名皇族画家特意绘制了陪衬景物。这部"超级"画作完成之后，便堂而皇之地挂在他的书房正中央，极为抢眼。

谁知，这部难得的力作仅在墙上悬挂了几天，便被载涛珍惜备至地收藏了起来。

有趣的是，溥忻贝勒也画了两匹奔马，另一位是伦贝子——溥伦，叔侄三人在这三幅画作上，分别"交叉"创作——画马并落款①。家人皆知，对于普通画作，载涛从来不保存。很显然，这是他特意保留珍藏的当代绘画极品。

载涛亲笔所画的马匹，浑身上下一根根鬃毛都描绘得一清二楚。这源于画者对各类马种的精深研究。若说起载涛的相马之术，简直"神"不可测，凡一匹马在他面前走过，马上就能说出这匹马几岁、属于什么品种，屡试不爽。

据传，一次路上赶车的马夫想考考涛七爷，当即指着一匹马询问：

"贝勒爷，您瞧，这马几岁啦？"

"两岁。"

载涛立即含笑应答。马夫听了，佩服得五体投地。而载涛轻松地说：

"如果仅是验证马龄，在我这儿根本不算一回事儿。"

仅此一例，便足以说明载涛对马匹知之深透的程度。

平时绘画，载涛喜欢找来皇族著名画家为其配景，什么山、岩、水、树……反复打量画作之后，总是感慨地说：

"奔马的四周，总不能光秃秃的呵。"

---

① 这三幅珍贵的国画作品，在"文革"破除"四旧"期间，被红卫兵抄走，迄今下落不明。

他曾对王乃文评介说,溥伦贝勒的国画极为出色,在皇族中很著名。遗憾的是,王乃文从没见过伦贝勒,倒是见过忻贝勒。

京城闻名的忻贝勒,叫溥忻,字雪斋。在载涛看来,溥字辈中数他的国画堪称上乘之作,无论山水、人物、虫鸟……无不笔力深厚,超凡脱俗。而照王乃文的话来说:

"溥雪斋外貌并不俊秀,说句玩笑话,长得跟猴儿似的,小瘦个儿,性格活泼。但是多才多艺,尤其擅长演奏古琴,确实是载涛内心佩服的皇族才子。"

王乃文在家里还多次见过溥俭,他比溥雪斋个子略高,算是细高个儿。哥几个长得都是一副白面书生模样,说话中规中矩。载涛认为,溥俭的绘画也颇具水平,只是比起其大哥溥忻的画艺来说,仍显略逊一筹。

不少人知道,涛贝勒府内有一间布置典雅的大书房,里边摆放着巨大的书案,仅供载涛挥毫绘画、书法所用。旁边还单独辟出一间小书房,平常也不招待客人,而由一名书童专门负责管理,若非载涛允许,任何人不准擅入。

乍进府时,王乃文才不管那套,想进推门就进。后来才知道,原来载涛唯恐别人擅动书房的摆设,尤其是他画了半截的画作,妄取一纸一笔都不行。

闲暇之际,载涛还教过王乃文研习绘画。眼见她性格急躁,他便拿出一杆非常细小的毛笔,先从画马鬃教起。谁想,王乃文开始根本看不清楚尖毫是否够得着宣纸,练到最后几乎丧失了信心,这才懂得学画之不易。载涛又教她慢慢研墨,事先告知如何才能合格。

然而,王乃文始终没能如载涛所愿,在绘画方面一举成"材",终成遗憾。

载涛有个特殊癖好,用来裱画的绫、绢,无一不是让仆人从"荣宝斋"选购而来,其他商铺的材料一律不用。

另据王乃文回忆,载涛一生酷爱绘画、书法,其书画珍品还在民国期间举办过小型展览。由于他身份特殊,画作尤显珍贵,不少爱好者特意拍摄留念,有的甚至卖出了照片,显见,涛贝勒书画作品魅力非凡。

载涛平时绘画十分用心,晚年因久患疾病,才无奈放弃画笔。对此,王乃文不禁连连叹息:

"实在太可惜啦。"

饲 喂 金 鱼

照理儿说,载涛出身于王府贵胄,堪称幸运儿,一辈子吃喝玩乐,尤其在

"玩"字上下足过功夫。

他除酷爱养鸽子之外，养鱼也颇为上瘾，一生为此耗资无数。

在这座古宅的殿院后头，还有两层院落。正中间是一条石子甬道，南边是金鱼和花草，北边也是同样两溜儿。每天清晨，载涛总愿意在甬道上慢悠悠走上一趟，左瞧瞧，右望望，得意地欣赏着两边的金鱼和奇花异草。

多年以来，沿正房两侧，分别摆放着十六个瓷质大鱼缸，煞是气派。养鱼自然需要大量鱼虫，仅此一项，府内每天便花销不菲。

非但如此，大鱼缸里喂养的金鱼品种也绝不是一般人家所能企及。王乃文乍一进府，只看见一缸缸珍罕的金鱼就感到开了眼，不多日，便不由感叹道：

"这可真是'皇上'家呵，太阔气了！"

其实，养鱼堪称一门不浅的学问。起初，载涛从市场上买虫喂金鱼，后来听人说自己饲养才有意思，便从养鱼虫开始，潜心钻研起这行。于是专门用一个大缸饲养鱼虫，定期捞到鱼缸里喂鱼。

每当此时，载涛总是耐心地伫立在旁边，神情专注地观看，还曾专门聘请过一位行内高手亲临指导。

养鱼需要经常换水，否则鱼缸里一片混浊，金鱼寿命不长。于是，他又向这位内行请教何时换水，以及四季换水的学问。

开始，由于换水不慎损失了不少金鱼。经过日积月累，他发现一个窍门，即鱼缸里的水不能一天内全换掉，只能换一半，隔天再换另一半，换完还得将箅子清洗干净。否则，金鱼便濒临死亡。

改进换水的结果，使金鱼的死亡率大大降低。从此，载涛记住了这个养鱼的诀窍。

晾水，也是喂养金鱼的一个日常活儿。他逐步摸透了春、夏、秋、冬的阳光规律，一年四季都用手表掐算时间，让鱼缸里的水始终保持恒温。或许兴趣所至，载涛甚至连那些粗活，譬如清洗鱼缸、定期打捞漂浮的绿苔，也无不事必躬亲。爱鱼、惜鱼，也算到了极致。

载涛不仅亲自动手，还时常让王乃文跟着一起换水、倒缸，成了一对夫妻"金鱼迷"。

工夫不负有心人。品种从十几种发展到了几十种，除"水泡"、"红绒球"、"红龙睛"、"黑龙睛"、"望天儿"、"红头儿"以外，还养过不少稀有品种，连京城的内行都羡慕不已。

每逢春夏之际的繁殖季节，载涛更为上心，每天数次在金鱼缸旁悉心观察。只要看到金鱼"甩籽",便凝神驻步,小孩子似的瞪大双眼守候着。

金鱼稍长大些,载涛还会伸手到缸里一条条地捞起过眼,然后淘汰差点儿的鱼苗。而淘汰的鱼苗总会被那些静等"拣剩儿"的仆人高兴地请走,四处炫耀。

渐渐地,载涛"玩儿"出了感觉,又开始创造性地研究起"鱼花"搭配。两个鱼缸中间往往摆放一盆儿鲜花,如夹竹桃——娇艳明媚的绿叶粉花,与缓缓游动的金鱼近距离"亲密"接触,看上去动静有致,格外"养眼"。

见到院内的鱼缸,每天早晨都要往外"撇水"——就是舀出部分旧水,换上新水,载涛动起了脑筋。

他还特意叮嘱仆人,鱼缸上要加盖草帘子,防止野猫跑过来"开荤"。

可到最后,载涛除留下部分珍异的品种,如珍稀的"红龙井"以外,余下的全部送了人。王乃文曾经不解地对载涛说:

"您瞧,就剩下这几缸啦。"

实际上,留下的皆是"精品"。每天早上一起床,先到院里放鸽子,然后才回屋漱口洗脸、吃早点,再侍弄这些金鱼,仅这两样,就足以使载涛张罗两个多钟头。

虽然事无巨细,载涛却总有一定之规。鱼水脏了,一早便要从鱼缸中往外吸便垢,再换上新水。每当此时,载涛就让王乃文在身后托着长长的皮管子,事先还要反复叮嘱,那些皮管子要挑软和的,千万不能碰坏金鱼。

渐渐地,王乃文发现,吸弃脏物也是一门"艺术",管子插入缸中还要小心躲避,既不能把金鱼吸上来,更不能刮掉鱼鳞。

府里人都知道,载涛喂养的金鱼无不是上乘极品,稍差一点儿都难入涛贝勒法眼。府外卖金鱼的,也总是先到这里来兜售:

"贝勒爷,您瞧,这是新来的金鱼,模样儿多好,您留多少?"

每到此时,载涛便仔细挑拣一番,好的自然留下。特别名贵的,总禁不住多留几条。

寒冬降临,麻烦事儿就来了。每天都要往鱼缸里按比例兑热水,金鱼才能存活。整个冬季,一天不能落。每年入冬,载涛都会亲自动手倒第一遍热水,无论谁劝也不行。

王乃文看在眼里,心想养鱼如此费钱劳神,别的钱却舍不得花一分,岂非怪人怪事?

载涛曾经养过一种名贵的珍珠金鱼,模样极为可爱,全身呈灰黑色,长着珍珠般的小疙瘩水泡,游动起来闪闪发亮。头顶上长着一颗小红点儿,煞是好看。身子却长得跟耗子一样,让人一看便笑,忒有意思。

尽管市面上价格不菲,载涛仍然买下来,亲手一条条放进鱼缸里。府里人都知道,载涛天生惧怕耗子,家中多处投放了捕鼠的铁夹子不说,还买来一只大花猫专门对付耗子。有一次,他曾经悄悄对王乃文说:

"这话还不太好意思明说,你们谁瞧见耗子,就给它逮着,我心里就踏实了。"

虽则品种稀有,无奈看到这种金鱼,载涛就不免联想到老鼠,不久只好"割爱",低价贱卖了之。

载涛的真实胆量,可见一斑。由此来看,当年被袁世凯以"带兵出征"吓倒,也就不足为奇了。

为喂养金鱼,载涛特意雇了两个"鱼把式",只是往往一到冬天便不用了。每天清晨,载涛亲自到各屋巡视,弄完了这屋再拿着皮管和兜子,到其他屋里接着忙活。

当时,养金鱼并没有专用房间,由于养得太多,一到入冬季节,只好往每人住的屋里分别搁几缸,屋子太冷还不行。王乃文的卧室也搁了两缸,直到开春季节,再一缸缸端出来摆放好。此时,金鱼映衬着盛开的鲜花,透出一种奇异的雅趣。

载涛喂养金鱼手法独到,极少死鱼。偶尔夭折一条,定要搞清楚死因,每次都拿到手里仔细观察一遍,凡看到有死的,便询问个底儿掉:

"怎么'碰'了?"

"碰"是行话。原来,这些金鱼之间彼此打架,咬死咬伤就叫"碰"。他始终搞不清是它们在玩耍,还是相互"决斗"。

仿佛成了习惯,每逢有贵客到来,载涛总喜欢引领到此院,观赏这十几缸种类稀罕的金鱼。

往往,这成为载涛自我欣赏和陶醉的一种乐趣。

养　　花

"养花可是件讲究事儿,马马虎虎可养不活呵。"

载涛一生酷爱养花,时常对妻儿如此频频说教。

俨然一位园艺实践行家,无论任何事都喜欢亲历亲为。王乃文多次亲眼目睹,载涛把肥料和花土搅拌在一起,尝试着给鲜花施肥。与此同时,他还多方研究移植,剪下珍贵的鲜花枝,捻巴捻巴插在花盆的土里。没过几天,待长出根儿来,再挪到小花盆里,居然大部分能成活。王乃文看在眼里,惊讶不已:

"简直是奇事。无论载涛养什么,不管是花儿还是鱼,都非'旺'不可。"

府里最早还雇过花匠,养过各种名贵花卉,后来载涛索性学会了亲手种植。涛贝勒府中的各色花草,称得上京城一绝。尤其"死不了",遍地皆是,虽属草花,却是红黄绿蓝,五光十色,显得鲜艳夺目。

甬道两侧,布满牡丹、夹竹桃,院子当中的花池子里,一簇簇争奇斗艳。宅院里,最扎眼的是"玉春棒",硕大的朵朵白花,洁白如雪,盛开时节香气袭人。

事必躬亲,早就成了涛贝勒多年的老习惯,和仆人一起种茄子、种黄瓜,一大清早就起来侍弄不停。他特别喜欢吃草莓,为了尝鲜,便亲自栽种、采摘。每当草莓成果的季节,载涛瞬间就成了个"大孩子",随摘随吃,经常弄得满脸满手都是鲜红的草莓汁。

对于特殊的珍稀树种,载涛尤其下过工夫。王府里有一种十分罕见的橡皮树,长着鸭蛋形的绿叶,看上去又干净又漂亮。只是这种橡皮树生长条件极为苛刻,不会摆弄的根本养不活,最初必须栽在小花盆儿里才能慢慢生长。

此事,起因于一位老友从南方送来的两盆橡皮树。载涛尝试着亲手修枝儿,从树上剪下来一点树枝,放入花盆居然很快成活了。他发现,从橡皮树上剪下枝条,只要插进土里就死不了,于是逐渐摸出了规律。

在春天,他小心翼翼剪下橡皮树的小枝扦插在小花盆里,等它长大后又将其移到大花盆,最后再移种到地上的土壤里。可到最后,橡皮树越修剪越多,他实在无力养活,只好全部送了人。那段时间,无论走到哪儿,都不免有许多朋友或街坊闻风讨要:

"贝勒爷,您养的橡皮树多漂亮呀,能不能送给我们一棵呀?"

"涛七爷,跟您讨棵橡皮树,行吗?"

载涛向来不驳别人的面子,当然这也是其一贯的处世方式:

"好吧,给你两盆儿,拿去吧。"

即使亲手培植的珍稀花种,他同样也不吝啬,只要对方提出来,他总是尽量满足。所以,皇族内外,载涛都落了个好人缘。

当年四处送人的橡皮树,直到半个多世纪之后,侄子溥任家里仍然种植着仅存的硕果。虽不开花,却有着另类的风采——翠绿的大叶子,看上去舒展、宁静。

每到收获季节,府内硕果累累,苹果、梨、海棠,果香扑鼻。载涛便往往盼咐仆人:

"甭管哪棵树,摘下果儿先给福晋拿去,剩下大伙儿吃吧。"

从这点看得出来,载涛对于姜夫人是极为尊重的。每当核桃从树上掉下来,载涛就唤王乃文一起来到核桃树下,挨个捡起来。载涛告诉她,吃核桃之前,要先从树上把熟透的核桃打下来,再在土里埋些时日,核桃皮自然脱落,不然会把手染黄。

一日两餐

府里跟外边习惯有所不同,一天仅吃两顿饭。

即午前一顿饭,晚上一顿饭。每餐开饭时,往往载涛和姜夫人在头里走,王乃文等人及儿媳妇一个个随后鱼贯而行,前去饭堂就餐。

饭桌上,每人面前摆好一个布碟儿,用来往里夹菜。载涛总是习惯一边吃,一边说:

"菜做得不错,你们多吃呀。"

通常由老妈子负责为载涛盛饭,吃完一碗,便把饭碗递过去,让她再盛半碗。从饭量来看,载涛吃得最多。其他几个妻妾,大多吃上半碗就饱了。显然,直到载涛的暮年,食量仍然不小,也许与其自幼习武并非无关。

有意思的是,每当载涛吃完饭,总爱站起来,对众人叨唠着:

"嗯,挺好吃,你们多吃点儿吧。"

说完,撂下筷子就走。偶尔,王乃文没吃饱,便回到自己屋里,再弄点儿可口的面条吃①。

王乃文看到,在大圆餐桌上,午饭时总摆放着四大碟热菜、两盆热汤。没想到吃饭时,每顿还要照例摆上几碟咸菜,其中既有新腌的蔬菜,也有早就腌好的老咸菜。其中,较为常见的是盐水疙瘩,切成细丝,再淋上几滴香油,倒是很能下饭。后来才知道,这是载涛的看家小菜儿。

涛贝勒府有个公用大厨房,负责每天供应伙食。餐桌上摆放着大厨房所做的各种菜肴,鸡、鸭、鱼、肉轮流调着样上桌,每顿都吃不完,盘子里总是剩下

---

① 王乃文回忆到此处时,不由笑了起来,说:"每逢遇到吃饭时我心情不好,或晚上跟载涛闹了脾气,才会吃不饱。"

一点儿。每餐不能吃光,这也算个"潜规则"。

或许有人会问载涛是否吃早饭。实际上,他的早点大多是异常简单的"老两样"——喝牛奶、吃鸡蛋,还总是边吃边说:

"哎,好吃,你们吃呀……"

谁知,载涛连在餐桌上都给王乃文等人立下了种种规矩,什么"食不语"、不能挑食、不能先动筷子等等。每逢只剩下和载涛单独在一起时,她便喜欢跟他发泄地开起玩笑:

"瞧您这些家规,连我都被管得'笔管条直'的,叫人家怎么活呀?"

听到王乃文半真半假的不满话,载涛大多一笑了之。其实,她仅是如此说说而已,内心明白,载涛对自己也有格外照顾之处。

多年来,载涛总有个始终不改的老习惯,即每天晚上睡觉之前,务必洗个热水澡。否则,一夜难眠。

初时,府里只有载涛和姜夫人住的那套房屋有卫生间。载涛居住在东里间,姜夫人住西里间,卫生间设在东里间隔壁,里面瓷砖墁地,还装置了一个极为考究的白搪瓷盆。

按照载涛立下的旧规矩,几个儿子和儿媳妇都不能来这里洗澡,别人就更甭提了。唯有载涛和几个妻妾专用。

在涛贝勒府里,这仿佛成了少数几人的唯一特权。

第拾陆章

烹饪与美食家

*十二生肖中,载涛属"猪"。王乃文时常以此玩笑,夸他一生有福,倒恰应了生肖属相。

*他遍尝御膳,尤擅长亲手下厨烹饪,乃至西餐、中餐,无不留有几招绝活儿。据说,最拿手的几道风味佳肴,若非从醇亲王府便一定是从宫内御膳房偷得"真传"的。

*在府内,诸如阳春白雪的"坛子肉"、"翠衣肉",堪称载涛一手绝活儿。至于亲手烹饪的下里巴人"醋卤面",更是京味十足。然而,家人在背后提起"醋卤",则无不掩口蹙眉。

图片说明:载涛(右)与溥仪(中)、溥杰(左)叔侄三人都曾饱尝御膳,无一不是美食家。图为叔侄三人六十年代参加一次全国政协聚会

"民以食为天。"

普天一理。恁是御苑天子还是平头百姓,美食却无分阳春白雪和下里巴人。宫廷御膳食谱上没有的,才称"诀窍"。

戏法人人会变,各有巧妙不同。

"路有冻死",想来唤起的是众生不平之后的改朝换代。"朱门酒肉",却也为如今遗下了百姓共尝的"御膳"

…………

颇有意味的是,载涛属"猪"。

若照王乃文玩笑的说法,此人一生有福,倒恰应了他十二生肖中的属相。客观地看,载涛一生确实"口福"不浅,仅就"吃"而言,也堪称独享食福。

说起涛贝勒府的"吃"经,那可简直几昼夜也说不完、道不尽。

载涛(右)与溥仪(中)、溥杰(左)叔侄三人都曾饱尝御膳,无一不是美食家。图为叔侄三人六十年代参加一次全国政协聚会

御膳"绝活儿"

仅以载涛早年出入宫禁、遍尝御膳而言,他不仅会吃,还擅长亲手下厨烹饪,乃至西餐、中餐,无不掌握几招绝活儿。

据说,最拿手的几道,若非从醇亲王府便一定是从宫内御膳房偷得"真传"的,绝非常人可比。

载涛做菜极为讲究。就拿西餐来说,使用的桌布以及刀、叉、勺儿等,必须一水崭新,绝对不能凑合,他的脾气历来如此。

若提起烹饪,涛贝勒总有说不完的奇思妙想,堪称"天马行空"。他酷爱烹饪上了瘾,加之深受宫廷御膳影响,因此最喜欢做黄颜色的"一色餐"。因为"明黄"属皇帝专擅之色,任何人不敢违制,他便把这个"特色"巧妙地移植到了涛贝勒府。

有一阵儿,他专门烹饪黄色菜肴,曾眨巴着双眼,调皮地对王乃文说:

"这些日子,我吃炒菜,就想吃黄颜色的。"

美梦只能自己来圆。当然,这种菜必须是天然的,而不能掺入人工颜料,他便反复琢磨,黄色的拿什么做呢?鸡蛋黄、油菜花、黄青椒等都想到了,但有些菜是不能混搭来炒的,还需符合不能相"克"的膳食哲理。

有时,他一边做一边跟大伙儿开玩笑,还让厨师帮忙拿主意。结果,琢磨出不少样黄色菜肴,让全家人在大开眼界的同时,更是大快朵颐。王乃文不仅看过这些菜谱,当然还亲口品尝过载涛亲手烹饪的这些美味。

譬如,制作"一色黄"时,他不仅亲手炒鸡蛋,还捎带着做出了京城风味蟹黄羹、豌豆黄等色泽鲜黄的满桌美味。

其他诸如古铜色、绿色、红色等吃食,载涛也挖空心思亲手制作,直到摆上满满一桌。载涛去世后,王乃文曾惋惜道:

"载老不在了,这些独门绝技也失传啦……"

载涛终日绞尽脑汁研究膳食,为此,还单独建立起一个用自然冰合成的小冷库,需要保鲜的鸡、鸭、鱼、肉等,均可以临时放置里边。

王府内无人不知,外人却难以置信——每逢贵客光临,载涛便显示出一个特殊癖好,往往最愿意亲自动手择菜,自然炒菜时也要亲下厨房掌勺。据说,这是为了炒出的菜肴合乎"规格",只有洗菜等下手活儿,才交由厨房来做。

仅为个"吃"字,载涛曾多年四处寻访,汲取京城各处的"名吃"绝活儿。

有一次尝过"全聚德"的烤鸭,返回府里便仿做起来。他还对王乃文说,做成烤鸭的关键是要"外焦里嫩",表面焦黄,既要香脆可口又不能太过火。因为烤鸭主要是吃肉,必须能咬得动。在抹甜面酱卷葱时,还可以在面酱里稍点几滴香油,这当然也是涛贝勒又一别出心裁的诀窍。

屡经琢磨,涛贝勒府终于制作出了果木烤鸭。王乃文回忆说,连载涛也往往吃得满嘴流油,余香犹在。

府内各种风味菜肴,如红烧肘子以及熏肝、熏鸡等,亦是载涛亲手所制。当然其中不乏窍门,譬如载涛亲手烹制的红烧肘子,因放入了精心挑选的"山里红",口感格外与众不同,不但味道鲜美且十分熟烂。这,并不为外人所知。

然而,载涛所做的风味熏肝、熏鸡却不是立时就能"熏"出来的,要提前几天就做好各种准备。至于"七爷府熏鸡",其实是载涛从京城一处餐馆偷偷"淘"来的拿手技艺,凡尝过者,无不交口称赞。

偶尔,载涛想尝这道菜,事先就会吩咐厨房:

"今儿个,咱们上道鸡呵。"

于是,他先让厨房大师傅把拾掇好的鲜鸡,从冰箱里拿出来,自然融化。熏鸡的诀窍在于作料,其次是工艺要精。当然还有一些配菜,随着季节的变化而定。

另一种"蒸鸡"——又叫"松子鸡",亦别具风味。事先,他将鸡腹掏空洗净,里边放入松子和山蘑菇。然后,再往里边添加各种调料,最重要的关键是咸淡适中,否则无法品出松子的清香味道。

此外,载涛尤爱烹饪鲜鱼,事先嘱咐厨房必须拾掇干净,再亲自动手。什么干炸鱼、浇汁儿鱼、醋熘鱼、烹鱼段、炒鱼片……均是他的拿手好菜,家人尝过无不啧啧称赞。

载涛经常腰系白围裙,一边做一边兴奋地跟家人唠叨:

"待会儿,我做得了呀,让你们每样都尝一尝,好不好?……"

"坛子肉"与"翠衣肉"

涛七爷的高超厨艺,可谓尽人皆知。

连溥仪在伪满时,都曾屡次捎信,嘱托七叔亲自挑选得力的厨师前往伪满宫廷,甚至为此还专门发来过电报。可见,载涛精湛的厨艺早就得到了"皇上"的充分认可。

"坛子肉",无疑是载涛的拿手绝活儿,只是做起来相当麻烦。这先要把上好的猪肉切成方块,搁入半大的坛子里,同时放入葱、姜、蒜,以及酱油、香油、料酒,另外特别挑选上好的酱豆腐,配以其他作料,把坛子密封起来,直接放到明火上蒸一夜,还要随时调整火候。

待到品尝时,可以直接从坛子里夹出肉块,盛到瓷盘里。此时,散发着浓郁香味的坛子肉,足以使客人垂涎欲滴。

载涛最喜欢让宾客用馒头夹上坛子肉吃,说是原汁原味,颇具宫廷风格,另有一说是,尤具"满八旗"的原始风味。据说,这是参考宫廷祭祀的"坛蒸肉"改造而成,也算是"皇叔"对御膳的一大改进发明。

炎夏时节,眼瞧着大肥肉吃上去太腻,载涛忽然唤来王乃文,又出了一个主意:

"呵呵,今儿个,咱尝试着做一回'翠衣肉'!"

"好哇,那我跟您学学呗。"王乃文也兴致勃勃地跃跃欲试。因为,她素来知道这道菜,俗称"翡翠西瓜肉",是涛贝勒府独有的另一手绝活儿。

至于这道"翠衣肉"如何烹做?涛贝勒府的人大都语焉不详。说起来,程序确实蛮复杂。有幸的是,王乃文亲眼目睹过载涛制作这道菜的全过程。

外粗内秀的载涛曾透露,这道风味独特的菜肴,事先的准备工作是最重要的。

当天,他先叮嘱底下人把西瓜洗干净,再把里头的瓤——瓜子掏净,尤其强调西瓜里绝不能留一粒瓜子,以免入口时硌牙。然后,再往西瓜里兑入各种作料,譬如葱、姜——但尤其注意不能搁大蒜和醋。此外,还要按适当比例兑入酱油、香油、料酒、黄酒、味精等多种调味品。

待悉数搁进之后,再把切好的鸡肉和五花猪肉放在西瓜里。

临入锅之前,载涛一再叮嘱王乃文,一般中等西瓜,里面的酱豆腐绝不能超过两块,否则就会变味。

操作开始时,载涛亲手把鸡肉和猪肉一一码好,再把切下来的半个西瓜盖上,周围还要用竹签儿扎孔,为的是走气。一般说来,"翠衣肉"需要放在砂锅里蒸上四五个钟头才能出锅。

非但制作,品尝时也颇有讲究。既能从西瓜里直接夹着吃,也可以在每人面前摆上一个瓷布碟儿,然后把"翠衣肉"分盛在里面。一旦蒸好的西瓜揭开,往往香气四溢,王乃文曾品尝过多次,感觉确实肥而不腻,吃起来格外爽口。

实际上，这是一种季节性菜肴，每逢炎夏，既滋补又不上火。而在隆冬飘雪之际，食用这道反季节而行的菜，则愈显稀罕，独有一种特殊风味。

唯贵客驾临，载涛才肯屈尊下厨，亲手烹制。恰逢一时高兴，他曾得意洋洋地向王乃文透露，这才是真正从御厨那里"偷"来的一道绝妙手艺。

每见全家围坐饭桌旁，分享自己的烹饪成果，载涛便高兴至极，吃苦受累也在所不惜。因此总是系上围裙，亲自下厨忙活，甚至亲手端上饭桌，笑呵呵地瞧着大伙儿津津有味地围桌而餐……

以往，馅饼、包子、馄饨、烫面饺，这些家常饭，一般都由大厨房来做。家里待客之前，载涛大多会亲临厨房督阵指导，时常不客气地对大师傅说：

"哎，瞧着点儿，你们就跟我学吧！"

鲜有人知，御膳美馔之外，载涛还能做各种家常饭菜，连包饺子都是拿手绝活儿。逢年过节，有时他会系上围裙，亲自"掌案"。

按照载涛的分类，他包的饺子，主要分荤、素两种，外加一种"三鲜馅"。

论起来，他最拿手的算是"三鲜馅"。主要原料有海参、虾米、鸡蛋以及少量猪肉末。事前叮嘱家人把原料备好，拌馅工序开始时，载涛便亲自下厨，配制作料。据王乃文追忆，载涛所拌馅的味道，确实非同凡响，尝过者往往赞不绝口。

其他荤馅饺子，诸如韭菜猪肉馅、白菜羊肉馅等等，载涛总是让几个媳妇各自剁好白菜和肉末，拼凑到一起，然后亲自放入各种作料，拌馅合成。

实际上，在王乃文看来，载涛的素馅饺子最复杂——要求儿媳妇们先要把豆腐干切成细丁，再把白菜和胡萝卜剁碎，配上炒鸡蛋、虾米皮和香菜，最后洒上五香粉和味精以及适量香油，饺子还没包，满屋的香味便飘散开来。

每当儿媳妇和好白面之后，载涛往往亲自用手试试软硬，然后强调，饺子除了馅外，面皮的软硬可不能忽视，一定要适中才好吃，否则馅拌得再好，饺子也不会好吃。每当春节，载涛最喜欢在儿孙面前露一手。

尤值得提及的是，载涛还会做一种味道极佳的"核桃酪"——一种风味独特的老北京油炒面。

其实，"核桃酪"的制作程序并不复杂。先把核桃皮剥开，再用小磨把核桃磨成细腻的面粉状。同时，再把莲米碾碎磨成面，像熬粥一样，可以根据口味不同，适当调整熬制时间。

食用时，也可稍搁一点儿白糖，吃起来香甜可口，适宜中老年当做早点。据说，这还兼有养生美容功效。

食粥养生。所以，精通膳食的载涛一向擅长煮粥，其中最著名的当数"莲子粥"。这需要几种米，譬如薏仁米、江米、菱角米，这三种米搅和在一起，放入砂锅中煮上几小时，最后才放入莲子合煮而成。品尝时，载涛总愿意洒上一些白糖，大凡尝过者无不盛赞香甜可口。

载涛一生喜欢吃糕点。实际上，他也酷爱亲手制作，像玫瑰饼、千层糕，乃至五仁月饼等，味道比正经的点心铺还地道，这也是将醇亲王府和御膳房学来的做法，加以改造而成。每年玫瑰花或藤萝花盛开时，他便吩咐仆人摘下洗净，交给府里的白案厨子，自己则现场指导监督。

也有时过于繁忙，他便让仆人把鲜花送到外边的点心铺加工而成。

载涛所亲手做成的玫瑰饼，是一种酥皮点心，堪称独得宫廷"真传"。涛贝勒府经常在年节以此馈赠亲友，且视为一乐。

家中无人不知，载涛虽愿亲自下厨掌勺，无奈每当他亲手烹饪一次，几个妻妾便跟着受累不浅。譬如制作燕窝之前，拔毛这道工序不但难度大，且相当费事。不仅要用开水泡，还得用镊子拔下细毛，这都要王乃文等人一一亲手择净。

她感到实在太费劲，吃一顿燕窝，若非三位如夫人齐上阵，一个人至少要忙活两天才行。

原本是头一天择毛，第二天才能做燕窝。其实一窝没多少，只能调制一碗燕窝汤，轮到每人只够盛上一勺儿。量虽少，但大家尝过，纷纷说好，载涛更是高兴地说：

"我瞧锅里还有一点儿，甭留了，每人再盛一勺儿！……"

在略显夸张的大声吆喝下，"高汤"很快告罄。大家纷纷称赞七爷亲自下厨熬制的燕窝汤，味道无与伦比。

下里巴人"酷卤"面条

然而，载涛的另一拿手"绝活"，却使全家上下叫苦不迭……

在府内，除了诸如阳春白雪的"坛子肉"、"翠衣肉"外，载涛亲手烹饪的下里巴人"美食"——面条，更是京味十足。

他擅做一种"打卤面"，听起来似乎简单又便宜，实际做起来费钱又费事，不过还是颇受欢迎。

载涛最早经常亲手做高级打卤面——仅原料这项，便需采用蘑菇、海参、海米、肉丁、玉兰片等多种。尤其烹制时要放入煮好的老汤——鸡汤,依据不同风味,还要另添一些特殊的作料,最后才放入酱油,这样才能咸淡适宜。

此外,载涛所做的下里巴人——"醋卤"素面,堪称另一手绝活。如果吃过,才知道什么叫醋香。然而,因味道偏酸,从没尝过的人可能不太习惯,若吃上瘾,那可就离不开了。

"醋卤",做起来倒是简单,入口也蛮美味,完全用醋做卤,里边还掺入猪肉丁。内中诀窍,载涛说得再明白不过:

"'醋卤'嘛,就得多搁醋。"

一旦醋卤做成,每人把煮熟的面条挑到自己碗里,要趁热用"醋卤"浇面。每当全家人围坐在一起,吃起醋卤面时,屋内总弥漫着一股醉人的醋香。

对此,王乃文倒别有一番切身体验,她曾咧着嘴,形象地回忆道:

"先说'醋卤',甭提那个酸哪,好家伙,我第一次尝呵,恨不能牙都要倒啦。"

而不同的是,载涛却酷爱这口儿,隔不上几天,便非要饱餐一顿才行。

不得不说,在载涛的"醋卤"中,尤以茄子卤最为拿手,也最饱受家庭"争议"。

这种茄子卤的制作程序倒也不算复杂。他总是先让金孝兰把茄子洗干净,然后亲自动手切丁,在焯过一遍之后,把茄子搁入醋碗盖严,焖上一个钟头或二十分钟(分为浓醋或淡醋两种味道)腌制之后,再拿出来浇面。

偶尔,载涛也炝一次锅,使之更入味。他以个人的口味,道出了内心的偏好:

"咱吃的就是这个独特的酸味卤!"

这种面条也有两种做法,一种如前所述的醋卤拌面条,另一种则是载涛最喜欢吃的"醋卤拌疙瘩"。这与面条不同的是,和好面之后,切成细小的方块——疙瘩,再用醋卤浇拌,连汤带疙瘩一起吃。

若按照王乃文的说法,这是"皇叔"从涛贝勒府传下来的"保留节目",从富裕到贫穷,吃了几十年,百吃不厌。只是偏以自己的口味衡量他人,并不被全家人接受。起初,载涛时常询问王乃文:

"怎么样,好吃吧?"

尽管不甚习惯这种醋卤,为不让载涛过于失望,她依然违心地说"好"。当府里其他年轻人吃腻了,提出换个口味时,载涛却毫不掩饰内心的懊恼:

"你们不爱吃?我吃呀!"

以往，载涛在家里做茄子面条，完全凭着口味爱好。可到后来，却纯粹出于经济拮据。因这种主食比做什么都省钱，蔬菜和作料仅仅茄子一样。但过于单调，味道又那么酸，大人和孩子都不爱吃。

日久天长，家人都提出换个样，甭总吃茄子卤。加上世道不顺心，载涛竟果真生了气，大声在饭桌上对全家人发泄地说：

"你们不是不爱吃嘛，我天天儿做，没别的饭，看你们爱吃不爱吃！"

载涛的脾气向来如此，谁也不敢反对，只得闭口不语。然而背后提起醋卤，往往掩口蹙眉。自然，这些都是后话了。

人所共知，在京城皇族中，论起饭菜质量，则非六哥载洵家莫属。若在家里吃西餐的炸大虾，往往找来厨师，现吃现做。六爷家不仅以西餐闻名，酒类也是最好不过的。

载涛偶尔去载洵家品尝过一顿西餐，便大开眼界，更羡慕不已。说起西餐种类，其实并不算多，新花样也有限，但是专业西餐厨师做出来，瞅着既好看，吃着也顺口。

载涛自此上了瘾。为精心研制中西餐，专门弄了两套厨房家什。料理西餐时，除了盘子便是刀叉、勺子，还置办了一个专搁西餐的橱柜；中餐则专设中式橱柜，里边的中餐用具，一一配置齐备。

一来二去，载涛经常换着样儿制作中西餐，连西式小点心都会做。每逢宴客时，餐桌上使用的餐具，小到勺儿和羹匙，均是每人一份。一天，他忽然灵机一动，对王乃文说：

"今儿个，咱们全家吃西餐，我亲手做一道汤——西式'三鲜汤'。"

何谓"西式"？王乃文可没听说过，觉着新鲜，便好奇地问：

"三鲜汤，不是中式的吗？"

"呵呵，"载涛笑了，"没尝过吧？今儿个，让你们尝尝西式做法。"

实际上，这是中西结合的一道汤。如果做好这道汤，先得下工夫炖鸡汤，煮得真正入味儿，再放入鸡肝、鸭肝、肺……非但如此，则无法品出"三鲜"美味。

话说回来，全家人饱吃一顿西餐，无异于"大动干戈"——必须从府外临时雇来西厨，不像中式厨子总在府里住着，早晚只管做两顿饭。若照载涛的话来说，西厨养不起，只能现做西餐现招人。

京城的西厨无人不知，涛贝勒没法儿糊弄。载涛有个多年癖好，每当西餐厨师走进厨房，便喜欢跟着一起亲手来做。有时，走进厨房一瞅，来的还是上

次那位西式厨子,载涛便不由笑了起来:

"嘿,又是你小子呀,厨艺有长进没有啊?呵呵呵……"

"贝勒爷,您知道,我这纯属混饭吃。比起您来,差得远喽。"

说归说,在各王府混饭的厨子,自有其高明之处。因此每次前来,载涛总让厨子教自己一道新菜,这也是载涛从不长期雇佣西厨的原因之一。王乃文曾听到载涛吐露过心里话:

"无论中餐还是西餐,奥妙之处总离不开如何配备作料。我就喜欢逼着这几个厨子露点儿真功夫,非说出诀窍不可,不然,我可不付工钱!"

令人奇怪的是,载涛倒是甘愿自跌身价——让雇来的厨师站在一旁指手画脚,自己乐得从命,以此偷学厨艺。

"贝勒爷,您搁这个作料、搁那个……"

他在厨房颠颠儿地跑来跑去,透着一股兴奋,这无疑成了他的一个"找乐儿"方式。细想起来,在载涛心目里,当厨师其实是一种乐趣,权且当做一种厨艺表演。

有意思的是,他还有一种"掌勺"荣誉感,最喜欢时常在家人吃得高兴时,站在餐桌旁自豪地大发感慨:

"你们都感觉这道'三鲜汤'香,那可是我亲手所做的呵。味道好吧?……"

如受到大家夸赞,他就更来劲了,在饭桌上,往往忘掉吃饭,而以侃天为主。

论起来,载涛平时爱吃面食,譬如馅饼、饺子,中式菜肴则最爱吃鱼、虾、鸡、鸭。

在面食当中,他爱吃炸酱面、芝麻酱面,却不爱吃炸卤,而最爱吃醋卤。吃面条时,往往还在桌上摆上四碟小菜佐餐。

也有时,家里的小孩们对载涛提议说:

"爷爷,该吃面了,您给我们做点儿带颜色的面条吧。"

每逢听到这种话,载涛便会喜不自禁,变得异常兴奋地对大家说:

"好吧,今天晚上咱们吃'翡翠面',绿色的面条。我来亲手做。"

做"翡翠面",无疑是一个技术活儿,因为既不能加任何颜料,还得让煮出来的面条是翠绿色的。

这其中到底有什么奥妙?其实说穿了,也很简单。这先要把菠菜用大锅煮熟,捞出来晒凉,再把菠菜挤成汁,用菠菜汁和面,再掺加一些捣烂的菠菜泥。

实际上,制作这种面条工序挺多,仅菠菜面便一抻老长,仅一人也不行。

但他非当主厨不行,其他人只能打下手。在厨房中,载涛运筹帷幄,仿佛统帅着千军万马,时不时发出爽朗的笑声。有时,王乃文不禁跟他开起玩笑:

"载老呵,说不定您是上辈子的厨子托生的哪……"

对于这种玩笑,载涛倒也从来不急。若照载涛的说法,吃这种菠菜面条,作料和菜码尤其重要,浇面的卤,要用鸡、鸭熬成的高汤做成卤汁儿,里边添加一些豆腐干丁,但不能放入肉,否则味道就会发涩。至于菜码,他经过潜心研究认为,吃菠菜面条,最宜配大蒜、青蒜、胡萝卜。

尝过这种菠菜面,全家人拍手叫好,载涛更是喜悦非常,在餐桌上发出了新的许诺:

"你们谁知道珊瑚面?这种红颜色面条不常见,咱们下次吃一回'珊瑚面'吧,嘿,简直就像海中的珊瑚……"

自然,全家人无不赞成。其实,这种面条分荤素两种方式。做起来倒也较为省事。若吃"荤珊瑚面",先要和好荤白面,至于红颜色则用肉汤儿,也可以采用炖鸡汤,这在厨行里,行话叫放"高汤儿"①。

如果吃"素珊瑚面",则需把西红柿挤成汁,再用这种汁和面,或是掺入红小豆磨成的面粉。这种"素"制作方式最为简单,也最省事儿。

这两种面条的作料,载涛一直秘不外宣,从不透露外人。对于面条所浇的卤汁,也是比较高级的,选用的食材,譬如海参、鱼片以及玉兰片等,颇为讲究。所以,当载涛晚年时,除非有极重要的宾客,他极少亲手下厨。

据王乃文回忆,这两种面条,菜码要按照荤素的不同,宜搭配合理。简单地说,就是"荤配素,素配荤"。若是吃"荤珊瑚面",则可以参考菠菜面的菜码。如果吃西红柿面,可以配一些鸡丝等菜码。

另外,据说载涛还能按照颜色不同,做出其他不少具有"高贵名称"的面条,诀窍其实就在于汲取蔬菜的各种颜色。若追溯载涛制作风味面条的独门手艺,究竟是源于宫内还是醇亲王府,他本人始终守口如瓶,连王乃文也只好仅凭猜测而妄断了。

在多年的生活中,载涛还养成了一个午饭后吃水果的习惯。按照时令,无外乎苹果、梨、香蕉、橘子、葡萄……据王乃文追忆,载涛最爱吃葡萄,若吃起来就没完,一次可以吃下许多,足以令人惊诧不已。

---

① 当年,我采访王乃文时,她始终多年不肯告诉载涛所做的多种颜色面条的诀窍。直到我为她作录音和录像时,做通了她的工作,她才笑呵呵地告诉我其中的诀窍。其实很简单,这大多是由各种蔬菜榨成汁加工而成的。而且,她详细解释了各种蔬菜成分和制作过程。

第拾柒章 一代京剧『名票』

* 无人不知，载涛虽终生只是一介京剧"票友"，但在武生行当中堪称"国手"。

　　* 初拜"架子花"钱金福，喜得不少绝活儿。最令人叫绝的是，他饰演的《火判儿》的主角判官，竟能从口中连续不断喷火。立志拜杨小楼为师，为学《安天会》，他不惜多次登门求艺。

　　* 载涛与梅兰芳合作演出折子戏《霸王别姬》。由梅兰芳表演清唱，载涛饰演虞姬的身段，以载涛近一米八的大个子居然将一个妙龄女子演得惟妙惟肖……

　　* 首次反串"醉酒"的杨贵妃，名家余玉琴亲自把场，梅兰芳坐在观众席，欣赏地观看了涛贝勒的"反串"。

图片说明：载涛最崇拜的武生泰斗杨小楼剧照。源自
　　　　　本书作者收藏的民国初年首版中国第一部
　　　　　京剧杂志《菊部丛刊》

剑走偏锋——自古独门绝技的形成，倒也并非谋生所迫。

皇家纨绔的"痴迷"，也可造就艺术的巅峰。

饰演过现实中的"君臣父子"，再扮戏台上的生旦净末丑，似乎绰绰有余。

舞台艺术，自是生活的提炼。

………

梨园行的权威人士，大都这么评价载涛的戏路子：

"提起涛七爷，那可是梨园行当外行中的内行哟！……"

说来不假，他的京剧演技尤其是武戏的真功夫，着实博得了不少戏迷和内行的由衷赞赏。

初拜"架子花"钱金福

年轻时代的载涛，家庭极为优裕，可以说终日过着皇家子弟的纨绔生活。

民国初年，载涛赋闲家中，开始研习京戏。若探根溯源，应该说，最初教授载涛唱戏的是京戏名家钱金福。

因为载涛起初喜欢花脸戏，便将京城最有名的"架子花"钱金福请入龙头井的涛贝勒府，奉若至宾，一板一眼地刻苦学唱。

提起钱金福，那可堪称声震京城的一位著名的京戏前辈。对于教授载涛唱戏，钱金福最早心有余悸——无人不知，载涛是光绪的弟弟、宣统的七叔，也不可能看得起戏子，叫他过来陪玩儿，只不过是随便玩玩票而已，学哪门子京戏呀？……

可想而知，这位钱老前辈只是凑合着敷衍载涛，并没有教授什么真功夫。载涛却不然，发自内心地尊重钱金福，定期用小卧车接他来家里教戏，然后便是一番上乘的款待。不久，钱金福发现涛贝勒确是诚心诚意地拜自己为师，顿然转变了看法，便决定收下这位徒弟，让载涛从基本功开始练。

难以想象，年已二十多岁的载涛从基本功开始，拿大顶、踢腿、练嗓子……每天早晨一起来，便按老师规定的程序一一练起。

而且载涛越练越上心，总是练得满头大汗，一盆洗脸水、一摞手巾把儿总搁在一旁，用来擦汗。见多识广的钱金福，内心深深受到感动，遂拿出了看家本事，面授载涛。此后，钱金福还亮出了几手练武功的绝招，悉数教予载涛。

世人皆知，载涛的拿手好戏，是《芦花荡》和《火判儿》，其实，这两出戏的一招一式，都是跟钱金福学的。由于他俩禀性相投，屏弃了尊卑高低之俗见，结成兄弟之谊，京戏无疑成了沟通二人关系的桥梁。

寒来暑往三载有余，载涛不仅学会了钱金福几出精彩剧目，还逐步掌握了师傅的不少绝活儿。

最令人叫绝的是，载涛饰演《火判儿》的主角判官，竟然能从口中连续不断地往外喷火。据载涛向钱金福讨教，这是师傅从魔术中吸取的技巧。他虚心求教，终于掌握了其中诀窍。

这成了载涛终生的一出京戏保留剧目。

细论起来，他对于京戏的各个行当无所不通，最擅长的是演猴戏。连著名的京剧表演艺术家李少春也曾专门向载涛拜师学艺三年。一时兴起，载涛还曾盛邀梅兰芳前来府里切磋戏路，甚至一同登台串戏。

王乃文清晰地记得，最有意思的，算是载涛与梅兰芳一次合作演出折子戏——《霸王别姬》。

这种场面确不多见，堪称世纪"绝响"。那次是由梅兰芳伫立于台上表演清唱，载涛饰演虞姬的身段，名角刘连容扮项羽，名琴师徐连沅操琴。

毫不夸张地说，这是一台当代名角戏，也是空前绝后的一次表演。试想，以载涛近一米八的大个子若将一个妙龄女子演得惟妙惟肖，得有一个多么柔软的身段。

凭恃着三位名角的默契配合，这台罕见的珠联璧合的京戏居然获了个满堂好，热烈的掌声，经久不息——遂成了一桩梨园趣谈。

立志拜师杨小楼

众所周知，载涛酷爱著名京剧演员杨小楼的戏路子。

大凡杨小楼饰演的京剧，他无一不会。像《安天会》、《八大锤》、《恶虎村》、《挑滑车》、《长坂坡》……对于每出戏，他都下过拙工夫，在演技上也自有其独到之处。

对于一个半路出家的京剧"票友"来说，这殊属不易。

载涛天生一个倔犟的脾气，无论什么事只要一上心，就非学到底不可，且不怕吃苦。对于学习京戏,他尤其如此。

若探根溯源,也是环境熏陶使然。清末,饰演京戏似乎成了一件时髦之事。清朝宫廷内,不仅专门设一个管理京戏的机构——"升平署",但凡宫内有点儿名目,还会将京城的名角儿全部邀请来大演几天。

连当权者经常巡幸之地,也大多建起了戏台。宫内的各色人等,也无不以会演唱几段京戏为荣。自然,载涛从小便受到了极为重要的氛围熏染。

在长期的"票友"生涯中,载涛频经刻苦磨炼,掌握了一手过硬的功夫。可以说,博采众长是载涛学戏的显著特点。值得称道的是,他除了向启蒙师傅钱金福学武生外,又立志拜一代名角杨小楼为师。

载涛最崇拜的武生泰斗杨小楼剧照。源自本书作者收藏的民国初年首版中国第一部京剧杂志《菊部丛刊》

在载涛看来,当代京戏演员里,杨小楼公推第一。而且,他十分崇拜杨小楼的演技和为人。学戏时,他酷爱学杨小楼的戏。譬如,杨小楼新上演《挑滑车》,他听说之后,就马上去观赏,看完戏,回到家就现学这出戏。如果听说谁教得好,就马上请来那位演员来指点。

杨小楼凡登台唱戏,载涛都要去现场观摩。有一段时间,无论杨小楼在哪个戏院演出,他便跟随到哪儿,场场不落。即使买高价票,也要前去欣赏。他听戏时,每见杨小楼演到妙处就大声叫好,俨然成了一个名副其实的"追星族"。

终归,他通过别人打通关节,千方百计将杨小楼邀至家里亲授,且奉为上宾。甭管杨小楼演唱什么新戏,只要瞅着有意思,他便非跟老师缠着学不可。

京戏讲究唱、念、做、打。载涛从吐字开始,一板一眼地向杨小楼学唱腔,每天早晨就走出室外喊嗓子,务求学得酷似不可。

武功方面,他也遵照杨小楼的严格要求,一招一式地练起。连全部"行头",都一一仿照杨小楼的模式来制作。

若依王乃文追忆,乍瞧上去,杨小楼只是一个普通老头儿,不登台时,便显得挺苍老,身边总有一个徒弟跟随左右,平时他就拿这个徒弟当儿子似的。他徒弟长得不算好看,扮相也不好,始终没红起来。而涛贝勒拜杨小楼为师,数年如一日,勤学苦练,终成一代京剧大家,则成了一段梨园佳话。

此前还有一个小故事。据明清史专家朱家溍回忆,载涛曾亲口对其说,自己最初是向周瑞安学武戏的。第一出戏,他学的是《溪皇庄》,在其中饰演采花蜂尹亮。后来,他又一丝不苟地向名武生张长保学演整出《安天会》,经历了八个月之久的排练后才登台演出,可见其学戏态度之严谨。

其实,这不过是他"冬练三九、夏练三伏",多年苦练硬功的一个小小的例子。

最能说明问题的,是他反复拜师学演《安天会》这出戏。众所周知,这出京剧,是武生的重头戏,也是著名演员杨小楼的专擅。为了学得杨小楼的绝技,他屡屡向杨小楼请教,不惜多次登门求艺。

这对于"皇叔"来说,堪称不耻下问。如果载涛学会什么戏,只要打算演出,便立即做一身漂亮的行头。他经常亲自跟卖行头的行家打听:

"杨小楼近来唱什么戏?你可得告诉我,他有什么,我就得有什么。"

他绝不怕花钱,只讲究拿的枪或是鞭,得跟杨小楼手里使的一模一样才行。

论起来,载涛的行头颇多,各式刀、枪,无一不全。在《长坂坡》这出戏里,使用什么枪、刀,尤其有讲究。载涛仔细琢磨过之后,对仆人说:

"杨小楼的铁鞭是绿色的,我也得买绿色的,丝毫不能差一点儿色。"

时而,载涛高兴起来,便喜欢模仿几句杨小楼的唱腔,再来两句道白。不过,载涛的天生嗓音比起杨小楼,仍逊色不少。

相形之下,载涛的嗓音略显沙哑,远不如杨小楼的嗓音洪亮。先天不足的音质条件,使他的京戏事业受到了一定局限。

然而,载涛的工夫没有白费。据著名学者吴丰培[①]回忆说,载涛经过杨小楼亲授之后,技艺大有长进,一招一式,无不相似。杨小楼在京城内素有"杨猴子"的雅号,能将猴子演得灵活、顽皮、诙谐。

直到暮年时,杨小楼仍能演出全本《安天会》,但无法像以前年轻时那样

---

① 吴丰培,江苏省吴江人,生于北京。我国著名学者、京剧艺术研究专家。1996年3月病逝。

翻许多跟头,只能象征地翻一个,但也可称轻捷、利落,每次无不博得满堂叫好,老百姓往往以一句土话,形容其动作——"边式极了"。

无疑,载涛继承了杨小楼的风格,且由于年纪轻,身强力壮,跟头翻得格外有特色,同时也创出了独特的戏路子,常常赢得内行戏友的掌声。

《安天会》这出戏和其他武戏有所不同。其他武戏一般是双方各上数将,主角开打一场之后,便由其他演员上场对打,主角可以略为休息。而《安天会》则只有主演一角力敌数名神将,十来场戏场场不落,一般人演起来,都显得极为吃力[①]。

然而,使人意想不到的是,载涛的演出却是游刃有余。这全依恃他自幼练功扎实,在舞台上扑跌翻滚,轻松自如,丝毫没使观众产生勉强和费力的感觉。

当年,吴丰培先生曾亲眼观看过载涛演出。他认为,载涛尤其在演《偷桃》、《盗丹》两场重头戏时,模仿猴子的动作,惟妙惟肖,脚步轻盈,身段十分漂亮。在《盗丹》一场中,他猛地一个旱地拔葱,居然跳过了桌子,立时获了个满堂彩。

见此,吴丰培不由赞叹地说:

"这要没有点儿真功夫,是决然不行的呵。"

在力敌众神将的频频武打中,载涛设计巧妙,一场独有一场的对打方式,诙谐而不落俗套,滑稽而不油滑。不少行家评价他,演得不温不火,恰到好处。

一位京戏名家客观地评论说,载涛唱的"吹腔"虽然称得上婉转,"一遵小楼",但是毕竟不如杨小楼的嗓音浑厚、宽亮。但是,"限于天赋,无法苛求",倒也确是大实话。

尽管如此,作为业余的"票友",载涛精湛的武打戏仍然深受欢迎。因为涛贝勒府里就有现成的舞台,能够随时排演,且对打的神将也大多是他的家人,武功对打娴熟,所以他在戏中也就愈加显得从容不迫。

吴老先生还有幸看过载涛演出的另一出戏《铁公鸡》。这出戏现已不多见——叙述太平天国将士与清帅向荣交战的故事,此戏目至少也有半个世纪以上未曾登台,几近绝迹。

戏中主要情节倒并不复杂。一个暗通太平天国的某帅忌恨向荣,所以在宴请向荣时,暗中设计将"铁公鸡"藏于营中。待酒宴至半酣之时,突然四面火起,铁公鸡遂出击。向荣由于部将张家祥力战终于脱险,又幸而另一部将兵

---

① 如今,京戏《安天会》一般上演时减少几场开打,还有众小猴助战,较省力气。

至,遂擒获铁公鸡,向荣安然回营。

虽然这出戏的倾向尚有待推敲之处,但因这出戏需全部穿戴清朝官服,是一出纯武功的短打戏,难度极大。不仅杨小楼不再轻易演出,连称雄一时的著名武生演员尚和玉也畏难而不敢贸然登场。

然而,载涛却在京城以演出此戏名噪一时。他饰演张家祥,身穿单袍、纱马褂上场,一人力战众将。在凶猛的开打中,真刀真枪,赤膊上阵,除向荣被烧一场可以略休息之外,其他则场场短兵相接,每场的战法均不相同。看得出来,载涛一丝不苟,闪展腾挪,轻捷利落。

其中最精彩之处是,有一场戏对方口含红颜色的水,用枪刺后将红水喷在载涛身上,竟像鲜血流淌,十分逼真。在隆冬季节,一场戏下来,载涛仍大汗淋淋,连浑身内外衣服都被湿透。

观赏过这一场短打武戏,吴丰培先生在散场之后,发自内心地赞叹说:"哎,这么吃功夫的武戏,以杨小楼之年迈,也是不敢轻易上演的哟!"

京城之人大都知道,载涛轻易不在外面的戏园子演出,即使是唱堂会也非贵胄之家不可。因为,他不以唱戏为谋生手段。外间人欲大饱涛贝勒扮戏的眼福,也着实不易。

吴丰培观赏以上这两出戏,无一不是在蒙古亲王那彦图[①]生日之际所演出的。外人有所不知,那彦图的次子即是载涛的"连襟",遂因这种至亲关系,涛贝勒才肯粉墨登场。

反串《贵妃醉酒》的由来

反串青衣,堪称载涛的又一手绝活儿。

从前,梨园行内有一个不成文的规矩,即名演员必须能饰演两种以上的角色,否则在社会上就难以获得承认。这在如今已不多见。

以往,载涛并没有此种想法,自从观看了一出杨小楼在《八蜡庙》中反串饰演的张桂兰之后,不由感叹至深:

"真没想到杨小楼这位名武生,能将一个青衣的角色反串得如此成功呵。"

---

① 那彦图,成吉思汗二十七代孙。清同治六年生于世袭亲王家庭,庆亲王奕劻女婿。曾反对共和、阻挠清帝退位,后又通电拥戴袁世凯。于1938年去世。

于是，载涛发奋向著名花旦余玉琴学起了名戏《贵妃醉酒》。这是他第一次学唱反串。

实际上，在演出《青石山》之前，载涛从未想过反串青衣。

谁料，一次在剧场出演《青石山》之后，竟然发生转机。在戏中，载涛所扮演的周仓须在高桌上设置的"南天门"中急转而出，三次喷火之后，再接过功曹的牒文，还要下腰看文。至于下腰的深浅，一般要看演员的真功夫而定。

那一天，恰逢京剧名角余玉琴（又名余庄儿）也慕名前来看戏，意外见到载涛饰演的周仓，居然如此颇有腰功，便饶有兴趣地问起刚走下舞台的载涛：

"七爷，您的腰功那么好，肯不肯反串一出旦角戏的《醉酒》啊？"

"好哇，您教教我怎么样？……"

对于这个意外的提议，载涛感到万分高兴。于是，他又下功夫向余玉琴学起了反串《贵妃醉酒》。实际上，余玉琴最拿手的是花旦戏，什么《小上坟》、《小放牛》，在京城内外一直挺走红。哪知，余玉琴的偶然一句话，却成就了载涛反串青衣的艺术成就。

在几位不同流派老师的传授下，载涛虚心地吸取各派之长，形成了自己的独特艺术风格。天长日久，这出《贵妃醉酒》居然"磨"成了载涛的一出拿手反串好戏。

当抗日战争爆发之后，载涛则毅然谢别舞台，甚至连"清唱"都不肯露面。只待解放之后，他才又在京戏这个行当里重新"活"了起来。

人们都说，涛贝勒府足可以组建一个科班，此话不假。他从王府内外刻意选择人才，譬如唱武生的，能跟他配戏，或能打下手，或者能当他的马童，力求人尽其用。

平常人一准儿纳闷儿，他一个大武生怎么反串青衣？实际上，这正恰恰反映了其高超的京剧水准。据说，最初载涛扮演《贵妃醉酒》时，也就二十岁出头。他这一出反串戏，在位于虎坊桥附近的第一舞台首演，当时叫"华乐"。

那时，王乃文还没被娶进涛贝勒府。但她听说，那是一次难得的精彩演出，载涛在《贵妃醉酒》中所扮演的杨玉环，无论唱腔或身段都获得了观众认可，经久不息的掌声，响彻全场。

余玉琴亲自坐镇把场，连著名京剧演员梅兰芳也坐在观众席里，观赏了涛贝勒的绝妙反串。

直到几十年后，梅兰芳还津津乐道地向载涛提及此事。话语当中，透出的是惺惺相惜的赞叹之情……

载涛亲授王乃文《贵妃醉酒》

恰与载涛差不多,王乃文正式登台演唱《贵妃醉酒》,年仅二十岁。

因她观赏过载涛的《贵妃醉酒》之后,尤其喜爱杨贵妃的扮相,频经丈夫亲自指导排练。当她登台首演时,刚刚步出台口亮相,台下就响起一片叫好声:

"唉呀,简直太漂亮了!"

据说,王乃文最初学的《贵妃醉酒》唱词均为载涛亲授,跟如今流行的唱词不太一样。

她听载涛说,民国期间起先只有两个男角反串过这出京剧,一个是载涛,另外还有一个京剧演员,艺名叫"九阵风"。她从来没见过面,只是听丈夫说起过。

虽然,梅兰芳并非《贵妃醉酒》的首唱,但由于他独特的艺术魅力和影响力,经其演唱过后,这出戏至今广泛流传于大江南北。

渐渐地,王乃文总跟随载涛出外听戏,竟然上了瘾。有一次,王乃文对载涛说:

"载老呵,我想学戏,能给我请个名师吗?"

"那容易,你只要有决心就行。"

"学戏要什么决心哪?"

"你赶明儿学上戏,就知道了。没毅力可学不了。"

于是,载涛赞成妻子学起京剧青衣。第一出戏便是《贵妃醉酒》。后来,她既学青衣,也学过花旦。载涛兴奋地告诉她:

"你想学什么戏,我就给你找高人教。"

其实,唱戏各有一路,高人就在身边。论起来,载涛属于独具特色,他时常坦然地对妻子说:

"反正我跟别人不一样。我教你唱,可你得下工夫,不然白学。"

王乃文听后,当即向载涛表态:

"我挺喜欢这段《贵妃醉酒》的唱腔,真想学。"

从那天起,她跟载涛每天早晨起来练腰练腿。她先学弯腰,载涛坐在椅子上,让她躺在铺着毡子的地上,腰板挺得活像后板桥,由于天天练功,直练到亚赛"元宝"形。头几天,她实在坚持不住了,便一再向载涛告饶:

"哎哟,我实在不行了。"

"别价,再耗一会儿。赶待会儿让你再歇着。"

于是,载涛让她活动一会儿,再练一会儿,每天如此。后来她才知,自己练就的身段和功夫确有用武之地。就拿她学唱《醉酒》这段戏来说,其中唱一个字,恨不能都要变几次身段。

腿功,也是基本功。载涛让她头一天抬起双腿,第二天又涨高一点儿,每天往上涨,直到能扳起"朝天蹬"①为止。她见载涛在旁边不错眼珠地盯着自己练功,便询问起来:

"载老,您看我这腰腿还行吧?"

此时,载涛没有正面回答,只是微笑着说:

"苦练,就一定能成。"

载涛这一句话,王乃文记了一辈子。

---

① "朝天蹬",是一项武术的基本功,即练到左右两腿都能轮流扳起到头顶。

第拾捌章 教出『猴王』李万春

"猴王"之师

张岚方

末代皇帝溥仪的七叔载涛，清末曾任军机大臣。此人除喜爱骑马外，最喜欢京剧他能演的京剧行当有武生猴戏《安天会》，架子花脸昆曲的《芦花荡》张飞，旦戏能演《贵妃醉酒》的杨玉他不但个个行当都能演，而演出的水平相当高，非一般专演员所能比。

艺术大师、戏曲教育家李万春生前常讲："涛七爷是我的老师，我这出《闹天官》是在王府一招一式跟载涛先生学的。演孙悟空的十字诀：龙身、鸡腿、鹰眼、收肚、贯顶就是来自他的传授。昆曲牌子要唱得满宫满调。"这都是猴王李万春先生的自述。后来他经过多年猴戏的演出实践而发展成他个人的理论：演孙悟空要演成猴学人，不能演成人学猴。我曾问过叶盛兰老师等几位艺术大师："您看唱猴戏谁最好？"他们回答："那还是李万春。"

＊登台演出《芦花荡》，载涛饰张飞，没想到居然"栽了"。

＊鲜有人知，享誉京城内外素有"活猴王"之称的李万春，竟是载涛的亲授徒弟。

＊《安天会》的原始剧本，曾深藏于宫廷，是载涛花巨款又走关系，从升平署"借"出而改进的。李万春饰演孙悟空的"十字诀"，源于载涛的亲授——龙身、鸡腿、鹰眼、收肚、贯顶。

＊李万春还把载涛演猴戏的诀窍，提炼成一句传世的经典："演孙悟空，要演成猴儿学人，不能演成人学猴儿。"

图片说明：载涛教出"猴王"李万春，并非夸张。图为《北京晚报》登载的文章——《"猴王"之师》

艺术的顶峰，却非技艺，而是修养。

天赋学而不来，源自天成。

三代可积累巨富，无法"堆积"一代艺术大师。

功夫在戏外。

············

武生，是载涛学戏的本功。

在《芦花荡》里，载涛饰演的张飞，载歌载舞，身段之大，颇难以想象。他的角色是花脸，却奇异地展示了身段美的另一面，又显得出乎意料的威武，塑造了一个可爱的"猛张飞"的艺术形象。

据王乃文追忆，载涛扮演这个角色时，没想到在一个细节上居然意外"栽了"。

拿手好戏《芦花荡》

那次，载涛由于多年没上台演唱，觉得心里没底，加上脾气又急躁，早早就径奔后台。王乃文见他心情紧张，便一个劲儿劝他：

"载老，您甭忙，离开场早着哪，这么早去干吗呀？"

"咱得提前化妆、勾脸哪。"载涛生怕出现纰漏，所以，让王乃文陪着很早就提前来到了剧场。化妆师好意地提醒他：

"载老，您化妆太早，如果时间过长脸上就干了，这样可不行。"

他的头盔里垫有几层纱，由于扮妆过早，再加上天热，演出时头上湿漉漉的。刚登上台，他由于甩头过猛，头盔被甩了出去。台下的观众见到之后，呵呵笑个不停，没想到名气如此之大的涛贝勒，就这种水平，纷纷喝起了倒彩。

"哎，真没想到啊。"当时，载涛已年逾花甲，觉得实在又气又恼，"这怎么话儿说的？真想不到，我唱了一辈子戏，居然'栽'在台上了。"

"没关系。以后咱们再来。"王乃文一再好言相劝。

然而，无论怎么劝解，载涛内心始终感到郁闷不已。

终于有了补救的机遇。过了一些日子，载涛毅然重新登台，仍演出《芦花

"猴王"之师

张岚方

末代皇帝溥仪的七叔载涛,清末曾任军机大臣。此人除喜爱骑马外,最喜欢京剧。他能演的京剧行当有武生戏,猴戏《安天会》,架子花脸能演昆曲的《芦花荡》张飞,旦角戏能演《贵妃醉酒》的杨玉环。他不但个个行当都能演,而且演出的水平相当高,非一般专业演员所能比。

艺术大师、戏曲教育家李万春生前常讲:"涛七爷是我的老师,我这出《闹天宫》是在王府一招一式跟载涛先生学的。演孙悟空的十字诀:龙身、鸡腿、鹰眼、收肚、贯顶就是来自他的传授。昆曲牌子要唱得满宫满调。"这都是猴王李万春先生的自述。后来他经过多年猴戏的演出实践而发展成他个人的理论:演孙悟空要演成猴学人,不能演成人学猴。我曾问过叶盛兰老师等几位艺术大师:"您看唱猴戏谁最好?"他们回答:"那还是李万春。"

载涛教出"猴王"李万春,并非夸张。图为《北京晚报》登载的文章——《"猴王"之师》

荡》。王乃文叮嘱载涛说:

"这次您可别像那次,就听化妆师的话吧。"

"贝勒爷,您可别过早勒头,如果早化完妆,它一干就有纹路,多不好看哪。"

此次,载涛与化妆师密切配合,果然使这次演出十分圆满。当他走上舞台谢幕时,掌声雷动……

李万春拜师载涛学"猴戏"

"猴王"李万春,是鼎鼎大名的京剧演员,可是外界却鲜有人知,他竟然是载涛的亲授徒弟。

就连李万春的"猴戏"代表作——《齐天会》,也曾获载涛一招一式的真传,直到暮年,李万春仍然对此念恩不已。人们都说,透过李万春的敏捷动作,依稀可以看到载涛当年灵动的"美猴王"身影。

据王乃文所知,李万春才十来岁时,其父的一位朋友,由于素来与载涛相熟,就托人找到他,恳求说:

"涛七爷,让万春来跟您这儿学戏吧?您就拿他当个什么小猫小狗,让他跟少爷一起玩儿,行吗?……"

载涛历来说话爽快,见老友来托求,当即应承下来:

"哪儿能够啊?我愿意要他。这小孩儿看着挺灵气,学戏可能有出息,就让他明天来吧。"

那时,李万春居住宣武门外,涛贝勒府则在什刹海西侧,距离很远,可李万春却不辞辛劳,步行去涛贝勒府练功。

表面看去,载涛将近一米八的高个子,居然能演猴戏?颇令许多人费解。若依李万春看来,载涛腰腿灵活,脑子反应极为敏捷,成为出类拔萃的"名票"并非偶然。起初,王乃文也曾问起载涛:

"载老,您这长胳膊长腿的,演猴戏不费劲吗?"

"我只能尽量往回缩,"载涛笑着说,"你要是长成一个大马猴,那就得想法儿变得灵气,身体不蜷着可不行,这可是真功夫呵。"

"那是能耐。"身旁的李万春呵呵笑着,也不禁钦佩地夸赞起师傅来。

以往,年仅十来岁的李万春一来到府里就是一整天,晚上时常不走,就睡在涛贝勒府里,而载涛待他视同己出。

由于李万春性格活泼,时常和载涛的几个儿子一起玩儿,深受府内上下喜爱。

载涛从基本功教起,照例让李万春练习弯腿、弯腰。虽然,载涛家里的两位少爷也跟随着一起学,但始终无法像李万春的武功那么出色。载涛越瞅越觉得他是块好料,喜悦地说:

"那得了,就让他边练武功边学戏词儿吧。"

于是,李万春一边练功,一边背《美猴王》的台词儿。有一天,他正在练踢腿,载涛走过来一看,纠正说:

"哎,万春呵,你这腿抻得不对,重来。"

载涛走过来,立马让李万春更正动作,边说边比划:

"哎,这可不成呵……"

当即,载涛告诉他腿怎么抻,腰如何弯才对,使李万春受益匪浅。当李万春跟载涛学戏时,王乃文还没进涛贝勒府。这些陈年轶事,都是听载涛事后向她述说的。

李万春自打早年拜载涛为师,虽说学戏多年,但与他人不同,不仅不掏钱,而且白吃白住。他先后大约三年时间,向载涛陆续学会了全本的《安天

会》——《大闹天宫》。忆及往事,载涛总是笑呵呵地告诉王乃文:

"人家教戏的都挣钱,可我这教戏的不单不挣钱,还赔钱哪。可我这一身的本事传下来了,一个字——'值'!……"

据说,这一出《安天会》的原始本子,曾经深藏于宫廷,是载涛花巨款又走关系,从升平署"借"出来而加以改进的。后来,载涛还亲授李万春学会了其他一些拿手猴戏。不言而喻,这些确是载涛多年钻研的心血。

高徒不忘师恩

当李万春最初上台那些日子,无论在哪个戏园子演出,载涛都非亲临现场不可,且亲自"把场"指导。

在演出现场,李万春逢人就自豪地隆重推出载涛:

"这是我的老师——涛七爷!……"

多年以来,载涛与李万春结下深厚的交谊。后来,李万春出了名,成了红遍京城的"美猴王",仍然与载涛保持着密切往来,时常不短地来家里看望载涛。直到解放之后,他还常来家里拜年,依旧尊称载涛为"老师"。

一天,载涛阅读报纸时,无意之中发现上面有一篇记者采访李万春的文章,里面提到他曾向载涛学戏,深得老师涛贝勒的真传。载涛见此,十分感叹地赞许说:

"万春真是一个重情义的孩子,不忘'旧恩'呵。"

也由此可见,载涛在当时戏剧界确有一定影响,连已成名之辈,也以曾拜师涛七爷为荣。

不仅如此,连李万春的弟弟李庆春——唱武小花脸的,也颇受其影响,向载涛磕头学过戏。李万春的儿子——武生李小春和李甫春也活跃在京剧界,与载涛一直关系不错,亦受过载涛的亲自点拨。按王乃文的说法,这也算是载涛因戏而结下的缘分。

说起来,早在李万春的父亲——李永利那一辈儿,载涛便与之素有交往,眼见涛贝勒的猴戏在民国初年独树一帜,遂将李万春兄弟俩托付给了载涛。其实,李永利亦属满族正黄旗,曾是红遍江南、称绝一时的清末著名武花脸演员。李永利在京城戏班颇有名望,望子成龙心切,感到把儿子搁在载涛家里最放心。

然而,李永利当初之所以托人前来找载涛说项,是怕自己出面,遭到涛贝勒拒绝，才拐个弯求他亲授其子。谁料，载涛实心实意教授其子，肚里又有"真经"，巴望着有人传承，遂两相合拍。所以，每天早晨起来，李永利便步行送儿子李万春到涛贝勒府，亲交载涛手里：

"记住，万春可要听话，好好跟爷爷学呵。"

当时，李永利也教授一些学戏的学生，载涛闲暇时还去他家看过练功。每当载涛来到现场，李永利包括那些学生，就会跑过来谦逊地问候请教：

"涛七爷您来了？您可别见外，给我们挑挑毛病、说说戏吧……"

实际上，载涛扮演的美猴王，最精彩的是在《大闹天宫》中，扮演在蟠桃宫偷吃蟠桃，在舞台中央又吃又拿的顽皮的淘气猴儿。载涛一时兴起，便当众表演起了"蟠桃会"这一折戏，让那些孩子们见识了充满智慧的"活猴王"，赢得众人一片喝彩。

等王乃文进府后，李万春已不常来学戏。只有逢年过节，李万春陪同父母带着礼品来府里看望载涛时，才能见到。据她观察，夫妇俩往往跟载涛念叨一些过年的吉利话之后，还拜托他继续传授绝技：

"……涛贝勒，我这俩孩子让您费心啦，我家一辈子也忘不了您呵。"

载涛对待朋友历来热情，每当张嘴之前，便是满脸笑容：

"嗨，万春哥俩来我这儿倒好，因为有这两个小伴儿，我也感到年轻了。瞧他们表演得哪儿不对头，我就会联想，自己这方面表演也可能有毛病。这不，简直成了我的一面镜子，哈哈哈……"

李万春巡回演出归来，又应邀演出《美猴王》、《闹天宫》。王乃文陪载涛到戏院看过两次，观众也都想瞧一瞧涛贝勒亲授的这出戏，戏票卖得异常火爆。

当李万春登台演唱《长坂坡》之前，又亲自送来戏票，盛邀载涛到场观赏。李万春还客气地询问起载涛：

"七爷，您和家人都谁去，拿几张票呀？"

"你问乃文吧。"

外人不知，载涛一家人没几个喜欢京剧，只有载涛和王乃文是铁杆"戏迷"。每当送来戏票，往往仅有王乃文跟随着他去看戏，一次也不落。那次，载涛带着王乃文在前排就座，见到李万春出场时，他满脸得意地说：

"万春的样子还是老样子嘛，扮相确实不错。"

当李万春扮演的常山赵子龙在台口亮相时，猛地挺身而立，双眼圆睁。此时，载涛带头喝彩叫好。

论起来,载涛对于李万春的妻子也很熟悉,还热情地向王乃文引见过,于是,她俩也成了彼此无话不谈的好友。李万春的妻子——李砚秀,原来是京剧旦角演员,也登台唱过戏。据说早年还在戏院挂过头牌,不过后来唱得不太有名气罢了。

王乃文由于闲居家中,对外界基本没什么人可接触。像李万春的父亲李永利,在社会上结交的人,几乎都有一定地位,还短不了对她说,我给你介绍一下某某某……

她对载涛转述之后,马上得到不赞成的回应,劝她闲时在家学戏,少到社会上结交陌生人。有时,李永利一再邀请载涛重返舞台:

"涛七爷,您给我们露一手吧。"

这时,载涛总是再三推托:

"人老了,腿脚不利落了,还是你们多上台吧。"

无论是谁,凡是戏演得好,载涛总当面热情鼓励。他时常跟京剧名家交流,博采众长,尤其遇到不会的戏,显得特别谦虚:

"哎,您演得太好了。这段我可不熟悉,您给我说说?"

相反,不少京城戏迷由于难得一见载涛,只要遇到,便拽着不撒手:

"涛贝勒,您给我们说说戏吧……"

他见到京城的戏迷便感到高兴,即使不愿意多交流,也不会直接拒绝,大多委婉地找一个托辞。载涛如果在府外遇到熟悉的戏迷,就更显得格外亲热:

"哎哟,您来啦?"

载涛每当见到熟人,多数喜欢又拉手又拍腰,表示彼此关系友好。不少人,因此而感动不已:

"贝勒爷诚恳待人,都像这样多好啊。"

大凡遇到唱武生的行内人,他都会主动走过去打招呼:

"伙计,来啦?"

也有行内的武生老友见到载涛,便喜欢凑上前去,挺随意地说:

"涛贝勒,我给您来一个旋子,您瞧怎么样?"

这些人往往说来就来,站起身便来上几个旋子。载涛见了,大多夸赞几句,从来不说贬损的话,即使瞧出点儿毛病,也最多说几句暗示性的建议:

"依我看,挺好。如果腰再抬起点儿,就更好了。"

"涛七爷,您瞧,我这腿功怎么样?"

"你这腿真不错,就是应当再抻直一点儿。"

多年以来，载涛耐心地教诲众多弟子，双脚后掌如何蹬腿等诀窍，从来不保守。

偶尔，李万春带着个别武把子高手去王府，为的是俩人对打一番，让载涛瞧瞧，哪点儿不"合槽"。此时，载涛大多说点儿鼓励的话，却总是一语中的：

"挺好，这不都挺熟练的吗？就是对打的时候，要注意松弛有度。"

说完，载涛有时还亲自下场比划一下，让李万春自我比较，挑出两者差异。

他的点睛指教，往往使李万春佩服得五体投地：

"还是涛贝勒高呵。"

亲授李万春猴戏"十字诀"

当李万春演出《安天会》的戏单挂出来之后，外界议论纷纷，人们都询问他：

"万春呵，这出戏是谁教你的呵？"

"这还用说啊？涛贝勒爷呀，我小时候就投在他老人家门下了。"李万春毫不掩饰。

当这出戏开演，整个京城轰动一时。

载涛不仅在演出前再度指点这出戏，首场演出时，又亲自"把场"。王乃文证实，此事确实如此，谁都知道这出戏，非有真功夫不敢擅演。

誉满天下的李万春，始终念念不忘师恩，时常发自内心地对外界说：

"涛七爷，是我的启蒙老师。我这出戏——《安天会》，是在涛贝勒府里一招一式跟载涛先生学出来的。扮演孙悟空的'十字诀'，就是来自他老人家的亲自传授——龙身、鸡腿、鹰眼、收肚、贯顶……"

同时，李万春念念不忘载涛教他的借鉴方法，譬如"昆曲的曲牌，一定要唱得满宫满调，差一点儿都不行"。他还把载涛的所有演猴戏的诀窍，提炼出一句话，遂成了传世的经典：

"演孙悟空，要演成猴儿学人，不能演成人学猴儿。"

令载涛赞叹的是，李万春在戏台上不断创新。譬如，李万春饰演的猴王在舞台上拿出真桃，而且真吃，转着圈啃桃，可到最后，居然桃皮不断，使人称绝不已。

在载涛的殷切鼓励下，李万春还重新排演过《闹龙宫》，在京城反响不俗。

那次，王乃文陪同载涛观看过演出之后，曾毫不避讳地直率评论说：

"李万春的表演不能说比以前好。他原来岁数小,是一个小孩儿,十几岁时表演猴儿戏最精彩。如今岁数大了,身体又稍胖起来,只能减一点儿戏份,太累受不了,水平反比过去差多了……"

"曲不离口,拳不离手呵。"

载涛听了,不仅赞成妻子中肯的评价,也认为,李万春真正表演的高超水准,是在十几岁到二十多岁之间。那时,他表演得精彩绝伦,谁看过他的猴戏,都会直呼"实在过瘾"。

此后,李万春时常去找载涛聊天,讨教中年人饰演猴戏的真本事,还总爱回忆起小时候学艺的往事。

然而,载涛却十分称道李万春饰演的《铁公鸡》武功扎实:

"这出戏可不简单。不像年轻时,可以偷懒取巧。"

别瞧载涛是"票友",即不是吃这碗饭的,但比内行功夫丝毫不差,还时不时亮出一两手绝活儿。载涛曾亲授李万春一出"唱念做打"俱佳的京剧——《钟馗嫁妹》。

在戏中,李万春扮演的钟馗,要从口里往外喷真火——"噗……"据说,排演时,载涛让他一再琢磨戏中的主要角色——"火判儿"[①],反复强调:

"若要《钟馗嫁妹》演成功,就要从口中喷出真火,那可是真功夫……"

诀窍何在?据王乃文回忆,戏中喷火前,要把一根装着"松香面"的细圆管,暗中搁在嘴里,"噗"地一下,适时将火焰喷将出来,俨然一条火龙。

这实质是练就口中的功夫。细小的圆管含在嘴里时,要掌握住火候,喷火之际既不能让它灭,也不能让它太烫,成功与否只在一刹那之际。

载涛多次强调,这要经过台下多年苦练,否则非但演不精彩,还会发生意外事故。他以己为例,讲述有一次演出《钟馗嫁妹》时,竟然被喷出的火烫伤……

据王乃文回忆,李万春见面便亲热地称她师母,异常尊敬。虽然李万春个儿不算高,倒确是唱猴儿的优点。否则,演猴儿腿和胳膊还得总蜷着。李万春由于身材不错,擅长饰演武生,靠背旗扎上,站在舞台上显得很是威武。载涛看过李万春的演出后,一再夸奖:

"万春,可真称得上一个人才,不可多得哟。"

载涛历来愿意跟梨园行内的高手切磋交流,经常有感而发地说:

[①] "火判儿",即京剧里喷火的判官的俗称。

"我愿意交真朋友,把这心窝子都掏出来了。"

一度,载涛的身体欠佳,腿脚也有些不灵便,一般就不再出外去听戏。当他听李万春来说,有几个新出道的小武生,功夫不错,便拽上妻子前去观看演出,照样在台下给小演员们鼓掌叫好。

他一个人闷得慌,偶尔在屋里还练两手。虽然,载涛的一笔楷书写得相当有功力,但早年对于久坐读书却缺乏兴趣。相反,如果让他打一趟猴拳,立马就来了精神。

令人称绝的是,在《芦花荡》这出京剧中,载涛早年能唱一句变一个身段。他在屋里没事就练,而后来仅仅练一会儿,便气喘吁吁,不禁仰天长叹:

"唉,我如今确实不行了。"

时至暮年,载涛经常追忆起当年教授李万春演猴儿戏的情景,差不多三年学一出戏,跟随自己天天练功不止。他往往从自身的缺点说起,探讨苦练胳膊和双手的软功夫:

"你甭看我这么长的胳膊和大手,我想让它小它就小,可以缩回去嘛。"

从外表看起来,载涛的个子比溥仪身材还稍高一些。否则怎么在涛贝勒府的舞台上饰演威武的大武生?然而,这种火爆的场面王乃文没赶上,只是发生在过去的龙头井老府之内。

载涛惜才如命,堪称伯乐。据说,当年府里有一个听差武功不错,被载涛挑中,居然成了他排武打戏的对手,也成了戏台上的同行。

涛贝勒府的众人无不惧怕载涛唱戏上瘾,尤其是排练猴戏时,至少数十人登台,甚至连男女仆人都要扮个跑场的配角。据王乃文回忆,只要锣鼓点一起,他就会披挂上阵,不达到演出效果,厨房绝不开饭。

这无疑成了笑话——因为连厨子都被轰上台去打旗凑数。据说,当年著名相声大师侯宝林的父亲也曾被逼着上台跑过"龙套"。

显然,这使府内上下叫苦不迭。

第拾玖章

妻妾之间

＊载涛和大他两岁的福晋——姜婉贞的婚姻，乃慈禧太后指婚而定。

＊另一位庶夫人买通他人，要对王乃文下毒手。她索性单刀赴会——"听说你对我不客气，怕误伤着别人，既来了就是让你认识一下，瞧明白了再下手！"

谁想，遭到载涛的厉声斥责——"你简直是胡闹！……"

＊载涛所欣赏的一代莲花落"女王"——赵翠青，在养老院香消玉殒。享誉京城内外的"莲花落"，几成历史绝响……

图片说明：载涛与福晋姜婉贞的婚姻竟是慈禧太后"指婚"而定。图为载涛福晋姜婉贞婚姻是历史演变的反光镜，折射出斑斓五彩而迭进的社会形态。

妻妾嫁娶，无疑是财产的再分配。

慈禧太后的"指婚"，无非指望巩固其独断的统治。

"复辟"既不可能，祈盼后世"从政"，至多只是一厢情愿。

…………

一般人难以想象，虽说已届民国，但在没落的"涛贝勒府"里，依然是封建家族的方式占据着统治地位。

载涛和几个妻子之间的关系，即带有那种封建依附性，而随着皇族的倏然败落，无疑也逐渐向着平民阶层生活转化。细琢磨起来，意味非常。

慈禧"指婚"姜婉贞

载涛与福晋——姜婉贞的婚姻，竟然是慈禧太后亲自指婚而定。

说来，姜夫人比涛贝勒还大两岁。载涛曾告诉王乃文，当年慈禧太后指婚时，根本不论两人年岁大小，即颁旨让两人去配婚。也就是说，载涛和姜夫人在结婚之后才变得熟悉起来，可算是典型的先结婚后恋爱。

载涛的福晋姜婉贞，是清朝末年一位非常有名望的"姜中堂"的女儿。若由此联系起来看，慈禧太后另外将自己情人荣禄的女儿嫁予载涛之兄载沣，大概也不是没有来由。想借此来控制"载"字辈的弟兄们，以巩固其独断的统治地位，或许便是根本目的。

旧社会有一句老话，"女大三，抱金砖"。就是说，如果娶个女人比男人大两三岁，可能带来福气。姜夫人虽比载涛年龄尚大，二人关系历来不错倒是事实。她并不是旗人，也不是北方人，而是一位典型的广东美人。

论个子，她只能算中等身材，但皮肤白净，称得上相当漂亮。她是官宦人家的大小姐出身，自幼受过良好教育，可谓知书达理，能诗善文。

在载涛的眼里，姜夫人能写一笔好字，也善绘丹青，在几位妻妾里，数她最聪慧。她还自幼学得一手几近失传的"粤绣"，深得丈夫赏识。载涛曾多次叮嘱王乃文跟她学过刺绣，像手绢、枕巾、帷帐……

那上面的鲜艳花朵和各种精致图案,凡经姜夫人的双手刺绣出来,谁见了都免不了夸奖几句,载涛更是经常赞不绝口。

载涛与姜婉贞结婚那年,年仅十七岁①,姜夫人十九岁。年轻时,载涛长得很帅,高高的个子,经常梳着油亮的背头,在旗人堆里确是个引人注目的时髦小伙子。

新婚之后,他对这位年长的福晋十分体贴、尊重。姜夫人对他也极为敬重,每当他外出时,总是亲自为其打点行装,归来时,又嘘寒问暖。人们都说,载涛挺有福气,娶了个饱读诗书而又贤惠的娇妻。

但不幸的是,姜夫人大约四十岁便在一场大病后瘫痪,行走十分困难,如无人扶持,很难挪离卧室半步。尽管如此,载涛对姜夫人依然百般体贴,二人和睦如初。连后来载涛相继娶了三房妾,也都是姜夫人点的头。

可见,她并不是俗气的"醋坛子",而是个豁达的明白女人。要知道,即使在当时旧社会,这也绝非一件易事。

载涛虽然对姜夫人格外尊重,但在生活待遇上对四位妻妾却一视同仁。甭管买首饰,还是其他什么物品,一人一份,一模一样。要买衣服,每人一身,量体裁衣,一样的布料,一起去做成衣,谁也不用"挑礼"。

譬如,姜夫人向来愿意穿著名鞋店"万里"的布鞋、"瑞蚨祥"的绸缎衣服,载涛便千方百计满足她的要求。但不偏不向,要买就都买。这也好,省却了妻妾之间许多无谓的争执。

与姜夫人的文弱相比,二夫人周妙云显得遇事干练,能说会道。她身材不高,但很丰满,肤色较黑,身体健康,是个典型的北方人。

当王乃文娶进府里时,周妙云已是三十多岁的女人。按说,她对王府最熟悉,因为她是自幼就被卖到涛贝勒府的丫鬟。

乍到府里,王乃文起初没感到什么,时间久了,才察觉妻妾之间的矛盾。这自然是旧式封建家庭不可避免的产物。由于姜夫人再无法生育,周妙云则生了一个儿子——溥僖,在府里人们的眼里便与众不同,以往讲究的是"母以子贵"。若从外表看来,溥僖与载涛长得极为相似。

当王乃文进府时,溥僖刚好十三岁。她进府三四年才知,以子为荣的周妙云竟然私下背着载涛暗地里抽开了大烟。

当时府内外不少人知道此事,而唯独瞒着载涛。王乃文曾回忆说,王府里

---

① 据王乃文回忆,结婚当年载涛虚岁十八岁。

单调的日子,生活极为孤闷,客观地看来,这也不能仅怪她的不是。

祸根发生于另一翼。载涛的脑筋并非僵化,而利用在京城的十几处房产,随着价格的涨落,随买随卖。他的另一位庶夫人由于负责与外面联系售卖房产的一些杂事,结识了不少社会上的"三教九流",甚至连一些"青红帮"都时有往来。

由于载涛对王府管理颇严,每天晚上临睡之前都要到妻妾各屋巡视一遭,倒也没出过什么大的差池。

然而,尖锐的矛盾掩藏在潜在的暗流之中。

王乃文险遭毒手

往常,载涛见王乃文年轻,常教她唱戏、骑马、骑自行车……大凡外面亲戚、朋友有个喜寿日子,载涛总喜欢携她前去,一位庶夫人对此怨气冲天。或许王乃文年轻、阅历浅,不晓得在哪件事上无意得罪了她。

一天,府内一位熟人偷偷地跑来告诉王乃文:

"近来,您务必要小心,出外留点儿神,别碰上坏人……"

或许是没点透,她毫不留心。过了一些日子,又有一个陌生人悄悄递话给她:

"载涛的一位庶夫人,买通别人要对你下毒手!"

她听后,大吃一惊,实在难以相信竟然会有这种事。此人便把将要"下毒手"之人的名字和地址透露给了她。

由于王乃文年轻气盛,从小便在外面登台唱大鼓,所谓经常在社会上"混",什么事儿也不怵。于是,第二天她就坐上洋车径奔西城一家花园饭店。

此前,她没通知任何人,也没敢告诉载涛。恃仗着拉洋车的是给府里"拉包月"的年轻小伙儿,和她素来挺熟悉,她叮嘱他在饭店门口等着,如果总不出来,就赶紧回去禀报载涛。

她坦然走进饭店,正打听着,忽然,从里面走出一个矮胖子,自称找的便是自己。见她是个女人,矮胖子说话非常"外场",盛情邀她进屋来坐。她倒也不客气,一番自我介绍之后,劈头问起他:

"你认识某某某吗?"她点出了那个人的名字。

"认识呵……"矮胖子迟疑着。

"我跟她是同床姐妹。听说你要对我不客气,今儿个,我的意思是咱俩没见过面,怕误伤着别人,既来了就是让你认识一下,瞧明白了再下手!"

此人一听,显得极为惊诧,忙不迭地对她说:

"绝对没有这种事,您今天既然来了,我看您够意思,如果您瞧得起我,今后咱们就是朋友了。走在街上,如果有人敢蹭您一根毫毛,那就算我对不起您……"

"既然您说到这儿,我就谢谢您了。"

听了矮胖子一套江湖味道的应酬话,王乃文表示谢意之后,随即起身告辞。

返回家,她把这件事原原本本向载涛叙说了一遍。心想,至少这种胆量会得到他的称赞,谁想,反而遭到丈夫的厉声斥责:

"你简直是胡闹!……"

说完,载涛拂袖而去。大概出于"当面教子,背后训妻"罢,打这之后,他再也没提过此事,但很可能背后狠狠训了那位庶夫人一顿。过后,她见了王乃文的面,总有点儿抹不开面子,她俩关系也变得愈来愈疏远,连在院内碰个对脸儿都不过话。

相隔一年多之后,一天,那位庶夫人忽然来到王乃文的卧室,轻轻掩上门,哀求地对她说:

"老妹妹呀,我有点儿事,您无论如何要帮帮我……"

"什么事呀?"她尽管心里万分别扭,仍然没有驳来人的面子。

"哎!……"那位庶夫人长长地叹了一口气。

原来,载涛卖掉涛贝勒府之后,思来想去,遂将所剩余的八万元存入银行,幻想依靠利息维持生活。经常是利息到期,就又存入银行,纯粹成了一笔"死钱"。

那位庶夫人由于在外面接触人多,遂给载涛出了一个主意,银行的存款到期就取出来,四处购置房产。

载涛不懂这些门道,一听可以在票子一日三贬的情形下赚点儿钱,就全权委托她办理此事,待房价看涨或缺钱花就又可以把房子卖出一些。过手三分肥,当然她也可以从中捞点儿钱花。

而这次,她从中鼓动载涛卖掉一些旧房,载涛原本答应了,此后觉得不合算,就又变了卦。她可傻了眼,因为早已把人家预支的"定钱"花掉了。结果,房子又不卖了,人家要到法院去告她,她急得直转磨磨,想来想去,只好来哀求王乃文,还一个劲儿给她作揖。

"求求你了，你跟老爷好好说说，兴许能劝他改变主意。"

"这事儿我可不敢应，他那脾气说一不二，说出的话吐出的钉，怕是不好改口哟。"

王乃文确非推辞。甫看载涛在社会上没什么经验，在家里可不是一个耳软心活的人，很有主见。无奈那位庶夫人一味软磨硬泡，她只好答应试试。

晚上，她见载涛来到自己屋里时，便直截了当地劝他：

"既然她托到我这儿了，您也就变通一下吧。再说定钱也花没了，人家如果上法院把她告下，对您也不好呵……"

"我不想卖！……"

虽然载涛强调了一堆不卖房的理由，最后仍然让了步，勉强答应把后门桥附近那三间一大套的旧房宅典卖出去。从这件事上看，载涛对妻妾仍是通情达理的，即使做错了事，只要说清楚，也并非没完没了。

甫说，那位庶夫人从此与王乃文的关系缓和多了，见面也有了笑脸儿。

结婚之后，王乃文一直没能生育，时时想到自己的未来命运。但载涛经常劝慰她，感情始终不错。

然而，载涛在晚年最动心的是，王乃文在三十岁那年因患子宫瘤，在一家医院动手术摘除了子宫。确诊前，一向大大咧咧的载涛，忽然变得整天焦虑不安，生怕她出现什么好歹。

手术之前，载涛守候在病床旁反复安慰她：

"只要能保住命，我什么都舍得。你放心，你日后生不了孩子，我也会对你好的……"

继而，载涛还屡次劝她放心接受手术，果断地在手术单上签了字。

由此不难看出，载涛颇重感情。尤其在他对待四位妻妾的态度上，既可以发现他封建残余的一面，也可以看到他善良的本质。

这，自有四位妻妾的公论。

若论起来，妻妾之间，数她与金孝兰关系最好。金孝兰由于是满族人，对于满族的老礼儿也懂得最多。她原本是载涛从京城雇来的丫鬟，专门服侍姜夫人，每月虽然只有几块钱佣金，却很尽心竭力。

由于金孝兰手脚麻利，对姜夫人照顾得也挺好，姜夫人恳请丈夫留下她，后来又被载涛正式收了"房"，自此，载涛把她的原名金淑珍，改为"金孝兰"，但一直没叫起来，人们大多依然按习惯称呼她的原名。

金孝兰身强力壮，个子差不多比她高出一头，相貌虽一般，却孔武有力。

姜夫人行走不便,她搀扶着毫不费劲,能将姜夫人一把抱起放到床上。

妻妾二人之间感情不错,尤其姜夫人对金孝兰特别照顾。平时,金孝兰为人比较本分,也很少出门,而把绝大部分时间用在了服侍姜夫人身上。她和金孝兰一向客客气气,从来没什么隔阂。

因生活日益艰难,府内的大厨房被迫撤掉了,雇来的三个"大师傅"——一个管账、一个掌勺、一个做饭,也都被陆续解聘。由此,金孝兰担负起了家里做饭的全部差事儿,由于日子过得挺细,大伙儿也都没什么意见。

王乃文进府刚两年多,金孝兰如愿生下一个儿子,载涛可高兴极了,给他起名叫"从政"。她记得,那年正值"龙年"。别看她没孩子,可特别喜欢小孩儿。打小时起,她就帮金孝兰看护金从政,金孝兰心存感激,时常念叨起:

"我的孩子,就是你的孩子……"

载涛晚年得子,异常兴奋,当金从政出生一个月时,他在府里为其大办"满月"。那一次宴席,办得极为红火。

不仅亲朋好友全被邀到了府上,载涛还花四五十块现大洋,专门请来一席堂会,不仅有曲艺还有"杂耍",又特地嘱咐叫上了女艺人赵翠青——其实,每逢涛贝勒的生日,她必到场演唱。

莲花落"女王"的悲惨身世

这里面有一个没明说的因由,载涛不仅喜欢赵翠青演唱的莲花落,也十分同情她的坎坷身世。

其实,载涛认识赵翠青,由来已久。

早在迎娶王乃文的堂会上,王乃文便见识过赵翠青的精彩演艺。她意外察觉载涛对于这个女艺人的大声叫好,是那么由衷和热烈。在堂会上,载涛特意轻声告诉她:

"这个赵翠青是我点名来的,不单是想瞧她的表演,也为给她一些赏钱。"

早在载涛居住在山老胡同时,赵翠青就凭着老关系,租住在西扬威胡同的马号里。等载涛日后卖掉山老胡同的住宅后,自然就跟赵翠青成了前后房的街坊——她便居住在载涛卧室后边的一间小屋里。

在初次见面的王乃文眼里,年近三十的赵翠青,是一位少见的漂亮女艺人,在整个京城,她都算是唱莲花落的顶尖级人物,无论从长相和表演、唱艺上,曲艺界无人能够与之比肩。然而,这位莲花落"女王"的身世,却异常坎坷。

当赵翠青出道走红不久，便被垄断曲艺界的"包头"——张四所霸占。接着，张四又花钱使尽手段，进而把演艺仅次于赵翠青而比她还漂亮几分的莲花落女艺人王四云搞到手里。于是，张四死死掌握着这两棵"摇钱树"，极尽剥削之能事，摧残了两位当红女艺人的青春。

载涛十分清楚，赵翠青天生丽质，又生就一付天生的好嗓子，活跃在京城的前门、后海以及各豪门的堂会上。虽然，她唱得正红，比小彩舞①名气还大，然而，却始终处于张四的魔掌控制之下。

平日，张四抽大烟、赌博之余，还虐待赵翠青，张口就骂，抬手就打，她和王四云只是成了这个恶棍泄欲和挣钱的工具。眼看前途无望，赵翠青考虑到此生无依无靠，便在日本占领时期认养了一个十八岁的男孩儿。

随后，赵翠青又费尽心思为这个男孩儿找了一位叫亚珍的姑娘结婚成家，就居住在旁边的西屋。转过年，亚珍生下了一个可爱的女孩儿。当女婴刚刚一岁多时，男孩儿被日本人抓了壮丁而失踪，亚珍生活无着，转眼成了无业游民，最终被一个拉洋车的好心人收留。

日本投降之后，张四暴病而死，赵翠青顿然失去活路，一度以乞讨为生。一个懂曲艺的男人——黄亮子，找到了依然不失清秀的赵翠青，以饰扮"驴伴儿"的身份，跟她搭伙登台演出，使她重新唱起了莲花落，藉以谋生糊口。

事有转机。北平解放后，赵翠青的孙女考上了戏校，她本人也被著名鼓界名家曹宝禄②寻找到，花钱给她安上了假牙，还打算每月发给八十块钱工资，让她重返舞台。但是，黄亮子绝不同意她重操旧业。她苦恼到了极点。

悲剧突然发生。一天早晨，天空飘起了堵门的鹅毛大雪。亚珍的女儿从宽街徒步走到自新路，没进戏校门口便感觉头晕、身体不舒服，遂返家休息。哪知，刚回到家就突然去世，这使赵翠青丧失了最后一丝生活的希望。

她声嘶力竭地喊回亚珍，掏出所剩不多的积蓄，勉强买回来一个薄木匣子，没想到尸体竟然装不进去。赵翠青悲伤到了无以复加的地步，叫天天不应，叫地地不灵，索性叫来了一个拉洋车的——张二合，交付车钱之后，叮嘱他把尸体能拉到哪儿就到哪儿去，随便掩埋就算完事儿。

显然，赵翠青放弃了"莲花落"，无疑也就丧失了艺术生命。她与黄亮子

---

① 小彩舞，即已故著名曲艺家骆玉笙。
② 曹宝禄，大鼓、单弦名家。1910年生于北京贫民家庭。曹宝禄虚心求教"鼓界大王"刘宝全而成名。1946年北平市成立曲艺公会，被广大同行推举为公会理事长。解放后，担任北京曲艺杂技联合会理事长，1988年11月病逝于北京。

同居在一起,只是勉强依靠丈夫打短工度日。不久,夫妇俩双双迈进了养老院,仅一年后,黄亮子便猝然病逝。

尔后,一代莲花落"女王"——赵翠青,也在养老院香消玉殒。曾享誉京城内外的"莲花落",几成历史绝响……

第贰拾章
养马、驯马、画马

*养马、驯马和画马无不堪称一绝。

*在众目睽睽之下，载涛随便让仆人牵过一匹马来，仅走过身边的一刹那，他顺手一带马嚼子，马上就判断出那匹马是几岁口，准确点出此马特性。所有人无不为他的判断之神发出惊叹。

*居然鼓励妻子，毅然与军阀汤二虎的三房姨太太比试赛马。

*载涛亲赠其妹一幅独匹骏马图，还特意邀侄子溥雪斋配画写意风景。这是载涛留传下来的一幅罕见的工笔画珍品。

图片说明：朗润园至今还遗留着涛贝勒的数间旧宅。
图为朗润园遗址（本书作者摄于二〇一一年九月）

种瓜得豆。

自古皆然,没落皇族和宫廷后裔,乃主流艺术沿革之一翼,曾绽放出无数奇葩。

潦倒之际,爱新觉罗家族子弟,倒无意间传承了宫廷艺术的精粹。

意想不到的是,琴、棋、书、画诸般文化,无不成为陶冶人类精神的共同财富。

……

按说,从"满八旗"传下来的老规矩,每个在旗的人,都要习武,会几招功夫。这被老一辈儿看作是理所应当之事,而到了晚清那几辈,则早已成了人们茶余饭后的谈资。

生于晚清末年的载涛,自幼受到尚武轻文的熏陶和影响,从十几岁便开始张弓骑射的训练。他先后在几位名师教导下,从基本功练起,各种拳术、诸样兵器以至兵书演绎等等,无不涉猎。

但是,这些对于他来说,仅浅尝辄止,他真正所酷爱和擅长的是马术。

如若提起载涛对马匹的兴致,那可以追溯到很早。在少年时期,他便异常酷爱骑马。自打载涛从清末的"贵胄学堂"①"镀金"之后,便更加迷上了骑马。进而,他把学到的骑马、驯马知识运用到了实际当中,整天趴伏于马背之上。

马,显然成了他的最爱。

---

① 陆军贵胄学堂,位于铁狮子胡同东口路北。1906年8月5日(光绪三十二年六月十六日)出版的《北京时报》,刊载有"贵胄学堂学员名单"。兹摘录如下:恭亲王溥伟,年27岁,镶蓝旗载皆佐领下人;醇亲王载沣,年24岁,镶白旗常瑞佐领下人;博多勒噶台亲王;顺承郡王纳勒赫,正红旗庆恕佐领下人;多罗贝勒载洵,镶红旗定寿佐领下人;多罗贝勒载涛,正红旗庆恕佐领下人……从以上名单,可以清楚地看出,载涛和其兄载沣、载洵三人均在贵胄学堂学习。

载涛(左四)、载洵(左二)与贵胄学堂同学

驯　马

然而,当他受命训练禁卫军时,这种乐趣幻变成了维护皇权的"亟需"。

彼时的载涛颇为天真,的确想熔中西方骑术为一炉。他采取西方的教学方法,让底下人制定了严格的训练计划,然后由他亲自来授课。结果,一支像样的骑兵部队没训练成,他的骑术却日益精湛。

在此前后,他不惜重金,从全国各地采买大量马匹,甚至连新疆的名种马也千方百计地购买来京。根据在国外学习的改良马匹的知识,他还亲自与专业人员一起筹措杂交种马的试验。有的王公贵族知道后,讥讽地说:

"涛贝勒搞这玩意儿,不跌身份?……"

他摇头一笑,置若罔闻。人们都知道载涛爱玩儿,也知道他玩得邪乎,可很少有人知道他要是玩上什么可就不管不顾这个犟脾气。

清朝垮了台,载涛虽然时而也去宫里承应溥仪的交办事项,但毕竟不同于当初任军咨大臣和禁卫军大臣那么忙碌。他在家中下工夫喂养各种马匹,又玩起了驯马的花样。

有人说,载涛擅长画马,所以喜爱养马。也有人认为,他精通养马,所以喜欢画马。但无论怎么说,他养马、画马无不堪称一绝。凡是有关马的一切,他都极感兴趣。到后来,这种癖好成了他生活中一个重要的特长。

进而,他又学会了驯马。在清末已呈败落之势的满族皇族中,他这一手真本事,堪称一绝。

有一辰子,载涛每天人不离马,从早到晚耗在马背上。他时常说,驯马没有真功夫不行。按照王乃文的话来说,载涛精通马术,简直瞅到骨头里头去了,无论什么马在眼前一走,他就知道这匹马什么牙口①,可谓极为在行。

有时,遇到对马的优劣发生分歧时,行家还会邀请他来作最终裁判。在赛马场上,时常有人前来找他"参谋、参谋"新买到的马匹。

应该说,载涛对各种马都有独到研究。若有一匹马在面前走过,他瞬间便能分辨出哪匹马是驭马,哪匹马是长于奔跑的马。至于那些既不能当赛马也驯不出来的"柴马",他会极早向养马的主人发出告诫,事后证明载涛的预见,往往有八九不离十的谱儿。

驯马,也是载涛的一绝。如果偶遇比较烈性的马匹,载涛还会飞身跃到马背上,勒缰驰奔一场。这时,他驯马的驾驭技术才会充分展示出来。凡是看过载涛驯马表演的人,无一不赞叹,为之倾倒。

偶尔,遇到桀骜难驯的烈马,一时无法驯服,他反而会倍加珍惜,每天前去马场,想方设法地加以调理,不达目的,绝不罢休。

涛贝勒酷爱马,这是老北京人熟知的。他善骑马,也让家人都学骑马。有的亲属因胆小学不了,只好作罢。但他一定让王乃文学会骑马。

尔后才知,载涛自有用意——让她经常陪同前去德胜门外的赛马场去参加赛马。

纵马畅游朗润园

载涛喜欢在家骑马、骑车。这两个爱好,一辈子没变。

一次,载涛和王乃文一起出外骑车游逛时,专门带她到原来居住的龙头井胡同的涛贝勒府,让她仔细瞧瞧府门口两旁雕刻的石狮子。

"你瞧这两个石狮子,还是当年的,一点儿没变化嘛。"

---

① 牙口,即嘴里有几颗牙,指马龄几岁。

朗润园至今还遗留着涛贝勒的数间旧宅。图为朗润园遗址（本书作者摄于二〇一一年九月）

据载涛告诉她，早年在龙头井胡同的涛贝勒府里，他便有专用的马厩。路南不远有一个操场，若练骑马，就去那个地方。由于操场开阔，他往往在那儿练驾马越杆儿。有时，他在家里实在闷得慌，就骑马上街，满北京城转悠。可以说，无论什么地方都敢去。对此，载涛曾经自信地对她说：

"你信不信？北京这些小胡同啊，我没有不认识的。"

载涛起初让另外两妾——周妙云、金孝兰练骑马，她俩害怕，始终不敢跨上马。于是，载涛便逼迫王乃文苦练，她虽然也害怕，但还能勉强骑上去，因为她毕竟年轻得多。

当然，载涛备有不止一套马衣、马裤和马靴，且经常骑马训练不懈。这仿佛成了他生命的一部分，若是几天不摸马，就感到浑身不自在。他不仅督促王乃文学骑马，还为其购买了马衣、马裤和马靴，还有一整套骑马途中换穿的外衣。

没想到，一来二去，王乃文居然上了瘾，无论春夏秋冬，总愿意跟随载涛骑着马，去朗润园游玩。他俩每次从山老胡同到西直门外的朗润园，都要在途中下马,活动一下腰腿,喝点儿水再继续前行。不然,她的双腿受不了。可是,载涛却丝毫不感觉疲惫。

走进朗润园里,便可以享受到山水的美景,呼吸到无比新鲜的空气。花园里还有许多藤萝花,以及各种鲜花,他俩还能在那里驻足眺望远处逶迤的山景。

她头一回骑马出来这么远,异常兴奋,一边骑马一边和他聊天,感觉别有情趣。她跟着载涛骑着马在园子里随意行走。因园里大多是小路,无法纵马疾跑,小山坡虽然不太高,但骑马终归不便。

她看到清澈的河里还可以行驶游船,却没坐过。为此,她好奇地询问过载涛,他遗憾地说:

"现在不能坐了,船坏喽。"

她虽梦想着划船游园,却只能空留下些许遗憾。当时,园里一幢幢房子都租给了大学教授以及一些外国人。

每次,载涛夫妇去园内游逛,那些人见到之后,还亲热地冲俩人点点头。

差强人意的是,朗润园内还留着几间提供涛贝勒府来人休息的房间,然而,那里到底遗有几处,连载涛也说不上来。回城之前,他俩歇一会儿,喝点儿水,便牵着缰绳,顺着原路慢慢往回溜达。

时而,载涛忽然抢在前边纵马奔驶,为的是让她练练提速骑马,时而信马由缰,缓慢骑马行进。

畅游朗润园,颇有收获。载涛吩咐仆人,把从朗润园摘下的藤萝花和玫瑰花拿回府去,让大厨房做成藤萝饼、玫瑰饼,以及各种饽饽。然后,再将这些点心按照每人几斤分给大伙儿,仆人们尤其欣喜异常。

和汤二虎三房姨太太赛马

载涛遭遇挑战。

王乃文也被抛到了"赛马"的风口浪尖上。

德胜门外有一条用来赛马的跑道,专属于东北军阀汤二虎[①]。当时,汤二虎初到京城,自称"大帅",所统领的部队被百姓称为"胡子兵"。

[①] 汤二虎,即汤玉麟,绰号二虎,辽宁阜新人。少年时落草为寇,称霸辽西。因曾救过张作霖一命,遂与其结为生死之交。曾任东三省巡阅使署中将顾问、宋哲元部二十九军总参议。在抗日期间多次拒绝出任伪职,解放前夕病逝于天津,终年八十岁。

几乎,载涛每个星期日都到德胜门外去跑马,他也听说汤二虎有三房姨太太都善骑马,没想到,有一天汤二虎当面对他下了"战书",三房姨太太非约王乃文赛马不可。当从载涛处得知消息时,王乃文胆怯地说:

"唉呀,我刚学骑马,跟她们比赛骑马哪儿行啊?"

可是躲是躲不过去的,载涛心绪复杂地对她说:

"汤二虎的太太们,非得让你去'走一趟',这回你可得露面呵。"

虽然这三房姨太太客气,没说"赛马",只说"走一趟"。王乃文却深知,这是一场赛马较量的恶战,于是,心怀忐忑地对载涛说:

"这您还不知道?我骑马没下过道儿,可别给涛贝勒您现了眼。"

"再怎么说,你也得对付一下,甭怕。"载涛一再给她壮胆。

无论输赢与否,她也得出面应战。毫无异议,这事关载涛的面子。于是,她陪着载涛骑马来到德胜门,跟汤二虎及三房姨太太见了面,之后还聊了一会儿闲天,彼此谈笑风生,似乎并无芥蒂。

若依王乃文瞧上去,汤二虎虽是一个年近六旬的老头儿,身体却极棒。这位汤"大帅"平时驻在关外,接长不短来京城一趟,待人热情,面相挺富态。初见王乃文怯生生的样子,汤二虎哈哈大笑,用手指着面前的三房姨太太,对载涛炫耀地说:

"涛贝勒呵,不瞒您说,她们都属'武'的。"

刚刚说到骑马,汤二虎便和三房姨太太一骗腿儿就蹿了上去。当汤二虎提起赛马,载涛立时扯起缰绳,故作轻松地说:

"好呵,走走吧。"

正如汤二虎所说,他的三房姨太太无一不是习武出身,要说比试赛马,人家自幼就在家练骑马。王乃文可心里没底,听到此话,胆怯地说:

"我可跟她们比不了,我刚学骑马,连一趟马都没跑过,我就跟涛贝勒随便在街上走走。"

"怎么,胆小啦?……"此时,汤二虎的三房姨太太不依不饶,一再起哄,非让她从南头到北头"走一趟"不可。她一再推托说:

"说实话,我还真没走过。"

"没关系,"汤二虎的姨太太们倒是显得挺开通,"咱们这是玩儿呗,难道玩儿不起?"

那年,王乃文才二十多岁,面对无法退却的"激将法",她索性豁了出去,强努劲儿地说:

"走吧，从南头儿开始。"

"那咱们走着试试，随便走走嘛。"汤二虎的三房姨太太话说得倒很轻松。

于是，王乃文也随即翻身上马。几位骑手勒紧缰绳，策马驰奔，说话之间，便"走"到了北头。结果可想而知，她被甩在后边挺远。

其中，汤二虎有一位三姨太太，年约四十岁，骑术极其精湛。见王乃文仍然隐隐不服气，又一骗腿儿跃身上马，对她说：

"咱俩单独走一回吧。"

果然不出所料，两人骑着马，还没走到头，她便险些摔落马下。正在这当儿，有一个经验丰富的马夫李大个儿，眼瞅她在马背上打晃儿，赶紧打马狂奔上前，大声喊着：

"赶紧撒手缰绳。"

当错马交臂时，李大个儿手疾眼快，用手夹住王乃文的胳膊，便把她从马背上夹了下来。王乃文下马时，双腿简直站不住了，载涛赶紧让仆人扶住她：

"别急，慢慢走吧。"

"见笑，见笑，"她歉意地说，"我实在是头一次，今天算是败将呵。"

紧接着，汤二虎又向载涛发出邀请，要求两人一决雌雄，哪知，载涛婉言谢绝。于是，汤二虎携三房姨太太，知趣地告退，临别时，还客气地一抱拳打了一声招呼。

"涛贝勒，改日见。"

告别一行人远去，载涛在归途对她一再称赞不已：

"你今儿个没得说，真挺有勇气。甭管输赢，你敢上场就是赢啦。"

"还什么勇气呢，我今天就是豁出去了呗。"王乃文呵呵笑个不停，"不然，涛贝勒您的面子往哪儿搁呀？"

载涛夫妇扬鞭策马，一阵哈哈大笑。爽朗的笑声，引得路人纷纷侧身而视。

平时，载涛骑马驰骋在京城大街上，很少有人不认识他。那当儿，整个北京城里，能够在繁华的大街上敢随便骑马的，也就是载涛这么一人。

以往涛贝勒府里马匹众多，王乃文没赶上。到后来，载涛始终喂养着最喜爱的两匹马，一匹枣骝马，是他的日常坐骑，这匹马岁数小，他经常骑着上街。还有一匹老实一点儿的马，牙口稍老一点儿，便是王乃文平时所骑的那匹马。

"卢沟桥事变"之后，日本鬼子开进北平。满街筒子都是扛着膏药旗的日本兵，谁还敢在街上纵马驰骋？见此情景，家人纷纷劝载涛以后不要出门骑马，以免惹事。

听人劝,吃饱饭。从此,载涛把马厩里的几匹马连同两辆半新不旧的马车,也都一股脑贱卖了出去。

直到新中国建立,他当上中国人民解放军马政局顾问之前,便再也没有骑过马。

细分析起来,载涛的喜好,前后期发生了截然不同的变化。载涛起初也不太喜欢念书。然而婚后,他却要求王乃文每天习书认字。因为从前,她学大鼓往往是口传心授,没有剧本,只认得不多的一些字。平时,他还特别鼓励子女多念一点儿书,短不了唠叨两句"诗书继世长"之类的旧辞。

他尤其从单纯习武,到渐渐变得喜欢读书,乃至博览群书。在家中赋闲的日子里,他竟然手不释卷。实际上,早在民国期间,他便每年订阅《时报》,见天不落地阅读报纸。

他在社会上混得人缘不错,乃至连各路军阀也都与他时有往来,像张作霖、汤二虎、孙殿英、王揖唐等人。但他一视同仁,从不谈论政治,自然也从不四处钻营巴结。

独善其身,成了他的立世哲学。

画　马

马,似乎成了载涛生命中的重要主题。

他自号"野云居士",亦自喻"闲云野鹤",即不问政治之意,把对马的依恋倾注在画笔之端。

据王乃文回忆,载涛最初学习画马,师从于溥雪斋的父亲。那是早在与她结婚之前许久的事儿了。在山老胡同居住时,载涛专门腾出三间北房当做客厅,东边的房间当做书房兼画室,两边各有一间耳房。

优雅的画室内,尤其引人注目的是价值颇高的文房四宝。笔是上好的湖笔,砚是从南方专门买来的端砚,连笔筒、笔架都是从南城"荣宝斋"精选而来的。载涛还专意挑选一个细心的仆人——小赵负责书房,兼管平时研墨铺纸。

在很长一段时期内,他潜心研究以国画的形式画马,颇得一些画界行家的赞誉。

载涛像往日刻苦习武戏一样研习绘画,尤其是画马,简直到了痴迷的境界。

每天清晨,他起床后漱洗完毕,吃过早饭在外面遛一圈之后,便开始趴在桌上作起画来。这时,谁打扰也不行。直到他画完一整幅画时,才会邀家人或其他人前来观赏,以博采众议。

有一阵子,他画马上了瘾,无论上午、下午、晚上,无不埋首案头,疾笔挥毫,而将一切应酬统统抛在了脑后。

他开始画马学的是工笔,后来师从一位名师学起了写意。原来,他听内行人提议仅画马过于单调,最好是能够在背景上配之写意,以烘托骏马图,他依从了。于是开始迷上了写意。无论是大写意还是小写意,他都一丝不苟地学起……

载涛还虚心钻研起了花、鸟、鱼、虫等景物的各种国画技法。他找来许多珍贵的古代藏画,其中一些甚至是罕见的宫藏文物,像小学生似的一幅幅地开始临摹,又从笔法、着色等方面一点一滴地积累写意画的基本功。

应该说,载涛天资聪慧,加之勤学苦练,很快便入门。当他邀请一位著名画家前来家中"赐教"时,那位画家竟然惊得目瞪口呆:

"真没想到,涛贝勒还有这么一手。在下绝非恭维,您画得确实不错哟!"

起初,世人很少知道载涛精通绘画。自从那位著名画家在外面一张扬,这一下可好,许多熟人前来求画,他倒有些应接不暇了。载涛画马虽有一定功力,但相比之下,画写意却有些力不从心。

鉴此,载涛时而画完马,便将一些侄辈的绘画高手溥雪斋、溥佺兄弟等人邀来,让他们配上背景的写意画。尽情泼墨之后,载涛还会留众人吃上一顿美餐。

一次,王乃文的妹妹王敏和妹夫特意登门,想让她向载涛求一幅画且点名画一幅马。谁想,她向载涛顺便一提,他异常痛快地答应下来。

没过几天,载涛亲手赠送给其妹一幅独匹骏马图,还告诉她,这是特意请侄子溥雪斋配画的写意风景。

这一幅工笔画,是载涛目前留传下来的相当罕见的画马珍品。

一匹身披坐毡的军马昂首屹立于画面中间,远处是溥雪斋配画的"高山流水",起伏的山峦若隐若现,云雾缭绕。近处,马踏碧绿的青草,而背后则是一泓湖水,清澈见底。湖水右边,与此相衬托的是一株古拙的垂柳,两侧各有一块山石烘托着雄姿焕发的骏马。

整幅工笔国画,给人以一种清新舒目的感觉。远处的山峦,云雾缭绕,显然强化了画面的清新感。而那匹骏马则画得格外精心,甚至连马头后面的每根鬃毛都可以看得异常清晰。

在这幅画的左上角，载涛还工工整整地挥毫留下了两行楷书墨迹：

  乙亥伏日，写此自娱。倩雪斋侄补画。
    野云居士识

在题款下面，他还精心地钤上了两枚闲章。纵观载涛所有画马的国画中，这幅画即使不能属最上乘之作，但作为他尝试将山、水、石、花、草等景物融为一体的艺术构思而言，也似乎可以从中窥视宫廷画派风格的一个侧面。

晚清末年，一些王公贵族没落衰败之后，潜心于国画艺术，以其表现的闲情逸致及清漠寡淡的主题来看，也不难发现清末封建贵族没落、无为的内在趋势。

而载涛的画品，则正是这种画派的典型代表作之一。

第贰拾壹章

自行车迷

*家境日渐败落，犹豫再三之后，载涛叹着气说："卖小卧车！只好如此了……"

*他的"怪癖"爱好几乎影响了王府所有人，全家人几乎都成了自行车迷。

*甭瞧王府败落，架子可没丢掉，一切开销照旧。

*几十年坐吃山空，没有进项，光靠"皇粮"那点儿底，即使有座金山也不行。

图片说明：正当载涛无奈地卖掉小卧车，侄子溥仪却乘坐着"御驾"小卧车在伪满四处巡视。
图为溥仪乘小卧车出行

"山雨欲来风满楼"。

旧时代的土崩瓦解,似乎始于诸如家族这一个个细胞分裂。

昔日的王爷,只剩下了郊游的最后"午餐"。

玉泉山捎来的一瓶"御水",勾起夫妻内心的一丝复杂回味。

……………

虽然,王乃文不懂所谓什么政治,但在她的眼里,载涛更是一个"晕头"。

自打辛亥革命之后,由于载沣根本不愿意过问政事,只是窝在家里躲清闲,载涛只得仍旧奔走于溥仪那个逊清小朝廷之间,表面上看,似乎还像一个蛮能干的皇族"台柱"。

其实,他心里才腻歪,只不过没说出来罢了。

他之所以不敢公开声称放弃皇族的琐事,一则是,不敢违抗"圣命",二则是,家族的哥仨里也只有他能四处张罗一下。其他两位兄长,在一九二四年溥仪被驱逐出紫禁城之后,始终茫然不知所措。

眼瞧皇室被废除"优待条件","铁杆庄稼"成了泡影,皇族在京城居然成了人们耻笑的社会阶层。

自然,载涛也就成了提笼架鸟的悠闲之人。

他依然没逃出"八旗子弟"吃喝玩乐那一套,成天开小卧车,唱戏、侍弄花草、养鱼、赛马……再闲得受不了,他还会驾驶小卧车,大街小巷满世界四处乱转。

彼时的"老北京",无人不晓涛贝勒,说来也怪,连那时街上最蛮横的日本宪兵都不轻易惹他,碍着他是"皇上"的叔叔。

贱卖小卧车

世人皆知载涛喜欢小卧车,当王乃文刚进府时,仍然见到有两辆小卧车"健在"。

一辆是黄色带敞篷的小卧车,敞篷可以随时拆卸下来。另外,还有一辆蓝色的小卧车。因家境日渐败落,载涛犹豫再三之后,痛下决心,叹着气说:

"卖车!只好如此了……"

正当载涛无奈地卖掉小卧车,侄子溥仪却乘坐着"御驾"小卧车在伪满四处巡视。
图为溥仪乘小卧车出行

于是,他先是卖掉蓝色小卧车,直到日子实在过不下去,继而又卖掉黄色的敞篷小卧车。随后又喜欢上了自行车。他骑上车只要出门一趟便不知何时归来,非得转悠够了才回家吃饭。那些卖车的钱,由载涛一手攥着,精打细算地过日子。

就这样,他居然又有了"一绝"——无论哪个城区,也不管是哪一条街道,只要问起哪怕再小的一条胡同,载涛也能说出个究竟来。王府里的人们,都说他简直不亚于一部京城"活地图"。

以至后来,载涛的活动范围又扩大到了郊区。每逢天气好时,他总爱独自骑车郊游,也没个准谱儿,骑到哪儿算哪儿。烦闷时,他还会随便找个老农来漫无边际地侃闲天。

临走,老农也不知他是谁。当事后晓得他就是"宣统皇上"的叔叔时,总会被吓一跳:

"这哪儿像个王爷啊,不就是一个普通老百姓嘛!……"

在他的鼓励下,除姜夫人以外,其他三位庶夫人都学会了骑自行车,但都不敢骑出院门,说是怕撞人。

而载涛自豪的是,一生骑车从没撞过人。其实,涛贝勒府的仆人,也都没在街上撞过行人。

他偏执地让府里所有人都学骑自行车，无论尊卑高下，无不以骑车为荣。对于家人，他往往手把手地教，对有些仆人倒总让家人去指点。但也有例外，他对于几个"少奶奶"却格外留情，轻易不让她们学骑车，唯恐摔伤。

载涛赶时髦是有名的。正当他骑自行车上瘾那几年，刚巧，开始流行加重自行车，他买回来之后，又嫌分量过于沉重。他瞧街上有电动自行车，于是模仿着别人也改装了一辆自行车，出入府门总是亲手推着走。

他从骑马改成了骑车，又进一步改成了骑电动自行车，轰鸣而至，轰隆而去，驾驶在街上十分威风，又成了街头引人注目的一景。

他虽已年迈，整日里骑着一辆土造摩托车来回进进出出，遂被胡同的街坊称为"老摩登"。他听了，也只是一笑了之，并不轻易发火。

由于缺乏人身安全，在家人奉劝之下，载涛只好让车铺又把"电磁子"拆了下来。他还研究起自行车的构造和零件，如果气门芯坏了，也能动手换上。到最后，他居然可以动手拆装，偶尔出现小毛病，都能自己解决。

载涛虽然喜好新事物，但对于自行车的加快轴却不赞成，始终没买这种自行车，只是一味欣赏结构简单的"菲力浦"。

全家人成了自行车迷

他的"怪癖"爱好几乎影响了王府所有人。

从儿子、儿媳、几位庶夫人乃至仆人和听差，谁要是不学会骑自行车他是不答应的，非得逼着去学。如果谁提出来想学骑车，他便高兴异常。

刚开始，载涛对大家说，谁要是学会骑自行车，就给谁买一辆，大家将信将疑。后来瞧一位胆大的家人先学会了骑自行车，于是，载涛毫不食言给他买了一辆自行车。

这一下可好，人们一哄而上，全学起了骑自行车。光凭车子，你根本无法区分谁是府里的主人，谁是仆人，因为哪个人的自行车都是那么崭新锃亮。

"瞧，涛贝勒府简直成了自行车行啦……"

然而，载涛丝毫不理会外界人士的议论，而继续采取鼓励的方式。一时间，府里买自行车成风，各种车子府里应有尽有。什么"三枪"、"凤头"、"菲力浦"……许多名贵的自行车，即使在外面不容易见到，在这里却丝毫算不得什么。

也正为此，涛贝勒府的门前、廊下、院里到处可以见到各式自行车。自行车品牌的好坏，竟成为了府里人们相互自夸的资本。

载涛过日子不可谓不细，但对买自行车却从不吝惜。那个时候，总有几辆自行车同时放置身边，以便随时换骑。国内几种进口的名牌自行车，载涛几乎都买了下来。

直到后来日子实在过不下去，没了辙，他才陆续忍痛卖掉几辆心爱的自行车以糊口。刚开始，谁敢提这茬儿？只是在生活极为窘困的情况下，由他自己提出来的。

但生活刚刚出现转机，他又开始购置自行车。大家都说他对自行车痴迷得走火入魔。这或许是他在王府衰败之后，聊以自慰的一种自我娱乐。

他买的大多是外国车，一再夸耀那些车骑起来轻快。如果市面上出现好车，有人前来告诉载涛，他总是得意地一挥手：

"甭急，过不了几天，就有人送府上来。"

果然，不过几日，自行车行的人就会推来最新型的自行车请他过目，一般来者不拒，凡是新出厂的外国新式自行车，他试骑过后，就往往当即付款买下。

当王乃文婚后，载涛便让她跟随着到鸽子院去练骑自行车。他脱下大褂，换上西服，让仆人推来一辆旧式女车，亲自搀扶着她骑上车：

"甭骑新车，不然，摔人还得摔车。"

果不出所料，王乃文起初由于害怕，练车时没少摔跤。载涛开始时扶着她骑，渐渐地，就松开了手。于是，她围着院子转开了圈儿，后来又提出想到门外去骑，载涛不仅不阻拦，还陪她一起到院外骑自行车。

那时，她虽然刚学会骑自行车，载涛仍经常骑着车带她出去四处逛游，还一个劲儿在旁边充当教练：

"拐弯，拐弯，靠边儿……"

由于深受载涛的影响，王乃文喜欢上了骑车。后来，她不但爱骑自行车，还爱骑快车，骑起来嗖嗖带风，载涛看了很高兴，屡屡夸她有胆量。载涛偶然兴起还带她骑自行车出外游玩。在郊外的大道上，夫妇俩并排骑快车，他有时一阵发疯似的猛骑，叫她来追赶，比一比到底谁骑得更快。

载涛见她逐渐掌握了骑车技术，竟然提议，让她跟随着一起去西郊玉泉山远足。她乐得喜不自禁，打扮得和载涛一模一样——上身穿着西服、扎着领带，下身穿着马裤和马靴，把长发盘到里头，再戴上一顶鸭舌帽。

没想到，途中居然出了洋相。一位不甚熟悉的朋友见到，还误以为她是载

涛的小儿子,老远便手指着王乃文,好奇地询问载涛:

"哟,七爷,您的小儿子都这么大啦？"

此时,载涛不禁笑了起来:

"您这什么眼神儿？您再仔细瞅瞅她是谁？哈哈哈……这是我的妻子呵。"他不由发出了豪爽的笑声。

那位熟人走近一看,顿时愣住了。

踏青的季节里,载涛还带着三儿子溥偀,以及荣寿固伦公主的孙子曾凯,又叫上几个仆人——儿媳妇不会骑自行车,他便嘱咐她蹬着三轮车。全家大队人马长途跋涉,向西郊进发。

这一行人在玉泉山玩了整整一天,心情十分敞亮,自由自在地躺在草地上聊天、打扑克,中午还在草地上吃了一顿自带的野餐。

临回城之际,载涛还亲自到一处泉眼下,接了一瓶清澈见底的泉水,带回家中。

刚一走进屋内,载涛便脱掉外衣,倒出一杯泉水递给姜夫人:

"你多喝点儿,这玉泉山的泉水可清甜哪,今天,让你喝个够。"

剩下的泉水,载涛立即让仆人煮沸沏茶,还喜滋滋地说:

"过去,宫里每天都有插着龙旗的水车,从玉泉山往城里拉泉水呵……"

据说,载涛平时对一般的事情无不大大咧咧,满不在乎,唯独对自行车情有独钟。无论谁对他的自行车稍有损伤,他就会大为恼怒,甚至几天不高兴,此时的载涛,活像个小孩子,谁都得瞅着他的脸色行事。

有一次,一位与他关系要好的朋友来到家里,向他借一辆自行车骑,想出去办点事情。偏巧他不在家,一位管事的认为那位客人与载涛交情不错,便自作主张将载涛平日骑的一辆心爱的自行车借给了那位朋友。

谁知,载涛回来得知,便大发脾气:

"谁叫你把车借给他的？没我的同意,今后谁也不能把自行车借给外人……"

那位管事被吓得脸都变了颜色。

由此,府里的人们都知载涛爱车如命,尤其对那几辆珍藏的外国好车,更是视作心肝宝贝,再也没人敢自作主张将他的车借给别人。

寻常老北京人,在繁华的闹市和寂静的小胡同里,曾经多次发现过涛贝勒的身影,大多数人都这么评价载涛:

"甭瞧涛贝勒那么大岁数儿,骑车技术可高超了,往哪儿都敢钻……"

悭吝与大方

载涛对底下人一贯宽厚,这是府内人所共知的。

但他对王府的财务却极为苛刻,甚至有人议论他,如此"节俭",令人费解。尤其,他对于进出钱财非常悭吝,这也是大家公认的。说起来,似乎有些矛盾,其实倒都是实情。

连涛贝勒府的管家都说,像载涛一家人这样坐吃山空,只出不进,早晚垮台。这确是实话。他自然深知这一点,所以也千方百计节约花销。

他绝没想到,社会发生了所谓"币制改革",开始发行金圆券,他存入银行的钱币突然一夜之间,几乎损失殆尽。

伴随着王府家境的败落,他逐年减少给妻妾子女的各种开销。尽管如此,在毫无一点进项的情形下,依然无济于事。

到后来,他竟亲自掌管起王府的钱款账目,每天晚上核对一次,不弄清楚绝不睡觉。这一点,王乃文算是服透了。可是,在另一些方面,载涛却显得异常慷慨。

当日本人占领北平之后,王乃文的母亲跟着她,搬来山老胡同的大院里。载涛显得十分理解,对她说:

"这样也好,老太太搬到一个院儿里,也好有个照顾。"

当山老胡同的大院卖掉之后,她的母亲搬到魏家胡同一个杂院里居住,由于相隔挺近,她时常前去探望。有时,王乃文看望母亲,总陪着老人家打牌,如果太晚,便不回家歇宿了。载涛倒也从不计较。

偶尔,载涛还陪着她去魏家胡同看望老太太,但从没在那里吃过饭,总怕添麻烦,往往待一会儿就走。王乃文的母亲病逝时,载涛听说之后,马上唤她去,掏出五十块钱,让她代表自己前去祭奠:

"老人家这一辈子不容易……你拿去这点儿钱,算是我的一点儿心意吧。"

此是后话。府里的人们无人不知,载涛脸儿热,不管是谁,凡有急难之事找到他,几个响头磕下去,倾诉过难处,载涛没有不帮忙的——多则数百元,少则十来块钱,无论如何也不能让人空手而归。

王乃文乍进王府时,府里有男女仆人二三十人,其中还有一些是北府带来的老辈仆人。既有满人,也有汉族人,王府的大管家,起初是王宗权,后改换成了白德权。这两人脾气各异,但都是规矩的老实人。

王宗权岁数并不算太大,在家里专门负责伺候载涛洗脸、擦车,有时还跟车或跟班,为涛贝勒提包。平时,载涛管王宗权和白德权称为宗权、德权。相同的是,这哥俩的名字里都带一个"权"字。

宗权才二十多岁,年轻帅气,载涛要求他出去前务必打扮一下,要穿新大褂,以显得干净利索。宗权处事机敏,载涛平时出门总愿意带上他。德权比宗权岁数大,已过而立之年,在家里伺候载涛穿鞋、脱鞋、收鞋,还兼管拾掇穿过的衣裳。

府里通常都是德权去外边购买东西,如亲戚家过生日或生小孩儿,府里大多备有贺礼。那时,见谁家生小孩儿,往往送去这种礼——一只大匣子里装着小铜佛爷。若是大人结婚,就送一些绫、罗、绸、缎,当做礼品。

德权是府里一个回事①的,稍微胖一点儿。宗权还是一个小孩儿,平时喜欢蹦蹦跳跳,觉得在家里闲着没意思,总愿意跟随载涛出去,到这儿逛逛那儿瞧瞧。

府内的仆人一些琐事,载涛从来不打听,脾气一上来,蛮不吝。府里的杂事,自有德权、宗权管理。德权从早到晚负责门房通报,无论谁想进府门,都要跟他说清楚,来人姓字名谁,从哪儿来的。往往德权把来客让到回事屋子等候,还会客气地说:

"您在这儿等等,我给您回一声儿。"

他走进屋,便会客气地问载涛:

"外边来人了,您见不见?"

"噢,是这事儿。好好好……"听到府外有客人前来,载涛倒是很少回客。

有时,载涛给来客写一封信,就让德权交给来人。若有大事或来了重要客人,便要到客厅去见面。各王府的贝子、王爷没事儿时,也愿意到涛贝勒府聊聊。这也需德权向载涛提前报讯儿:

"……王爷到。"

府内那间异常华丽的大客厅里铺有地毯,厅前的门口铺着门垫,屋里全部是硬木家具,样式也非常考究。小赵在屋里伺候客人沏茶、倒水。每次,涛贝勒出来跟来客见面问候:

"您一向可好?……"

---

① 回事,即王府里负责通报及回禀日常事务的差役,一般是由王爷的心腹担任。

往往没来几个人，两间屋子便人满为患。载涛见面时，总是询问起各王府的王爷近来状况：

"最近写字没有，画画儿没有，您这辰子在家干吗呢？……"

世道变了，载涛的生活也发生了变化。稍微旧一点儿的衣裳，他就在家里穿，若来了人，再换一件稍微好一点儿的。如果出门办事，该换穿哪件衣裳，这都要事先问清楚载涛才行。

"拿一件绸子大褂吧……"

最初，载涛素来不大管府里的零碎事，凡大小事都是管家张罗。府里渐趋败落，载涛便事无巨细，样样过问。

府里真正的经济实情，载涛并不摸门。一些底下人短不了弄虚作假，蒙混报花账，他丝毫不知。一些仆人还时常往府外偷东西，他即使看见也不知怎么回事，人家稍微编个说法他便相信。因为他从来弄不清楚烧火报账这类俗事。

王乃文当然明白怎么回事，但她出身于穷人家，总是出于同情之心——仆人太穷才拿点儿煤去烧，府里无所谓，家人却可以得到温暖。所以，她从没告诉过载涛，自然他也无从得知。

府里管账的，人称"刘账房"，是涛贝勒府多年的财政管家。事先，载涛大致估算一下每月的支出款项，拿出来一并交给账房先生，再让他重新核算一次每天的用钱数目。

虽然，载涛隔不了几天就查一次账，追问财务状况，一笔一笔核对，但亦枉然，算来算去，只能向壁徒叹。

尔后，由于家境日益窘迫，府里穷得实在雇不起账房先生时，载涛不得不心酸地送给一笔钱，打发他走了，然后竟自和姜夫人两人管起府里的钱财。

甭瞧王府败落，架子可没丢掉，一切开销照旧。

王乃文和其他两位庶夫人，依然每月靠载涛发的四块现大洋做零花钱，每逢年节添置新衣服——叫做"压底"。实际上，零花钱平时根本用不着，若买了点心或水果，叫仆人写个条子注明，再标上价码，搁在载涛的桌子上便可以实报实销。

仅从这一点看，王府的没落是必然的。毫不奇怪，几十年坐吃山空，唯有支出，没有进项，光靠"皇粮"那点儿底，即使有座金山也不行。

第贰拾贰章

『提笼架鸟』的尾声

*小赵突然自杀身亡,使载涛感到万分震惊。他自津归来,眼瞧事儿即将闹大,私下打点了一下警察,此事才算画上句号。

*在龙头井胡同的老府,曾经有不少太监,大部分被遣散,只剩下贾顺儿这一个老太监,遂成涛贝勒府的"活标本"。

*"依我看,人嘛,就得像这些'死不了'一样,甭管什么样的环境,落到哪种地步都得活着……"

*梅兰芳私下传授载涛练眼诀窍——养鸽子。妻子说,在养鸽子这事儿上,载涛宁肯当一个"冤大头"。

图片说明:山老胡同旧宅邸门口的四棵大树,据说是从醇亲王府移植过来的。它们见证了涛贝勒"新府"的衰败历程(本书作者摄于二○一一年九月)

君子之泽，五世而斩。

有此一说——"宣统逊位"，使皇族众生得以保全？

"死不了"，作为无声的祈愿，种植了满院儿。

提笼架鸟，无异于贵胄生涯的尾声。

⋯⋯⋯⋯

难以为继的生活，使载涛愁肠百结。

自从家境逐渐败落之后，涛贝勒府始终也没有什么进项，坐以待毙终非良策，于是，他便将主意打在变卖家产上面。

祸不单行。正在他犹豫不决之时，一件难以预料的人命案发生了。

小 赵 自 杀

小赵的突然自杀身亡，使载涛感到万分震惊。

他对于王府里的仆人小赵再熟悉不过了。小赵自小就在书房专门侍候载涛，从研墨、铺纸、打扫卫生，什么杂活儿都干，平时也做一些家庭琐事，人颇勤快。

小赵自幼家境贫寒，娶妻怀孕之后，儿子在医院里临盆，却无钱交费，只好求助于载涛。二话没说，载涛当即包揽了其妻子住院的全部费用。

年近五十的小赵遂千恩万谢，又磕了几个头，感激地说：

"贝勒爷，您对我一家人的好处，我一辈子也忘不了，要让孩子长大后报您的恩，一定得对得起您老人家⋯⋯"

谁想，事有凑巧，载涛去天津办事，小赵因照顾孩子没有跟去。此时，大厨房已经辞退了原来的三位大师傅，载涛赴津之后，厨房便归金孝兰负责管理。午饭之后，厨房案板上仅剩下了一小块馒头大小的面团。

此时，小赵家里仅有一个年幼的儿子，吵嚷着想吃面条。他费尽心思也没辙，于是叹了口气对妻子说：

"咱家没白面，等我去上头厨房瞧瞧吧⋯⋯"

他到厨房一瞧，正好瞧见那一块不大的面团。小赵怜子心切，悄悄拿走了

这一小块面团,想给孩子撕点片汤吃。可偏偏让金孝兰发现了,她急赤白脸地询问:

"小赵,那块面你拿哪儿去啦?"

"哟,我儿子病了,馋得直嚷嚷,"小赵连忙解释说,"我给孩子做成片汤儿了,还没来得及跟您说哪。"

"老爷对你多好,你却这么没良心,趁老爷不在家,竟然偷厨房的面,等明儿个老爷回来,非禀报他不可!"金孝兰厉声斥责了小赵一顿。

小赵一听,立时惧怕万分,连忙央告她:

"求求您了,您可千万别告诉涛贝勒,我真对不起他,简直昏了头……"他一个劲儿地责骂自己。

小赵内心害怕又十分歉疚,于是,连夜提笔给载涛写了一封信:

"我没有良心,不应当把那块面团拿走。我媳妇当初生这个孩子时,上医院没钱手术,老爷您掏了不少钱,待我的恩典一辈子都忘不了。我还安这个心,怎么有脸见您哪?实在对不起您……"

谁也没料到,小赵写完这封信,左思右想没脸再见载涛,一气之下竟上了吊。待大家发现时,他已气绝身亡。

载涛从天津返京之后,得知此事,同情地说,小赵家里有老婆、闺女,还有一个小儿子,就指着他在府里头挣钱,他死了全家人怎么办?说完,又气恼地责备了金孝兰一顿:

"不就是一块面吗?拿就拿了吧,有什么了不起。他年近五十岁才得子,为了给孩子撕点面片吃,我就是当时知道,也不会说他什么。你又何必非说他那么狠呢?简直不像话!……"

说完,载涛唤来小赵的妻子和年迈的老母亲,交给母女俩一笔钱买棺材、办丧事。过后,载涛为了使小赵之妻能养家糊口,又特意送去一笔额外补贴,同情地说:

"你们拿着这些钱,做点儿小买卖,好吃饭哪。"

母女二人感谢万分,不停地给载涛磕头:

"我们母女代表全家,谢谢涛贝勒您的恩典。"

可此事没有完结。当地警察听说死了人,前来家里调查,对金孝兰说:

"你逼死了人命,得把你逮走调查。"

载涛眼瞧事儿即将闹大,便私下打点了一下警察,此事才算画上句号。

府里无论上下左右,每当提起此事,无不对载涛待人宽厚的做法称道不已。想来，这也是载涛之所以在府里颇得人缘的原因之一。

涛贝勒府的"活标本"——老太监贾顺儿

最初，居住在山老胡同时，府里仍有二十多名仆人。

载涛还特意留下一个早年在宫里待过的老太监贾顺儿，专门伺候姜夫人，每天琐碎小事儿都交由他处理。王乃文记得，刚进府时，贾顺儿也就四十来岁，说起话来总显得美滋滋的，满脸透着一股喜兴劲。

载涛待人厚道，对老太监贾顺儿更是如此。祖籍河北的贾顺儿，从十几岁便迈进了涛贝勒府，见到载涛的面，总是依着清末的老礼儿，自称"奴才"如何如何，不啻旧王府的一件封建旧"文物"。

乍瞧上去，贾顺儿高大的身材，体形胖胖的，白白净净的脸上毫无胡须，一年四季穿着长衫大褂——冬天穿棉袍，夏天穿单衫，头上戴着个老头儿帽，逢人便笑。

虽然，贾顺儿每月只有六块钱薪水，却是府里最勤快的仆人，尤其还颇会讲述不少宫内的故事，是府里有名的"活宝"。当王乃文进府时，贾顺儿早已伺候姜夫人多年，自打姜夫人早晨一起床，就来到卧室伺候着。除了梳头另有丫鬟之外，载涛和夫人的一切生活琐事都归他统管，从端早点，到沏茶倒水，随时听从招唤。

晚上，贾顺儿睡在府里最后一排的一间小屋里，王乃文曾经好奇地去过一次，屋内陈设极其简单。有意思的是，他却有一项"特殊待遇"——既不使男厕所，也不进女厕所，而是单独一人使用一个厕所，任谁也不能进去。

似乎，从贾顺儿每天早晨给载涛和夫人请双腿跪安的礼节，王乃文才能依稀看到旧王府遗留下的一点儿残存。因为连她也仅是右腿跪下，每天晨起给载涛和夫人请安。

旧日的府址，不免勾起往昔的残梦。载涛不止一次站在门前，指点着告诉王乃文：

"你瞧，连辅仁大学的操场，过去都是属于涛贝勒府的。那儿是原来府里养马、放马车的地方……"

起初，这所山老胡同的旧宅院并没有多少花草，载涛自从搬进来之后，发了话：

"咱日子过得差点儿不要紧，院里可得拾掇得干净利落……"

当然，一些力气活儿他不动手，但栽种花草却成了他的嗜好之一。

他吩咐仆人买来许多大花盆，雇来园艺工人栽种上各种花卉，不仅正院迎门处摆放了整齐的两大排，还在每间房前栽种了各种花草树木。

没多久，院内就豁然变了样儿。

"死不了"

凡走进这座幽雅的宅第，一眼便可以看到满院姹紫嫣红的花卉。

尤其显眼的是，到处可以看见栽种的"死不了"。据说，这是载涛最喜欢的花草。他曾乐观地对友人说：

"依我看，人嘛，就得像这些'死不了'一样，甭管什么样的环境，落到哪种地步都得活着……"

山老胡同旧宅邸门口的四棵大树，据说是从醇亲王府移植过来的。它们见证了涛贝勒"新府"的衰败历程（本书作者摄于二〇一一年九月）

休要轻视这一句话，这恰恰反映了载涛一辈子的人生哲学：即无论落到什么地步，总是乐观面对。

即使偶遇不悦之事，只要拾掇起花草来，他就会变得心平气和。在日常中，他逐渐研习一些园艺知识，学会了施肥、剪枝、移盆等活茬儿。尤其他对施肥还有一绝，就是常拿来一些马掌用清水泡过，以作为养花的肥料。

载涛时常说，这是养马与养花的绝妙结合。

载涛不仅种植了一些草和树，还相继栽种了许多品种的花卉，像名贵的牡丹以及常见的无花果、石榴、夹竹桃……在府内南院，遍地都是"死不了"——用木头垫着花盆儿栽种的夹竹桃，每天都有仆人用花池子里的水，前去浇水。

每逢春天来临，整个院子就像一座绚丽的百花园，刚一进门就会闻到诱人的芬香。

老北京人都知道，"提笼架鸟、溜达后门桥"，不仅是形容清末没落贵族子弟生活的一句名言，也恰是这一阶层无所事事的标志。可以说，在清末的王公贵族中，载涛是最讲究吃喝玩乐的一个，也最会玩儿。

无论玩鸟还是玩鸽子,他无不堪称一把好手。即使在家境没落的状况下,依然如此。

从前宫廷里各种颜色的珍贵鸟种,黄的——深黄、浅黄,绿的,蓝的,涛贝勒府应有尽有。大客厅东边,墙上挂满一个个鸟笼,那些小鸟叫起来,"喳喳喳……"十分悦耳。

载涛往往在院内鸟鸣声中,度过他悠然的读书、绘画时光。不少人知道,他家里的鹩哥学人说话居然天分极高。如果见到有人回家,它便开始模仿,听起来跟人简直没有什么区别:

"您回来啦?"

有意思的是,它不仅能学人的声音,极其相似,而且是一口纯正的京腔。

直到后来,载涛发了愁,府内的鸟养得实在太多,实在没法儿喂。即使用大笼子养也不行,昂贵的鸟食喂不起了,只能拿谷子或小米喂。

在京城内外,提起涛贝勒养的鸟,鲜有不服气的。且不用说他养的种类之多,单说他的两只名贵鸟就足以令人叹为观止。

前面已经述说过他养的那只鹩哥,这是载涛心爱之极的名贵之鸟。它长着一身漆黑锃亮的羽毛,虽没有八哥那么漂亮,但模仿人说话比八哥毫不逊色。

载涛的五儿子金从政,平日里,载涛习惯叫他"老五"。不知怎么一来二去,那只鹩哥竟然听懂,还学会了模仿载涛的声音。

一次,金从政正在东屋外面有事,猛然听得父亲一声呼唤:

"老五啊……"

此时,金从政听见,以为载涛叫他,赶紧跑了进来:

"您什么事啊?……"

走进屋之后,只见房内空无一人,淘气的鹩哥仍在那儿叫唤不停,声音像极了父亲,立时感到哭笑不得。

"哎,又是你……"

原来又是鹩哥作怪,全家人哄堂大笑。

可见,载涛喂养的这一只鹩哥,模仿载涛的声音多么惟妙惟肖。

再说那只虎皮鹦鹉,载涛也爱之最甚,最早去鸟市闲逛时,偶然发现它,便用昂贵的价钱购买回家。他异想天开,几次想方设法让这只鹦鹉交配孵蛋,却都没能成功。为了显摆这两只可爱的宝贝,隔一段时间,他便提着两个鸟笼子到鸟市上招摇过市,炫耀一番。

显然，他这种提笼架鸟无疑会招来忌妒的眼光，而这时，载涛却显得异常高兴。

在皇族地位急剧衰落之际，似乎这可以理解为强打兴奋剂的一种虚荣心罢。

梅兰芳传授的练眼诀窍——养鸽子

直到此时，载涛的家境还没衰败到底。他家里养的"一盘"鸽子，便是明证。

他精心喂养了上百只珍稀鸽子，什么短嘴儿、长嘴儿、翘小嘴儿、凤头、歪毛儿，这些珍贵品种的鸽子，世人罕见。

单讲涛贝勒府的鸽子笼，也格外讲究，平时不放在平地上，只是吊在廊子下面。左边三个，右边五个。一个笼子里大约能装五十只鸽子，最多时总共不下四百只。

虽然各王府大多养过鸽子，但载涛家鸽子数量之大、品种之优，在京城堪称首屈一指。

每天清晨六七点钟，载涛起床之后，总爱穿上那件长不过膝的半大褂蓝色晨衣——胸前系纽、带大襟儿，来到东跨院。

当时，府里负责喂养鸽子的是一个满族老头儿，叫连达，是载涛最信任的一位老仆人。

每逢见到载涛走来，连达便把笼门打开，鸽子"咕咕"地陆续飞出铁笼子。他低头观赏一番鸽子进食之后，便向喂养鸽子的仆人接过系着红绸子的长竹竿，霍霍生风地把鸽子全部轰起来。

"咕咕咕……"

载涛晃悠着长竿，鸽子随之纷纷飞上天空。

一百多只鸽子盘旋在空中，像五彩缤纷的长虹，铺满东四十条胡同到利溥营这一片天空，如称作遮云蔽日，倒也并非过分夸张。

"呵呵，七爷起来啦。"

往往，玩鸽子的同行朝天空一瞧，得知载涛开始"盘"鸽子——这算是京城一个标志，便往往说：

"咱也跟着七爷放鸽子吧。"

每当载涛放"盘子"时，许多带哨儿的鸽子还会在空中发出悦耳的声音。

"呜……"一溜清脆的鸽子哨儿,听起来非常响亮。

附近一些老百姓经常走出家门来饶有兴趣地观赏,久而久之,竟成了东城一带早晨的百姓"奇观"。

载涛至多摇上一个多钟头竹竿,轰完鸽子以后就回到屋,换大褂、漱口、洗脸。待一会儿,便开始吃早点,生活极有规律。

过后,他便在宽阔的鸽子院里,亲自推粪、种菜。抬眼望过去,他衣着朴素,俨然再普通不过的一名仆人。

可有一样,他每天晚上仍得惦记着让仆人把鸽子收回"盘"来。

由于载涛平时并不喜欢对外夸夸其谈,所以,没几人知道载涛养鸽子与其饰演猴戏之间,究竟有什么必然联系。

其实,载涛喂养了各式各样的鸽子,每天早晨起来便盯着鸽子群,目不转睛地观赏。若深究起来,这还是梅兰芳传授他的一个诀窍——如此长期坚持下去,双目会变得特别有神。

早年,梅兰芳曾患过迎风流泪的眼疾,许久也没能治愈,一度竟成了舞台艺术生涯的障碍。

从十七岁起,梅兰芳开始喂养鸽子,竟至喂养到了一百多对。每天早晨起床后,梅兰芳双眼便伴随着鸽子翱翔蓝天之际,直至降到地面,上下左右活动,天长日久居然治愈了眼皮下垂的致命毛病。

当梅兰芳告诉载涛这些实践心得时,涛贝勒也深有同感,从此喂养鸽子更是上了瘾。他每天早晨持竿挥动时,不仅轰起鸽子,也锻炼了臂力。

尤其演唱猴戏时,载涛活跃在舞台上,身手异常敏捷,两眼连续眨动不已,根本不像年过花甲的老人。

显然,这得益于养鸽子,也源于与梅兰芳对养鸽子的经验交流。

养鸽子行家

早年,载涛以擅养鸽子在京城驰名,谁家有好鸽子他都想过手,且非留下不可。这在鸽子行里,叫"拔份儿"。

可能由于昔日贝勒爷的身份,他凡事爱拔尖。直到暮年,才不那么爱较劲儿。

照理说,京城普通养鸽子的人家,谁也没载涛那么大经济实力。依王乃文看来,这不仅要有钱,也要有势力,否则玩儿不起。

断定鸽子的优劣,其实是一门学问。仅从嘴形上看,有的鸽子是特别小的短嘴儿,还有大尖嘴,若分优劣,还需综合各方面判定。

载涛天天让鸽子飞出去遛弯儿,连丢一只鸽子的机会也很少,这里面其实有诀窍。如果连达轰起鸽子之后,傍晚时分,载涛定会赶来拿起带哨的长竿在空中挥舞,无论鸽子飞多么远也能听见。

何时该收"盘",那些鸽子全能听懂。偶尔,他的鸽子飞上天,被别的鸽子卷走,捡到者也会吩咐仆人照规矩送归:

"这是涛七爷的鸽子,赶紧送回去。"

也有时,由于他家鸽子多,偶然会把别人的鸽子卷来,载涛也会赶紧让人给送回去。一次,载涛见到飞落自家的,是"鸽迷"老张家迷路的新鸽子,立即让仆人送归。据载涛所说,这是养鸽子人家历来的老规矩——彼此礼而宾之。

实际上,鸽子有一定的规律——喜欢彼此寻找,凑到一起之后,再从一个地方飞到另一个地方,这便是鸽子的群居性。只有掌握这种特性,才能调教出技艺高超的"群鸽"来。

总归,府内各种颜色搭配的鸽子都有,堪称千姿百态。

若从颜色上来说,他最稀罕的是其中一只短嘴儿鸽子,身上长着白毛,脑袋却是纯黄色的。载涛十分欣赏这只品种稀少的鸽子,屡次对妻子称赞说:

"哎哟,你瞅,多好看哪。"

王乃文记得,这只珍贵的鸽子,载涛曾花了不少钱购回府里。她见到后,抱怨载涛说:

"哎,怎么花那么多钱哪?"

哪知,他却轻松地对妻子说:

"没花多少钱,顶多也就几百块吧。"

多则"祸"。一些鸽子小贩听说,载涛刚开始时,喂养了少量珍稀品种——"短嘴",便从全国各地搜罗来数百只名贵短嘴鸽,居然还是配对来的,高价转卖给他。于是,他在兴奋之余,把一对"短嘴"单放一窝,用来孵养鸽子。没多久,家里繁殖的"短嘴"鸽子就成了灾,到后来只能贱卖处理掉。

王乃文看得再清楚不过,在养鸽子上,载涛宁肯当一个"冤大头"。

第贰拾叁章 几次回避政治的『力辞』

＊"蔫黄瓜落了架……"正当为生计焦虑之际，载涛坦然面对张作霖邀请出山的"赛马计"——"'皇帝'早都倒了台，我这个'皇叔'早就没用啦。安贫乐道足矣……"

＊断然回绝王揖唐的请求，双手抱拳拱手，作了一个揖："谢谢老哥哥，饶了我吧您哪！我可坐不起你那小卧车哟，依我看，还是骑我的自行车自在，这车骑着心里踏实！……"

＊在北郊的祖先墓地阳宅，一口回绝日本特务机关长土肥原的盛邀——"我生是爱新觉罗人，死是爱新觉罗鬼，不会追随石敬瑭！……"

图片说明：奉系军阀张作霖以与载涛赛马为名，邀请载涛"出山"，婉遭谢绝。图为正驰骋于德胜门外赛马场的载涛覆巢之下岂有完卵？

凛然气节，却往往光芒四射。

不甘于膏药旗下的亡国奴，皇叔偏敢说"不"。

宁可卖破烂为生，岂为"五斗米"折腰？

……

当日本军队的膏药旗插满京城时，涛贝勒府的经济也跌入谷底。

在载涛的一生中，应该说，客观上确曾有过几次较为明智的抉择。有人说，这是因为他胆小怕事所致。也有人说这并不排除他对于"政治"的回避。其实，最重要的莫过于载涛显示的拳拳爱国之心。

载涛原先只靠变卖家产的老招儿，失了效。他带着王乃文四处找主顾、觅买家。然而，富人都成了穷人，穷人更穷，连饭都吃不起，谁买得起王府的"前朝旧物"呢？

全家数十口人，吃了上顿没下顿，成天张着嘴等吃喝，这可把载涛急得够呛。家里仅剩的一点存款也花完，他只得辞退了保姆和仆人，丢下往日的王爷架子，让几个妻妾上阵操持家务，每天亲手打扫房间卫生。

至此，王乃文清楚地记得载涛说的一句挺形象的话：

"蔫黄瓜落了架……"

拒绝王揖唐邀请"出山"

正当载涛为生计焦虑不安之际，日本占领军总部派来一位身穿日本和服的日本人专门来找载涛，动员他为大日本帝国服务，打算每月发予待遇不薄的薪水。

虽然，他客客气气地请这位日本人在家里吃了一顿便饭，却没答应其任何要求。此后，日本人又邀载涛前去赴宴，载涛表面未反对，还带着王乃文前去应酬了一顿。

然而，载涛的立场不变，坚持宁肯挨饿，也不出面做官而领取日本人的"汉奸钱"。

作为溥仪的叔父,载涛对于来自溥仪交办之事,可以尽心竭力,但是,让他当汉奸,载涛却死活不干。这一点,他的头脑异常清楚,毫不妥协。

即使他迫于生计,曾在德胜门外卖过破烂,过着十分清贫的生活,然而,大军阀张作霖、日本关东军特务头子土肥原,乃至国民党将军宋哲元都曾多次邀请载涛去做官,均没能成功。

一九二四年第二次直奉战争中,张作霖进京之后,曾挖空心思地想出了一个"赛马计"——专程派人前来盛邀载涛,声言要和涛贝勒在马场上一决高下。

载涛没理由回避,于是,他慨然应战。当赛马开始时,张作霖盛气凌人,自以为过去曾做过"绿林响马",骑术高人一等,提出让载涛先跑几步。载涛当然不答应,于是,俩人策马站在同一起跑线上。

一番马蹄扬尘,载涛轻而易举地把张作霖的高头战马远远地抛在了身后。

这场赛马过后,张作霖亲笔签名下帖,晚上要在"大帅府"设宴招待载涛。此时,有人悄悄地递话给载涛:

"涛贝勒,您的马头怎么能超过张大帅的马头呢?今天晚上去'帅府'定是凶多吉少,您最好不要去。"

载涛哈哈大笑,果断地说:

奉系军阀张作霖以与载涛赛马为名,邀请载涛"出山",婉遭谢绝。图为正驰骋于德胜门外赛马场的载涛

"怕什么？既然我允诺了,就不能爽约。这是规矩。"

当晚,张作霖的"帅府"大厅内宾客云集,酒宴异常丰盛。

酒过三巡,张作霖坦诚说明真意,赛马只是一个幌子,其目的是要力邀皇叔"出山",并委以厚禄高官。至于载涛提出任何什么条件,他都可以考虑。载涛听后,却委婉力辞：

"本人才疏学浅,又无出山之意,此事以后再说吧……"

张作霖表示颇为可惜,原本极想借"皇叔"的威望在京城有一番联袂作为,谁知,彻底落了空。载涛听后,倒是出言爽快：

"'皇帝'早都倒了台,我这个'皇叔'早就没用啦。安贫乐道足矣……"

一场赛马邀请"出山"的把戏,在载涛面前宣告失败。

然而,出于钦佩之情,张作霖却从此成为了载涛的莫逆之交,此后,再也不提"出山"之事。

四十年代初的一天上午,载涛家的门口突然多了几个便衣。不一会儿,一辆小卧车停在门前,一位身穿纺绸的长袍马褂的中年人,风度翩翩地走下车。

原来,这是载涛多年的老相识王揖唐。他长得个子不算高,体形胖乎乎的,当时,已年逾六旬,是国内外著名的大汉奸——日本人卵翼下的伪华北政务委员会委员长。

王揖唐进门坐下,深深作了一揖之后,便开门见山地谈起此行目的。王乃文照例吩咐仆人上茶,只是略作寒暄,便退了出去。

载涛一听,原来又是要请他"出山"参加伪政务工作,于是,马上不屑而又客气地摆摆手,说：

"我可没那本事干这个。况且,如今我年岁已经这么一大把,也动不了了……"

王揖唐听到此言,连忙一个劲儿给载涛戴高帽,说他在满族人中威信高,又在清朝当过军咨府大臣,在京城内外赫赫有名,如果"出山",一定会受到日本人的重用,甚至替代自己的位置,到最后,甚至声言要把北平市市长的职务禅让"皇叔"。

载涛怎能不知那时的形势？按照他背后对王乃文所说的预言——秃子头上的虱子明摆着,日本鬼子眼看就要垮台,第二次世界大战也已看出端倪,王揖唐作为日本人的帮凶,断然逃脱不了作为汉奸被审判的下场。

这番话,他当着王揖唐的面,无法说出口,只是一味应付而已。

王揖唐没猜中"皇叔"的心思,载涛却似乎看透了王揖唐心虚的底牌——

认为日本人无法伺候，怕落个不好的下场，所以急于想脱身。

当即，载涛断然回绝了王揖唐的请求，又双手抱拳拱手，作了一个揖，几句不多的"刺儿话"说得一本正经：

"谢谢老哥哥，饶了我吧您哪！我可坐不起您那小卧车哟，依我看，还是骑我的自行车自在，这车骑着心里踏实！……"

说完，载涛再也不提此事，只是一个劲地端杯劝茶。

老北京人谁不知道端茶送客的旧礼？王揖唐自然也心知肚明，眼见半点儿也说不动载涛，只好灰溜溜地起身告辞，自讨没趣地走出了载涛的家门。

就在载涛恭送王揖唐走出院门之后，又遥望着他的背影，深深地作了一个揖。王乃文看到丈夫这个奇怪的滑稽动作，感到十分莫名其妙。然而，载涛却没多加解释。

当日本投降之后，王揖唐果然被定为汉奸，在抗战胜利后被国民政府枪毙。载涛每逢提起这件事，就对家人万分感叹：

"瞧见没有？得亏我那时心里明白，不然，我要是听了王揖唐的话，即使当上市长也得被枪毙，没准儿，早就和他一样给崩了！……"

直到此时，载涛才向王乃文呵呵一笑：

"你现在明白我为什么向王揖唐作了一揖吧？"

"载老，您一直没跟我说呵。"

"我听见王揖唐被枪毙，立时浑身冷汗就下来啦。告诉你，我作的那个揖，是感谢王揖唐没逼着我替他去死，是捡了一条命啊……"

载涛自知，无论听话地当上日本人伪政权的傀儡还是溥仪的伪满政权帮凶，都会有一时之"福"可享，高官能做，骏马得骑，昔日荣华富贵的生活又会重现眼前，倨寰的日子也会立马改变。然而他没有这样做。

仅从这几件大事来看，载涛倒也不糊涂，总算在大是大非上没栽跟头。

其实，不仅王揖唐邀载涛"出山"他没去，蒋介石那边屡屡来人请他"从政"他也一口谢绝，还找了一个绝妙的借口，说：

"我这一大家子人口，实指着让我养活，怎么离得开北京呢？……"

拒绝日本特务机关长土肥原

早在王乃文与载涛结婚三年前，日本关东军特务机关长土肥原，便曾专门拜访过"皇叔"。

载涛拒绝了溥仪劝其出任伪满高官的邀请。图为溥仪的伪皇宫近影

当时正值日本占领时期,载涛一家人坐吃山空,生活渐渐陷入困境。无奈之下,载涛从京城内迁住北郊的祖先墓地阳宅——小汤山大柳村。

这一来是缓解生活压力,二来是隐居于此,避免日本人的纠缠。除极少几人以外,一般人根本不知载涛悄然隐居在此。先是不断有人捎来口信儿,说是日本人要来看望载涛,后来家人又亲赴此地告知载涛,日本人不止一次去涛贝勒府登门,都扑了一个空。

然而,初春的来临,并没使载涛感到春意盎然,却有一股阴冷袭来。

一天午前,随着小卧车的鸣笛,一身西服打扮的中年男人带着两个便衣,闯入载涛许久没人前来的旧宅院。

"涛贝勒,您可真闲在呵。"

"是土肥原先生大驾光临,有失远迎……"

一阵寒暄过后,土肥原在一左一右两名便衣护卫下,走进厅堂与载涛对面而坐。

"大日本皇军所向无敌,占领了满洲,还把共同繁荣的旗帜插到了北京城……"

听着土肥原滔滔不绝而又不着边际的神侃,载涛轻轻一摆手,打断了他的话:

"土肥原先生,有话请直说吧。"

载涛早料到他此来,必无好事。

"满洲国建立,溥仪已当上了康德皇帝,这是日满合作的成果。阁下是溥仪的七叔,理应出山,辅佐康德皇帝呵。"

"此话免谈。我是溥仪的七叔不假,可是,溥仪从小就被过继出去了,他早已经不是我的侄子了。谁不知道,'五族共和'是中国的国体?恕我直言,成立满洲国,我不能苟同呵。"

"你说一句痛快话吧,你去不去满洲国?告诉你实话,这是日本关东军跟康德皇帝商量好,我们才来请你去的!"

听到此话,载涛一阵哈哈大笑:

"我身体不好,断然无法遵命。谁强迫我都没用。"

这时,土肥原恼羞成怒,掏出手枪,气势汹汹地直对着载涛,威胁说:

"你如果不去,那我就不客气了。"

这时,载涛愤慨地一拍胸脯:

"来吧,我奉陪。既然我来到先祖的墓地,就没想活着回京城……"

此时,土肥原绝没有想到载涛如此强硬,又换了一副嘴脸,强颜为笑地说:

"涛贝勒果然名不虚传。您没想过吗?如果先生到满洲国,作为康德皇帝的叔叔,一定能封一个不比清朝小的官衔,又何必在这穷乡僻壤受罪呢?"

"我愿意为祖先守陵一辈子,你可以告诉溥仪,我生是爱新觉罗人,死是爱新觉罗鬼,不会追随石敬瑭!"

石敬瑭何许人也?土肥原顿时懵了。但他明白,逼迫载涛当汉奸是没戏了,只好讷讷而退:

"请涛贝勒,再考虑一下,三思而行吧。"

那辆小卧车原路而回,一无所获。土肥原灰溜溜地返回了京城。

此后,王乃文嫁给了载涛。不愿意为"石敬瑭"殉葬的涛贝勒,带着妻子来到大柳村,笑吟吟地讲述起了这个发生在三年前的真实故事[①]……

再斥日本浪人田中

其实,日本人曾屡次邀载涛"出山"。

[①] 此节内容,采访自载涛遗孀王乃文,并参考李炎昌:《载涛冷对土肥原》,原载《纵横》杂志,1990年第一期。

甚至日本浪人田中还亲自前来登门游说,承诺非要封他什么高官。可任凭对方巧舌如簧,载涛就是坚不吐口,一句话说得倒是再简单不过:

"我不干!……"

那次,王乃文亲眼见到日本人田中来到家里劝诱。虽然,话说了几箩筐,茶喝了好几壶,载涛依然不答应,方式仍是王顾左右而言他。

最终,田中只得灰溜溜而去。载涛等日本人刚走,便态度坚决地对王乃文说:

"这种汉奸事儿,我绝对不做!"

起初,溥仪到东北当上了"满洲国"执政,还亲自派心腹刘骧业到京城邀请载涛赴"满洲国"就任高官显爵,但他仍是坚不"出山"。刘骧业见载涛仍是那副倔犟脾气,只得无奈地返回长春向溥仪禀报这次游说的失败。

对此,载涛事后不止一次对王乃文愤愤地说:

"什么叫'满洲国'呀?我就是爱新觉罗族,你让我上那儿当什么官,我不去。"

载涛始终有这么一点儿梗劲儿。这点受到皇族的一致肯定——他不当日本汉奸,连"满洲国"都轻易不去。只有在溥仪生日那几天,他勉强凑上家族几个人去一趟长春,两三天便返京。

虽然,溥仪把载涛的二儿子溥佳和三儿子溥侊以及家属召去,每人派了一个高薪差事。然而,始终没能说动载涛去伪满洲国任职。

"谁愿去谁去……我不去。"

尤其在暮年,载涛时常提起这几件往事,且引以为荣。纵观载涛的一生,这几步亦是实在难得的明智之举。

载涛却没料到,一九三五年春,当上伪满洲国"康德皇帝"的溥仪,从长春专程到遵化马兰峪——清东陵扫墓。事先,溥仪派遣几个日本特务亲自前去"皇叔"家里,动员他去迎接"康德皇帝",并赴沈阳北陵一起扫墓。

见此,载涛不仅表示自己去不了,还动员京城的遗老遗少也都不要去曲意逢迎溥仪。面对那些令人生厌的日本特务,载涛义正辞严地说:

"我是民国人,决不留恋过去的清朝,也不欢迎'康德'回来扫墓。"

这些话,如今听起来算不上什么高调,但对于载涛而言,当时能说出这样一番话来,确实需要极大的勇气和胆量。

一九三六年初,身居华北军政要员的宋哲元[①]以"经纬虚宇,笼络河山"为

[①] 宋哲元,山东乐陵人,曾任国民党第二十九军军长,率部与日本侵略军激战长城喜峰口,被誉为抗日英雄。

名,力邀载涛出来做官。他了解载涛的多年老嗜好——酷爱良马,特地挑选了三匹骏马派人送给载涛。

然而,载涛丝毫不为之所动。他见到这三匹骏马,呵呵一笑:

"我现在一家人的生活都成问题,连养马的马圈都没有,养不起这几匹好马呀。"

于是,载涛以此为由,毅然把三匹骏马退还宋哲元。

无论怎么讲,载涛也不得不承认,无形中依然沾了溥仪这位侄子的光。京城内那些日本人和"二鬼子"基本上没敢闯到他的家里来捣过乱。

然而,对于溥仪交办的为难之事,载涛仍尽力而为。伪满洲国的"祥贵人"谭玉龄,莫名其妙地病逝之后,溥仪依然十分信任地打去电报,从北京调来七叔载涛,让他负责主持所有治丧事宜。富有社会经验的载涛,把这件复杂的丧事处理得滴水不漏,既让溥仪十分满意,也没有得罪日本人。

为避免诱发矛盾,载涛眼观六路、耳听八方,顺利火化了"祥贵人",却没有立即下葬,暂时把棺木安放在长春般若寺内,直到局势稍稍安定后,才由一个侄子悄悄带回北京。

载涛怒责"昏君"

不久,溥仪在伪满遇到了不少麻烦和难题,尤其是内廷护军与日本人发生冲突之后,他又想起了对自己始终忠心耿耿的叔父载涛。

于是,他再次指派心腹刘骧业专程来京拜望和游说载涛,指望叔父能来东北助己一臂之力,当然诱以其他人根本无法奢望的高官厚禄。多次劝说的结果,依然那么令人失望,载涛死活不肯应允。

"打仗亲兄弟,上阵父子兵。"溥仪深知在关键时刻,至亲无可比拟的可靠作用。但没想到,他在自以为深知其人的载涛面前仍旧碰了壁。

尤其没有想到的是,载涛的最后一次回答,竟然是那么不软不硬的:

"什么?去东北的'满洲国'当官?我可没那么大瘾!再说我也老了……"

听起来,载涛此番说出的话还算客气,态度却是明确的。与原来对于溥仪言听计从的态度相比,载涛的变化非常大。

在此之后,溥仪又屡屡派人从伪满长春前来北平劝说载涛,结果不出所料,又碰了硬钉子,指望叔父辅佐他当"满洲国皇帝"的愿望落了空。

起初,载涛每年去一次伪满,每次一般不超过三天。事先,日本人总来询问：

"涛贝勒，您到'新京'住几天？"

虽然，载涛每次去东北都带去礼品，当他回京时，溥仪也送他一些礼物。可是，在王乃文的记忆里，每次载涛返回家里，总是没好气，也从没高兴过。

每年一次的溥仪的"万寿节"，载涛无法推脱，只好违心地来到伪满，实际内心甚为不悦。

一天傍晚之后，他无事来到西花园信步而行，为的是散散心。恰巧，溥仪也来到园内散步，不大的花园里难免相遇，载涛内心很清楚，如果按照内廷规矩，无论在哪里遇到"皇上"，都要伏地磕头。如果在这里碰头，岂不是跪在地上沾一身泥？……

所以，载涛打老远瞧见了溥仪，便想一走了之，于是赶紧拐入一条岔路。哪知，被溥仪偶然发现，随即厉声喝问：

"那是什么人？"

此时，跟随溥仪的侍卫也连忙大声问道：

"站住，还不过来跪下？"

载涛眼见实在躲不过去，便只好快步过来面见侄子，跪伏在路面上，连连告罪不已。

此事虽然眨眼间过去，表面上风平浪静，其实，在载涛的心里终归郁郁寡欢，跟溥仪结下了不小的疙瘩。

眼看日本人的日子一天不如一天，似乎马上便面临末日之际，溥仪仍然要过"万寿节"。载涛又捏着鼻子，从京城无奈地赶赴"新京"。

此次，发生了更大的不悦之事。溥仪的侄子毓嵒曾向本书作者当面回忆过这一情形。

在过"万寿节"当中，宫内府请来了日本人组成的滑冰队到内廷表演花样滑冰。哪知，载涛见到日本帝室御用挂——吉岗安直①等人，随便打了一个招呼，竟然被毓嵒无意间看到。

以往宫内有这样一个旧规矩，当着皇帝的面，任何人都不能彼此打招呼，否则就触犯了"君前失礼"的律条。如若谁知情不报，也属同罪。

晚宴开始，众人落座之后，毓嵒立即把载涛在冰场上打招呼之事低声禀报

---

① 帝室御用挂，即负责溥仪与日本高层方面在重大问题上的沟通，实际是日本关东军为监视溥仪所设立的一个专门职位。

给了溥仪。

这时,载涛见毓嶦向溥仪耳边嘀咕什么,便不解地询问,究竟是怎么回事。溥仪见到后,马上暴怒起来,指着载涛大声地责骂:

"给你脸,你不要脸。你知罪吗?……"

闻听溥仪的发威,载涛被吓得慌忙跪倒在溥仪座前,不知所措。众人连忙过来劝解,然而,溥仪仍然怒气未减,指着载涛的鼻子,继续大骂不止:

"你眼里根本没我,没有我就是没有德宗景皇帝,就是没有穆宗毅皇帝……"

由于溥仪恼怒地一个个端出了列祖列宗,载涛只能双腿跪在地上,一声也不敢吭。

显然,这一天的晚宴被彻底搅了局。

紧接着,溥仪愤愤地拂袖而去。

第二天一大早,载涛也灰溜溜地离开了"新京"。

这一次,载涛从长春返回京城时,刚走进屋门,便十分气愤地对妻子说:

"真没意思,以后再也不去了。"

"这是怎么了?"王乃文感到不解。

载涛闭口不谈细节,显得脸色晦暗,只是狠狠地骂了溥仪一句:

"昏君!……"

此后,王乃文才知道,载涛被溥仪大骂一顿,还被迫给溥仪下跪认错,使"皇叔"大丢脸面,以后,载涛再也没去过"新京"。

事后,载涛再次对王乃文说出的话更绝:

"我还想多活几年呢……我可不能去东北当那个亡国奴哟!"

可是,"皇叔"的招牌依然使一些人怀着不可告人的目的,妄图把载涛绑架在日本人的战车上。到底先后有多少军界和政界的人物来找他"出山",已经说不清了。直到一九四五年日本人垮台前夕,还有人打过他的主意。

提起日本人占领京城的那些年里,涛贝勒府的人们成天提心吊胆。有时,载涛也显得魂不守舍。

载涛眼见儿子溥佳给日本人当上了差,平时总是穿着一身日本军服,显得非常威风,内心矛盾重重。有一次,一群日本兵疯狂地闯进载涛家的大门盘查。立时,姜夫人就被吓得晕了过去。

溥佳闻风从屋里走了出来,顿时跟这一群日本兵大声叫嚷起来:

"你们队长没说吗?不准上我家里来,你告诉他们,谁也不能进来!"

没想到,溥佳这一顿吼叫还真管用,那一群日本兵果然蔫蔫地走了。

因为溥佳有这一身日本军服"保护",平时,普通日本士兵再也不敢来家里捣乱。

载涛闷闷不乐,闭门而坐,终日挥毫画马,一拿起笔来就画个不停……

第貳拾肆章
窘困落魄的貧民生活

*日本投降前后，一家人贫困到极点，保姆全部被遣回乡，家里钱所剩无几。载涛果真着了急，竟亲自每天记开了"流水账"。

　　*凌晨，载涛起床便跟妻子从家里匆匆赶往德胜门脸儿的"鬼市"。上午，俩人疲惫地回到家，他掏出钱冲妻子说："你先买点儿棒子面。中午全家把这顿'嘎嘎儿'吃了吧。"

　　*"过富贵王府的生活，谁都能行。可成为平民，仍不失身份，在平民生活中体现人格，这是最难的……"

图片说明：载涛的孙女金蔼珧八十年代便曾向本书作者谈起载涛当时的家庭窘况。二○一○年十月，金蔼珧出席孙外甥的新婚典礼（本书作者摄）

国破山河在。

甭看衣衫褴褛,哪知,袖里有乾坤。

即令变卖家藏古董,也休为倭国"作嫁"。

嗟乎,昔日锦衣不再,唯余"素食"。

…………

说透点儿,载涛家里连"素食"都吃了上顿没下顿。时常有人比喻,"瘦死的骆驼比马大"。其实,此话若搁在破落的涛贝勒府,未必正确。

在这个毫无生计可言的家庭里,只有出项而没有进项,全家几十张嘴都只是等吃,那么,这只光会吃的"骆驼"就明显比一只瘦马更可怕。

固然,载涛可以拒绝日本人和王揖唐之流的纠缠,却无法解决一家人的吃喝。

鬼市卖古董

尽管变穷了,老礼儿仍不能丢。

每到春节,他仍然让全家人到大屋里团团而坐,好歹也要吃一顿团圆饭,在接财神之前,必须燃放鞭炮。据说,这至少可以"崩"走邪气。

此时,载涛的孙子和孙女已不下二三十个,站到院里就是一大群,每天都在等着吃喝,衣食住行,样样要花钱。

大年初一早晨,载涛的屋里正中央放着一个布垫儿,所有孙子辈儿无须父母陪同,依然要全部来到这里,跪在垫上给爷爷磕头。但是,再也无"压岁钱"可派发了。

无奈的是,他所能表示的只能是强撑出来的爷爷的微笑。过去,每个孙子和孙女从小起,都有一个保姆——并非奶妈,每月发几块工钱。全家至少雇了近二十个保姆,她们大多是从农村进京的,一般到所看的小孩儿长到七八岁才走。

随着经济日渐衰落,家里只剩下了四五个保姆。当载涛一家人贫困到了极点,所有保姆遂被遣送回乡。

尽管载涛想过不少办法"救穷",有些看起来挺幼稚,但毕竟也动了脑筋。

他先是取消了小厨房,又开始简化食谱,省吃俭用。但仍无济于事,因为一家人没有任何经济来源,自然无法长期支撑尴尬的局面。

眼瞧生活难以为继,载涛再也无心唱戏,那些戏衣、靶子以及戏衣箱都用不上了,卖的卖、扔的扔。连京戏行家都惋惜地说:

"涛贝勒的猴戏绝活儿,算撂荒了……"

"人都养不活,还养什么鸽子呵?"

无疑,这是载涛对王乃文说出的心里话。听到传闻,几个京城养鸽子的专业把式,纷纷找到他:

"涛七爷,您这么多鸽子,怎么办哪?"

"卖掉,少给点儿钱就算了。"

"您打算卖多少钱哪?"

眼看珍惜的鸽子谁也不要,早已不值钱,载涛只得无奈地说:

"多少钱都行,只要能卖就全卖出去吧。不然,让人瞅着多难受呵。"

到后来,载涛索性把没卖出去而剩下的鸽子全部送给中山公园,供游人观赏。王乃文十分感叹,买时如此昂贵,卖时可就不值几个钱了。

"卖",成了此时载涛持家的一个秘方。

载涛虽然特别喜爱金鱼,可是五爷载沣和六爷载洵都不喜欢,仅有他一人喜爱活玩意儿。当他卖不掉金鱼时,便又把家里的金鱼全部送给了中山公园。

亲记家庭"流水账"

不久,家里的钱所剩无几。

由于没有固定经济来源,如遇到手头没钱,他便只好把府外的房宅临时卖出一幢。王乃文负责卖完回来向载涛报账,究竟卖了多少钱,给中间人多少钱,另外剩多少钱。载涛算来算去,实际到最后,一幢房子卖不了几个钱。

载涛的最后一招,也靠不住了——手中的老宅变得越来越少,经济上越来越糟。

琢磨来琢磨去,他只好指定过日子节俭的三儿媳妇来记账,由王乃文来"协助"。平日,全家人每天仅几十块钱进出账。

每天早晨,载涛在书案上放一张纸条,谁需要到外边购买什么就写在上面。王乃文如果出门买一双鞋,或买一双袜子,也必须书写清楚,归来之后,还要把账单儿搁在书案上。

每天吃过晚饭,他还亲自在灯下核对"流水账",多年雷打不动。

其实,即使这样仍无济于事。因为谁都明白,记账不能增加收入。

说来,载涛仅剩唯一的一项收入——手里还有几十间房屋出租。成天这家交房钱,那家又搬来,租住秩序极为混乱。王乃文打心里不愿揽这档事。然而,载涛把此事交付给她,她不得不管。

每次收房钱回来,载涛便让她核账,人家交给多少钱,收回多少钱,要一分一分算好才行。最后,全部交给载涛亲自对账之后,才算交给柜上了——"柜上",就是载涛。

从小坐吃享受惯了的载涛,根本不是这块"材料"。财务其实是一门学问,他哪儿懂?充其量只会照猫画虎地记上一笔流水账。

无论家里哪扇窗户玻璃坏了,载涛都事无巨细地亲去察看。即使花几毛钱,也要记上账,这是以往涛贝勒府从来没见过的奇事儿。

这似乎成了一个规矩,没有一天漏空——晚上临睡之前,王乃文必须跑到载涛的屋里,带着账本和算盘,将当天的所有生活开销,一笔一笔地汇报清楚。

即使有一笔账不清楚,载涛也会抠住不放,非弄明白不可。为此,她和三儿媳妇没少提心吊胆。抗战之后没几年,三儿媳妇因病去世,于是,算账的差事就完全落在了王乃文的肩上。

此事,使她伤透了脑筋。每天晚上,载涛照旧要求她来自己的屋里核对账目。如果发现哪一笔花销的钱与买的东西对不上账,那他绝不罢休,非得弄清楚不可,不依不饶的劲头确使她害怕之极。

最使她记忆深刻的有这么一件事。一天晚上,她拿着当天买东西的细账来到载涛的屋里。闲话没说两句,他便一样一样地仔细核对算账。最后,让她担心的事还是发生了。

"这笔账怎么对不起来呀?……"

一听此话,王乃文的脸色陡变,明白又碰上了麻烦事,连忙询问:

"哟,载老,是哪笔账对不上茬儿了?"

"怎么少了两毛钱呀?"载涛根本没有理她的话茬儿,依然在那里乱找一气。

算了半天才知道,原来是少了一包"味之素"——味精的钱。可是,载涛还让她好好回想一下,是不是买了什么别的东西。她左思右想也没记起买过别的什么东西,于是,没好气地对他说:

"咳,不就是两毛钱嘛,甭找了。"

"不弄清可不行,家里不能成了一笔糊涂账。这日子可愈过愈难啦……"

说着,载涛长叹了一口气。瞧着丈夫那愁眉苦脸的样子,她过意不去,便灵机一动,偷偷背转过身,从兜里掏出两毛钱来,对载涛说:

"快别算了,买'味之素'的钱,我找到了。"

"是吗?"载涛抬起头来,将信将疑。

此时,王乃文想了想,又对他编了一个善意的谎话:

"可能,是我当时装错了兜儿……"

听到此话,载涛的脸上才微微有了笑意,连忙拿起笔将这两毛钱记上了账。

过了一天之后,她才发现,原来头天上街买东西时,将"味之素"装在了上衣口袋里,回到家之后脱掉了外衣,对账时自然找不到这两毛钱了。

于是,她又将这包味精亲自交到载涛手上。他认真地记上了账,转过脸对她说:

"给你两毛钱,算是咱们家里今天的开支吧。"

"听明白了。"王乃文闻听此话,心里一个劲儿乐,暗想,当年的"皇叔"如今竟然为两毛钱,来回盘算两天,实在可怜……

谁知,过后不久,载涛又郑重其事地叮咛她:

"今后过日子可要仔细点哟,买东西的时候,甭马马虎虎的……"

这和一般老北京人所听说的挥金如土的"涛七爷",何止天壤之别!从这件小事上,她也确实看到过去奢侈无度的涛贝勒,而今懂得了生活的艰辛。

日子过得愈来愈难。载涛虽然在旁人怂恿之下,早就将一部分平房租出去,自家仅住了有数儿的几间房。可是,微薄的房租对于维持一家数十口人的生计来说,只能是杯水车薪。

最后,全家人只得终日以"棒子面"来勉强糊口,连这样也没能维持多久,一日三餐眼看就要断顿。

天无绝人之路。一天,载涛正在院里愁得不知如何是好时,忽然听到外面有一阵摇"拨浪鼓"的声音,出门一看原来是串街收买"估衣"的。

此人刚迈进门槛,便对前来开门的王乃文说:

"老没来啦,今儿个我来瞧瞧您和涛贝勒。"当时,"打鼓的"也叫"走大门儿的",即是说,非得有钱人家的大门或败落的巨富人家才进。显然,"打鼓的"私下跟载涛的仆人联系过,对于载涛全家的境况知道得一清二楚。

"好呀,谢谢啦。"载涛随口客气了两句。

紧接着,那个"打鼓的"详细盘问起载涛的家底:

"您府上有什么东西,可以卖点儿呀？……"

载涛听后,怦然心动,连忙将此人唤进内屋,让其把家里的一些旧家具、破衣服等物品大致估了一个价,随后一起贱卖了出去。

这成了载涛一家人多年不曾有过的唯一"进项"。

从"打鼓的"身上得到启发

载涛兴奋异常,自以为找到了个生财之道,可以凑合度日。

没过几天,"打鼓的"又来到载涛家挑走几件旧物件。从山老胡同带来的官窑瓷盒、瓷盘、青花大果盘,陆续被载涛拿出来卖钱。似乎成了规律,"打鼓的"隔一些日子,便来买走几件旧货。

不久,家里所剩下的古旧家具、钟表这类老玩意儿全卖光了,仅剩一张黄花梨书案和八仙桌,以及一个茶几。他咬了咬牙,索性全部贱卖了出去。

眼瞧混熟了,"打鼓的"接长不短到载涛家来一趟。当初没觉得什么,后来他仔细回想起来,出手的旧物件,不少是醇亲王府上一辈传下来的珍贵文物。

虽然卖过几回"估衣",也获得了一些钱,谁想,载涛经询问内行才知,从前卖出的几次无不吃亏上了当。他算是长了见识,又想绕过中间人,直接卖出去,以便多赚几个钱。

显然,载涛和王乃文去"鬼市"卖旧货,便是这个"打鼓的"所引起的。

载涛挺好面子,曾经悄悄向邻近街坊打听,得知德胜门脸附近有个"小市"——因为在黎明前开市,遂被京城人俗称"鬼市",专门买卖来路不明的旧货,临近天亮就散去。

一天,吃过晚饭,载涛愁眉不展地来找王乃文商量：

"你瞧见了吧,家里生活太困难了。咱俩去德胜门的小市上去卖点旧货,好换点儿钱,你瞧怎么样？……"

王乃文一听,内心极不愿意,便婉转地表示不赞成丢人现眼地去小市倒卖旧东西。载涛倒比她开通得多,似乎早就预料到了,于是,耐心地开导她：

"咱俩去德胜门小市上卖的是旧货,一不是偷的,二不是抢的,有什么丢人现眼的？咱一家人每天总得吃饭,没钱怎么活？……"

"我可丢不起这人……"

听到此话,载涛顿时火冒三丈,末了,又直通通地给了王乃文一句话,使她内心好一阵难受。

"你不去,我去!反正咱们得想办法活着呵……"

无奈,王乃文只得勉强点头同意。

临去小市摆摊的头一天晚上,载涛在家里翻箱倒柜到半夜,让她帮着把一些过去的旧衣服和旧摆设找出一部分,然后用绳子一一捆绑好。

她过去根本瞧不上家里的古旧瓷瓶儿及几张小硬木桌,如今要拿着它们换钱花,便随手捡出来三四样旧货,又怕拿不准,便询问载涛:

"载老,您看这个行不行啊?"

"先拿着吧。"

她反复端详半天,但由于不懂行,又拿过去跟载涛商量:

"这个到底卖不卖?"

"哎,你拿去吧,留在家里也没用处,你说呢?……"

过去,载涛在家里施行"一言堂",一人说了算。如今,她感到挺奇怪,家里穷到了底,俩人反倒居然能彼此商量事儿了。

第二天凌晨,载涛很早便起床,匆匆吃过几口早餐,就招呼她一起骑自行车来到德胜门外的"鬼市"。

远远望去,只见小市上乱乱哄哄,人声嘈杂。大家都在地下摆摊儿,别人都有准地儿,唯独载涛没有。他不知,人家可都是事先掏了摊位钱的①。载涛倒满不在乎,快步走进小市,勉强挤出一小块空地,大大方方地摊开包袱皮儿,便把那几件旧衣服和旧摆设撂在了上面。

由于他俩天天去,没过几天,便结识了不少摊主。大伙儿都同情这对老夫妇的境遇,也许出于尊敬,几乎谁都愿意伸一把手来相助。

"早呵您哪,来啦?得,您请到这儿来吧。"

每逢凌晨,载涛夫妇刚出现在胡同口,便有人向他俩热情地打招呼,甚至彼此争抢载涛这个热门摊主:

"哎哟,您来啦,就在我这儿卖吧。"

"您摆这儿吧,就把旧货搁这儿得了,我帮您卖了?"

"那小瓶儿,您卖多少钱?"

"哎,行……"

此时,王乃文忐忑不安地伫立在小摊旁边,脸上一直觉得有点儿抹不开面子。

---

① 另一说,"鬼市"无需交纳摊位钱。

载涛却笑呵呵地与身边初次见面的摊贩打招呼,还与过往的主顾闲聊起来。

第一天上午,他俩一身疲惫地回到家。载涛随即把钱掏出来,搁在桌子上,冲她说:

"你去一趟吧,买点儿棒子面。"

那阵儿,粮食和蔬菜价格奇贵。载涛叮嘱她说:

"反正甭管什么,中午咱家先把这顿'嘎嘎儿'①吃了吧……"

起初,在"鬼市"上,谁也不知道载涛夫妇是谁。直到有一天,一位皇族后裔前来小市闲逛,这才露了"馅儿"。

实际上,在德胜门小市上,涛贝勒来此卖旧货这一码事儿,早已风传得尽人皆知,只是不少人大多没见过他。

"嘿,你们知道吗?贝勒爷上咱这儿摆摊儿来啦。"

"真的?那可是新鲜事儿。涛贝勒家是'小皇上'的叔叔,那一准儿有好玩意儿……"

载涛的孙女金蔼珧八十年代便曾向本书作者谈起载涛当时的家庭窘况。二〇一〇年十月,金蔼珧出席孙外甥的新婚典礼(本书作者摄)

---

① "嘎嘎儿",即用棒子面做成的方块状,开水煮熟之后,用酱或其他作料拌成。亦可再加一些作料,连汤带面一起吃。这是老北京穷人吃的一种主食。

第贰拾伍章 德胜门脸儿的『鬼市』

*"哎呀，您不是涛贝勒吗？久违呵……"一位皇族后裔的招呼不要紧，着实惹起周围摊主的异常关注。至此，那些小贩才知他便是赫赫有名的"涛贝勒"。

*哪知，载涛在"鬼市"悄然露面，惊动了京城的古董商，有的人往往凌晨前夕就奔了这儿，早早地前来恭候。

*载涛卖掉家中最后一件稍值钱的物件儿——狐狸皮大衣，标志着涛贝勒一家，穷到了底。家人大多不赞成载涛三子溥佺娶仆人的女儿为妻，他却默认了这门亲事。

图片说明：数年后，溥仪（左）特赦回京，叔侄俩见面
　　　　　聊起在"鬼市"变卖旧物之事，感慨万千

数典岂可忘祖。

暴殄天物，唯恐报应。

岂料，老祖宗遗下的千年旧物件儿，果真救了王爷的"驾"。

难道，确乎人为食亡？

....

那一天，太阳已升得老高，可载涛夫妇从黎明前来到小市上，居然一直没开张。

这时，远远走过来一位身穿大褂的长须老人，朝着载涛一个劲儿端详不已。载涛虽然觉得此人十分眼熟，却没有认出是谁。

"哎呀，您不是涛贝勒吗？久违，久违呵……"

"您是……"

涛贝勒在"鬼市"上被认出来

哪知，那位皇族后裔这一声招呼不要紧，着实惊动了周围的摊主。

至此，那些小贩才知道身边的普通老人便是老北京无人不知且赫赫有名的"涛贝勒"。

等那位皇族后裔前脚刚走，四周几个摊位的主人便纷纷凑了过来，亲热地与载涛天南海北地聊了起来。人们有的叫他"涛贝勒"，有的称他"涛七爷"，还有不知底细的人叫他"王爷"……

"如果早知您在这儿呵，嗨，我们早就给涛贝勒您腾出地儿来啦。"

见此，载涛站起身来一拱手，正色地告诉大家：

"各位爷们，可别叫我涛贝勒了，这种称呼早就过时了。我现在也是一个普通老百姓嘛……"

可是，载涛一个人哪儿管得住大家的嘴？从这一天起，他依然被周围的摊主客气地"官称"作"涛七爷"。

谁都知道，摆地摊儿，首先得要占个好位置，顾客才多，生意至少能好上一倍。过去，载涛来到德胜门小市，无论去得多么早，也总难占上一个好摊点。

载涛一度以在德胜门脸儿的"鬼市"上售卖旧物件为生。图为如今的德胜门（本书作者摄于二〇一一年九月）

可自打得知他的身份之后，一些小贩见到载涛和王乃文，总是热情地主动过来打招呼：

"七爷，您摆我这儿来吧……"

"涛七爷，我这儿位置不错，您上我这儿摆摊儿来吧，咱也好沾贝勒爷您点儿福气……"

"您可别那么说，"载涛微笑着说，"我可没什么福分，现如今这不穷得都揭不开锅了吗？……"

每逢载涛来到小市上，接长不短就有人和他开起玩笑，他从来不急不恼，总愿和周围的人们乐呵呵地说笑聊天。

没多久，载涛到德胜门小市上卖破烂儿之事，成了社会一大新闻。有的人即使不来买旧货，也要来此地瞅一瞅"皇上"的叔叔什么模样。

这倒也好，他拿来的旧货格外好卖，因为摊前总有各类人等常来常往，川流不息。

当载涛在小市上售卖旧物件几个月之后，还时常有人悄悄前来探望。有

的陌生人不敢凑近,便在远处指指点点地说:

"瞧,那就是'小皇上'的叔叔……"

对此,载涛不以为然,总是一笑了之。

天气寒冷。王乃文瞧着街边叫卖热腾腾的炒肝直眼馋,载涛顺着她的视线,探过头瞅了瞅,对她说:

"好家伙,两毛钱一碗,干瞧着多馋哪。走吧,咱们回家吃'嘎嘎儿'去吧。"

每天去"鬼市"摆摊儿,王乃文渐渐明白一个理儿,买卖双方彼此尽量都让一点儿,生意才能"撮"成。

在德胜门外的小市上,老北京人对载涛始终有一种恋旧的同情感,只要见到他走过来,总是热情地说:

"得,您这东西咱留下了,好让涛贝勒您早点儿回去。这天儿多冷啊。"

眼见载涛夫妇蜷缩一团地蹲在地上,仍然冻得瑟瑟发抖,连旁边的普通小贩都极为同情地唉叹:

"哎,如今涛贝勒,也和咱平头儿百姓混得差不多喽,眼前只能靠着卖破烂糊口啦……"①

在王乃文的记忆里,载涛卖旧货时,每次都是马马虎虎说个价儿,点完钱便走,好回家用钱买棒子面,让全家人吃上一顿"嘎嘎儿"。

为什么家里总吃"嘎嘎儿"?按照载涛的说法,因为这种"嘎嘎儿"有汤儿,不用再弄菜,里头搁一点儿白菜,可以连汤带面填个肚饱。一句话,就是为了省钱。

载涛夫妇总盼着旧货能够尽快卖出,但凡钱一到手,他就吩咐王乃文赶快跑到鼓楼大街的杂粮店里,买点棒子面拿回家,好让全家人吃顿午饭。

在艰难的日子里,载涛一家人全指着他俩卖破烂儿为生,窘困到了极点。实在没啥可卖的,载涛夫妇只好把每天骑的那辆旧自行车卖掉了。

眼看穷到这份儿上,他俩从第二天起,只得步行从家里穿大街钻小巷,用半个多钟头,走到德胜门小市。在途中,她多次无奈地暗自落下心酸的泪水。

冬天凌晨,天气极寒冷。夫妇俩都穿着破衣裳,载涛也不再穿长大衣,而是一身旧西服。俩人披星戴月,穿街走巷,顶着刺骨的西北风,奔赴"鬼市"。

---

① 据曾任北京市民政局局长的王旭东回忆,北平解放前,载涛由于生活无着,竟然摆了许久地摊,以勉强维持一家人的生活。

有时,狂风大作,他俩被逼着不得不倒着走路。

此时,载涛边走边擦着冻出的鼻涕,百感交集地对她说:

"你瞅,咱俩多像'小可怜儿'呵……"

她心痛地看到,年迈的载涛从小市儿回家途中,有时冻得浑身直哆嗦。归途,两人挎着胳膊走路,这样凑紧点儿才觉得稍稍暖和一些。

时至如今,家里的硬木家具,譬如嵌螺钿的黄花梨家具,早在卖老府时,便大多被卖掉。留下的仅是一些不值钱的旧家具,连走门入户的"打鼓的",也不愿意收购。

然而,载涛的家里仍然收藏着珍贵的文物,只是一般人不识货也买不起。这些旧物大致有三部分。一是青铜器,大部分是醇亲王府或宫内赏赐所得。二是罕见的宫廷字画,譬如郎世宁[①]所画的群马图、清代书画家的珍品。三是金银首饰,大多也是老一辈儿传下来的。

载涛自然心里有数儿,这些珍稀的旧物件儿,根本不敢拿到德胜门外的小市上去卖,那里也没人能买得起。于是,他到几个妻妾的屋里,翻了一个遍,把稍有价值的旧物统统搜罗而去。他说得倒是入情入理:

"大伙共渡难关,等经济好转点儿,我再给你买嘛。"

哪知,载涛在"鬼市"悄然露面,引起了京城内外的古董商注意,有的人往往凌晨前夕就奔了这儿,早早地恭候涛贝勒来了。见到他俩一走进胡同,便立马纷纷跑过来,先是寒暄一阵,然后你留这件,他留那件,很快旧货便被"瓜分"掉了。

其实,富有经验的古董商早就事先商定,一准知道载涛夫妇不懂古玩行情,拼命压低卖价。她经过打听,摸透了行情,曾经大着胆儿对载涛说:

"赶明儿个,咱俩跟人家多要点儿钱吧?"

"也别忒多了呵。"

载涛反倒唯恐卖不出去,执意不让她涨价。他每天晚上从家里犄角旮旯寻找旧货,一次竟然找出了旧日溥仪所赏赐的宫中养水仙花的一对水盂,便对她说:

"如今咱哪儿有心情养水仙花呵?索性把这俩汉白玉水盂拿出去卖了吧。"

"行呵,可咱得多跟人家要点儿钱啊。"

---

① 郎世宁,意大利人。康熙年间为清朝内廷供奉的著名画家。清宫所藏《香妃像》,即出自其手笔。

数年后,溥仪(左)特赦回京,叔侄俩见面聊起在"鬼市"变卖旧物之事,感慨万千

  王乃文算是看出了门道,凡是当天载涛卖出钱,次日便不再去"鬼市"。隔不了几天,眼看家里又揭不开锅,只好再拽她去卖点儿旧货,可谓"三天打鱼,两天晒网"。

  这仿佛也成了一个习惯,载涛每当去小市的头一天晚上,总要翻箱倒柜一通。一次,实在捣腾不出什么值钱的东西,他竟将王乃文最心爱的一件狐狸皮大衣——由全部狐狸腿皮缝成的黄色反穿大衣,找了出来。

  她记得极为清楚,这是婚后载涛赠送的订亲礼物之一,于是狠狠地瞪了他一眼。见她心情不悦,载涛便好言好语地劝她:

  "先把这'狐狸皮'卖了吧。等日后有了钱,再给你买一件好的皮大衣。"

  她听了,火急火燎地冲他说:

  "你如果卖了,我出外穿什么?这是我冬天得经常穿的呀!"

  载涛此时哭笑不得——如今饭都吃不上了,还穿哪门子狐狸皮大衣呢?他不打算过分刺激她,仍然和颜悦色地劝道:

  "东西卖了还可以再买嘛……你得明白这个理儿,只要人在就好办。等日子缓过来,我一定再给你买件更好的皮大衣。怎么样?……"

  载涛见她不肯,足足唠叨了半天道理。她明知丈夫是在哄自己,然而,面对饥饿的全家等饭吃的惨景，她无法拒绝，只能捏着鼻子点头。

无奈，她最后一次把黄色狐狸皮大衣穿在身上，外面又披了一件旧衣裳，跟随着载涛来到小市，把狐狸皮大衣贱卖了出去——仅卖掉一百块钱。归家时，由于天气寒冷，她只好裹上了一件旧棉袄。

事实上，那件狐狸皮大衣卖掉后，载涛的承诺落空多年，似乎只是开出了一张空头支票。

狐狸皮大衣，是载涛家中最后一件稍值钱的物件儿。显然，这标志着涛贝勒一家，穷到了底。

"抗日女婿"达理札雅

"七爷，您怎么不找您的女婿救救穷啊？"

一位本家亲戚出于好心，给载涛出了一个馊主意。

姜夫人所生的次女金允诚，只比载涛小二十几岁，从小深受他喜爱。早年，她在载涛力主下，嫁给了内蒙古草原的达王爷——达理札雅。

皇族无人不知，达理札雅虽是蒙古王爷，却在北京西城有一座显赫的王府，载涛不止一次去过那里。

然而，实际上，达理札雅自从承袭王位之后，囿于种种复杂原因，始终没能举行正式的承袭典礼，一直拖至一九三七年才办妥。

而且，此后达理札雅夫妇仍然颇多坎坷。虽然达理札雅积极抗日，断然拒绝关东军副参谋长板垣征四郎的百般利诱，也谢绝了国民党将领陈诚的拉拢，却被国民党指使西北军阀马鸿逵，将其软禁兰州达七年之久。

后来，达理札雅频频活跃于内蒙古地区，坚持对日抗战，被民众称为"抗日王爷"。他在解放前夕起义，毅然投向共产党①。

虽然，载涛全家生活一度靠卖破烂为生，如此窘况却始终瞒着，没敢直接告诉女婿达理札雅。载涛是个极为顾及情面的人，哪怕打掉牙往肚里咽，也唯恐给贤婿和女儿带来麻烦，为此，曾多次叮嘱王乃文：

"咱家这穷劲儿，可千万甭跟女婿说呵……"

临到国民党政权垮台之前，施行金圆券，一张大票子，就能兑换几亿元，却

---

① 在抗日战争中，达理札雅坚持对日本侵略者的斗争。在解放战争中，达理札雅毅然通电拥护共产党以及新中国的建立。毛主席、周总理也一直关心达理札雅，曾在解放后几次接见过他。

不如原来的十几块值钱。见到此种情形,载涛对王乃文预言说:

"看来,这个社会撑不了多久了……"

载涛虽然十分穷窘,但对于应该花钱之处却绝不悭吝。当年王乃文的哥哥因患肿瘤病重去世,载涛听说之后,当即爽快地表示:

"咱们出些钱儿得了,给他家点儿补贴吧。"

尽管家里经济异常拮据,他依然当面嘱咐王乃文,让她去给哥哥家送点儿钱。由于她哥哥去世较早,只留下一个妻子和闺女,仍在南城居住,载涛倒也同意她时常接济这一家人的生活。

当她父亲从西安返京之后,突患急症,由于缺钱,躺在医院里焦急万分。载涛听说之后,让王乃文赶快送去一些钱治病。当她的父母相继去世之后,载涛又两次掏钱给她,对她说:

"你办完丧事,再给父母买点儿纸钱,烧烧吧……"

三儿子溥佺续婚

天有不测风云。载涛深为遗憾的是,三儿子溥佺的妻子——溥三少奶奶身患癌症,在北京始终医治无效。

当三儿媳妇病重时,载涛让王乃文伺候在三儿媳妇身边,还帮她到外边去抓药,俩人之间感情极为融洽。然而,三少奶奶临终前,留下了遗嘱:

"我死了,老三反正得续呀,要续甭在外头找,把连妈的女儿留下得了。"

载涛内心很清楚,三儿媳妇家女仆的母亲连妈,是从育婴堂走出来的苦孩子,是从小看护孙女金蔼玥的保姆。

谁知,载涛的几个子女,大多不同意娶女仆的闺女做载涛的儿媳妇,然而,载涛却是依从三儿子溥佺的意愿,默认了这门亲事。

虽然,载涛素来也知道这位女仆的闺女有点儿脾气,其他仆人对叫她"三少奶奶"内心不情愿,也瞧不起她。但他仍然表示尊重三儿子的选择。

生活难免磕磕碰碰。众所周知,载涛视车如命,因此曾偶然和三儿子溥佺发生了冲突。

有一天,溥佺晚上出外办事,便骑着父亲的自行车出去了。返家后由于太晚,当晚没送还过去,遂把自行车搁在了自己卧室。第二天早晨,载涛打发仆人去溥佺处取回自行车:

"把自行车赶紧推过来,待会儿我出去要骑。"

当时,三儿子没在屋里,三儿媳妇还没起床,便躺在里屋询问起来:

"谁呀?"

"是我呀。老爷一会儿出去,让我拿自行车来了。"仆人答道。

"你不知道我没起吗?等三爷回来再说吧。"三儿媳妇听后,多少有些不乐意。

"来不及了,老爷马上要走。"仆人没法交差,死活要推走自行车。

"这样可不行,三爷回来之后,我得跟他说说这事儿。"三儿媳妇顿然生起气来。

由于三爷溥佺当过兵,仆人一般都怕他。于是,仆人把车推过来之后,便马上在载涛面前长跪不起。

"哎,怎么回事儿?起来,干吗跪着呀?"载涛不解地发问。

"老爷您得救我。"

"哟,什么事儿呀?"

"三儿媳妇嗔着我去拿车,说回头一定会告诉三爷,如果三爷生起气来,奴才可受不了。"

"是我让你去取车,她竟敢对你那么厉害?"载涛听完,勃然大怒,"知不知道,这自行车是我的?谁敢拦,连老带小都给我滚!"

于是,载涛一怒之下,便从家中轰走了溥佺夫妇。

溥佺搬出去之后,在东城区找了一处房子与妻子单独过起了日子。

哪知没几年,溥佺忽然病逝,他的寡妻和岳母顿时失去了生活来源。载涛得知后,立即找来大孙女金蔼玥,让她送去几十块钱,又悄悄让孙女带去几袋白面,帮助她们渡过难关。

此后,载涛依然挂念着母女俩,让最初丝毫不知此事的王乃文,不时捎去一些生活必需品。同时,他还嘱咐她:

"千万甭跟外人讲起这事儿呵。"

这件不大也不小的儿女婚事,不难反映载涛的旧观念,发生了巨大变化。

谁知,有一年,三儿媳妇所在的医院突然着火,她惨遭烧死。载涛听到这个不幸的消息,好心地对王乃文说:

"这个孙子就留在我身边吧⋯⋯"①

---

① 据王乃文回忆,载涛这个孙子长大成人蛮有出息,曾在全国政协机关负责统战工作,成了"皇叔"一家人的骄傲。

第贰拾陆章
居住在京城大杂院

＊无奈卖掉山老胡同二号的住宅之后，全家人搬进西扬威胡同戌六号。

＊若按载涛的亲笔记载：卖掉山老胡同二号的住宅，折合大洋十三万块，合"人民券"二亿八千七百三十万元，"本人实得六千万元"。

＊六十四岁的姜夫人患有严重心脏病，竟在解放北平的隆隆大炮声中吓死。

图片说明：西扬威胡同的大杂院如今被居民隔成了狭长的小院（本书作者摄于二〇一一年九月）

殊路同归。

世事洞明，并非什么高深学问，而是心同此境的感触。

人情练达，非成平民阶层没有体味。

俨如"皇上"被迫迁出紫禁城，"皇叔"也凄然搬入了昔日的马厩。

两个门牌号码的变化，昭示着载涛陷入了彻底衰败的家境。

……

西扬威胡同戌六号

西扬威胡同南侧的住宅，共有十四间房，曾是载涛的皇家马厩。

坐落于东城大佛寺西街附近的这座旧院落，原本住宅与马圈分开，把载涛一家人与其他住户隔开。

从后院可以通往马圈。过去，马厩曾租给了人力车场一位刘老板。如今不再养马，倒可以分别走两个大门，当老刘去世后，载涛遂拆掉马号，建起了五间北房，又雇人翻盖了院内的几间房，便和周妙云、金孝兰以及王乃文，一同住进了北房。

同时，旁边的北屋还居住着载涛三儿子的五个孩子。其他人则分别住在东西两侧厢房里。

然而，穷困没能改变载涛的观念，却使他的脑筋变得更加活络起来。西扬威胡同的旧住宅，虽然残破，却被载涛修葺成了一座幽静的绿色院落。

尽管糟糕的家庭经济陷入窘境，载涛却不失居家的品位，依然喜欢在院内的墙壁上种植一些"爬山虎"，还有一些"红绿灯"。无论谁走进院门，一眼望见的便是满目翠绿。

夏季，全家人在绿叶荫荫的院子里坐着聊天，异常有趣。然而，只有载涛和王乃文心里再清楚不过，恼人的日子每况愈下。

雪上加霜。载涛没想到，过去仆人的一些亲戚、朋友，陆续从乡下投亲而来，临时住在马圈里头，纷纷找到载涛，央求说：

"我们家乡来了人，没地儿住，只能暂时住在您这个院里。"

载涛从山老胡同宅,搬到了西扬威胡同戌六号的大杂院。图为如今现状(本书作者摄于二〇一一年九月)

可是,载涛根本没钱盖房子,考虑再三,终于发了话:

"你们自己盖吧。我不要你们房钱,可有一样,房子坏了我也不管修。"

虽然这个院落较宽敞,但迁来的这些乡下人,大多每家盖了两间房,剩余的空地儿很快就砌满了旧砖头的房屋。这里,纯粹变成了一个大杂院。

逐渐地,这块"杂巴地",陆续迁来不少蹬三轮的、掏大粪的、拉洋车的,还有摇煤球的,各色人等混杂而居,一时间,载涛竟数不清大院究竟有多少户人家。

············

"我不留太多钱,给大伙儿分一些吧。"

全家人当然同意载涛卖掉山老胡同旧宅的主见。王乃文也松了一口气,因为平时即使想单做点儿可口的饭菜,也没钱可用。这回分到了钱,心里舒坦多了。

利用手中所剩无几的小钱,载涛虽然做起了小本生意,但仍然无法解决全家人的生计问题。实际上,他卖掉山老胡同二号的住宅之后,换得二千二百一十匹布①,折合大洋十三万块,合"人民券"二亿八千七百三十万元。

从账面上算起来,他遣散仆人等花费四千二百万元,加上搬迁至西扬威胡同住宅的修缮费一千五百万元,共剩余二亿三千零三十万元。

似应提到的是,按照载涛亲笔撰写的简历中所述:家族按股均分后,"本人实得六千万元"。也就是说,他手中仅剩下了这笔钱,再无其他进项②。

载涛虽然为人随和,但在细微之处仍然保留着旧日的派头。譬如,大杂院

---

① 为防止一日三贬的钱币,一般人家习惯于把钱兑换成布匹,用钱时再兑换成钱。
② 以上钱数,皆指"旧币"。

里各户人家夏天都在屋外吃饭,每家围着一个小饭桌。唯独载涛一家从不在屋外吃饭,也很少在院里闲聊天。

以往,对几个庶夫人,载涛极少当面称呼名字,只是称"哎",然后便提起话头。直到解放之后,才稍有改变,遇到比较正经的事,或当着外人的面,才叫她"乃文"。

然而,载涛向来没架子,甭管见谁都让人感到挺热乎,这倒是实话。在院中遇到街坊,他从来都是礼而宾之,见谁都要上前问好:

"您吃饭了吗?"

"七爷,吃了您哪。"

"吃什么呀?"不管对方回答什么,他总是呵呵一笑,就算打过了招呼,"好,哈哈哈……"

同院内有两位蹬三轮车的街坊。他见了喜欢喝酒的小王,就走上去拍打人家肩膀:

"小王,回来啦?今儿个挣了多少呵?"

"不行,今儿个也就挣个块儿八毛的。"

"甭急,够喝二两(酒)吧?"

如果遇到拉三轮车的老焦头,载涛总是关切地问道:

"老焦,今儿个,拉了几趟?"

"涛七爷,今儿个托您的福,生意还真不错。得,谢谢您惦记着。"

王乃文见他在大杂院里无论遇到谁,都点头哈腰地上前搭话,总嫌他嘴贫,有时还瞪他几眼:

"载老,您怎那么多话呀?……"

这时,载涛往往嘿然一笑,并不多说什么。

姜夫人在北平解放炮声中病逝

不久,王乃文的双腿开始患病,而且逐渐加重,走起路来一瘸一拐。

祸不单行。姜夫人竟也日益病重,昼夜病病恹恹,稍有不适,便马上叫大夫赶紧来诊病。她因患多种疾病,眼前总得有人陪着才行,短不了嚷着要死要活。载涛对此很是心重,经常找来一位熟悉的中医大夫给妻子医治。

往往,姜夫人夜里睡觉之后,载涛和家人才能入睡。当北平临解放之际,有一天夜间大炮声连续不断地发出震耳欲聋的声音,猛然,姜夫人接连不断地喊叫起来：

"哎哟，我害怕，我害怕呀……"

载涛立即唤来王乃文，让她寸步不离地守候在姜夫人跟前，一连几夜没合眼。当解放军围城之际，大炮隆隆响个不停，京城的百姓们，连街门都不敢迈出半步。

一九四九年北平解放前两天夜间，姜夫人由于身体衰弱，只是痛苦地哼哼了几声，便不再言语。王乃文起初误以为她睡着了，到第二天早晨起来一瞧，姜夫人由于胆小，又患有严重的心脏病，竟然被城外连续不断的大炮声吓得早就断了气。

守候在一旁的王乃文，也被吓得不轻。对于姜夫人去世，载涛很重视，因为她的父亲是清朝末年的"中堂"，素与皇族交往匪浅。几十年的夫妻生活，也使两人感情弥深。

载涛原想隆重地大办"葬礼"，可是面临北平解放前夕——围城的紧张局势，城内外兵荒马乱，根本无法如愿。他只好赶紧找一些和尚、老道前来念经。结果，在紧张的气氛下，蔫蔫儿地念了几棚经。

更没想到，第二天城外炮声大作，和尚和老道全跑掉了。

听到城外传来阵阵炮声，载涛唯恐发生其他变化，赶紧伤心地吩咐临时雇来一辆大车，把妻子的尸骨拉到郊外，草草埋葬在了"福田公墓"。

也算载涛急中生智——据王乃文所知，他事先请人在挖好的墓地放置了一个洋灰池，棺材安葬之后又扣上了一个洋灰盖。安葬并没有什么仪式，只是把尸骨土葬在墓地就算结束，墓前立了一通碑，上面镌刻着几个大字——

"姜婉贞之墓"。

埋葬那天，出于安全考虑，不仅孙子辈的孩子一律没让出城，载涛全家人也都没去，因为正值京城内外双方对峙，谁也无法出城。当姜夫人下葬之际，连载涛也没敢迈出城门半步。

当北平宣布和平解放之后，载涛遂偕王乃文去了一趟福田公墓，专门赴墓地祭奠。在那里，载涛让她在墓前摆放了几个苹果和几碟点心，焚香默哀。同时，他俩还向姜婉贞的墓碑深深鞠了一躬。

在归途，载涛忽然失声痛哭。因为毕竟是多年患难与共的夫妻，姜婉贞刚年过六旬便离开了尘世。他仍为没能前去参加安葬而惴惴不安，默默地流淌着悲伤的泪水。

过后那段时间里，载涛显得异常悲痛，多日闭门谢客，许久没有出门。似乎,他的脾气也变了,变得不太爱说话了。直到过了很长时间,载涛才逐渐恢复常态。

此前,载涛曾在福田公墓购置了五块墓地,其中一座双人墓,是载涛原打算跟姜夫人合葬的墓地,然而,他却没能埋葬在那里。当载涛的三儿子溥佺去世之后,便和母亲葬在一起。另外四块墓地预先买的都是两人的合葬墓。载涛的其他三位妻妾,也都是每人一块单人墓地。

以往,王乃文每天早晨去给载涛和夫人请安,连出外"卖破烂",也要姜夫人同意才能出外。有时,姜夫人差她去买点熟肉,添几样菜肴,来改善生活,她才可能有走出院门的机会。如今姜夫人去世,她才觉得松快了许多,至少每天无须早晚请安,出外也自由多了。

此前,载涛听从五哥载沣的建议,曾让全家人逃往西华门一座外国教堂避难不少日子。凡年龄稍大一点儿的几个孙女,都跟随金孝兰躲在那里。

这样,家里则由载涛和周妙云俩人看管。过了一些日子,社会上稍微太平点儿,全家人才回到了西扬威胡同。

历史欣然翻过了一页。

一九五〇年初,北平刚刚解放不久,由于一家人经济拮据,载涛亲自出面把剩下的仆人找到一起,依依不舍地说:

"现在是新社会了,家里不许雇仆人,再说也今非昔比,这里已不是过去的涛贝勒府,大家各奔前程吧。我这儿只是一点儿心意呵……"

说完,载涛让王乃文给每个仆人发了五十块钱,让大家自谋出路。

哪料,剩下的一位老仆人陈勇德跪倒在地,哀求载涛务必留下他:

"贝勒爷,我在府里待一辈子了,也无家可归,就跟着伺候您吧。"

载涛发了愁。因为"老陈"——陈勇德从十几岁起,就在涛贝勒府当差,打更、扫院子,什么活儿都做过,是一个年近七旬的老家院。他终生未娶,在京城没有任何亲戚,更是无家可归。

犹豫再三,载涛留下他,每月工钱从四块减到两块,管吃管住,待如家人,在饭桌上跟全家人一起同吃一锅饭菜。载涛还对家人公开宣称:

"老陈跟着咱家过,只当在这里养老了。"

对此,老陈感恩戴德不尽。街坊邻里得知此事,纷纷议论说:

"涛贝勒待人善良,是个难得的好人呵……"

第貳拾柒章

解放之初

*他清楚新社会的风俗，也颇懂清代皇族的婚丧礼仪，总算圆满操办了五哥载沣的丧事。

　　*新中国总理周恩来交给总理办公室主任童小鹏一个任务——"请打听一下涛贝勒的近况，还在不在？"

　　*据档案记载，载涛在解放初期购买公债一千份，约人民券两千万元，捐献飞机、大炮五百万元，入股公司五百万元，水灾捐款两次共四百万元……

　　*"福贵人"——李玉琴来找"皇叔"，他却无能为力解决她的归宿，只能空留遗憾。

　　*"皇叔"看望新婚后的白凤鸣，经侯宝林略一渲染，居然成了曲艺界的一段佳话。

　　*载涛当上了居民小组长，又被任命为北京市民委副主任。

　　*批阅文件耍了滑，以致"文革"清查时，竟连他的一件批示都没找到。

图片说明：载涛（左）和溥仪（中）叔侄始终受到周
　　　　　恩来总理（右）的关心。图为周恩来总理
　　　　　在全国政协与二人亲切交谈

顺应时变——

屡经改朝换代的历练,已属处变不惊。

身处大杂院,自诩一介草民,"穷"得怡然自得。

孰料,时来运转,居然"官运亨通"。

…………

操办五哥载沣丧事

说来,载涛平素与其五哥载沣的往来关系,并不算十分密切。

解放初期,载沣居住在利溥营胡同,与载涛家仅隔一个胡同。但彼此往来不多。虽然载涛一家生活艰难,即使没辙时也从没找过载沣借钱。

在王乃文眼里,载沣不甚谙通人情世故,多少有点儿吝啬。过年时,她陪同载涛去醇亲王府做客,眼见来了一个皇族小孩儿磕头,按说怎么也得赏点儿什么,谁知载沣仅送一块六尺的布料充作赐礼,人家还一个劲儿道谢不已。

当载涛与王乃文结婚之后,也曾带着她前去拜见载沣。

对此,她颇有感触地回忆说,那次跟大伯子头一次见面,载沣仍然送给她六尺的一块布料。看来,这是醇亲王府多年留下的"旧货"。

归途,她不由向载涛发起了无名牢骚:

"如果送给七尺布,还勉强能做一条裤子。这才六尺能做什么呀?"

此时,载涛并不搭腔,其实内心也闷闷不乐,一路无语。

在她的记忆中,从来没有吃过载沣一顿饭,也没请载沣吃过饭。平时,她去醇亲王府很少,连年节也极少见面。不仅如此,她见到,亲侄子或亲戚前来给载沣拜年,连桌子上摆着的点心,竟也吃不着半点儿。

过去,她若见载沣要行大礼,若侄子来了也要给他磕头。每当此时,载沣往往对晚辈儿说几句吉祥话:

"得啦,一顺百顺。"

平时,载涛没事也不上五哥家里去,偶尔从天津返回京城有事,才跟五哥联系一次。

后来，载沣从天津迁回北京居住。当时载沣因患下肢瘫痪，已无法走路，得有仆人用轮椅车推着，才能勉强出门。偶尔，载沣被仆人推着轮椅来载涛家看望一下，没事儿时，一两年也不见得来一趟。然而，载涛始终关心着载沣的病况。

一天，载沣到载涛家吃了一顿菊花锅，回家便患感冒，引发了尿毒症，自此日益病重。

一九五一年二月三日，载沣在家中病逝。因其两个儿子——溥仪与溥杰，正远在抚顺战犯管理所接受改造，三子溥倛早殇，身边只有四子溥任孑然一人。

听说载沣去世，载涛闻讯之后，急忙独自赶去。

以往，由于载沣长期患病，皇族的一些杂事都交由载涛来办理。也就是说，每逢皇族遇到大事，才凸显载涛的运筹能力。

从旧礼节上说，载沣是溥仪的生父，又当过清末摄政王。连载沣的侧福晋邓佳氏在民国期间，依然按照清朝礼制下葬，采用六十四人大杠出殡，异常热闹的场面，一时轰动京城。

若照载涛的说法，相比之下，载沣无法低于此种规格，如按普通百姓那样来办丧事，则显然会受到皇族内外的诘难。

但新中国刚成立，人民政府提倡移风易俗，绝对不能完全按照皇族的老一套来办。溥任因无社会经验，面对父亲的丧事束手无策，只好请七叔载涛出面，全权办理"治丧"。

载涛毫不推诿，满口应承下来。他一向在京城熟人很多，便亲自出马，找到地安门外西皇城根"原信成"杠房的老掌柜狄琴荪和狄恒业父子反复商量，提出"务实"，切忌"浮费"，务必不能把钱花在大摆排场上，从而避免葬礼造成负面的社会影响。

载沣去世，在京城颇有一定影响。一位老作家曾这样描写过载沣的葬礼："一九五二年的上元节①刚过，京西通往福田公墓的土道上，出现了一个近年来已经绝迹的'大殡'——由三十二名身穿绿驾衣，头戴青毡荷叶帽，上插鹅黄雉翎的杠夫，抬着一付黄绳拴的红杠，上面扣了一卷黄彩扎成的官罩，就像一座古典宫殿——躺凫式的简易官罩。杠后还跟着三十二名身穿蓝驾

---

① 应为1951年3月。——作者注

衣,头戴青毡荷叶帽,上插鹅黄雉翎的杠夫……"①

载涛筹办这桩兄长的丧事,完全符合"王杠大换班"的旧规矩。下葬时,领头的"杠头"依然按照清朝宫廷的老式做法,跪伏在墓边指挥左右。担任葬礼"总指挥"的载涛,亲眼目睹这种情景,感到十分满意,连连夸奖:

"不错,真不错。没想到,现如今还真有懂咱满礼的呢!……"

由于载涛很清楚新社会的风俗,也颇懂清代皇族和王府的婚丧礼仪,使这桩京城人注目的丧事,办得异常圆满②。

"福贵人"京城访"皇叔"

对于"福贵人"李玉琴,载涛无力解决她的归宿,为此,只能空留遗憾——

自从溥仪被苏军押往苏联之后,李玉琴在东北生活无着,便想投奔溥仪的父亲载沣。但她与载沣不熟悉,只好辗转到天津找到溥仪指定留守天津的溥修③,托他联系载沣和载涛等人。

没想到,听到这个情况,不仅载沣表示无奈,载涛更是频频摇头,拒绝收留李玉琴。

于是,"福贵人"只得暂居天津,继续打听溥仪的下落。她又托溥偷的妻子游说载沣和载涛,也均被婉言谢绝。

当北平解放后,溥修听说载涛当上了全国政协委员和马政局的顾问,顿时来了精神,马上兴奋地告诉李玉琴:

"听说涛七叔当上了共产党的大官,找他没准儿能行。"

在溥修的动议下,李玉琴毅然来到北京,再次登门拜访载涛。

猛然见到李玉琴,载涛感到十分意外,除了安慰她几句话外,说明并不清楚溥仪的下落,当然也不敢贸然收留"皇妃"。据王乃文回忆,载涛那次连一顿饭也没留她吃,当李玉琴离开西扬威胡同时,万分失望,而载涛也是无可奈何地摇头不止……

其实,王乃文送其出门之后,好心地告诉李玉琴:

"前不久,涛七爷和溥仪的几个妹妹都在报纸上发表了声明,已经和溥仪

---

① 引自常人春:《新形势下旧王爷的家葬》。
② 此节内容参考王之鸿:《载涛故居——故梦繁华是寻常》——2009 年 11 月 26 日《北京晚报》。
③ 溥修,道光皇帝之孙,曾任北京市文史馆馆员。

脱离关系,怎能再往头上戴'枷'呢?……"

听到这儿,李玉琴眼中噙满泪水,心绪复杂,以袖掩面,掉头而去①。

不久,载涛听说李玉琴又在京城找到了跟溥仪关系最密切的二妹韫龢,哪知,夫妇俩拖家带口也正为生计发愁,最后一丝希望自然又落了空。

虽然,载涛对于"皇妃"唯恐"沾包",可无论见到邻里街坊,都十分热乎,见面便短不了亲热地问候一声。凡是院内的小孩儿,见面都叫他爷爷。

"哎,哎。"载涛答应着,一会儿摸摸男孩的头,一会儿摸摸女孩的小辫,"去吧,玩儿去吧。别淘气呵……"

令人难以理解的是,依然有人见了载涛,沿用旧称呼——"老爷":

"老爷您遛弯儿去呀?"

有的故交见了面,甚至同情地对他说:

"涛贝勒爷,瞧您如今都沦落成这样儿了,受罪喽。"

"我这不是挺好嘛?……"

载涛却不以为然。可以说,他天生是一个"乐天派",虽然生活数度陷入困境,却始终并不悲观。

纵观京城上百家王府的旧主人,大多在"败家"之后不久,便悲观地去世。然而,唯独载涛居然乐观地活到了七十年代,算是真正"袭爵"的贝勒中最长寿的一位。

"躲"了白凤鸣的婚礼

五十年代的一天,王乃文接到白凤鸣的结婚请柬,马上告知载涛。听到这一消息,载涛感到挺诧异,因为白凤鸣娶的妻子是他六哥载洵的三女儿——金蕊蝉。

一向注重老礼儿的载涛,甚感为难,如今经济困难,家里不像从前财大气粗,出席婚礼没有像样的"份子",也拿不出手。但不去也不好,王乃文曾与白凤鸣同台演出过,是感情不错的同行。况且,金蕊蝉是六哥的女儿,自己不露个面更不好。

于是,载涛思来想去,只好寻个托词,"躲"了婚礼,当白凤鸣和金蕊蝉结

---

① 八十年代初,本书作者采访李玉琴时,她谈及此情节,笑着对我说:那时候我可真傻啊,爱新觉罗家族的人们,都在纷纷跟溥仪脱离关系,我仍然在寻找他,拼命想为他"守节"。如今,想起来实在可笑,可当时确实是那么想的。

婚之后,才偕王乃文略备薄礼,到夫妻俩新婚之家去看望。

谁知,一些曲艺名家也正在他家聚会。侯宝林等人都在那里热闹地聊天。一见载涛夫妇进门,赶忙纷纷起身让座:

"哎哟,涛七爷驾到了呵。"侯宝林略略欠身,微笑着开起了玩笑。

"侯老板在呵,一向可好吧。"载涛也抱拳行礼。

在聊天中,载涛一再当面称赞白凤鸣:

"你的大鼓书唱得多好呵,挺有出息……"

见此,白凤鸣感激莫名,兴奋地对载涛说:

"如今,跟您攀成了皇亲,往后,我可就叫您涛七叔了,多关照呵。"

"惭愧,惭愧。今儿个到这儿,就是和七婶来给你俩道个喜嘛。"

一时,"皇叔"来白凤鸣的新婚之家看望,经侯宝林略一渲染,居然成了曲艺界的一段佳话。

颇有意思的是,不久,金蕊蝉担任了街道居委会主任,载涛也成了居民小组长,俩人竟然成了街道工作的同行。

当上街道居民小组长

谁料,刚解放时,载涛居然当上了附近几个院子分片的居民小组长。

这成了京城的一件稀罕事儿,"皇叔"经常一趟趟地去街道居委会开会,用小本记录着会议内容,回来再给街坊传达,显得前所未有的认真。

载涛遇到了为难之事。平生他最腻歪两档事,一是赌博,二是抽大烟。所以,他如果发现家里无论何人有其中一种毛病,必定重责而不饶。

街道发现溥僖夫妻二人嗜鸦片如命,他遂主动协助把儿子和儿媳送到医院,强制戒掉了吸食鸦片的恶习。随后,街道办事处公开表扬了载涛:

"如果不是'皇叔'决心大,这一对夫妻未必能戒掉呢。"

听说"十一"前夕街道要来检查卫生,他先动员家里打扫院子、擦玻璃,亲自把附近几个院子的卫生检查一遍,然后,再带着街道主任正式检查。街坊老太太呵呵笑着说:

"涛贝勒多认真哪,真把居民小组长当成官儿啦。"

不仅如此,王乃文也当上了西扬威胡同的街道妇女主任。起初,载涛和金孝兰都不太愿意,因为这样家务便没人操持。

而到后来,身为居民小组长的载涛,见妻子跑疼腿磨破嘴地一家家动员买

公债——为"抗美援朝"捐献飞机大炮,深受感动,遂转变了态度,带头掏出一笔巨款:

"咱家如果不捐,乃文也没法儿给别人家动员哪!"

依据档案记载,载涛在解放初期的一九五〇年至一九五二年期间,将卖掉山老胡同旧宅所剩下的部分钱款,购买公债一千份,约人民券两千万元,捐献飞机、大炮五百万元,入股公司五百万元,水灾捐款两次共四百万元……

"皇叔"的巨额捐资,成了当时北京的一大新闻。周围街坊见载涛领头,纷纷说:

"七爷都捐了,咱没理由不捐呵。"

其实,载涛的生活也不算宽裕。他算了一笔账,如果算上前妻丧葬费用一千八百万元,共用去五千二百万元,余下八百万元。再加上各种费用,他手中仅"现有四百万元"。据他初步估计,全家每月开支约需二百万元,照此算下来,眼看便要入不敷出。

不久,居委会又白手起家办起了街道托儿所,虽然不发工资,可王乃文干得挺欢,载涛倒也从来不拖后腿。

出任市民族委员会副主任

世态炎凉,载涛早在民国时代便体会颇深。

当他在胡同口寒酸地摆起小摊时,往日的官宦富豪,全都离他远去,连从前见面对他点头哈腰的皇族后裔,也无不退避三舍。

当载涛捐献出几乎大部分积蓄之后,全家人的生活成了一个难题。

然而新中国总理周恩来却惦念着载涛的处境,遂交给总理办公室主任童小鹏一项任务:

"请打听一下涛贝勒的近况,还在不在?"

随即,童小鹏打电话给北京市副市长张友渔。于是,北京市民政局局长董濡勤被张友渔唤到了办公室,亲自布置查找。最终,新上任的民政局副局长马玉槐通过民政局一位满族工作人员关福禄,打听到了载涛的下落。

关福禄亲眼见到了正在胡同口摆摊的"皇叔"载涛,立即汇报给市领导,这个情况被周总理报告了毛主席。

不久,北京市领导转达了中央领导的指示,通知载涛:

"小摊不要摆了,立即发给救济款……"

因为周恩来总理通过北京市民政局了解到载涛有三个妻子,近三十口人,家庭负担过重,遂正式安排载涛为全国人大代表,生活统一由全国人大负责。从此,载涛一家的生活再不用发愁。

按照上级指示,一九五七年,北京市正式成立北京民族事务委员会,邀请载涛担任副主任。

数十年后,笔者在采访中,千方百计找到了当时组建北京市民委的名单:

主任:马玉槐(兼任北京市民政局局长)

副主任(常务):贺一平(兼任北京市委统战部副部长)

副主任:载涛

办公室主任:王旭东(兼任北京市民政局副局长),主持日常工作。

北京市民族事务委员会成立时,地址设在府右街路北的一座三层灰楼里。民委平时工作不算太忙,仅有十几名专职干部。譬如,后来担任北京市民政局副局长的殷兆玉、民委副主任沙之元、伊斯兰协会秘书长彭年,这些人都跟载涛很熟悉。

在担任北京市民族事务委员会副主任期间,载涛尽职尽责,开会从不迟到。但由于脱离社会太久,政策水平有限,开会时表态,总是重复一句老话:

"一定按上级指示办。"

他的风趣表态,往往成为人们开玩笑时的佐料。当王旭东在会下征求载涛意见时,他亦大多是一作揖,微笑着说:

"旭东,您做主。如果不行,请示市委统战部,行不?"

在几位副主任中,并没给载涛配备专用小卧车,前去开会时,他就骑上自行车,显得十分洒脱。

没过多长时间,王旭东发现载涛一个特点,上衣有时换个样式,下半身却总是一身专业马裤,一年四季,从来不换。

有时,载涛来到办公室,大家总愿意聚到他的屋里,异常热闹地聊起天来。一些同事还喜欢跟载涛逗笑:

"载老,您来个京戏亮相?"

每当此时,载涛倒也毫不推托,无非来个金鸡独立,或是立马扮一个猴戏动作,逗得满屋人哄笑不止。

一次,北京市民委召开联欢会,北京市委主要领导人出席。载涛自称"五音不全",登台只反串表演青衣的舞蹈动作,盛邀梅兰芳前来助阵——演唱京戏,徐兰沅操琴,赢得全场经久不息的掌声。

王旭东一次到前门外的满族京戏名角李万春家里访问。当听说载涛当上了市民委副主任,李万春兴奋地对他说:

"您知道吗?我的猴戏就是跟涛贝勒学的呀。"

"真的吗?"王旭东从没听说过此事。

"你如果不信,可以亲自问一下载涛副主任。"

过了几天,王旭东见面询问起载涛,只见他哈哈一笑:

"万春说得没错儿,他是我徒弟嘛,猴戏当然是跟我学的啦。"

每逢市民委有了戏票,大多先发给载涛,他倒也不客气,每次必去。有意思的是,市民委只有两辆小卧车,所以若赶上没车,王旭东便亲自出面找民政局联系借车,以接送载涛看戏。

当时,市民委对于载涛没确定级别,也不发工资,仍然由全国人大每月按时送去薪水。他每次都是沏茶倒水,热情招待。

平时,载涛不用坐班,偶尔来一趟办公室,顶多上午待半天。屋内也不用他打扫卫生,而由工友负责。当王旭东知道载涛喜欢喝茶的习惯,时常主动为他沏上一杯香气扑鼻的茉莉花茶,其他同事也往往拿来自己的茶叶,请他品尝。

当办公室人员拿来文件,载涛阅后,总是大多画个"圈儿",表示看过而已。

每隔一两个月,临开会前,办公室主任王旭东便去载涛家里,向他汇报一次工作。据王旭东回忆,载涛十分有趣,听取汇报时,从不插话。遇到分歧的问题,听后总是呵呵一笑,从来不置可否。

上书周恩来总理反对"满清"提法

五十年代初期,载涛曾提笔给周总理写了一封信,建议防止民族歧视,不要出现"满清"的字眼,今后国家的文件中要使用"满族"的称谓。

当周总理接到这封信之后,非常重视,经过有关部门研究,国务院专门以国务院办公厅的名义,于一九五六年二月正式发出文件,明确今后不要出现"满清"的提法,并作出了详细规定:

> "满清"这个名词是在清朝末年,中国人民反对当时封建统治者这一段历史上遗留下的称谓。在目前我国各民族已经团结成为一个自由平等的民族大家庭的情况下,如果继续使用,可能使满族人民在情绪上引起不

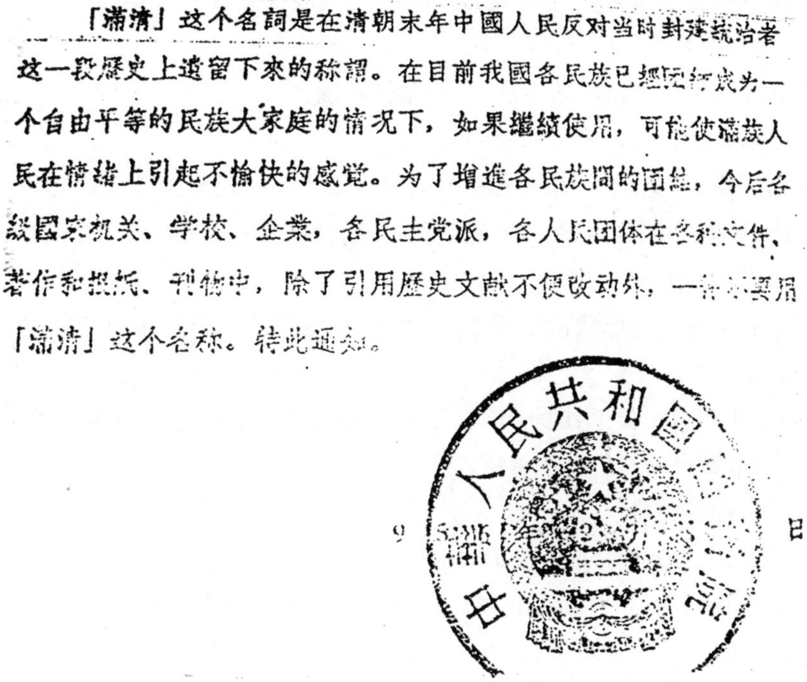

载涛上书周总理反对"满清"提法,被采纳。图为国务院办公厅所发布文件

愉快的感觉。

为了增进各民族间的团结,今后各级国家机关、学校、企业、各民主党派、各人民团体在各种文件、著作和报纸刊物中,除了引用历史文献不便改动外,一律不要用"满清"这个名称。特此通知。

至今,在国家档案部门依然保存着载涛这封珍贵的亲笔信。

搞"运动"我可不懂呵

一九五八年,开始"反右"。为组织运动,市民委临时增加了十几名工作人员,办公地点也迁到了东四清真寺。载涛一看形势不妙,私下找到王旭东说:

"搞运动,我可不懂呵。你和贺主任商量着办吧。"

从此,不再来上班——"躲了"。

这里,虽然离载涛家很近,但他从没来过一趟。

对于载涛是否参加运动之事,市民委还专题研究过一次,北京市副市长崔

月犁还亲自到会。贺一平①从"统战"的角度,大度地说:

"载涛属于民主人士,就免了吧。"

提起载涛怕运动而不敢上班,崔月犁笑着说:

"载涛情况特殊,回家就回家呗。"

于是,"反右"运动中,载涛连一次会议也没参加。说是自己拥护毛主席,别的不懂,更不能随便乱说。直到"反右"运动结束,市民委一个右派也没"反"出来,只反出一个"中右"。

当王旭东向副主任载涛汇报工作时,载涛仍只是一个劲儿劝茶,一笑了之,丝毫没表态。

哪知,北京市民委系统的"反右"成果,不仅市委统战部部长廖沫沙②赞成,连北京市副市长刘仁也委婉地表示满意:

"看来,你们很稳啊。"

当时,几十位干部一起开会时,廖沫沙当面询问王旭东:

"旭东,我问你,如果没有毛主席,有没有你王旭东的今天?"

"那还用说,没有毛主席,就没我王旭东!"

廖沫沙听了王旭东的回答之后,一拍大腿,说:

"就是嘛,没有毛主席,也没有我廖沫沙!"

接着,许多老同志都发了言,调子和廖沫沙一样,如果没有毛主席,就没有我们的今天,隐含的意思是——不可能反党嘛……

在接着召开的"反右"运动大会中,王旭东躲在大会后边的椅子上,睡着了。他醒了一看,载涛早就悄悄溜回了家。

一九五九年二月,北京市民委撤销,民族业务重新回到了市民政局,王旭东仍然当办公室主任,又恢复了民族事务科。载涛没变化,依旧当他的全国人大代表。

有趣的是,几年之后,当"文革"高潮时,一些民政局造反派提出,要彻底清查载涛的"滔天罪行"。结果,居然成了一个笑话——不仅什么问题也没查出来,连载涛的一个工作批示都找不到。

闹到最后,只好不了了之。

---

① 贺一平,山西省天镇人。曾任新乡市市长、中共北京市委统战部副部长、北京市民委主任、党组书记、北京市民政局局长。
② 廖沫沙,湖南长沙人。历任中共北京市委宣传部副部长、教育部部长、统战部部长、北京市政协副主席。在"文革"中,与邓拓、吴晗被错定为"三家村反党集团"。

第贰拾捌章

平民『皇叔』

＊一道费解的难题，摆在面前。新社会提倡一夫一妻，他身边却仍有三位庶夫人。一向乐观的载涛，整天愁眉不展。

＊通过思考，他巧妙地提出了一个五个字的妥协方案："离婚不离家。"

＊载涛强逼王乃文找工作，被告到全国政协。

＊四个孙女先后被批准参加中国人民解放军，他事先居然一无所知。门楣上，被嵌上了一块匾——"光荣之家"。

图片说明：载涛和夫人王乃文与即将参军的孙女金蔼珧合影留念

多妻制,除母系社会,自古使然。

几皱眉头,计上心来——离婚不离家,开辟了"一家两制"的先例。

移风易俗,从我做起。休说女子,昔日好男亦不当兵。"皇叔"却鼓励孙女们成为"最可爱的人",乃至在"上甘岭"战役中,奋战于弥漫的炮火硝烟之中。

……

载涛与周妙云"假离婚"

"五一"过后,军队轰轰烈烈地宣传贯彻《婚姻法》,身为马政局顾问的载涛,坐卧不安,对于家中的"多妻"问题,深感万分焦虑。

经过反复考虑之后,他找到马政局局长陈锡联,实事求是地作了汇报。谈起此事,他态度非常明确:

"我作为马政局顾问,又是全国人大代表,毛主席和周总理如此信任自己,家里有三个妻子可不行,我一定带头解决。"

陈锡联无法当即表态,只好答应请示总后和中央军委再作决定。

哪知,陈锡联经请示上级之后,又找来人事处处长王进山和人事处助理员贾振民介绍说,载涛正式向组织提出了此事,声明坚决按照《婚姻法》办事,鉴于载涛的特殊身份,对于他的家事,务必慎重对待。

与此同时,载涛也不止一次召开了"三人家庭会议",坦诚地提出:

"跟大家说实话吧,共产党不赞成多妻制。我现在三个妻子可不行。"

他毫不讳言,要给三位庶夫人"自由",不愿意和自己在一起生活的,可以解除婚约。可是,几位妻子说来说去,谁也不愿离开这个建立多年的家庭。

一道难题,总算在组织上有了说法。不久,马政局经请示上级后,作了正式答复——载涛的家庭问题,是"多妻制"的残余,不符合新中国的《婚姻法》,但是,鉴于载涛的家庭现状是历史造成的,属于历史遗留问题,不一定马上按照《婚姻法》办,可以慢慢解决。组织上不强求载涛非如何不可,让他和家人商量着处理。

随之,他立即召集家庭会议,向全家人传达了军队领导的指示:

"这是旧社会遗留下的问题,暂先这样维持,容后再慢慢解决吧……"

然而,载涛的内心始终存在着矛盾。他觉得,法是全国人大通过的,自己也是举手赞成的,既然法是人民定的,我也是人民一分子,当然要依法来办事……

他把真实的思想矛盾,毫不隐瞒地向马政局局长陈锡联作了多次汇报。虽然屡经全国政协和马政局协商,终归还是要听听载涛的个人意见。对此,他倒是直言不讳:

"离婚呗。"

离婚是双方的事儿。于是,载涛又多次召集三位庶夫人一起商议:

"谁愿意走,我同意就算完事儿。办完手续,就可以到外边单过去。"

重情有义的载涛,实话实说——这是没办法的办法,即使离婚,说好也是"假离婚",除分居以外,照常往来。

当载涛再次召开家庭会议时,已分居在外的妻子周妙云,表示同意丈夫的意见,提出了"离婚"的要求。几经商量过后,载涛又提议:

"这样吧,我先和周妙云离婚,尽快办手续,好不好?"

屋内鸦雀无声,只听他一人在说话。载涛反复思考,又巧妙地提出了一个五个字的妥协方案:

"离婚不离家。"

在王乃文看来,载涛的三位庶夫人中,数周妙云常在外头办事儿,还会"拉房纤",结识人多,所以,她愿意搬出去居住自有活路。见此,载涛顺水推舟地对周妙云说:

"那就委屈你了,先这么着吧。"

随后,载涛耐心地解释说,现在毫无办法,谁也不愿意让你走啊。他还自认为"人性化"地私下对周妙云说:

"你可以跟儿子说清,跟你爸爸离婚,这叫'假离婚'。"

此后,载涛改变了家庭政策,不仅每月付给周妙云六十块钱生活费,还给她掏了一笔"安家费"。如果她在外头协调家里的事,可以另外再补助。因为她身边还带着载涛的五儿子溥儇,有时,载涛还前去看望。

当周妙云离家走后,载涛无奈地叹着气,对王乃文说:

"哎,得了,先就这样吧。"

当周妙云分家另过之后,其子溥儇起初还没工作,便买了一辆汽车,练得驾车技术不错,便开车做买卖。当听说溥儇信佛之后,王乃文开玩笑地戏称,老五仅是口头上信佛，平常也不烧香，只是把"佛爷"挂在嘴上。

谁知，载涛没料到，周妙云搬出去之后，倒像是真的离了婚。

从此再也不到载涛这边来了。据说，周妙云的心情始终处于忧郁之中，没过多少年，便身染重病去世了。

这样，载涛的身边就只剩下了金孝兰和王乃文。

强逼王乃文找工作

当时，载涛卖掉老府剩下的钱，占的份额比较多，谁也没有不同意见。他还分给王乃文八百块钱，在当时可算是一笔不小的款项。

平常，她和载涛在一起无拘无束，甚至可以关上门来随意说笑打闹。他心胸豁达，倒也并不在意。但恰恰由于"分钱"的后遗症，使王乃文与载涛闹开了矛盾。

由于她年轻好捯饬，平时花销又多，仅不到两年便把八百块钱全部花了个底儿掉。她没有任何生活来源，无奈，只得又找到了载涛：

"载老，我手里那些钱花完了。怎么办呢？如今什么都得花钱呀。"

当时，全家人还从没一人向载涛讨过钱。他听了异常恼怒，理直气壮地告诉她：

"我不再给钱了，你自己找工作去吧。你瞅瞅呀，现在谁不工作？"

王乃文一听此话，也顿时来了气：

"您让我找工作，我没文化，上哪儿去找工作呀？"

"那你也得找呀，不能总待在家里。"载涛毫不留情地板起脸。

"您不管我，那可不行。我当初嫁你时，就说好的……"王乃文的脾气变得暴躁起来。

"不行又怎么样？你自己想主意吧。"临完，载涛给她撂下一句不软不硬的话。

"好吧，我自己想办法……"

她犹豫许久，终于拿定主意，闯进全国政协机关找到了全国政协秘书长。面对怒气冲冲的王乃文，秘书长不知何事，对她十分客气：

"哎呀，乃文同志来啦，赶紧进来。"

她走进办公室，脱掉外面的大衣，跟秘书长握手之际，眼泪便差点落下来：

"我找您来了，您得救我！……"

这一句话不要紧，秘书长闹不清怎么回事，立时愣住了：

"什么事儿呀，您慢慢说吧。"

"载涛不养活我，我也没工作，"王乃文眼含泪水，"您给我想办法吧，怎么办？"

"哎，不能吧？"秘书长说话挺爽快。

"那我跟您说说经过吧。"此后，她便把和载涛吵架的前因后果，详说一遍。

"反正得让我活下去，煤球自己买，笼火的劈柴也得自己买……"

"那载涛是什么态度？"秘书长问她。

"载涛让我找工作。您说，我这个岁数，能找到什么工作呀？"面对诚恳的询问，她反复述说，自己没多少文化，认不了几个字。说着，她不禁落下了泪水，"您让我去给人刷马桶也可以，但总归给我指一条路啊……"

"那您别着急，我先跟载涛谈一谈。"

"得，您就跟他说吧。今天为了我这么点儿小事儿劳烦您，实在对不起。"

事后，全国政协秘书长找到了载涛，劝解地说：

"您一月工资不少，每月给妻子点儿生活费吧。她一个人挺不容易……"

"是，是……"没想到，载涛当面一口应承下来，态度极好，"我一定按照秘书长的指示，处理好这事儿。"

载涛还说了不少客气话，刚回到家，便把她从隔壁院里唤了过来：

"好哇，你可真行呵，上政协机关告我去了？"

"是啊，您不给我生活费，我还吃饭不吃饭哪？"

"好，你一个人单过，我每月给你三十块钱。"

"您那么多工资，才给我三十块钱，我够吗？"

然而，谈到最后，载涛只答应这个数儿的生活费，其他的费用就都不再管了。

她琢磨着，三十块钱正好合着一天一块钱。可是，油、盐、酱、醋、茶、煤、炭……哪样儿不花钱哪？即使天天吃棒子面，也得稍微算计一下。转念又一想，三十块就三十块吧，反正够吃窝头了，就先凑合着过吧，便没再言语。

合影欢送参军的孙女

载涛依然感到身上的家庭负担过于沉重，压得简直难以喘过气来。

由于几个儿子和儿媳妇大多没有工作，连同儿孙辈，全家近三十口人，无

载涛和夫人王乃文与即将参军的孙女金蔼珧合影留念

以为生。再加上溥侒夫妇早亡，又留下了金蔼玥、金蔼珧、金蔼瑛、金蔼琇、金蔼珑等姐妹几人，一直都由载涛供养。

早在解放前，载涛便让这姐儿五个从小到香山慈幼院小学上学，每到寒暑假期，便让王乃文乘坐公共汽车去接送。他还指定，另由溥侒的奶妈负责孩子的家务，以及一年四季衣服的换洗。

如此细数起来，载涛差不多有二十多个孙辈儿女。听说几个孙女参军，载涛欣然表示支持。他有几句话说得好：

"孙女们非得在家当格格吗？从前，皇族府里的格格脑筋顽固，哪儿能去参军？"

他的孙女金蔼玥考上了军医大学，最初学化学，从东北军医大学毕业之后，在东北医学院当大夫，其丈夫也是学医的，还担任了医院主任。婚后，夫妻俩在当地安家落户，生儿育女。

当金蔼玥参军临走之前，亲热地跑过去对载涛说：

"爷爷，我后天就走，跟您说一声。"

载涛听后，一个劲儿笑着鼓励她：

"好孙女，甭管到哪儿，都要好好干呵。"

另一个孙女金蔼珧是初中毕业,南下参军临走时,单独找到载涛和王乃文,提出一项请求:

"我在临走前,想和爷爷、奶奶合照一张相片。"

"太好啦。这也是我们全家人的光荣呵。"

这样,载涛夫妇让金蔼珧站在中间拍摄了难得的合影照片,这幅珍贵的历史照片,至今犹在。

每当街坊们关心地询问起载涛:

"载老,您的孙女参军了?多光荣呵。"

"是呵,当上解放军啦。"载涛总是高兴地回答。

溥佺的四个女儿都很有出息。金蔼玥在军队里结婚生子,生活幸福。金蔼璇、金蔼珧,加入了中国人民志愿军,金蔼珧还参加了上甘岭战役,被溥仪称为"最可爱的人"。金蔼琇也参加了中国人民解放军,成为了一名出色的文工团员。

周围的街坊见到载涛成为军人家属,无不跷起了大拇指。载涛在那些日子里,心情极为愉快,时不时对街坊说:

"我有这样的孙女,真是不错,孩子都挺要强呵。"

由于载涛一家成了军属,门口的门楣上,被嵌上了一块匾——"光荣之家"。

暮年,载涛成天在家里研习书法,还把亲笔书写的对联贴在屋内的门柱上。直到七十年代初,笔者随溥仪的妻子李淑贤去他家串门时,载涛的五儿媳鄂静元还领我观赏过这些笔力遒劲的书法精品。

偶尔,载涛还让王乃文找出一些王府留下的旧扇面,亲笔在上面撰写一些书法作品,分赠家里的儿孙:

"我让你讷讷①找出来扇面,给每人写一把,你们要好好留着,别撕了啊。"

载涛不仅让孩子们保存着这些书写着名言佳句的扇面,以作纪念,还经常拿出这些小扇子,教孙辈儿念懂上面书写的名言诗句。

还应提到,金蔼瑛也是溥佺的女儿,大学毕业之后,在"同仁堂"当上了药剂工程师。其丈夫辛芳是一位著书立说的才子,俩人婚后一起居住在东城百货大楼旁边的胡同里,过着平静的日子。

如今,载涛的儿孙辈大多依然生活在北京,其中不乏年近古稀之人……

---

① 满族人管母亲叫"讷讷",音 ne ne。

第贰拾玖章

被毛泽东封为『弼马温』

中央人民政府人民革命军事委员会委任状

兹任载涛为中国人民解放军炮兵司令部马政局顾问

主席 毛泽东

一九五〇年八月十日

中央人民政府人民革命军事委员会印

＊被毛泽东封为"弼马温"无人不晓,载涛被毛泽东主席任命为"弼马温"——解放军马政局顾问。个中来龙去脉却并非人所皆知。

＊他向全国政协报送的"提案第二十六号"——拟请改良马种以利军用,被马政局奉为指导种马繁殖的当代"马经"。

＊在陈锡联和苏进呈报政务院的文件上,财政经济委员会由陈云、薄一波、马寅初、李富春签名,政务院总理周恩来和朱德总司令亲笔作了批示。载涛遂成了马政局的"首倡者"。

图片说明:毛泽东主席亲笔签署,向载涛颁发的中国人民解放军炮兵司令部马政局顾问的委任令
(本书作者摄于九十年代中期)

大凡伟大人物，多是幽默家。

罕有人知，自古皇家马厩两旁的石柱上，往往分别雕刻着两只张扬着性别的母猴。

寓意何在？惟熟读《马经》之人，才晓其中奥秘。

——宛如《西游记》之中的"弼马温"，被毛泽东冠之以马政局顾问的头衔。

"皇叔"闻知，哈哈大笑：

"知我者，毛泽东！"

…………

此事说起来，蛮有趣味。

无疑，载涛以其不凡的经历，在人生的舞台上扮演了坎坷而异彩纷呈的多重角色。

或许是历史的巧合。他在演戏的舞台上，擅演活灵活现的"齐天大圣"——美猴王，却未饰演过掌管玉皇大帝"天马"的"弼马温"①，而在晚年时，竟然恰巧被毛泽东主席亲自点将，担当调教"军马"的中国人民解放军马政局顾问。

这在载涛一生的经历中，实属神奇一笔。

毛主席亲笔签署委任令

那是在新中国成立之后第二年，即一九五〇年八月十日。

毛泽东主席亲笔签署了《中央人民政府人民革命军事委员会委任令》。这份委任令，竟然由毛泽东主席亲自派一名身穿中国人民解放军军装的军官乘坐小卧车，送达载涛家里。

一般人只知载涛被毛泽东任命为马政局顾问，殊不知，其实马政局的建立，载涛却是"首倡者"。

---

① 弼马温，即"避马瘟"。明朝学者赵南星的著作中，曾摘录《马经》所言："马厩畜母猴辟马瘟疫，逐月有天癸流草上，马食之永无疾病矣。《西游记》之所本。"这就是说，古人传说如果母猴的月经流到饲料上被马所偶食，便可使马躲避瘟疫。一些拴马桩上遂时常雕刻石猴，即寓此意。《西游记》中弼马温，即源于此。

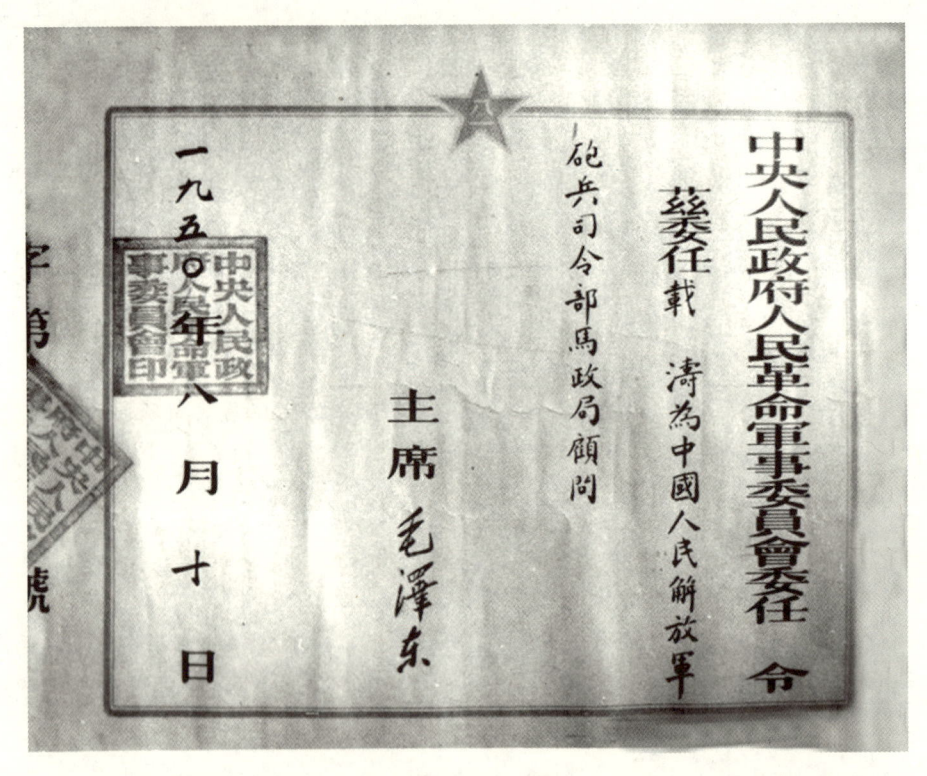

毛泽东主席亲笔签署,向载涛颁发的中国人民解放军炮兵司令部马政局顾问的委任令(本书作者摄于九十年代中期)

　　正因为一九五〇年全国政协一届二次会议通过了全国政协委员载涛提出的《改良马种以利军用》提案,全军由此开始筹建马政系统,才成立了马政局。
　　王乃文回忆说,谁也没想到,载涛双手接过这份《委任令》,奉若至宝,居然激动地流出了热泪,大声地对家人说:
　　"知我者,毛主席呵……我要在有生之年,一定报答毛主席的知遇之恩!"
　　在王乃文的记忆中,罕见饱经沧桑的载涛流出如此激动的泪水。
　　对于这幅《委任令》,载涛倍加珍惜,千方百计找到一个老镜框,又在背面垫了一张衬纸,小心翼翼地亲手镶入玻璃框内,高高地悬挂于屋内正厅。这使走进屋内的人们,第一眼就能看到他引以为自豪的毛泽东亲笔签名的《委任令》。
　　无论什么亲朋好友走进客厅,载涛都要指点着告诉人家:
　　"你瞧,这是毛主席亲笔签发的委任状。谁能想到,我能成为中国人民解放军马政局的顾问呵!……"

无疑，凡首次来到他家做客之人，载涛总会激情勃发地介绍一番，久而久之，竟成了他的必备剧目。有时，他还会眉飞色舞地炫耀一番：

"你知道吗？马政局顾问，这是国家行政十三级的高级干部呵。"

此话并非夸张，他不仅代表满族成为全国政协委员，还当选为全国人大代表，在政治上重获新生。

一天到晚，载涛笑逐颜开。

载涛与马政局成立的来龙去脉

在历史档案馆，静静地保存着一份由载涛亲笔起草的珍贵提案，虽历经半个多世纪风雨，仍然鲜亮如初，以无声的语言，娓娓叙述着新中国军队马政事业的启端：

三百三十五号 载涛提案

拟请改良马种以利军用由：

查现代军事以机械化为主体。但我国幅员广袤，交通不便，区域甚多，对于军事运用方面仍须依赖马力，对于生产方面亦须马力。唯我国马政以前虽稍有讲求，而改良马种尚未施行。

涛数十年以来，留心马政，稍有心得，愿贡献我人民政府采择研讨，俾利军用马种类约分为三：曰乘马、曰轺马、曰驮马。

我国产马最多区域，如（西口）伊犁、新疆、青海、（北口）察哈尔以外、内蒙各旗（东口）哲里木盟、科尔沁诸旗，以及西南川、滇、黔等省马，分人力生产与天然生产两种。

欧西各国，多采用人力生产。我国系采用天然生产。现在我人民政府正积极开荒生产，而天然生产之马，转恐逐渐缺乏，似与军用、农用补充之马政不无影响。为兼筹并顾计改良马种，加强军用生产，亦应注意日本维新有年，改良马种成绩稍有可观。因其本国马种品质素良，倘加以改善，尤较事半功倍，唯试施之际，更当注意国家经济现状，先行择地，小型试办。俟收有成效，再行逐渐扩充。以上提案，请讨论议决。

显然，载涛关于"改良马种以利军用"的提案引起了国家高度重视，经全国政协军事组讨论后议决两项实质性决定，对于建立马政局以及相关机构，起到了关键的推动作用。从以下历史档案中，可以清楚地看到这一点：

经军事组议决,提案第二十六号拟请改良马种以利军用由:
一、请军委会由载涛直接拟定具体办法施行之;
二、军事委员会设立马政机构,以资改正。

兹拟定马政机构草案,请核夺施行。
马政局(直属军事委员会)。
正局长一员
副局长一员
书记长一员
书记若干员

总务科长一员。内分文牍、人事、庶务、会计四股,股长各一员,科员若干员。

畜殖科科长一员。内分畜殖、卫生、调查、征用、选购五股,股长各一员,科员若干员。

畜牧科科长一员,内分饲养、管理二股,股长各一员(马场地点及细则另定),科员若干员。

调教科科长一员,技术人员若干员。

补充分配科科长一员,科员若干员。

如有应用其他电务传达及勤务杂役人员,临时酌定。

以上所拟系机构概要,编制其详细章程及办事细则,另行规定。

从现存的历史档案中,可以清晰地看到,马政局的成立,其实并不简单,而是经历了一个复杂的决策过程①。

对于载涛提出的改良马种的建议,政务院财政经济委员会在一九五〇年八月十八日,由陈云、薄一波、马寅初、李富春②签名后,将提案转交"总后"办理。

不久,政务院又接到中国人民解放军炮兵司令部一封正式公函,正式提出了建立军用马场的具体步骤:

---

① 据档案记载:中央人民政府政务院秘书厅申字第一百五十四号函称:"财政经济委员会,一九五〇年八月十八日,财经总字第七四二号呈报农业部对人民政协委员会第二次会议'改良马种提案'办理情形中有关军用骑马部分,并请核转后勤部办理……"
② 陈云,时任政务院财政经济委员会主任,薄一波、马寅初、李富春为副主任。

《呈请使用内蒙区扎兰屯马场(伪满军马育成牧场旧址),以利开展军马育成由》:

军马改良及育成,为我国军事建设中迫切和重要的任务之一,今后必领大力经营和发展。目前,部队中服役之军马多已超龄,一二年内将大批淘汰,军马补充是当前急待解决的重大问题。

炮司马政局牡丹江军马场址缺少草原条件,不适用。加以一九五一年军马改良及繁殖任务大量增加,急需新设场址,以利军马育成。朱总司令曾有指示(前已抄有)。查内蒙区所属扎兰屯场址是目前东北区唯一仅有的适合军马育成条件的马场(曾为过去日伪经营的军马首要三牧场之一),该地区场址现已由内蒙政府农牧部使用,并于一九四九年八月间,初步恢复卧牛河种马畜场(如附件)。

为解决今后炮兵军马补充问题,特呈请政务院核准,将扎兰屯牧场原址,全部拨归炮司马政局军马场使用,举办全国军马改良及育成工作。

谨呈政务院核准。

职 陈锡联 苏进
中国人民解放军炮兵司令部(公函)

对于这份炮兵司令部的公函,政务院非常重视,特地注明了收文时间,是一九五〇年十月二十六日。

在陈锡联和苏进[①]领衔呈报政务院的这份文件上,政务院总理周恩来于一九五〇年十二月二日,亲笔作了批示:

"先电询内蒙乌兰夫主席意见后,再送批(关于改良马种提案)。"

接着,军队马政机构有了突破性进展。一九五一年,朱德总司令又亲笔作了批示:

"马政局归炮司领导。为加强国防建设,应将马事加以重视,改良及育成均应大力的经营和发展。使其确获成就。扎兰屯马场原为伪满育成军马牧场。在甘肃夏河、宁夏贺兰山区增建两个牧场。"

随之,这个管理军马的机构,被正式确定名称为:

---

① 苏进,原任三五九旅副旅长,曾与王震将军共事多年。

中央人民政府人民军事委员会总后勤务部马政局

同时，中央军委还发文明确，由聂荣臻代总参谋长①负责管理马政局工作。

从现存档案中可以看到，当时国家还聘请苏联顾问参加了军队马政局关于改良马种的工作。这个建议，也是载涛提出的。

成立马政局的"首倡者"

在部队高层领导人的密切关怀下，情绪昂奋的载涛，又起草了马政局的机构建议。

从后来形成的文件中可以看到，他的报告的确得到了军队高层领导的采纳。

这样，马政局在一九五二年形成了一个基本格局：即领导层是，政委、局长、副局长、顾问。下设五个办公室，机关共五十八人，下属六个种马繁殖场。

而且，根据中央指示，基本确定了马政局的九项业务职责：

一、根据军委参谋部意图，拟定与调整平时战时的军马补充计划，并负责督导计划的实现。

二、计划繁殖改良育成和定购适合现代陆军所要求的各型军马和种马。

三、关于草原的利用，维护与改善和农牧结合发展事项。

四、不断了解马政工作情况，监督马政业务实施，并给予各级马政部门以及时有力指导。

五、提出对地方马骡生产的要求。调查马骡情况，作为平时战时购补动员之基础。

六、协同政府，严格限定鼻疽马的使役地区，逐步消灭全国范围内的鼻疽马。

七、草拟马政组织编制，并订立各种规章制度。

八、培养马政工作干部。

九、关于前列几项工作的补充陆军马政事项。

---

① 聂荣臻，四川江津人。中国人民解放军创建人和领导人之一，中华人民共和国十大元帅之一。

显而易见,载涛的一系列建议报告,并非拍脑门形成,而是通过全国各地的一路调研,摸清现状,形成了独特的思路以及成熟的实施意见。

在马政局的档案中,非常清晰地记载着载涛对于我国马政机构的变化沿革的调查情况:

我国马政组织,始于建国初期。最早是一九四九年西北军区司令部成立了军牧部。

一九五〇年,先后育成普通军马一千五百匹,纯种洋马七匹,前者计价八十万元,后者五百万元,共合十二亿三千五百万元[①]。

一九五一年,内蒙古引进万匹军马,调教之后,拨补给抗美援朝部队。

经过调查,全军共有军马三十多万匹,用于骑、辎、驮等各种用途。

对于具体实施,载涛也提出了切实可行的意见。在一九五二年十月四日召开的马政局联席会议上,载涛作了一个精彩的发言,首先明确提出:

"领导方面不太健全,有些事的成功,是靠我们争取来的。"

接着,他又作了长篇阐述,颇有见地地提出了一系列具体主张:

"苏联种马,是大量繁殖军马、改良军马的基础。建议以三河马为改良军马的基础,成立各地马政处。一字一句地拟定规章制度、检查制度,成立马政处,责权分清,但如遇推诿,影响工作……如东北、华北联系不紧密,牡丹江马场的场长、政委一下调到马政处工作,选一些科长也调处内。要淘汰不成熟的繁殖办法,改良马种,注意国产'田马'……"

在颇有见地的发言中,载涛还针对当时存在的问题,提出了详尽的解决方案,诸如:

"草原被雪埋住,马吃前要扒开。一是,分配母马应平均。二是,准备草料和饲养员……"

从以上可以看出,载涛考虑问题如此细腻,又是多么实际。这些建议,不仅写入了会议纪要,也在工作中贯彻实施,获得了上下一致的交口称赞。实际上,这源于他多半生对于军马的深入研究和积累。

其实,自古以来,养马和驯马便成为了一门深奥的学问。

若依载涛细说起来,则三天三夜也说不完,每逢谈及这类事,他便如数家珍,饶有兴趣地侃侃而谈……

对于良马,历来称谓奇多。中国历史上最早的名马,或许便是古人所称的

---

① 此处钱款数额为旧币。

"天子八骏"——赤骥、盗骊、白义、逾轮、山子、渠黄、华骝、绿耳。早在汉代"汗血宝马"①便天下皆知。除此之外，古代的龙驹、苍龙、天马、青骢、龙媒、纤离、吉疆、腾黄、鲲蹄、骈骊、赤兔等等，不胜枚举，更是驰名中外。

而对于驮力较低下的马匹，则称之为"驽马"、"骀马"等。

若以区域来划分，我国的新疆、内蒙等地方，自古便是盛产良马之地。古称大宛马、乌孙马、西极马，则大多是以产地而命名。

如若以负驮功能而言，一驾马车中间那匹马，一般称作"骈马"，驾驶两辕的马匹则叫"骖"或是"驸"。

如果以马龄来定名，那么，两岁以下的马匹叫驹，三岁叫䯂，三岁多或四岁的叫䭾。

若以性别来区分，雄马又称牡、骘、腾。雌马又被称之牝、骒、骡、骆等。

再如果从马匹的体型来看，身高八尺的叫"龙"，七尺以下的叫"骒"，六尺以下的才通称为"马"。特别矮小的马，被形象地称之"果下马"。据《后汉书·东夷传》记载，此马"高三尺，乘之可于果树下行"。②

在军队的机要档案中，收藏着一份当年的种马调查报告，详列了马种的现状及发展趋势。这里边，自然浸透着载涛的不少心血：

现种马有卡拉巴依、阿明、顿河、阿拉伯、莫尔干、杂种马、国产种马，以及种驴。将引进配休伦、阿尔登、沃洛夫、顿河、卡巴金等马种。除改良我国马种外，对纯种繁殖等方面，据用役不同，除重輓马等外，应增加体幅发展。以正确的杂交方法，加强饲养管理工作……

这份载涛亲笔起草的简要报告，被马政局奉为指导种马繁殖的当代"马经"。

马政局顾问的由来

为什么毛主席封载涛为"弼马温"——亲自点将，让载涛出任马政局顾问？

时任马政局局长的陈锡联曾坦言，因为载涛年轻时曾经习武，从步兵、骑兵，直到清末军咨府大臣，他都当过。尤其载涛曾留学法国，考察过欧洲各国，

---

① 据考，汗血宝马，又称血汗青马，疾速奔跑时，脖颈往往渗出红色汗水，酷似血液。此马原产土库曼斯坦，从汉代引入中国，曾被进贡给汉高祖，被称之"天马"。
② 以上内容，部分参考自高凯撰文：《马名杂谈》。

具有丰富的识马、养马、驯马的宝贵经验。

由于毛主席委任载涛马政局顾问,每月发给他二百多块钱薪水,家里的经济窘境,顿时出现转机。

每逢载涛谈起毛泽东主席的知遇之恩时,王乃文屡屡劝他给毛主席亲笔写一封信,以示感谢。然而,他总是轻轻一挥手:

"知我者,毛主席!我心里有数儿,毛主席能知我,我以后工作要好好干。我至少还有几年活头,得好好报答毛主席知我之恩!……"

"谁说不是呢?"王乃文感同身受地对载涛说。

哪知,载涛刚说罢,仰望着墙上悬挂的委任状,又是老泪纵横:

"没想到,我也有'知音'的人哪。"

说着说着,载涛竟然落泪不止。到后来,他终于被妻子劝动,花了几天时间反复思考,用了整整一个晚上,书写了一封长长的信件,装入全国政协的大信封,亲手寄给了中南海的毛主席。

自从载涛成了马政局顾问,以身作则,奔赴全国各地四处巡视,谁也拦不住他。尤其东北、西北养马基地,他几乎跑了个遍。王乃文总担忧他的身体——冬天还要翻越雪山,若滑下来还了得?然而,他虽年逾六旬,却仍然像个小伙子。

载涛果然有信用,始终记得当年对王乃文的承诺。当马政局发了薪水,家里经济稍稍缓解,他便带着王乃文到皮货店,为她买回来一件狐皮大衣。

这岂止是一件狐皮大衣?分明是载涛夫妇找回了生活的自信。

第叁拾章 马政局往事

*被李济深和蒋光鼐联名向周总理举荐为全国政协委员。他提出"改良军马，以利军需民用"的提案，又由李济深和蒋光鼐附署签名，毛主席不仅批示成立马政局，还亲自指示聘载涛先生为顾问。

　　*逢年过节，马政局举办晚会演出，载涛登台表演京剧，总赢得台下热烈的掌声。

　　*考上军医大学的孙女金蔼玥放暑假返京，去宿舍看望载涛。回到家里，她告诉家人：

　　*"爷爷一个人住一间宿舍，打扫得可干净啦。"

图片说明：载涛（左一）总愿意和家人谈起在马政局
　　　　　的往事。图为载涛与溥仪（右二）、二任
　　　　　女韫龢（右三）、五任女韫馨（左二）聊天，
　　　　　载涛亲自为大家削苹果皮

纵是周天子"八骏",须待伯乐。
虽年逾花甲,亦抖擞精神,披挂上阵。
…………
初到马政局,载涛便结识了马政局副局长卜云龙。
他并不知,这是一位传奇式人物。

卜云龙眼中的载涛顾问

卜云龙是一位在枪林弹雨中冲杀过来的军人。
当一九五一年,卜云龙出任中国人民解放军骑兵第五师师长,驻防辽西之际,忽然接到中央军委的调令,于当年六月九日抵京。

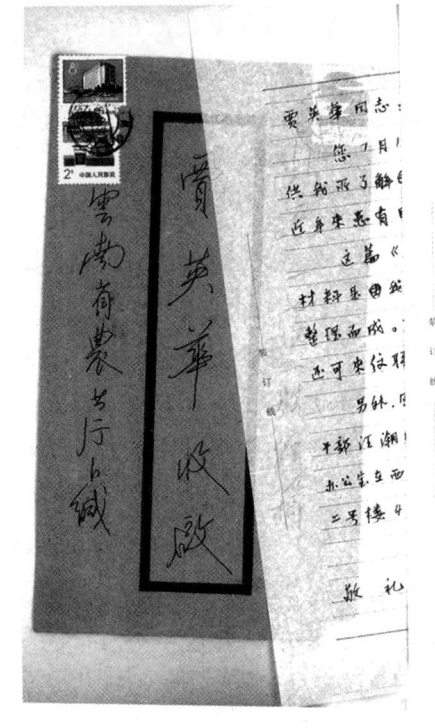

马政局副局长卜云龙亲笔书写给本书作者回忆马政局成立的手稿(本书作者收藏)

在中国人民解放军总政干部部报到之后，卜云龙被分配到炮兵司令部，在那里，他见到了炮兵副司令员苏进。

谁想，苏进副司令员刚一见面，便开门见山地对卜云龙亮出了底牌：

"中央军委调你来北京，是来组建马政局的。"

"我服从命令。"

"还需要向你介绍一下，中央军委很重视此事，特地聘请载涛先生作你局的顾问。"

"载涛？……"卜云龙并不了解载涛，只是稍稍听说过一点儿情况。

"你知道清朝宣统皇帝溥仪吗？"

"知道呵。"

"载涛，就是溥仪的七叔……"

"噢，"卜云龙才如梦方醒，"那他可不是简单人物呵。"

"日后你们就要朝夕相处了。"苏进叮嘱说，"你这个解放军的师长要和'皇叔'配合工作啦。"

"苏副司令就放心吧，我们一定能配合好的。"

接着，苏进又介绍说，载涛是一位军马行家，早在青年时代便在法国一个骑兵学校专门学习过马术。归国之后，他曾经担任过清末皇家禁卫军司令，还在宣统王朝担任过军咨大臣，由于历史渊源，他素来和李济深、蒋光鼐以及李书城①交往颇深。

"那他是军马行家呵。"卜云龙不由赞叹地说。

"解放后，李济深和蒋光鼐联名向周恩来总理举荐载涛担任全国政协委员。在政协会议期间，载涛上交了一个提案——'改良军马，以利军需民用'，又由李济深和蒋光鼐附署签名，报送毛主席。经由毛主席亲笔批示，成立马政局，还亲自指示聘载涛先生为顾问，这才有了你这个副局长哟……"

"我听明白了，如果不是载涛先生的议案，我还没机会当这个马政局副局长吧？……"卜云龙听后，微笑着说。

两人正交谈着，载涛由一位工作人员引领，走进苏进的办公室。卜云龙对于载涛的第一个印象，这是一个身材高大魁梧的人，"虽已年逾花甲，但仍身干笔直，显得健壮②……"鼻梁上架着一副金丝近视眼镜，穿着一身合适的中

---

① 李书城，新中国首任农业部部长。
② 引自卜云龙给本书作者亲笔撰写的回忆录原稿。

山装,举止言谈,彬彬有礼。

苏进连忙走过去,和载涛紧紧握手,又给载涛和卜云龙彼此作了介绍。落座之后,三人谈起了如何改良国内外军马品种的话题。显然,载涛胸有成竹,侃侃而谈,首先排除了国外的一些马种。

"恕我直言,依老朽来看,法国的'佩雪龙'体型太重,日本马又太高,都不太适宜作为我国改良的基本马种……"

卜云龙多年来掌管骑兵和军马,对于改良马种有着丰富的实践经验。他双手略一抱拳,谦虚地向载涛请教说:

"载老,您看国内的马种呢?"

"国内的马种各有千秋。"载涛逐个仔细评点了各种马的优劣,又着重谈了对于三河马、伊犁马、河曲马,以及蒙古马的特点,提出了深入考察和慎重选择种马的建议。

听到这儿,卜云龙不由暗自佩服载涛对于军马的高见,不由自主地插了言:

"载老说得太好啦,我赞成呵。"

当载涛走后,苏进感慨地说:

"载涛名不虚传,不愧早年在法国学过骑术,真是一个难得的人才呵。"

"是呵,毛主席任命的顾问,当然是高手呵。"

卜云龙从内心钦服同行载涛对于改良军马的见识。不久,由于苏进副司令员出国考察,陈锡联司令员亲自主持听取了卜云龙等人汇报全国三大军区——东北、西北和西南军区从国民党部队手里接收军马场、改良军马的初步建议以及马政局机构设置的意见。

其中一些内容,当然吸收了载涛的精辟见解。在汇报中,卜云龙还特意直接引用了载涛的建议。

鉴于事关重大,陈锡联又立即带着卜云龙等人前去向代总参谋长聂荣臻请示,军训部长萧克等人也出席了会议。经过会议讨论,聂荣臻代表中央军委基本同意卜云龙汇报的意见。萧克部长还提到,原来打算成立骑兵司令部,如今成立马政局集中精力抓军马改良生产,骑兵司令部暂不成立。

这个最新的机构设置变化,卜云龙马上告诉了载涛。

随后,炮兵司令部政治部迅速为马政局配备了各级干部,还在京城内八面槽附近的多福巷购置了办公用房,明确归属炮兵司令部直接领导。此间,卜云龙只是邀请载涛来这里察看了一下办公环境,他作为顾问并没来这里上班。

然而，载涛应邀出席了一九五一年九月召开的全国首届"马政会议"。也正是在这次会议上，公开宣布了毛泽东主席对载涛的任命。会后不久，马政局明确划归解放军总后勤部隶属。办公地点，就设在万寿路"新北京"大院——二十六号院内甲八号楼。

当时，大院周围一片荒芜的坟地。据说，炮兵司令部原来在五棵松，后来才归入并迁到中国人民解放军总后勤部。

从此，载涛在这里与卜云龙一起共度了六个春秋。

闲暇之际，他俩经常一起聊天。卜云龙对于载涛的过去历史极感兴趣，总喜欢询问打听。载涛向卜云龙提起，早在伪满洲国，溥仪登上"康德皇帝"宝座之后，多次邀自己前去任职，都被他严词拒绝。说到这儿，卜云龙不由钦佩地连声赞许：

"载涛先生确实是一个有民族气节的人呵。"

一次，卜云龙向载涛询问起往日的生活，载涛却向他谈起北平解放前夕，没有固定工作和薪水，全家人毫无生活来源的窘况，只好在大街上摆摊变卖一些家里的旧货，勉强换一些杂和面糊口。听到这些，卜云龙不禁十分感慨：

"真没想到，解放前涛贝勒居然沦落到这种地步呵。"

载涛还向卜云龙谈起，无奈之下，自己只得把旧日留下的一些珠宝、玉器以及古玩，变卖出手，以接济全家人的生活，否则一家人的一日三餐都无法保障。卜云龙关切地询问：

"你一家目前生活好些了吧？"

"现在有了固定薪水，当然好多啦。"

然而，载涛又略带愁绪地向他谈起，虽然有了满意的工作，但目前的工资除维持全家几十口人生活外，还要照顾接济过去的奶妈以及家族的老辈儿人，仍然感到入不敷出，每月支出总在二百元以上。听到这儿，卜云龙说：

"我向上级反映一下，看能否照顾一下吧。"

"能不能把过去属于我名下的辅仁大学的部分房产变卖出售？这样就可以不需要国家额外照顾了。"

卜云龙听完载涛的想法，进一步了解到，那些房产是原来涛贝勒府的一部分。于是，他经向载涛询问过后，即向杨立三部长作了汇报，杨立三部长认为这倒是一个好办法，便让他通过军委办公厅与北京市等单位联系办理转让手续。

最终，国家以十多万元收购了这部分房产，解决了载涛全家人生活的燃眉

载涛（左一）总愿意和家人谈起在马政局的往事。图为载涛与溥仪（右二）、二侄女韫龢（右三）、五侄女韫馨（左二）聊天，载涛亲自为大家削苹果皮

之急。此后，载涛对卜云龙说：

"这下可好了，我自己留下一万多元，其余的九万多元，我都分给了全家以及自幼抚养过我的老人……"

此事过后，载涛一再表示感谢新中国的政策。

在马政局同事的眼里，载涛是一个对于工作极端负责的老人。他不顾年事已高，先后奔赴东北、西北和内蒙古草原视察军马场，每次都带回一份颇有价值的报告。有一次，载涛以全国政协委员的身份，到云南检查民族政策落实情况，归来后，兴奋地对卜云龙谈起：

"我这次到云南昆明，观看了满族京剧表演艺术家关素霜的节目。没想到，她演出结束之后，居然还以满族晚辈的身份，向我行了满族的跪拜之礼。我连忙搀扶她起来，对她说，现在可不兴那些老礼儿啦！"

"这还是拿您当'皇叔'看待呢。"

载涛听后，哈哈大笑。

和同事们融洽相处

起初，载涛上班之后，每天坚持和马政局的机关干部一起出操，领导劝他不必如此，他怎么也不肯。

当时机关分为三种伙食：小灶、中灶、大灶。按照军队的规矩，载涛每天虽吃小灶，也只是两菜一汤，一荤一素而已，他却非常知足。

他的办公室设置在马政局二层楼最南边的一个房间里，屋内与众不同的是，在一个超大的写字台前，放置了一把牛皮"太师椅"，四周是一个半圆圈儿的扶手。据说当时只有军级以上高级将领才能有此坐椅，载涛可算是位极特殊人员了。

刚来到马政局，大家都觉得载涛这个人物很奇特，他对于一般行政方面的事务，从来不管，只是一头扎在钻研养马的技术问题上。

新同事郑新潮，来自第二炮兵，最早是从延安走出来的，解放后曾在牡丹江军马场当过场长。载涛还多次向分配在研究室工作的郑新潮，提出不少关于改进军马管理体制的建议。性格直爽的周在田①在计划处，爱说爱笑的强立功在生产技术处（后来改为技术财务处），这三人都成了载涛的年轻伙伴儿。

接触不久，强立功就看出载涛对于调教军马很在行——提议开始从地方收购或调入马匹，由于价钱较低，被称为"送马参军"。鉴于这一种军马调教方式，切合实际，遂在全国得到了有效推广。

载涛对于改良马种也颇有经验，一方面进口部分公种马，而母种马则是我国土产的。另一方面，他建议在民间建立配种站，由部队指导，然后及时收购。这样，逐步形成了以我国繁殖种马为主的做法。

在各地配种站，载涛大多亲自到现场考察指导，一丝不苟，多次受到部队嘉奖。从一九五三年开始，我国基本就能以己为主生产军马，满足前线的需要。周在田清楚地记得，部队每月发给载涛二百斤小米——折合成现金，还曾经奖励过他一辆"菲力浦"自行车。而这辆自行车，载涛一直保存到逝世为止。

在载涛隔壁办公的同事刘庭绂，已经是年过六旬的老人，一直与载涛的好友郑新潮同在一个办公室，这三个人都是马政局的顾问，平时大多不穿军装。有时，局办公室秘书贾振民过来给他们送文件，经常见他们凑在一起研究军马驯养，争论起问题也脸红脖子粗，但载涛始终语调平和。

年轻的贾振民是肇州人，一九四七年在黑龙江参军，从沈阳的东北军区司

---

① 周在田，曾任马政局军马处副处长、大校军衔。

令部调来北京,一九五五年,被授予上尉军衔,月薪一百二十四元。而载涛月薪二百多元,以往,贾振民每月负责给载涛送工资,所以彼此很熟悉。

第一次给载涛送工资时,贾振民径奔西扬威胡同的住宅。走进旧式老屋内,他见到家具无不古色古香,桌上还摆放着不知名目的古董,一间不太大的客厅内还铺着地毯,在当时的京城家庭算是较为少见的。

落座之后,载涛热情地招待他喝茶,他拿出一个内装工资的信封,对载涛说:

"载顾问,您点一下吧。"

"不用了。这我还不信任你吗?"

载涛连信封也没拆,便把信封放在了茶几上,随和地聊起天来。临别时,载涛又亲自把他送出了院门,还热情地邀他经常来串门:

"你别客气,没事儿就来我家串门呵。"

在贾振民的眼里,载涛异常高大的身材,走起路来虎虎生威。然而,他见谁都是满脸笑容,待人谦和。

在几位同事中,数生产处长刘学思个子最高,看上去跟载涛高矮差不多。刘学思是大学毕业,性格开朗活泼,平常喜欢研究军马,有时还撰写一些文章。马政局的总结报告大多出自他的手笔,写完之后,他时常拿给载涛提修改意见,颇得"皇叔"赞赏。

当马政局召开全体大会时,局领导经常请载涛出席讲话。在大家的印象中,载涛的讲话很少说大道理,总是那么务实、风趣,深受欢迎。

偶尔,"皇叔"还喜欢到各处室去转一圈,坐在椅子上和大伙聊聊天,询问一下情况。见此,各处室的同事往往站起身来,对这位传奇人物以示尊敬。在周在田的眼里,载涛说话就笑,嘴张得很大,从不扭捏,显得性格十分豪爽。

每当载涛离开各处室时,时常向大家鞠个躬,总之,显得格外客气。

逢年过节,马政局举办晚会演出时,载涛还上台表演过京剧,赢得台下经久不息的掌声。

孙女金蔼玥前来看望

载涛当上马政局顾问之后,每天骑着一辆外国自行车,来到五棵松附近解放军总后勤部的"新北京大院"上班。

虽然路途足有几十里地远,但他从城内大佛寺往返于五棵松之间,无论酷

暑严寒,风雨无阻,从来没迟到过一次,还时常对家人说:

"我不嫌累,身体也挺好嘛。"

军队考虑到载涛离家较远,起初安排他住在较近的"总政大院",可以骑自行车上下班。一天早晨,新同事强立功恰巧遇到载涛推着自行车走进马政局大门,便好奇地询问起来:

"载老,您从家里骑自行车到'总后'多长时间?"

"二十六分钟。"载涛说着,还抬起手腕,看了看手表。

如此看来,载涛骑车飞快,连年轻人都赶不上。强立功佩服地说:

"载顾问,您的身体怎么这样棒呵。"

"我从小练武功,连李万春也是我教出来的……"

"难怪呀,"强立功调皮地对载涛说,"那以后也教我几手啊?"

载涛呵呵笑着,撂下自行车,两人并肩走进办公楼。

平时,载涛住在宿舍里,一星期才回城一次。考上军医大学的金蔼玥放暑假回到北京,前去看望他,便乘坐公共汽车来到爷爷的宿舍。

爷俩聊了好半天,直到吃过晚饭,金蔼玥才返回城内。在食堂吃晚饭时,载涛凡见到同事,都要自豪地介绍一下身边穿着军装的金蔼玥:

"这是我的孙女——金蔼玥,她参军了,正在军医大学上学哪。"

回到家里,金蔼玥欣喜地告诉家人:

"爷爷一个人住一间宿舍,打扫得可干净啦。"

可见,身为马政局顾问的载涛,当时并没有什么特殊待遇,只是居住着一个单间的宿舍。

军委办公厅致函载涛

载涛这位新奇人物,也引起人们的极大兴趣。

人们看到年逾六旬的载涛到马政局,不仅骑车上下班,且不穿军装,平时只是一身黑呢子中山服,在周围的军人中显得尤其出众。

而且,载涛上班准时,与军人无二,见人总是一脸灿烂的笑容,平易近人,一点儿架子都没有。

直到后来,大家才渐渐知晓,他是宣统皇帝的七叔,还是毛泽东主席亲自点将的"顾问"。

一天清晨,鹅毛大雪飘飘洒洒下了一整夜,年逾花甲的载涛,仍按时骑车来到办公室,全身上下披满了雪片,全局上下无不为之感动。马政局的几位领导都十分敬重他,马政局副局长卜云龙闻讯,专门去办公室看望,而载涛却满不在乎地说:

"这点儿雪算什么呀?"

不知怎么,此事被周恩来总理得知,遂报告给了毛主席。

此事,也惊动了总后勤部部长杨立三,他听说之后,又找去卜云龙,特意作了交代:

"你可要照顾一下载涛顾问呵,他可是毛主席亲自任命的。现在毛主席也听说他现在每天骑自行车上下班,这么远的路,可别发生危险呵……"

"那怎么办?"卜云龙颇觉得内心不安。

当时,载涛已年过六旬,往返路途那么远,马政局领导遂找到载涛,劝他不要每天骑自行车上班。载涛却说,从小锻炼惯了,还用手使劲拍着胸脯,自豪地说:

"没事儿,我是当兵出身,不怕冷热,什么苦都能吃。"

然而,毛主席了解情况之后,明确对军队领导指示说:

"你们对'皇叔',可要照顾一下呵。"

起初,军队领导就让载涛平时住在马政局附近,每星期六晚上回城,星期一再上班。这样,载涛一直坚持上班一年多。

随之,部队领导又采取变通方式,提议他可以有事回家住,办完事儿再用小卧车来接他上班。谁想,他不服老,仍旧骑车上下班,直到马政局领导搬出了毛主席的指示,非让他上下班乘坐小卧车为止。

"这样吧,中央军委办公厅正式通知马政局,以后载涛顾问不必每天跑那么远上下班,有事时,可派车接送。"

刚开始,卜云龙找到载涛告知此事时,他坚决不同意"特殊化",但后来听说这是毛主席的指示,才不再表示反对。

为此,一九五〇年十二月十三日,中央人民政府革命军事委员会总参谋部,特地通过马政局致函载涛:

> 为照顾您的健康,决定自即日起,您在家住宿,平时可不必到局办公。遇有磋商事务时,当有马政局临时通知①。

---

① 此函内容,本书作者摘引自马政局原始档案。

据王乃文回忆,起初载涛并不同意,马政局的领导又专门找他正式谈了一次,他才勉强接受。可是,隔了没几天,他又禁不住赶往局里看望各位同事。

因为马政局没有汽车队,只有局长配有专车,由"总后"汽车连直属管理。出于照顾,中央军委又特意为载涛配置了一辆吉姆牌黑色轿车,算是高规格的待遇,但他极少乘坐。

对此事,王乃文曾回忆说,部队领导几次交代她说,如果家里有什么事儿,可以乘车来马政局一趟,载涛平时可以在家里办公,有事再找他。

从此,载涛不必每天坐班,平时则以参加全国政协的活动为主。

第叁拾壹章

与郑新潮的军马之缘

* 命运使他与一位从牡丹江军马改良场来京的军人郑新潮相识。

* "这次被邀'出山',可算是第四次了。毛主席任命我为马政局顾问,说句笑话,这不过是一个'弼马温'的官职嘛。"

* 中央军委为了抗美援朝,决定从蒙古购进二万五千匹军马转运朝鲜。朱德总司令亲自给载涛打来电话。载涛信任地对郑新潮说:

"老郑呵,我是马政局的顾问,你就是我的顾问。"

图片说明:郑新潮起初不知载涛是光绪的弟弟、溥仪的七叔。图为载涛(右一)和溥杰的女儿嫮生(左二)以及溥杰的岳母嵯峨尚子(左一)在溥仪(左三)家里做客历史定格在出山的"皇叔"身上——四处视察奔波。

忆昔,清末曾亲手从国库甩出大把白花花银两,军马上阵却仍属无稽之谈。

今是而昨非。

鉴往焉能重蹈覆辙?

……

"弼马温"的由来

载涛一生因马结缘。

郑新潮起初不知载涛是光绪的弟弟、溥仪的七叔。图为载涛(右一)和溥杰的女儿嫮生(左二)以及溥杰的岳母嵯峨尚子(左一)在溥仪(左三)家里做客

命运使他与一位从事军马改良的普通军人——郑新潮,相识在一九五〇年九月。

时间似应追溯到九月中旬。正在东北牡丹江谢家沟军马改良场的郑新潮,忽然接到中央军委炮兵司令部从北京发来的一封电报,要求他立即赴京汇报东北军马场的军马改良工作。

两天之后,郑新潮风尘仆仆来到中央军委炮兵司令部驻地——北京安定门内大方家胡同,向炮兵司令员陈锡联、副司令员苏进等领导人作了详细汇报。

早在一九四七年开始,郑新潮便按照上级指示,在东北牡丹江、扎兰屯等地建立军马场,三年内为军队输送军马二万余匹、养种马二千多匹。为此,郑新潮曾受到毛主席和周总理的表彰,他一直引以为骄傲。

当炮兵司令员陈锡联等人听完汇报,遂指示郑新潮择日再向对军马素有研究的载涛作一次专项汇报。

载涛是谁?他心存疑问。

仅隔一天,郑新潮便见到了心目中的神秘人物——载涛。

九月二十四日,已是初秋时分,郑新潮所居住的北京前门外炮兵司令部临时招待所——"天有旅店",依然显得异常闷热。

午饭之后,郑新潮刚要起身,谁知,载涛偕夫人金孝兰亲自登门而来。魁梧高大的载涛,刚走进房门,便微笑着自我介绍说:

"我是载涛,这是我的夫人金孝兰。"

此时,载涛早先亲自替妻子金淑珍改的名字——金孝兰,在解放后已对外叫响。

"我叫郑新潮,是奉天人①。"他紧紧握住载涛的手,连连表示歉意,"我来自东北牡丹江军马场,正要去向您汇报工作,没想到您亲自来了。"

"你初到北京不太熟悉,还是我来找你方便一些。"

载涛满面笑容,言辞恳切。双方一阵寒暄之后,载涛和金孝兰便在椅子上坐了下来。

这时,郑新潮才留意到载涛虽已年过花甲,却显得精神矍铄,丝毫看不出老态。面前竟是清末的皇叔——"涛贝勒",居然偕夫人"屈驾"小旅店前来看望,使他内心十分感动。

---

① 奉天,是旧称,即今沈阳。

载涛刚刚落座，便直截了当对郑新潮说：

"咱俩一起聊聊你们军马场的建立、发展还有今后的打算吧。"

在和谐的气氛中，载涛与郑新潮慢条斯理地攀谈起来。随后，郑新潮在向载涛汇报中，引用了斯大林的名言——"炮兵是战争之神"，以及毛泽东主席的指示——"军马是炮兵之足"。

载涛对这些新名词，颇感新鲜，听得极为入神，一边询问一边记录。郑新潮向载涛侃侃介绍起来——毛主席早在一九四七年二月二十五日，就亲自批准东北民主联军建立军马基地，以供给全国解放战争急需。他所在的军马场，正是按照毛主席这一指示筹建起来的。

当郑新潮兴致勃勃地谈起，一九四七年三月初，东北炮兵司令部后勤部领导找自己谈话，让其负责筹建军马场工作时，他询问能给多少人，谁知上级领导风趣地说：

"场长是你，干部是你老婆。至于经费嘛，一分钱没有，你自己想办法。"

听到此处，载涛一阵哈哈大笑。

难得的是，郑新潮和妻子以及六名伤病员——其中还有一名十二岁男孩儿，牵着从日本军队手里缴获的两匹种马，在牡丹江日本旧兵营的废墟上筹建起全军第一个军马改良场。

当年郑新潮相继几次找上级讨要人马，得到的回答却是：

"好人好马都上了前方，哪儿还有人马？给你们弄几个懂军马的战俘，由你管着他们干活吧。"

果然，上级拨来六名日本俘虏，其中一名炮兵大佐叫藤崎，曾经赴法留学，是日本著名相马专家。郑新潮扬其所长，带领着手下几名骨干又扩建了东北扎兰屯、肇东两个军马场，建立起三十六个军马配种站，还在太康等地建立了牧草基地，为炮兵部队输送军马三万六千多匹，对于炮兵发展做出了特殊贡献。

载涛手里拿着一个小本子，边听边记，还不住地点头称赞：

"你们的精神实在可敬可佩呵。共产党团结全国人民打天下，真了不起。"

当郑新潮汇报到，周恩来总理曾高度赞扬"牡丹江军马场，建国前是改良军马的出发点，建国后是全国军马建设和军马装备的总基地"时，载涛激动地插了言：

"周总理为全国人民日夜操劳，什么都考虑到了，他真是一个伟人。"

说到此时，载涛联想起自己的亲历，激动地对郑新潮说：

"我参加第二次全国政协会议，是李济深①提名由周总理批准的。周总理在第二次全国政协会议上见到我，还歉意地说，'载涛，首届全国政协会议没请您参加，都怪我有大汉族主义。要不是李济深提醒，我竟然忘记了您这个几十万满族人民的代表。'"

"这次会议上，周总理还以全国政协主席的身份，邀我为政府提议案。李济深和蒋光鼐②也对我说：你懂马就提个军马方面的议案吧。于是，我提出了《改良军马以利军用》的议案，由李济深、蒋光鼐一起签字后交给了周总理……"

载涛决然没想到，周总理看到他的议案极为重视，随即转报毛泽东主席。毛泽东主席审阅后，随即提议任命载涛为炮兵司令部马政局顾问，又批转朱德总司令，朱总司令表示同意并指示由炮兵司令部落实。

当载涛作过这番自我介绍之后，谦虚地说：

"毛主席任命我为马政局顾问，真不敢当啊！"

只见载涛略略沉思片刻之后，又心绪复杂地对郑新潮说：

"我在清末负责陆军事务时，曾提出过在张北建立军马场，准备改良军马，还拨出大批白银筹建，结果白银花了不少，却没能成功。没想到你们白手创建了东北军马场，真是奇迹呵，我打心里头佩服。"

见到载涛如此坦率，郑新潮内心暗自佩服其待人之真挚。交谈中，载涛还仔细询问了军马的饲养、交配、训练、改良等问题。郑新潮一一作了答复。继而，郑新潮又谈起"达尔文进化论"以及英、法、德等国培育军马的现状，载涛听后，惊讶而又兴奋地说：

"没想到你的军马知识可真丰富呢，比我懂得多。"

此时，郑新潮连忙回答说：

"哪里，我哪儿有您的知识渊博呢？"

载涛见郑新潮如此谦虚，又颇有感触地说：

---

① 李济深，1885年出生于广西苍梧，字任潮。早年毕业于保定军咨府军官学校、北京陆军大学，曾留学日本。1924年任黄埔军校教练部主任、副校长，1925年任国民革命军第四军军长，北伐战争时期国民革命军参谋长。新中国成立后历任中央人民政府副主席、民革中央委员会主席、全国政协副主席、全国人大常委会副委员长。1959年10月9日，在北京逝世。

② 蒋光鼐，广东东莞人。曾任国民党第十九路军总指挥。1933年11月与李济深、陈铭枢、蔡廷锴等在福州成立中华共和国人民革命政府。参与发起组织中国国民党民主促进会。新中国成立后，任纺织工业部部长、全国政协常委。1967年6月8日在北京病逝。

"你们解放军里可真有能人呀!"

听了郑新潮的汇报,载涛感到非常满意,便和妻子金孝兰一起热情地邀他前去家里做客。因他初抵北京,不敢贸然应允,便客气地说:

"我向上级请示后,再转告您,好吗?"

"行呵,你现在就可以打电话问一下,看领导同意不同意?"

这个建议使本来有意推辞的郑新潮,感到很窘迫。于是,他只得当即打电话请示,哪知,苏进副司令员当即爽朗地答复说:

"载涛顾问相邀,你不能不去呵。"

随之,载涛夫妇兴奋地和他约好时间。九月二十六日上午,郑新潮兴致勃勃地来到西扬威胡同戌六号。

载涛夫妇迎出门来,热情介绍说,这里过去是清朝时的马厩,解放后,成为了他一家人的居住地。在简朴的家里,载涛夫妇盛情接待了他。

当郑新潮临进屋门时,见到他家门楣上题有载涛亲笔书写的"平淡天真"的匾额,便呵呵地问道:

"载涛先生,您是不是想隐居不出山了?"

载涛哈哈大笑,直率地对他说:

"对呀,过去我曾经准备隐居,但没想到毛主席和周总理礼贤下士,又把我请'出山'来啦。"

接着,载涛又兴奋地追忆起解放前潦倒而艰难的一段生活。

"'宣统皇帝'逊位之后,我有一个时期隐居在京郊小汤山大柳村的先人墓地,决定做个'市隐',不想再出来当官了。"

"依我看呵,您还是个'大隐'呢?"郑新潮打趣地对载涛说。

"为什么叫'大隐'?"

起初,载涛不解其意。面对他的疑惑,郑新潮笑着回答说:

"市隐,即大隐也。您能在繁华富庶之都,养身修性,不受其扰者,可谓大隐。而那些和尚、道士,在隔绝人世的深山幽谷之中,静听清泉之声,受其环境所限,而不受其扰,此乃小隐也……"

载涛听罢,呵呵而笑,连连说:

"不敢当,实在不敢当呵。"

在闲谈之际,载涛的妻子摆上了简单的家宴。郑新潮一边品尝着菜肴,一边和载涛轻松地聊天,可谓天南地北,无所禁忌。

聊天之间,载涛毫无避讳,亲口告诉郑新潮,他在民国期间,曾经在德胜门外卖过"破烂",过着十分清贫的生活。即使如此,他依然不为日伪的高官厚禄所引诱。不少大军阀仰慕他在皇族中的辈分和威望,多次邀他"出山"做官,但都被他一一拒绝。

载涛平和地聊过往事,谈及如今,微笑着对郑新潮说:

"这次被邀'出山',可算是第四次了。毛主席任命我为马政局顾问,说句笑话,这不过是一个'弼马温'的官职嘛。论职位并不比张作霖、土肥原、宋哲元承诺的高。但这样的差事儿,我感到十分荣幸。因为只有得民心的国家,才是最有前途的……我之所以愉快地接受'弼马温'这一个衔儿,也算对人民的一点儿贡献吧。"

这一天,郑新潮在载涛的家里,聊得十分投机,也被载涛的爱国热情和光明磊落的诚挚性格所深深感动。

此次郑新潮从东北抵京,向炮兵司令部领导和载涛汇报工作之后,受到上级赏识,遂留下他在北京参与筹建解放军马政局的工作。

自此,载涛和郑新潮才有了更多的相处机会。

筹建马政局的历史档案记载

其实,载涛只是朦胧地得知,源于他"首倡"的提案,中央指示军队筹建马政局的工作,正在紧张而又有条不紊地进行着。

自从一九五〇年六月十四日,载涛在全国政协一届二次会议上提出《改良马种以利军用》第三三五号提案,引起国家高层重视,经过军事组讨论议定:军事委员会设立马政机构,直属军事委员会领导。

当年六月,作为全国政协委员的载涛,由中央军委办公厅主任胡小关陪同,亲赴牡丹江军马场视察马匹调教工作。

仅隔一个月,七月十五日,解放军总后勤部致函炮兵司令部,通知成立马政局。

八月十日,中央人民政府人民军事革命委员会主席毛泽东,任命载涛为中国人民解放军炮兵司令部马政局顾问。

八月十八日,中央人民政府财政经济委员会主任陈云和副主任薄一波、马寅初、李富春就载涛提案办理情况联名报告政务院:

一、役马改良由农业部办理,军马改良由军委总后勤部办理。

二、农业部改良役马计划拟积极恢复战前役马数量,另向苏联购进种马一

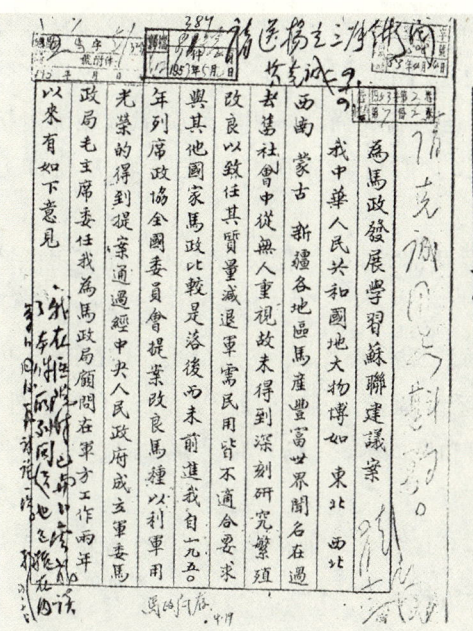

本书作者收藏的载涛亲笔撰写的《改良马种以利军用》提案复印件

千一百二十五匹,除作纯种繁殖外,另设配种站,大量杂交,提高我国马匹性能。加强其耕作和辕驮能力,初步达到中间种的标准,唯尚有体型较轻之阿哈种三十七匹,卡拉巴依七十六匹,是项骑马尚宜军用。后勤部既经决定接办军马改良事宜,可否交该部接收。拟请政务院将原案核转后勤部办理。

九月七日,炮兵司令部致函总后勤部,同意接收农业部进口宜军用的骑马,并已指示马场悉数予以收留。

一九五一年,总后马政局进行马政资源调查,组成三个组,分赴东北(内蒙)、西北、西南,对军马场进行全面系统调查,了解马场历史情况、自然条件、生产业务等概况。同时,对政府部门和民间养马(场)情况,并作调查了解,收集整理了有关资料。

一九五二年,总后马政局组织各马场参加农业部主办的高级畜牧人员人工授精训练班,学习推广马匹人工授精技术。

一九五三年,总后马政局载涛顾问提出《为马政发展学习苏联建议案》,内称:

"目前,畜牧方面(马牛羊等家畜)供不应求。尤其是军马体量过小,不适应现代装备要求。特别是大量培植专门技术人才,学习苏联先进和人工授精经验,广泛设立配种站,深入农村向人民推广宣传,以苏联先进经验繁殖改良家畜做到寓牧于农,提高人民福利。"

载涛经过细致分析之后,明确地提出书面建议:

"部队(除志愿军外)的马匹,平时总在闲养中,以致饲养运动不合规律,陷于多数乘、辕、驮各型马匹,力弱不能持久,不堪战时使用。为保护现役军马,增强战斗力起见,似应建设正规制度,在练兵必须练马原则,养成规律性操练习惯。建议政府(农业部)和军方组织,集中人力、物力,以便加强建设事业。聘请苏联专家为马政顾问,则军委选派对马政有基础的同志赴苏联学习、参观、见习。"

对于载涛顾问的建议,国防部部长彭德怀[①]在当年四月十三日,亲笔作了批示:

---

① 彭德怀,湖南湘潭人,中华人民共和国十大元帅之一,是中国共产党、中华人民共和国与中国人民解放军的卓越领导人之一。历任中共中央政治局委员、国务院副总理兼国防部部长等。1974年被迫害致死。

"请黄克诚同志①斟酌。"

四月十四日，黄克诚同志亲笔批示：

"请送杨立三、张令彬阅。"

四月十六日，杨立三批示：

"我在医院时，已与卜云龙谈了，本件所列问题，也包括在内，等卜回后，再讨论一次。"

四月十六日，黄克诚、杨立三、贺诚、张令彬以总后勤部名义，向毛主席和中央军委、彭德怀副主席提交了一份长篇报告，汇报马政局的筹建情况。

从以上批示过程，完全可以看到，载涛所提出的马政"建议案"，受到了军委各级领导极大关注，遂立即被中央采纳。

朱德总司令打来电话让载涛"相马"

中秋节临近。

一天下午，郑新潮正在专注地读书，载涛偕妻子金孝兰再次来到打磨厂"天有旅店"，给他送来月饼、苹果，又热情地盛邀他来家里共度中秋佳节。

由于马政局的筹建工作异常紧张，郑新潮一直没顾得上返回东北牡丹江军马场"换季"。时值深秋，他仍然穿着单薄的衣服，这早已被心细的载涛看在眼里。

没几天，载涛和妻子金孝兰又一次来到"天有旅店"，刚刚落座，便热情地对他说：

"老郑，你离家远，现在天气这么冷了，你身上仍然穿么少，我给你买了几件衣裳，赶紧穿上吧。"

说着，载涛给他拿出一件绒衣、一件衬衣、一条绒裤、一副手套、一双棉鞋，还有一顶棉帽子。郑新潮见到床上摆了如此之多的过冬衣服，感动万分，连忙说：

"载顾问，这可不行，我怎么能要您的东西呢？"

"这怎么不行，难道还让我拿回去吗？"此时，载涛似乎面露不悦之色。

这时，载涛的妻子金孝兰笑着插了话，对郑新潮说：

---

① 黄克诚，湖南永兴人。历任中共中央军委秘书长、总参谋长、国防部副部长等。在庐山会议上，与彭德怀等被错定为"反党集团"。后任中纪委常务书记、第二书记。

"这是载涛按你的身材买的衣服,你就赶快收下吧。"

郑新潮觉得十分为难,又赶紧打电话请示上级首长,没想到,苏进副司令员回答得十分干脆:

"载涛顾问送给你的衣服,怎么能不收呢?一定要在载涛面前把衣服穿起来。"

郑新潮撂下电话,立即把首长的意见转告了载涛,这时,载涛立马转成了笑脸:

"就是嘛,赶快穿上。"

闻此,郑新潮连忙穿上载涛送来的全身衣服,顿时感到异常温暖。一个昔日的清朝贝勒,对下属如此体贴,他不由发自内心感激。

友谊在工作中日益增进。一九五〇年十一月,中央军委为了支援朝鲜战争,决定从蒙古购进二万五千匹军马转运至朝鲜。朱德总司令亲自给载涛打来电话,叫他第二天去研究购买军马事宜,并拿出具体方案。

载涛兴奋地放下电话,立即找来郑新潮,详细介绍了情况,还自谦地说:

"老郑,从前我只知道玩马,不懂得相马。你谈谈购买军马应要什么样的马种,多高的马好?⋯⋯"

郑新潮不仅直率地谈出了具体意见,当天又和其他同志一起草拟汇报方案,还重点整理出一部分相马的资料。载涛审阅之后,高兴地对郑新潮说:

"老郑呵,你们写得很好。我是马政局的顾问,你就是我的顾问。"

听到载涛的"任命",郑新潮学着载涛平时说话的口吻,连连说:

"不敢当,实在不敢当⋯⋯"

说到此处,俩人都不禁笑了起来。

第叁拾贰章

牧马人的情怀

* 载涛顾问在解放军炮兵司令部魏梦笔等人陪同下,亲赴牡丹江军马场视察。沉思片刻后,提笔挥毫写下四个楷书大字——"牧马山庄"。

* 他与郑新潮赛马。收住缰绳之后,郑新潮上气不接下气地对载涛说:"您的骑术真棒,怪不得当年能超过张作霖呢。"

* 夜宿大车店,郑新潮正在睡觉,突然见到载涛噌地坐了起来,被吓得起了浑身鸡皮疙瘩。载涛对郑新潮坦诚而言:

"我胆子不算小,连老虎都不怕。可就那么怕耗子……"

图片说明:当载涛(右四)在家里招待从抚顺特赦返京的溥仪(左二)以及溥杰(右二)、溥仪二妹韫龢(左一)、亲戚罗亨年(右一)时,马政局的同事郑新潮却被打成"右派",下放团泊洼农场改造管鲍之交①,岂止存于古籍之中?

人贵相知。良禽择木而栖,良友择善而交。

识马在后,识伯乐在先。

岂有他哉?

....

他与郑新潮之间的友谊,随着工作的频繁接触而变得充满亲情的味道。

在王乃文看来,载涛有一个优点,即只要人家在养马方面有特长,他就愿意跟人学,不骄不傲,决不硬说这方面行,而不能跟他人学习。在调教军马方面,他无论任何场合都显得那么谦逊。

题写"牧马山庄"

顾问,并非顾而不问,而是"顾"到了基层。

载涛的实地视察,是从东北区域开始的。一九五一年元旦刚过,郑新潮接到中央军委下达炮兵司令部的通知,载涛顾问将视察东北牡丹江等军马场,让他立即回去准备。

一月三日,郑新潮没顾得上向载涛辞行,便急匆匆返回东北军马场。他先是对谢家沟、肇东、扎兰屯各个军马场以及配种站等处,制订行之有效的选马、牧马、驯马计划,又做了严格布置及检查。

为迎接载涛到来,五月初,郑新潮接受日本军马专家藤崎的建议,对每个军马场的新项目重新验收。凡达不到标准的,便采取突击训练方式,尽快使其达到要求。他在牡丹江军马场的北山之阳,建起五间平房的临时招待所,又在一个大土堆上建成一座简陋的"阅马台"。

一切齐备。从很远处,便可以望到搭起的牌楼上悬挂着一幅大标语——"欢迎毛主席亲自委任的载涛顾问来场指导工作"。

一九五一年六月四日,载涛在中国人民解放军炮兵司令部作战部魏梦笔

---

① 管鲍之交,指春秋时期,管仲和鲍叔牙的相知和友谊。管仲时任齐国宰相,后被罢免。鲍叔牙是其从小的朋友,谢绝齐桓公拜相,而建议管仲重任此职。二人友谊遂成古今美谈。

等人陪同下,首先来到牡丹江军马场。

遥遥望见军人自力更生盖起的五间招待所的"洋房",载涛微笑着说:

"看上去,你们盖的房子还挺别致,解放军里果真还有土木工程师哪!"

见载涛兴致挺高,郑新潮遂提议他在门楣上题字,载涛欣然同意,沉思片刻,便提笔写下了四个楷书大字:

"牧马山庄。"

目睹这四个苍劲有力的大字,观者无不交口称绝。

黄昏时分,载涛不顾一天路途劳累,颇有兴致地登上"阅马台",观赏军马放牧归来的一派美景。

此时正值残阳夕下,数百匹骏马沐光披霞,奔腾而来,蔚为壮观。见此,载涛赞叹不已。翌日清晨,他又重登高台,观看战马初牧的壮观场景,不由感慨地说:

"牡丹江军马场,真是我们中国的'高加索'①呵。"

此后,载涛亲切看望牡丹江谢家沟军马场的全体指战员时,发生了颇具深情的一幕——全体指战员列队集体唱起郑新潮填词的《牧马之歌》:

"骏骑成群,牧马嘶鸣,在无边的草原上,我们纵情地驰骋,改良战马,装备炮兵,保卫国防有生力量,跟着毛泽东,学习蒙德尔,研究达尔文……"

载涛听到指战员们的合唱,不住地击掌叫好,又禁不住对郑新潮大加赞赏:

"你们养马的军人竟能创作这么好听的歌曲,词美,曲更妙,把外国生物学家都编进歌词中了。我根本想不到,军队的牧场还有你这样的人才呵!"

视察牡丹江军马场几天之后,载涛又奔赴肇东、扎兰屯军马场。他乘车经过肇东军马场的配种站时,见到所有配种员全是女性,便不解地询问起来:

"这里的配种员怎么全是女子呀?"

这时,配种站的负责人走过来解释说:

"男人外出牧马,妇女在家照顾母马和幼马。配种员由妇女担任,当地女牧民往往就会牵着马匹来马场配种,这样既破除了封建陋习,又方便了群众。"

"好呵,你们想得真周到。"载涛不由点头称是。

载涛一边视察,一边留意地询问:

"这个牧区有多少民马?"

---

① 高加索,即前苏联著名的军马基地。

"肇东这六个县、区,共有民马一百二十万匹,"郑新潮准确地回答说,"占整个黑龙江省二分之一还要多。"

载涛听后,沉思良久,说:

"如果购买几万匹海拉尔的蒙古骒马,在肇东养育幼马,可以大大改善这里的马种。"

听到载涛的设想,当地陪同人员纷纷回答说:

"我们这里在经费方面存在问题……"

"可以先贷牧嘛,用幼马抚养成年的品种供给部队,当贷款偿还。"此时,载涛还出了一个巧妙的主意,"在这一点上要不惜代价。回京以后,我向朱总司令和周总理汇报一下,力争解决这个难题……"

草 原 阅 马

视察肇东军马场之后,六月九日,载涛又兴奋地向小兴安岭西部的扎兰屯进发。

令人称奇的是,那儿有一条奇异的卧牛河,在零下三十多度的寒冷气候之下,河水仍然缓缓流淌而不结冰,照样可以饮马。奉系军阀首领张作霖曾在这里设立军马场,日本人侵占东北后仍沿袭此种做法。

实际上,载涛对这个军马场早有耳闻,所以,不辞辛苦地乘坐两匹马拉的四轮车亲赴现场视察。他坐在颠簸的马车上,有感而发地对郑新潮说:

"俄国顿河流域的卡莎喀马种,经过改良非常棒。好的经验,我们就要学习嘛。我相信,只要方法得当,马种改良一定能成功。"

载涛一行人在扎兰屯牧场小憩之后,又马不停蹄地奔赴卧牛河。在纵马奔驰途中,郑新潮随口对载涛提议:

"载顾问,您来个双手持缰的伫立姿势吧。"

"怎么,还想草原阅兵吗?"载涛逗趣地说。

郑新潮呵呵一笑,用手指着草原上成群的马匹,说:

"咱们不阅兵,来个阅马怎么样?"

于是,载涛欣然绕着马群加速奔驰了一圈。这时,他的兴致越来越高,又提议说:

"能骑善射是满族的民族传统,也是我的拿手本领,来吧,咱们比赛一下。"

刚说完，郑新潮这几个人扬鞭而驰。载涛虽已年近七旬，但威风不减当年，他乘着坐骑一直遥遥领先。收住缰绳之后，郑新潮上气不接下气地对载涛说：

"您的骑术真棒，怪不得当年能超过张作霖呢。"

载涛用手擦着汗水，微笑着谈起当年和张作霖赛马的情形……

在卧牛河畔，载涛看到那些膘肥体硕的军马，赞不绝口：

"好马，真是好马呵。"

随即，载涛兴致勃勃地拿起卷尺细心地测量着军马的高度和长度，当他测定了一匹马的步度之后，断定说：

"这一定是匹阿拉伯改良马。"

接着，他又指着地上一匹马的蹄印，肯定地说：

"这准是一匹安格鲁诺尔曼的种马。"

当地牧场的同志听后，极为佩服地点头称是。接着，载涛又滔滔不绝地谈起法国良马的特性，提起法国相马专家菲利斯一生大约相马五万匹以上。说到这儿，牧场的一位干部不由称赞起话音刚落的载涛：

"载涛先生，您也称得上是我国的伯乐——菲利斯呵。"

"可不能这样比，我既没有菲利斯的眼力，更没有伯乐的素养……"载涛听了之后，连连谦逊地摆手。

行至卧牛河边，载涛刚要脱鞋蹚河，郑新潮随即上前制止：

"水太凉了，您这么大年岁，绝不能下河。"

"不下去，哪儿知道河的深浅冷暖？"

说着，载涛不顾阻拦，挽起裤腿便跳下河。他在河中央捧着清凉的水，一连喝了好几口，仰着脖子自言自语道：

"真甜呀！去找一个瓶子灌点儿水，我要带回北京化验一下，为什么这里零下摄氏三十度仍然不结冰？"

听到载涛的想法，随行的一位军人当即找来一个瓶子灌满了卧牛河的河水。继而，载涛又与郑新潮几个人在河里逮起鱼来。午饭时，他们炖熟逮来的几条鲫鱼，载涛用筷子夹起尝了尝，笑呵呵地说：

"没想到卧牛河的鲫鱼，胜过江南武昌鱼，多鲜嫩呀！"

当天下午，这一行人爬上扎兰屯一座高耸的山巅。遥望满山遍野盛开的杜鹃花、野牡丹，载涛又是感慨万分：

"此情此景，大有宋代诗人苏东坡'看花笑谁，听鸟说甚'之感呵……"

临行前，载涛还精心挖掘了几棵带土的野杜鹃、芍药，放在随身带来的一个枕套里，把根部裹得很严实。郑新潮好奇地问起载涛：

"挖这些干什么，带回去栽种？"

"挖几棵回去，好带给任潮先生①。"

足见，载涛与李济深关系深厚。外人不知，李济深比载涛年长一岁，当载涛出任军咨府大臣时，李济深曾在保定军咨府军官学校学习，后来毕业于陆军大学，又留校任教，与载涛往来颇多。这些陈年往事，他娓娓讲述给了同行的旅伴们。

通过牡丹江、肇东、扎兰屯三个军马场历时一个月的视察，郑新潮与载涛朝夕相伴，对"皇叔"有了新的了解。

一九五一年八月初，郑新潮和载涛一起返京。

他们仍不知，正当这一行人视察东北军马场期间，上级已正式下达调令——郑新潮到北京炮兵司令部马政局工作。

当年九月，解放军炮兵马政局正式成立，郑新潮调任改良军马科工作，如愿以偿地和载涛工作在一起。

载涛与郑新潮俩人性格挺合得来。时常，载涛最爱模仿郑新潮一句口头语，开口时总是这样一句话：

"咋的？"

郑新潮个子不算太高，两人走在一起，相比之下，载涛显然身材魁梧，高出他半头多。偶尔载涛回想起两人在草原上赛马，还开玩笑地说：

"郑新潮骑在马上呀，就跟小猴儿似的。"

话虽说如此，郑新潮驯马实践经验之丰富，却是载涛不得不佩服的，且不时提及。

一次，郑新潮从东北来到北京，天气骤冷，可是又忘了带棉衣裳。见此，载涛马上让王乃文给他买来一件蓝布棉大衣挡寒。

载涛对于郑新潮如此体贴，自然被年轻载涛二十多岁的郑新潮深深印入了脑海。他出于对载涛的尊敬，连称呼也改为了"老顾问"。

夜宿大车店

载涛数次到各地马场视察，大多是郑新潮陪同前去。

---

① 任潮，即李济深。

王乃文记得有一次,载涛去西北马场视察,当时正值冬天,载涛刚一走进家门,就对她说:

"这一趟可真够险的,我们都得翻越高山呵。"

这一趟行程,载涛正是凭着骑马的真功夫,越过了山险。当时,天色漆黑一团,伸手不见五指,载涛再一细瞅,远处隐隐有一盏小油灯,忽闪忽闪地亮着,便对郑新潮说:

"咱们奔那边瞧瞧去吧。"

说着,他们骑着马,径奔灯亮处而去。载涛对王乃文回忆说:

"在路上,我忽然想起郑新潮属马,还骑马,就对他说起来,真有意思呵。哈哈哈……"

他俩边走边聊,终于找到位于山头的一个小旅店——大车店,便在那儿住下,立即喂马,然后喝一点儿热水,再吃一点儿食物,以抵御异常寒冷的天气。

载涛再一瞧,旅店的土炕上,睡的全是赶大车的车夫,多数披着破旧的羊皮衣裳。无奈之下,他们只得挤在车夫中间和衣躺了一宿。

由于整整一天颠簸在马上,载涛感到异常疲惫,把大衣往身上一盖,便睡着了。第二天早晨醒来,返回驻地骑马仍然要很久,此时郑新潮便对载涛提议说:

"载老,您太累了,赶快回家休息休息。我也不送您了,您索性坐汽车走吧。"

于是,载涛改乘部队的汽车,途中又换乘火车,返回了北京。

回到家里,载涛整整睡了一天一宿,才缓过劲儿来。刚吃过饭,他就向王乃文讲述起途中夜里闹耗子的故事。

途中,由于夜里闹耗子,他只得用皮大衣从头到脚把自己包裹得严严实实。在耗子的吱吱叫声中,吓得睁着双眼一直到天明,任凭耗子在身边跑来跑去。

实际上,郑新潮根本不知载涛从小便怕耗子。夜宿大车店,郑新潮正在睡觉,突然见到载涛噌地一下子坐了起来,被吓得起了浑身鸡皮疙瘩。一问才知,载涛刚才正是听到耗子奔跑的声音,被立时惊醒的。

反正也睡不着了,载涛索性坐起身来,向郑新潮述说起昔日的故事。以往在府里的老宅,只要看到耗子洞,他就必须立刻让仆人把那个窟窿用水灌后再堵上,唯恐它跑出来四处乱蹿。说到这儿,载涛对郑新潮坦诚而言:

"我胆子不算小,连老虎都不怕。可就那么怕耗子,这是天生的。"

"真是怪事儿,"郑新潮笑着说,"这倒确实是一物降一物呵……"

第叁拾叁章 视察西北军马场

* "呵呵，让你们开开眼，尝尝我的拿手菜——'翡翠西瓜'。"载涛让几位马政局同事走进厨房，观看他做菜的过程。几小时后，出锅时，"翡翠西瓜"香气扑鼻。

* 视察途中，载涛专程来到中县的塔尔寺，看望了老朋友——班禅额尔德尼·确吉坚赞。（班禅额尔德尼·确吉坚赞，曾任全国人大常委会副委员长）

* 全军开始军服改革，重新设计各种级别的军装。载涛听说后，贡献出了家里收藏的清朝大元帅服。

* 郑新潮竟然被冠以莫须有的罪名，打成"右派"。载涛含着眼泪真诚地对郑新潮说，"老郑呀，你没有错……他们认为你是右派，我可不这么看，历史将证明你是对的。"

图片说明：视察军马场，成了载涛时常向皇族讲述的故事。图为载涛（左六）和家族成员到溥仪（左五）家作客。左起：溥仪二妹的长女英才、溥仪二妹韫龢、溥仪六妹韫娱、溥仪二妹的幼女郑洁、溥仪、载涛、载涛的孙女金蔼珧、溥仪二妹的儿子大力、溥仪六妹夫王力民携一路风尘。

名曰视察马场，无异于与古人遥相对话——寻访汉代大将霍去病遗迹，重踏大宋贺兰山阙，笔录盛唐文成公主、明朝万历刻碑……

远赴塔尔寺探望老友——班禅大师。

岂仅留下点点史迹的雪泥鸿爪。

…………

拿手"宫廷菜"

"西北望，射天狼。"

或许，早在多年前吟诵南宋名将辛稼轩的诗词时，载涛便对于遥远的西北边陲，充满绮丽的幻想。

为了"把脉"全国各地的军马情况，一九五四年，载涛等一行五人赴西北地区视察。其中，还有一位原日本战俘——兽医专家山川宗义博士。

在郑新潮等几个同事陪同下，载涛用一个半月时间，踏勘了西北地区的甘肃省山丹、永登马场，宁夏回族自治区贺兰山马场、青海省贵德马场等几个重要的军马场。

当视察西北地区马场之前，他热情邀请马政局的同事卜云龙、刘学思和强立功，来到西扬威胡同的家中做客。

落座之后，载涛客气地请几位同事品啜着茶水，便亲自下厨房做起拿手菜来，事先还轻松地放出话来：

"今儿个，请你们尝尝我亲手做的宫廷菜。"

前来做客的几位同事，都来自外地，无一不感到特别好奇，纷纷询问：

"啥叫宫廷菜呀？"

"呵呵，让你们开开眼，吃上一道我从宫中御膳房'偷'出来的拿手菜——'翡翠西瓜'。"

没过一会儿，载涛让几位同事迈入厨房，观看他做菜的过程。原来，他事先已经把鸡肉和猪肉用各种作料腌了好半天，当着大家的面，他又利索地亲手将西瓜瓤掏干净,把腌好的肉放进去,重新搁入作料,再用西瓜皮盖严,搁进铁锅里的笼屉蒸起来。

谁也没想到,年迈的载涛手脚如此麻利。几个小时之后,出锅时,"翡翠西瓜"香气扑鼻,几个人三下五除二,顷刻之间便吃了一个精光。载涛微笑着,在一旁热情地询问:

"味道怎么样?"

"太棒了,从没吃过这么好的菜呵。"

"这下,你们可知道什么叫宫廷菜了吧?"

一时间,载涛的拿手"宫廷菜",传遍了整个马政局。

途经岷山千里雪

从甘肃省兰州到宁夏银川,至少二百多公里路途,需要走两天多,绝大部分必须骑马。载涛一行每人一匹马,一路上,边走边聊,心情格外舒畅。

第一站,将抵达气候恶劣的甘肃岔口驿的永登军马场。其间,途经积雪皑皑的岷山——据说,那里距离红军长征中的腊子口,只有六十里地。其他年轻人,有的气喘吁吁,有的频频冒汗,载涛却很正常,没有半点不适的感觉。

当攀登三千五百米海拔的日月山时,学识渊博的载涛还兴致勃勃说起:

"当年唐朝的文成公主,也翻越过此山哪……"

在当地人引导下,这一行人,居然意外找到了"文成公主碑",载涛欣喜过望,仔细读过之后,又亲笔抄录下了全部碑文。

临走时,当地人又带载涛找到当年红军将领廖汉生[①]解放此地时,竖立的一通石碑。闻此,载涛凑上前,兴趣十足地阅读起来,还亲笔做了摘录。

当他们在一座山脚下留宿在四周空旷无人的旅店时,只有集体的大土炕可以睡下。载涛裹着皮袄,忍了一宿。

第二天早晨一起来,发现浑身上下趴满了虱子。因为来这里留宿的都是路过的牧民,在寒冷中,无一不是和衣而卧。他和郑新潮爬起身来,彼此扫落身上的虱子,相视而笑,戏称这是"革命虫",直到过了许久,仍不时提起此事。

那一次,载涛回到北京之后,连家门都没敢进,便把身上穿的皮大衣脱下,扔在了屋外头,以冻死皮衣上的虱子。

[①] 廖汉生,湖南省桑植县人,历任国防部副部长、沈阳军区第一政委、全国人大副委员长。

此后,他到澡堂泡了一个痛快的热水澡,然后,叮嘱王乃文赶快把皮大衣拿到外边去清洗。此时,王乃文惊讶地看到,屋外的那件皮大衣上,冻死了密密麻麻的虱子。

载涛一行人,来到山丹马场。因为国际友人路易·艾黎①正在那里办一所"培黎学校",恰巧有一辆吉普车可顺便乘坐,竟然成了招待"皇叔"的特殊礼遇。

一路上,载涛喜欢吟诵作诗,没事儿时,便拿着一个小本本做笔记。载涛从不抽烟,只是喝一点儿当地的白酒。尤其使同事感到,他非常注重礼节,待人十分客气。

他是一个有心人,对于每个军马场的历史沿革,无不亲手查证资料。可以说,载涛亲身参与了马场由"供给制"改为企业化管理的全过程。譬如,山丹丈马营军马场,当时可称全国最大的马场,载涛居然亲自跑到县城去查县志,以摸清历史状况。

当他了解到,汉代名将霍去病曾经到过此地,城堡里还保存着明朝万历年间的刻碑,于是,不仅亲自抄录下碑文,还调来省志和当地县志。他听过汇报,又和马场的军人、牧工交谈,调研到了许多以前不知道的真实情况。

载涛一行人经长途跋涉,来到了青海的贵德马场。

抵达西宁之后,由于没有汽车,只得乘马。若到贵德县,还要翻越三千二百米海拔的高山,他们一直走了三天三夜。晚上,载涛就和同事一起睡在途中的藏民帐篷里,眼望着天上的繁星,聊着天沉入梦乡。

次日,载涛来到中县的塔尔寺,极感兴趣地参观一个遍,还专程去塔尔寺看望了老朋友——班禅额尔德尼·确吉坚赞。

原来,班禅是载涛的多年老友,彼此畅谈了许久,才恋恋不舍地离去。

第二天,载涛一行人又乘车来到扎西,越过了三千二百多米海拔的日月山。最危险的是,湍急的河流上,只有颤动摇摆的陈旧浮桥,载涛竟然十分镇静地带头走了过去。连当地的向导,也无不佩服载涛这种无畏的精神。

第三天,载涛一行人来到莫曲沟的过马营,那里是贵德军马场的场部。

休息过后,他们途经一个深不见底的险地——老虎口,连年轻人也不敢往下瞧一眼。而载涛在当地人引领下,骑马如履平地。多年之后,强立功始终清

---

① 路易·艾黎,新西兰人,1897年出生。1927年前往中国,此后长期居住中国,为中国人民的解放和建设事业奋斗整整60年。1987年逝世。

楚地记得这个难忘的情景：

"我那年仅二十多岁，可是载涛年近七十，身上穿的衣裳很单薄，却显得精神抖擞。"

翻越悬崖时，底下是万丈深渊，沟底是一百多度的热泉，不断往上涌冒着一股股蒸气，伴随他的几人都有些害怕，而载涛不仅没有高山反应，更是面无惧色。顺依山势，一行人步行来到山下，大家议论说：

"载涛顾问的身板，实在太棒了……"

探望女婿达理札雅

在贺兰山麓，这一行人又宿在路边小店，四个人集体睡在一个大土炕上。躺进被窝，强立功好奇地问起载涛：

"载顾问，您当过军咨府大臣，睡过土炕吗？"

"没有呵。"载涛侧身躺卧在土炕上，风趣地对同伴儿说，"呵呵，'皇叔'也尝尝睡土炕的滋味嘛。"

路上聊天时，载涛告诉强立功，周总理得知他仍然住在京城一个大杂院的平房里，就动员他搬往较好的住宅，载涛不愿意去，说是多年住惯了。

翻过贺兰山便可以望见内蒙阿拉善旗，那是载涛的女婿达理札雅的老家。得知这一情形，宁夏回族自治区人民政府派车让省交际处长专程送载涛去那里探望女儿和女婿。

临行时，自治区领导用当地最隆重的满族礼节——烤全羊，热情招待载涛一行人。

载涛在强立功和刘学思陪伴下，还有一位在抗日战争中投诚八路军且能说一口流利汉语的日本人宫崎，一起视察宁夏贺兰山马场。

一行四人来到一个叫"喊叫水"的地方，宿在当地老百姓的土炕上。临睡前，他们又聊起天来，刘学思禁不住问起载涛：

"我挺纳闷儿，您是'皇叔'，怎么如此精通养马和马术呢？"

"早年，我到法国骑兵学校学习过……"于是，载涛向他娓娓谈起了当年留学法国的经历。

"您到过哪些国家？"

载涛毫无保留地谈起，他考察过欧洲八国，当年还参加过德国威廉二世的加冕典礼：

载涛最喜欢向爱新觉罗家族的人们讲述视察西北军马场途中的历险故事。图为王乃文陪同载涛等人到溥仪家中做客。前排左三为溥仪四妹韫娴、左四为王乃文、其右后为溥杰、溥任,其前右起溥仪六妹韫娱、载涛、嵯峨浩、婷生、溥杰的岳母嵯峨尚子、溥仪、溥仪三妹韫颖、二妹韫龢、嵯峨浩的妹妹町田干子、郑广元、润麒、溥仪六妹夫王力民

"我是咱们国家的特使,代表皇帝参加典礼仪式。"

"那您得给我们讲讲……"强立功一再要求。

"这样吧,等回到北京,你们一起到我家里,看看那些照片吧。"

果然,载涛说话算数儿,返回北京,载涛便邀请同行的这几个人来到家里做客,又找出来许多历史照片,让他们欣赏。刘学思瞧着找出来的照片,指着上面的载涛说:

"载顾问,您骑着战马和乘坐外国马车的照片,多威风呵。"

"这是当年在德国拍照的。"

强立功感到不解,顺手拿起一幅新中国国庆大典的受阅骑兵照片,问载涛:

"这里边没有您,那怎么保留着这一幅照片呢?"

"说起来,就话长了,"载涛说,"你知道吗?新中国的国庆大典,毛主席检阅军队时,队列中应该有骑兵,这个建议是我提出来的呵。"

"原来如此。这就是说您的建议被采纳了?"

"当然了,不然这幅照片怎么来的呀?"载涛呵呵笑着回答说。

大家翻阅那些珍贵的历史照片时，无意间翻出一幅最大的长幅照片，是第一届全国马政会议的合影照片，上面不仅有载涛，还有炮兵司令员陈锡联等人。几位马政局的副局长，也在上边，这都是他们熟悉的领导。

"上边几个马政局领导都认识吧？"

"是呵，都是我们的老领导嘛。"

"这一幅照片，我的同事刘振魁家里也有呢。"刘学思插话说。

"所有参加会议的，人手一幅。"载涛微笑着说。

这次，大伙儿在载涛家里算开了眼，通过翻阅这一堆历史照片，不仅洞悉载涛的不凡经历，也明白了他曾经沧海的谦逊由来。

展示收藏的清朝大元帅服

一九五五年，军队授衔之前，全军开始军服改革，重新设计各种级别的军装。

马政局号召大家献计献策。载涛听说后，马上提出贡献出家里收藏的清朝大元帅服，总后勤部领导当时正在搜集各国和各朝代的军服，得知这个情况，马上派人到他家里取了来。

当载涛把家里精心收藏的清朝元帅军服拿来之后，先是搁在办公室，同事们都蜂拥而至前来参观。只见那顶帽子上系有红缨穗，两肩扛着明晃晃的硬牌，上身还斜挎着一条丝制的绶带。为了参考所用，载涛还拿来家里收藏的一米多高的军咨府大臣的画像，摆在办公室，显得十分惹眼。

为了研究军队高级将领的军服设计，总后勤部军需部还由杨京盛负责，专门组织了一次公开展览，其中最显眼的便是载涛的巨幅画像。

一时间，这成了马政局的一大新闻。

最使大家感动的是，军队授衔时，载涛因年龄原因加之属于"顾问"性质，所以没列在授衔范围之内。当马政局领导找他谈话时，载涛表示理解，不仅没有丝毫情绪，还呵呵笑着说：

"我这个顾问，不穿军装，也蛮光荣嘛！……"

重逢马政局老同事

载涛完全不知，马政局的撤销，源于偶然的一句话。

五十年代后期,北戴河召开中央全会,云南省委书记阎红彦①遇到了王震将军②,说:

"王胡子,你的马政局百十号人在北京没什么事儿,我在云南那儿开发橡胶,正缺干部呢!"

"好呵,我支持。"

结果,就这样一句话,王震经请示中央,把马政局的大部分干部连锅端到了云南边陲。

尽管马政局的建制发生了变化,然而,无论何时,载涛凡见到马政局的同事,无不格外亲热。

一九五七年,马政局全体干部转业到国家农垦部,载涛由于一直没按现役军人对待,所以没有划转过去,而依旧代表满族担任全国政协委员。而马政局副局长卜云龙则调到农垦部任职,次年,又奉调赴云南任农垦厅厅长。

六十年代初,卜云龙从云南赴京开会,载涛听说之后,马上骑着自行车赴西郊友谊宾馆前去看望,见面之后紧紧握着卜云龙的双手,久久不放。

两人几年没见面,格外兴奋,这一次,俩人聊了许久,家长里短、国家大事,无所不聊。自然,载涛津津乐道的是侄子溥仪特赦之后的新生,以及爱新觉罗家族的崭新生活,谈起来眉飞色舞。

然而,这次握别之后,两人便再也没见过面③。

正给萧克将军④当秘书的贾振民,一年春节前夕,去人民大会堂观看文艺晚会,在大厅遇到了载涛。只见载涛极为热情地走过来和他握手,连声问好,

---

① 阎红彦,曾任中共中央西南局书记处书记、云南省委第一书记等职,"文革"中遭到迫害,饮恨自杀。其后,冤案得以平反昭雪。
② 王震,湖南省浏阳人,抗日战争期间,曾任一二〇师三五九旅旅长等职,解放后曾任国家副主席。
③ 本书有关载涛与卜云龙交往的内容,受到原马政局副局长卜云龙的大力支持,在此表示感谢。1989年,本书作者去信给云南农业厅离休干部卜云龙同志,了解他和载涛一起工作的情况,他遂亲笔撰写了一篇文章《回忆我与载涛先生的交往》,且回信一封,兹摘录如下:

    贾英华同志:您七月十七日信,早已收到。我很乐于提供我所了解的载涛先生的情况,只是由于近年来患有目疾,执笔困难,迟复为歉。

    这篇《回忆我与载涛先生的交往》的材料,是我口述,由原马政局一位同志王守信整理而成。不妥之处,请斧正。另外,原马政局干部,现农牧渔业部农垦总局退休干部汪潮同志,与载涛先生熟悉。如需要可与他联系。办公室在西四砖塔胡同。致 敬礼。原马政局副局长卜云龙 一九八九年八月二十六日。
④ 萧克,湖南嘉禾人,上将军衔。曾任冀热辽军区司令员、第五届全国政协副主席、国防部副部长等职。

又重提曾在马政局的那些难忘的往事,聊了半天才分手。

临别之际,载涛仍是老称呼,对贾振民依依不舍地说:

"贾干事,如果见到那些老同事,请代我问好呵……"

与"右派"结为挚友

坎坷见证友谊。一九五七年秋,一位解放军总后勤部领导声称,今后现代化战争靠机械化、靠汽车,再也用不着军马,提出取消全国所有军马场。郑新潮听到之后,极不服气,公开驳斥了这种论调。

谁想,翌年初春,郑新潮竟然被冠以反对党的领导的"罪名",打成了"右派"。

当年九月一日,郑新潮被"贬",下放至天津地区团泊洼农场劳动改造。

他决然没想到,就在临走前这一天晚上,载涛闻讯偕妻子王乃文,前来其住处专程看望。

当载涛(右四)在家里招待从抚顺特赦返京的溥仪(左二)以及溥杰(右二)、溥仪二妹韫龢(左一)、亲戚罗亨年(右一)时,马政局的同事郑新潮却被打成"右派",下放团泊洼农场改造

当郑新潮眼见载涛夫妇二人走进屋,便鼻子一酸,禁不住痛哭失声。交谈之中,载涛眼含热泪真诚地对郑新潮说:

"老郑呀,你没有错,我相信总有一天还会把马场重建起来的。他们认为你是右派,我可不这么看,历史将证明你是对的。"

这番话如今听起来简单,然而,在当初那个年代,一位饱经沧桑的"皇叔",竟然敢逆风而行,以耿直的性格发表与上级截然相悖的言论,实在需要一番勇气且难能可贵的。

时光荏苒。数年之后,载涛久已病逝,郑新潮果然被平反,还被选为河北省邢台市政协委员。郑新潮每当追忆起这位富有远见的正直老人,总不禁潸然泪下……

恰巧,载涛去世不久,郑新潮来到了北京。他闻知噩讯,心情极为悲痛,亲笔写下了一副挽联。事后,这副挽联被留在了载涛家里许久。

一九七二年十二月,饱经坎坷的郑新潮,在军委马政局招待所欣然命笔,撰写了一首纪念载涛的七律《悼载涛顾问》,返回邯郸之后,又用楷书字体抄写完毕,寄给了王乃文。她展卷诵读时,感动得热泪盈眶。

彻夜车骑盛帐仪,
风餐露宿顾相依。
祁连并辔千山雪,
古堡携观万马迤。

霍卫边墙烽墩老,
汉朝关月物星移。
草滩巡礼河西静,
狼啸连声逐马蹄。

几年之后,郑新潮再次来到北京西扬威胡同的旧宅。此时,王乃文已迁往和平里的住所,于是,载涛的五儿媳妇鄂静元带着他,找到了载涛遗孀。

在新居,王乃文热情接待了似乎已变成苍老如翁的郑新潮,由金从政等人作陪,在一家餐馆设便宴招待载涛的故交。在畅叙友谊中,彼此对酌。金从政彬彬有礼地向郑新潮敬酒,此时,郑新潮指着王乃文,对他说:

"恕我直言——载老去世了,她虽不是你的亲娘,这么多年你们关系一直不错,祝全家团团圆圆,长久好下去呵……"

席间,郑新潮不禁又感慨地追忆起载涛生前与自己在一起的那些日子,不由得泪眼涟涟:

"回想起来,载老是多么好的一个人哪……"①

---

① 以上有关内容采访载涛遗孀王乃文,并部分参考《河北文史资料》第十八辑,郑新潮:《回忆载涛先生》——常新瑞、王坚才整理。

第叁拾肆章

政治上的新生

*民革中央主席李济深介绍年近古稀的载涛加入"民革"。妻子感到疑惑不解：

"载老，您那么大年纪了，还加入'民革'干吗呀？"

"你知道什么是'民革'吗？就是国民党革命委员会，我也要'革命'呵。"

*直到暮年，载涛仍以亲身参加国旗和国徽的制定，视为毕生的荣耀。

*载涛对卜云龙讲述起毛主席嘱他赴抚顺探望溥仪之事，留下了有别于溥仪的《我的前半生》的不同追忆。

图片说明：载涛参与国徽等制定后，颁发的国徽样式。
此为载涛家中悬挂（本书作者摄于九十年代初期）

君子不党？

自幼畏葸"革命"如虎的皇叔，偏偏加入了包含这两个字的党派。

六十多年前军咨府的老部下，成了入党介绍人。

一连串的头衔，出乎意外地落在头上。

有如凤凰涅槃之新生——

....

载涛作为满族的代表，连续当选为全国人大代表、全国政协委员。

从此，他不用每天坐班，只是在家里办公，偶尔也到全国人大和全国政协参加会议，出门可以乘坐小卧车，不再骑自行车上下班。但是，没事儿时，他仍然喜欢骑着自行车，在京城自由自在地四处转悠。载涛对生活现状十分知足，时常半开玩笑地自我炫耀：

"我现在是全国政协委员，每月还有五十块钱车马费呢……"

载涛成为连续三届的全国人大代表，他感到最高兴的是，屡屡被大会点名上台发言，竟格外受到各界人士欢迎。

在全国政协第二届三次会议上发言

涛贝勒的身份引人注目，他以皇族长辈的角度对于新中国政权建立的拥护，也无疑受到格外重视。

一九五七年三月，在全国政协第二届三次会议，载涛作为全国政协委员，在大会上作了发言。这份发言稿，被辑入全国政协会议文件，印发大会所有参会人员。

主席、各位委员、各位同志：

我听了毛主席在最高国务会议上的指示，周总理关于"访问亚洲和欧洲十一国的报告"和各位首长的专题报告，我完全拥护。

在伟大的中国共产党和毛主席的民族政策照耀下，我们满族人民普遍得到温暖，得到各民族所受的同等待遇，得到有力的鼓舞，请容我首先表达我们满族人民衷心共同的感激！

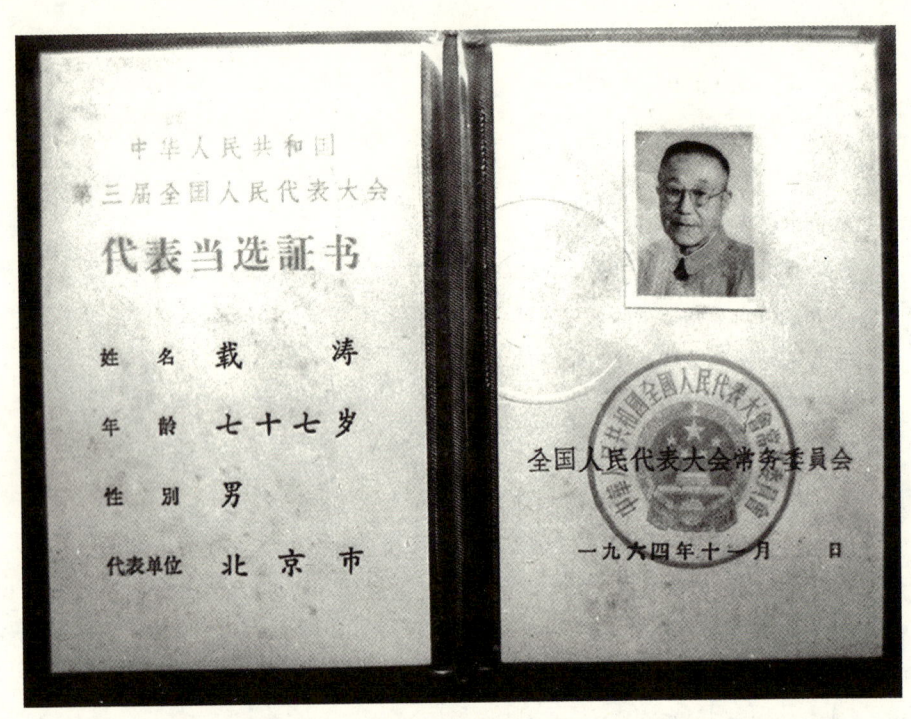

载涛当选第三届全国人大代表证书(本书作者摄于九十年代初期)

  我们满族人民大部分分散在全国各地,在各处当地虽然有小部分聚居,但是究竟比较散漫。几十年来反动统治的大民族主义,实施种种压迫和歧视,使得满族人民受尽痛苦,因此大部分隐瞒起自己的民族成分,同时在生产上、在工作机会上、在文化教育上都受到相当的损害。

  到了解放后,人民民主政权胜利地建成了。伟大的民族政策的光辉,照热了每一个少数民族人民的心,照亮了每一个少数民族居住的角落,全中国各个民族空前的团结,成了一个亲热的大家庭,这是每一个中国人民所共同感受到的,更是每一个满民所欢欣鼓舞感激涕零的。现在广大的满民的要求,无论是生产上、是文化教育上,党和政府没有不十分重视和迅速予以解决的,从原则的措施直到细小的情绪问题都受到重视,这是我们满族人民从来未曾受到的真正平等的待遇。

  我在五五年、五六年连续地视察了满民居住区域,近的从京郊四周围,远到广州和成都,见到极多的满民,他们那种兴奋而热烈的情感,我是无法用语言来描写的。在许多地方,感到满民多起来,并不是人口突然增加,而是许多人说出了自己的民族成分。心里的话也敢和亲人说了,有建议也敢提了。存在的问题我向中央汇报和向当地省人民委员会反映,也都获得采纳。因此党和政府对满民的关怀,在每个满民身上都成为积极性的发动力量。也成了满民和每个兄弟民族之间亲密友爱的结合力量。

最近成都的满族和蒙族人民共同组织了一个学习委员会,写信来说这是一件喜事,并且说:"大家鼓掌欢呼,称颂中国共产党和毛主席。"他们的心情是可以想象得知的。广州也成立了满族小学,只有"无微不至"这个词汇,才能在这里表达满民们内心感受的温暖程度。

我谨代表满族人民向党、向毛主席、向政府保证:今后只有更加努力学习,发挥每个人的积极性,为祖国、民族大家庭的社会主义建设事业而贡献一切。

就在这次全国政协大会发言之后,载涛把这份发言稿,欣喜地交给王乃文,让她逐户去爱新觉罗家族近亲家里传阅一遍。溥仪的三妹韫颖看后,感到十分惊喜:

"真不简单,七叔代表咱们满族在政协大会发言啦!……"

由李济深介绍加入"民革"

一天,民革中央主席李济深和夫人,由楚溪春夫妇陪同,分别乘坐着小卧车前来西扬威胡同的载涛家里做客。

李济深身穿灰布大褂,举止十分优雅。载涛倒显得很随便,甚至连水果也没预备,只是沏上一壶好茶,请客人品茗,彼此十分客气。

原来,这次李济深特意前来看望载涛,也是载涛参加"民革"之前的一次例行谈话。

这次,李济深亲自到载涛家里登门拜访,更使载涛感动莫名。

话题开门见山。一番简短寒暄过后,李济深提出愿意介绍载涛加入"民革"。此前,李济深曾不止一次与载涛聊过此事,这次便是专程听取载涛的意见,为的是解释清楚"民革"与国民党的区别,听一听载涛对于"革命"的态度。

起先,载涛只知国民党是被推翻的反动派,脑子里的印象总是跟"反动"相联系,但不知国民党内也有革命派。

直到李济深与载涛有了一次促膝长谈,他这才恍然大悟,原来"民革"的全称为"国民党革命委员会",乃是共产党支持的民主党派组织。

载涛头脑清楚,立时就答应了下来。谈话中,载涛对李济深风趣地说:

"'民革'——'革命'多好吧,现在成了一家人,不像以前两家人似的。现在咱们都参加'革命'啦……"

据王乃文回忆,载涛之所以加入"民革",是因为见到这些当年的老朋友也纷纷跟着共产党"革命",于是,便欣然参加了"国民党革命委员会"。

事后,载涛对王乃文说,国民党的一些头头儿革命,才成立了一个"革命委员会"。要是在从前,凡沾国民党的事儿他可不愿意,假如没有"革命"这俩字,他也是绝对不干的。

事先,李济深让楚溪春找载涛交谈过多次,还让他填写过正式加入"民革"的申请表。而且,由张联棻①对于载涛的生平作出了书面评价。对此,王乃文追忆说:

那几天,载涛像着了迷似的在纸上勾勾划划地填表。她一问才知,年近七旬的载涛要加入"民革"。对此她还感到疑惑不解:

"载老,您那么大年纪了,还加入'民革'干吗呀?"

"你知道什么是'民革'吗?就是国民党革命委员会。我也要'革命'呵。"

至今,在民革中央的档案中,仍然保存着这一位特殊党员的"志愿书",以及入党介绍人——李济深、张联棻——对他所亲笔写下的"鉴定":

"本表填写入党人虽系清代贵族,从辛亥革命后,已平民化。解放以后首先加入全国政协,任马政局顾问,对改良马种的建议,尤多献替。后又膺选为人代大会满族代表,有代表性。思想上有进步要求,特为介绍加入我党组织。"②

品啜着香茗,李济深夫妇与载涛、王乃文交谈许久。由于李济深的夫人是广东人,说话难懂,载涛只是一个劲儿地点头。李济深虽然也是南方人,但他的话载涛夫妇倒能全部听懂。

待李济深走后,载涛告诉妻子,当年自己做军咨府大臣时,李济深曾在他手下当差,至今对自己仍然毕恭毕敬。最初,由于李济深介绍张联棻加入了"民革",这两位当年的老部下,又一起商议介绍老上司载涛加入"民革"。

此次诚挚交谈之后,载涛正式被批准为"民革"成员。

---

① 张联棻(1880—1966),山东淄博人。十九岁当兵,后考入保定军官学校学习。1906年任清陆军部军咨处二司五科科长。曾任北洋军第六镇(师级)正参谋官,汉口冯国璋的总参谋长、四川省戒严总司令等。民国五年,任总统府军事处副处长,曾被北洋政府授"策威"将军衔。曾为北平和平解放积极奔走。新中国成立后,任北京市政府专员,被誉为"北京市十位红色老人"之一,毛泽东主席复信予以赞扬。1966年病逝于北京。

② 此内容,摘引自王乃文提供的由其口述、辛芳整理的回忆文章,载于香港《大公报》。

李济深跟载涛谈完话,载涛和王乃文一再留他吃饭,但依然没能挽留住。临出门之前,李济深留下了一句话:

"载老加入了'民革',我会常来的……"

跟楚溪春夫妇成了朋友

然而,李济深没有常来,"民革"中央副秘书长楚溪春夫妇却成了载涛家的常客。

不久,载涛偕王乃文又专门来到楚溪春的居所——南长街胡同回访。

路上,他对王乃文介绍说,楚溪春原是傅作义手下的一个军长,解放前就与自己有往来。等到楚溪春当上了民革中央常委之后,亲自来家里劝说他加入"民革",强调这是"革命",他才慨然应允。

由于楚溪春经常来载涛家里串门,有时事先未约,便推门而进:

"载老,在家吗?"

"哟,这是怎么说的,您今儿光临寒舍呵……"

载涛每当见着楚溪春夫妇,总是显得挺亲热。日久天长,王乃文与楚溪春夫人的关系也相处融洽。平时,楚溪春与载涛见面时,无非是聊一些家长里短,劝他多参加"民革"组织的一些活动。

一番话果然见效。"民革"中央机关组织春节联欢时,载涛亲自动员王乃文登台演唱了一段彩唱①《贵妃醉酒》。

那次演出,是在全国政协礼堂。她刚一登台出场,便摆了一个精彩的亮相姿势,跟其他业余演员迥然不同。台下的老朋友,谁也不知道她有这么一手,无不议论纷纷:

"哎哟,没想到,乃文还有这么两下子哪。"

顿时,博得台下一片掌声。

一时间,载涛夫妇成了"民革"中央机关的红人。

实际上,楚溪春是典型的军人作派,并非文绉绉的,而是快人快语,与载涛脾气相投。有趣的是,楚溪春夫妇俩十分喜欢京戏,还出面组织起"民革京剧组",载涛和王乃文自然应邀参加,成了主力演员。

当年春节来临之际,民革京剧组排演《姑嫂英雄》,由王乃文饰演樊梨花,

---

① 彩唱,即穿上服饰并化妆后上台演唱,区别于一般不化妆的清唱。

另一位民革成员黄岩扮配角。由于这出戏里有不少武打,载涛亲自上阵指点,每星期排练一次,教俩人在台上真刀真枪地开打对阵。

因为两人武功基础较差,年逾六旬的载涛,手把手地教,一招一式亲自示范,使整个京戏小组的人们都很感动。

临正式演出前,楚溪春居然提出登台彩唱《空城计》,亲自饰诸葛亮,由他的夫人扮演书僮,这使载涛夫妇对这一对老朋友刮目相看。在春节联欢晚会上,《空城计》的演出,获得了观众的热烈掌声。

楚溪春夫妇的演出成功,激发了载涛夫妇的极大热情,竟然提出二人同演全本的《龙凤呈祥》,载涛饰演张飞,王乃文扮孙尚香,整出戏需要演员二三十人,先后排演了一个多月。此戏还未公演,便轰动了民革中央和全国政协机关。

众多戏迷期待着一睹皇叔载涛的风采,时不时有人来到排练现场观摩。由于孙尚香从头演到尾,载涛唯恐王乃文撑不住,便提议她只演上半出,下半出则由另一位女戏迷来饰演。

虽然京剧组拥有载涛和王乃文这样的名角,但是,乐队里包括伴奏和打单皮以及拉胡琴的琴师,都是业余票友。尽管如此,京剧小组的名气依然不小,连京戏高手李少春、白连云等人,都曾前来辅导或指点一二。见此,王乃文感叹地说:

"这还不是看在载老的面子上嘛!"

不出所料,由载涛加盟的这次春节演出,不仅引起了各界广泛关注,也获得前所未有的成功。在全国政协礼堂演出时,全国政协常委全体出席观看,座无虚席。

从始到终,年过六旬的载涛,在舞台上神采飞扬,意外地荣获"满堂彩"。

毛主席让载涛到监狱去看望溥仪

作为满族的代表,载涛除了马政局的差事以外,还以其特殊身份,在国家各种重大政治活动中发挥着作用。

在选择新中国的国旗和国徽时,国家成立了一个专门委员会,载涛作为全国人大代表被吸收进了这个机构。

开会讨论时,主持人让各界人士拿来多种图案,在众多国旗的方案中,载涛一眼便瞧中了红五角星的国旗,在几种国徽图案当中,他经过反复比较,最终挑中了天安门图案。他在小组发言中激动地说：

"我瞧这个国旗样式挺好，大红五角星，比别的什么风吹动旗子那些更形象。这个国徽图案上面有天安门图像，看上去显得很庄重……"

在载涛发言之后，众多代表纷纷赞成他的意见：

"那就用这两个图案吧。"

载涛回忆说，分组会议最终提交的国旗和国徽方案，和他的意见大体一致，仅是局部作了些细微的修改。据说，当这两个图案呈报毛主席审阅时，毛主席亲笔作了指示，还说：

"很好，就按这个方案，提交大会审议吧。"

此后，当大会正式通过并确定国旗和国徽方案之后，全国人大给每位参加讨论的代表颁发了一个国徽模型：

"给大家每人一个国徽，做个纪念吧。"

载涛兴奋地回到家里，便把亲手捧回的国徽模型挂在正面墙上，还向王乃文讲述了一番国旗和国徽的意义：

"……太好啦，这个模型跟我的意见一样呵。"

他对家人曾回忆说，开大会时，他坐在前排，后头有些人不认识，反正参加会议的大多是全国人大和全国政协的老熟人。国旗和国徽的主要设计者，也参加了分组讨论，听取大家的修改意见。

"他俩见着大伙儿就逐个握手，还跟我聊了几句呢。"

直到暮年，载涛仍以亲身参加过国旗和国徽的讨论和制定，视为毕生的荣耀。

一九五六年三月，就在溥仪特赦前三年，毛主席让载涛带着两个侄女——溥仪的三妹韫颖和五妹韫馨去抚顺战犯管理所去看望溥仪和她们的丈夫。

临行前，王乃文问起载涛，这是怎么回事？载涛对她说：

"这是毛主席的指示，如果毛主席不发话，谁敢上那儿去探监呀？"

载涛还兴奋地告诉妻子，毛主席亲自点将让自己去抚顺探监：

"载涛可以带着爱新觉罗家族的亲属，到抚顺监狱去探望溥仪嘛。"

由于东北天气寒冷，北京市市长彭真亲自过问此事，发钱给每人购买一件外套。因为途中也有花费，所以还给每人发了一些零用钱。

载涛欣然带着两个侄女来到抚顺，住在苏联专家招待所。他一人单独居住一间房，溥仪的两个妹妹共住一间，准备次日去监狱探视溥仪。据载涛回忆，当晚他和两个侄女心情忐忑，一夜都没睡踏实。

第二天早晨，载涛一行人来到抚顺战犯管理所，所长早已接到了通知，亲自出面接待：

"欢迎，到办公室吧。"

于是，载涛等人被让进了所长办公室。所长对载涛说，溥仪这几个人表现都不错，也全接到了家里的来信：

"你们叔侄一直没见面，让你们家人瞅一瞅溥仪，通过改造有了很大进步。"

事先，溥仪并不知道载涛一行人前来探监，直到抚顺战犯管理所的负责人去通知，溥仪这才大吃一惊：

"'九八一'，你七叔和妹妹来看你来了。"

"什么，七叔和妹妹来啦？"

溥仪不禁愣住了，稍定一会儿神，

载涛参与国徽等制定后，颁发的国徽样式。此为载涛家中悬挂（本书作者摄于九十年代初期）

才赶紧一溜儿小跑赶来。在抚顺战犯管理所的办公室，载涛与溥仪见了面。

"您怎么来了？"

溥仪刚见到载涛，便激动地询问了一声。其实，他的心绪极为复杂。据载涛回京之后，对王乃文说，据他观察，溥仪既害怕又激动万分，因为他弄不清怎么回事，甚至想到了最坏处，即"大限"之前跟亲属的最后一次见面，这绝非虚构。

载涛多年没见到溥仪，这次居然在狱中相见，百感交集。因为当年溥仪劝载涛到伪满洲国做官，他断然拒绝，连溥仪的三妹夫和五妹夫也跟随在溥仪身边，唯有载涛没有就范。如今重新见面，已是冰火两重天。

当溥仪这次见到载涛之后，立即搂着七叔的脖子痛哭失声。据王乃文回忆，当时溥仪因在狱中，不知是否让他叫七叔，也不敢贸然乱叫[①]，只是一个劲儿地问道：

[①] 对此细节，各人回忆均不同。有人回忆说，溥仪一见载涛的面，就激动地叫了一声"七叔"。有人回忆则不同，此处采用王乃文转述载涛的回忆内容。

"您怎么来了,怎么来这儿了呀?"

"是毛主席让我来的呀!唉,咱们多少年都没见面啦……"

仅隔了一会儿,溥仪的三妹夫润麒和五妹夫万嘉熙,也相继来到办公室,先后向载涛这位家族的长辈鞠躬行礼。顿时,一家人激动地互致问候。

在接下来的交谈中,载涛和溥仪的心情逐渐平静下来。正当溥仪的两个妹妹与丈夫交谈之际,溥仪小心翼翼地从侧面打听起载涛一行人的目的。

"您还有别的事儿吗?"

"听说对你们要宽大处理……"

载涛透露的信息,使溥仪稍稍吃了一颗定心丸,脸上露出一丝微笑,随即又流下了悲喜交加的热泪。

对于载涛赴抚顺战犯管理所探望溥仪之事,归来之后,载涛对卜云龙讲述起这一经过,与以往人们所知的情况,都有所不同。

卜云龙曾回忆说,载涛前去抚顺探监,是彭真市长根据毛泽东主席和周恩来总理的指示,直接交办的。载涛去抚顺战犯管理所时,溥仪过去的"妃子"李玉琴和他一起去,还带着一双亲手为溥仪所做的布鞋。他们来到抚顺战犯管理所之后,所领导接见了这一行人。之后,从篮球场把溥仪直接找来,才和七叔等人见面。

走进房间时,溥仪仍然浑身大汗。刚一见面,溥仪便跪倒在地上,抱着载涛的双腿,失声痛哭,连喊"七叔,七叔!"还不断地表示悔改不已。

追忆起此事,载涛对卜云龙说:

"过去见面,是我给溥仪下跪。现在,是他给我下跪。"

在谈话中,载涛一再勉励溥仪要继续脱胎换骨改造,盛赞国家改造政策所取得的巨大成功。载涛一行人,在抚顺战犯管理所稍作逗留之后,便返回北京①。

载涛没想到,返京没两天,彭真市长竟然乘车来到载涛家里,亲切询问了在抚顺战犯管理所与溥仪等人会面的情况,又热情地鼓励了载涛一番,让他多学习一些政府的政策,带动皇族进步,成为自食其力的劳动者。

彭真市长走后,载涛把这些话转达给了亲属,在皇族中引起了无尽的思索。

自食其力,成了爱新觉罗家族的一致心声……

---

① 此情节,源自卜云龙所撰写的文字回忆内容。兹存待考。

第叁拾伍章

珍藏红领巾的童真

* 小学生赠送的红领巾，宛若童真——被他如获至宝地珍藏至逝世。

* 鲜为人知的是，载涛与罗常培曾找到老舍，请求去见毛主席——保释溥仪，遭到老舍的断然拒绝："以旗人来说，溥仪干的那些丑事，也丢尽了我们的'人'了。我不能去，我没这个脸去！……"

* 溥仪特赦之后，载涛招待了一顿菜团子，还说了几句吉祥话：
"得，咱全家团圆了，吃顿菜团子，多吉利呀！"

* 溥仪见到七叔的卧室仍挂着上朝穿的贝勒朝服，不仅提出批评，还向有关方面作了汇报。事后才知是一场误会。

* 在溥仪的新婚仪式上，载涛主持婚礼，还代表爱新觉罗家族长辈，宣读了新婚贺词。

图片说明：溥仪特赦之后，在七叔载涛家里邀爱新觉罗家族前来合影留念。中排坐者，左起：溥仪四妹韫娴、三妹韫颖、溥仪、载涛、载涛妻子金孝兰、溥仪二妹韫龢童真。

亦往往误导人犯错。

而世间或许最能原谅的,亦是童真的后果。

童真,似是万善之源?

…………

一条鲜艳的红领巾,被载涛如获至宝地珍藏在书桌里。

五十年代中期,王乃文忽然新奇地看到,载涛戴着一条红领巾,笑呵呵地返回家中。

不久前,载涛随全国政协代表团视察广州,这是他生平第一次去南方。当视察一所小学时,一名小学生将一条红领巾系在了他的脖子上。载涛兴奋地与这些小学生合影留念。

归来之后,他把这条红领巾让孙子和孙女轮流欣赏,还系在孩子的脖子上,让他们体验一番光荣的感觉。

随后,载涛竟然像小孩似的把这条红领巾,珍存至去世。

载涛曾找老舍求见毛主席——保释溥仪

在一件并非小事上,载涛曾遭到老舍的断然拒绝。

这使载涛惭愧不已,许久都无颜再见老舍。自抚顺回京之后,载涛始终惦念着狱中的侄子溥仪,甚至动过出面保释溥仪的念头。

这并非空穴来风。一九五八年初春,一位《民族团结》杂志的编辑,来到老舍家约稿。在轻松的谈话气氛中,老舍随口提起前不久,载涛和罗常培[①]前来他家里,邀他一起去见毛泽东主席,请求保释溥仪。

事出载涛所料,二人的要求被老舍断然拒绝。

老舍回忆起不久前发生的事情,曾对这位年轻编辑介绍说,载涛是满族皇族的长辈,也是溥仪的七叔,罗常培则是中国科学院语言研究所所长,也是自

---

① 罗常培,北京人。曾任北京大学教授、中国科学院语言研究所所长,全国人大代表。

己幼年的同学和好友,连老舍与妻子胡絜青的婚姻也是罗常培作的媒,交谊不可谓不深。而且老舍与载涛、罗常培三人同是全国人大代表,时常在一起开会。

可是当两位"会友"前来交谈"保释"溥仪之事时,身为满族正红旗的老舍,不仅断然拒绝,而且义正辞严地发表了一番感慨:

"溥仪过去干了那么多坏事,毛主席没杀他已经够宽大的了。我这个人大代表要代表人民说话,不能光代表满族人,向着满族人。就以旗人来说,溥仪干的那些丑事,也丢尽了我们的'人'了。我不能去,我没这个脸去!……"①

亲侄溥仪特赦之后

或许是心灵感应所致,溥仪也惦念着载涛。

溥仪特赦之后,在七叔载涛家里邀爱新觉罗家族前来合影留念。中排坐者,左起:溥仪四妹韫娴、三妹韫颖、溥仪、载涛、载涛妻子金孝兰、溥仪二妹韫龢

---

① 此内容参考自1987年1月《民族团结》杂志。

载涛（中坐者）以七叔的身份，在家里热情招待刚特赦返京的溥仪（右）并召来此前回京的溥杰（左）作陪

当溥仪被特赦，返回京城之后，刚到五妹韫馨家落下脚，便从什刹海畔步行来到西扬威胡同载涛家看望七叔。

迈进载涛家里，溥仪四处张望，见什么都感到新鲜。他初次见到王乃文，也从未见到过载涛的其他庶夫人。当溥仪听载涛介绍，七婶是贫民出身，马上伸出手来，热情地和她握手，一口一个七婶儿，叫得特别亲热：

"您好呵，七婶儿。"

载涛显得异常高兴，激动地对溥仪说：

"我们全家人能够团圆，是托毛主席的福呵。"

"是呵，是呵。"溥仪连声附和七叔的话。

正说着话，载涛见天气寒冷，而溥仪却仅穿着一件监狱发给的蓝棉袄。于是，他当即让王乃文找出一件旧呢子大衣，亲手递给溥仪：

"得，您把这件换上吧。"

溥仪不仅称载涛和王乃文为"七叔、七婶"，也称金孝兰为七婶。当时恰遇"困难时期"，根本无处买白菜，连白面也有限量。此时，载涛兴奋地提议说：

"大爷回来了，这是一件大喜事。我想让家族的人全来这儿吃顿饺子。"

然而，载涛过于天真。由于皇族来人过多，自然不够吃。王乃文见状，唯恐载涛出丑，焦急万分：

"这可怎么办哪？"

谁知，载涛似乎胸有成竹，回答说：

"得了，今天咱们改吃菜团子吧。"

王乃文明白，菜团子就是棒子面皮和白菜馅。她一看，仍然不够，又临时向邻居借了一些白菜，总算救了"驾"。载涛对大家说：

"得了，大爷如今回来了，全家都团圆了，咱们今天就吃一顿菜团子吧。"

载涛其实就是借团圆的"团"字这个音。按照王乃文的话来说，菜团子还真不难吃。以前她买回一斤棒子面，弄点儿白菜馅儿，里边再搁点虾米皮，放在锅里蒸熟，全家人尝过，纷纷夸赞好吃。

金孝兰擅长做饭，也会做菜，在家里管做一天三顿饭。这次仍然是她充当主力，再加上大家齐动手，很快，菜团子就蒸熟了。

此时，饭桌上由各家凑了六七个菜，有炒肉片、炒白菜、炒土豆丝，最显眼的是用肉票买来的一盘熟肉，还有一盘腊肠和熏肉以及一盘凑数的"高级点心"。这就算当时最丰盛不过的一桌宴席。连过春节，也没有如此"奢侈"。

载涛和妻子金孝兰、王乃文、几个子女以及五妹夫万嘉熙，围着桌子团团而坐。

先是按照家族的老规矩，由长辈载涛说了几句吉祥话：

"得，咱全家团圆了，吃顿菜团子，多吉利呀！……"

溥仪一边随意地拿起菜团子，一边对餐桌边的家人说：

"是呵，七叔说得太对了，今天这菜团子太好了，不仅意味着叔侄团圆，也象征着全家人团圆！"

载涛微笑着，表示赞成溥仪说的话：

"是呵……"

此时，全家几十口人坐在一起，吃着菜团子，不仅庆祝家族的团圆，也在庆贺着溥仪的新生！

那天，载涛让各家找来一瓶稀罕的白酒和一瓶黄酒，给每人面前倒上了一小杯，在载涛的提议下，碰杯之后一饮而尽。

在王乃文的记忆中，溥仪不仅敬了载涛一杯酒，还特意给两位七婶各自敬上了一杯，一声声亲热的"七婶"，叫得她心花怒放。

不久，她就发现，"你好"成了溥仪的口头语，无论见到谁都是这句话。

在王乃文的眼中,真实生活中的溥仪,说话总显得大大咧咧。

"您好呵,七叔。"

例外的是,溥仪每当见到载涛,总用"您"来称呼,显得既尊敬又亲热。而王乃文感到奇怪的是,只见溥仪称呼载涛"七叔",却始终没见到过载涛当面称溥仪为侄子,一见面,俩人便微笑着亲热握手,很少听到任何称呼,似乎,载涛对溥仪的称谓被完全省略了。

这次吃过菜团子,溥仪还跟七叔载涛搂抱着拍摄了一幅合影照片。临走时,溥仪特别感叹地对七叔和七婶说:

"以前呵,亲人不亲,亲侄子不亲,现如今,全家团圆,叔侄变成了亲人。还是共产党伟大,把我这个从前的'皇帝'也改造成了公民。"

皇族的人们纷纷议论说,叔侄俩从小也没这样亲热过。溥仪自幼就是"皇上",如今两人恢复了叔侄的关系。

在王乃文的记忆中,溥仪来到他家时,仅穿着一身蓝布棉袄、棉裤,连袄袖都破了,头上戴着一顶油腻的蓝布棉帽。此后,她才知溥仪穿衣裳从来不懂在意,一双布鞋还是溥仪的五妹韫馨在溥仪临出门时,现给他换上的。

由于五妹韫馨带头,每个妹妹各帮助溥仪找来一套衣服,这才慢慢倒换开了。溥仪刚回北京时,什么都没有,国家特意发给一些钱,让他买一些生活必需品,连内衣和鞋袜也是现买的。

溥仪变得谦虚了,来到载涛家串门时,多次询问,见着皇族的平辈和长辈应当行什么礼节,敬请七叔指教,以免失礼。

旧日晚清贵族子弟没落的状况,对于久居北京的载涛而言,最清楚不过。

特赦之后的溥仪,因撰写《我的前半生》,需要了解满族贵族在清末的生活状况。但他当年长期闭锁在宫内,出宫后又长期不在北京,完全不了解这方面的实情,便多次专程登门向载涛讨教。对此,溥仪曾经感慨地写道:

"我知道辛亥革命之后,在北洋政府和国民党统治下的旗人是什么处境。那时满族人纷纷姓了金、赵、罗,我父亲在天津的家,就姓了金。解放后,承认自己是少数民族的一年比一年多。宪法公布之后,满族全都登记了,于是才有了二百四十万这个连满族人自己也出乎意料的数目[1]。"

这一段生动的描述,就是载涛多次向溥仪讲述后而写成的。毫不夸张,载涛若无切身的体会,是无论如何也谈不出来的。

---

[1] 引自溥仪:《我的前半生》五〇三页。群众出版社,1964 年 3 月第一版。

溥仪对于劳动人民，显然心怀敬意。一天，他刚走进载涛家里，正巧遇到王乃文的妹妹，见此，载涛连忙介绍说：

"这是我的小姨子——王敏，是工人阶级。"

溥仪抢上一步，主动和她握手，嘴里不停地说着：

"哎呀，工人阶级，伟大，伟大呵。"

"溥仪先生，见到您也很高兴。"

"您今年多大啦？"

"我今年三十五岁。"

"在哪儿工作呵？"

"我在北京日历厂工作。"

"真好。我得好好向您学习。"

"我早就听我姐姐乃文说过了，一直想见到您，"平时总喜欢开玩笑的王敏，风趣地对溥仪说，"今天总算见到'真龙天子'啦。"

谁知，她这一句话吓得溥仪立时脸色大变，连连摆手说：

"您可别这么说呵。那是封建时代的说法，我现在是新中国的公民了，还是共产党伟大呵！……"

"别介意，跟您开个玩笑嘛。"

"这可不能开玩笑呵。"溥仪板着脸，冲着载涛说，"七叔，您说呢？"

载涛在一旁哈哈大笑，对溥仪说：

"咳，我这个小姨子就爱开玩笑，还经常跟我逗闷子呢。"

顿时，紧张的气氛骤然化解。

载涛没想到，溥仪偶然走进七叔的卧室之后，见屋内仍然挂着晚清上朝时穿的贝勒朝服，顿时，对他产生了极大的意见，不仅当面提出批评，还向有关方面作了汇报：

"虽然，载涛身为全国人大代表、全国政协委员，却……"

至于实情，直到七叔向侄子解释清楚——因为载涛曾为军队服饰改革提供历史样本，这是用后送回的历史原物——时，溥仪始知是一场误会。

溥仪特赦，惊动了海内外。中央新闻电影制片厂的摄影师，前来为爱新觉罗家族摄制"全家福"照片。那一天，溥仪很早便来到了西扬威胡同的载涛家里，爱新觉罗家族的人们，尤其是溥仪的几个弟弟和妹妹以及子女也先后来此，聚集一堂。

在摄影机前，载涛唤上戴着红领巾的孙子和孙女们，前来一起簇拥着溥仪和他,全家人笑逐颜开。

然而,载涛找了半天,"溥"字辈里的近亲,只缺少最小的儿子——金从政,一问才知被同学叫走玩儿去了。每当提起此事,载涛便觉得十分遗憾。

偶然的机遇,使王乃文成了载涛与新生的溥仪之间的信使。

一九六〇年二月三日,溥仪正在崇内旅馆学习,载涛叮嘱王乃文代他去崇内旅馆探望溥仪,又亲手送去群众出版社刚印出来的"灰皮本"——《我的前半生》。因为,溥仪在写此书时,载涛提供了大量历史资料,尔后又献出了不少珍贵的晚清照片,使群众出版社的编辑喜出望外。

溥仪见到七婶,显得十分激动,手捧这部书良久,仍然不肯撒手。

据说,这部"灰皮本"是抚顺战犯管理所专门拿来送给载涛,让他审阅后提出修改意见的。

而特赦之后的溥仪,并没从抚顺战犯管理所带来"灰皮本",自然手里没有。

王乃文和溥仪聊得很久。而溥仪谈得最多的是,特赦之后才懂得亲情。这是她与溥仪单独在一起时间最长的一次。

周总理让民政局安排溥仪四妹的工作

自打载涛当上北京市民委副主任之后,领导就把照顾其生活的任务交给了时任市民政局副局长的王旭东,让他关心"皇叔"的一切,自然包括衣、食、住、行。

而在王旭东的眼里,载涛有一个与众不同的特点,从不向组织上提出任何待遇或要求。开始,王旭东向他征询意见,载涛说话直爽而且恳切:

"国家对我这个家庭,恩情不浅呵。头解放,我家的生活困难得沦落到在胡同口摆摊卖零食,国家让我当上了全国人大代表,每月还发给薪水,我不能再提别的什么要求了。"

"您家庭人口多,子女也多,还需要国家哪些照顾,尽管提出来解决。"

王旭东按照市领导的布置,想进一步了解他家存在的生活困难。哪知,载涛只是一个劲表示感谢,从来不提任何要求:

"国家对我一家已经很不错了。你向上级汇报,就说载涛对毛主席,感恩不尽呵……"

周总理在中南海西花厅设家宴款待爱新觉罗家族,每次必邀载涛出席

载涛(左)和溥仪(中)叔侄始终受到周恩来总理(右)的关心。图为周恩来总理在全国政协与二人亲切交谈

一九六一年三月二日,周总理以溥杰留学日本为例,与载涛作了对比:

"溥杰过去到日本留学过,有什么作为?还是新中国改造了他,才有了用。他的叔父载涛,过去做过军咨府大臣,不如现在当人大代表,可以为人民服务……"①

在另一次周恩来总理亲切接见溥仪时,载涛也陪同在座。周总理对溥仪说:

"你七叔现在是人大代表……"

说着,周总理转向载涛,微笑着说:

"原来安排你做政协委员时,你就那么相信我们?……"②

接着,周总理又以载涛为例,说服溥仪要在工作中多交流,逐步彼此取得信任。另一次接见爱新觉罗家族之前,周总理笑呵呵地对与廖沫沙同来的王旭东说:

"载涛不来可不行,他是皇族家长嘛。"

其中,王旭东印象最深的是,周总理每次总拽上载涛和自己一桌,同桌的

---

① 引自《周恩来统一战线文选》——《论知识分子问题》。
② 引自《周恩来统一战线文选》第四〇二页。

还有溥仪、溥杰等皇族成员。

一次，周总理见王旭东坐在别的餐桌旁，便叫童小鹏喊他过来：

"旭东，你过来嘛，在这桌上吃饭。你跟载涛是同事，好照顾他嘛。"

由于王旭东是回民，周总理见他落座之后，便对他说：

"你放开吃，这是羊肉馅的。"

载涛听了，十分惊讶，周总理竟然连王旭东是回民都知道得如此清楚。事后，他才从童小鹏那儿听说，事先周总理仔细打听过各位来者的情况。当周恩来总理在宴请中，听到溥仪的四妹金韫娴没有工作时，便对王旭东嘱咐说：

"皇族也要自食其力嘛，你们回去马上安排。"

此时，周恩来又转过头来，关心地问起四妹韫娴：

"你原来在哪儿工作？"

"我从前在椿树胡同街道工厂。"韫娴老实地回答说。

"噢，"周恩来总理叮嘱廖沫沙，"她的工资可不能低于过去呵……"

在归途的小卧车中，廖沫沙对王旭东说：

"我这个统战部可没地方安排工作，你安排在民政局吧。"

于是，王旭东很快把四妹金韫娴安排在民政局系统的北京盲人五金厂，负责装墨盒。载涛再次见到王旭东时，马上竖起大拇指，称赞起来：

"你办事真麻利呵。"

主持溥仪的简朴婚礼

世间，婚姻或许是最说不准之事。

载涛一直称赞特赦之后的溥仪，有一件事处理得不错——

"福贵人"李玉琴从东北找到北京，提出要与溥仪"复婚"。于是，在全国政协机关办公室，溥仪遂与李玉琴作了一次诚恳的交谈：

"你也知道我这毛病，咱们结婚没什么好处。你现在结了婚，又有了孩子，一家人多幸福呵。咱俩别再折腾了，以免造成你一家人的痛苦。"

结果，溥仪终于说服了李玉琴。当他来到载涛家，告诉七叔这一切情况时，载涛一再夸奖溥仪：

"你这件事儿，做得对呵！"

一天，载涛带王乃文去溥杰家里串门。闲聊天之际，溥杰说起四弟溥任的妻子去世之后，一直没对象，别人提了几个都没成。王乃文灵机一动，提起了至今未婚的大姑娘——张茂滢。载涛听此，随即搭腔说：

"甭说，这还真没准儿能行。"

因为，载涛极为熟悉张茂滢一家的历史。

她的祖父，原来是乡下的贫农子弟，根本没读过书。当他十几岁进京城时，在城门洞里，正巧遇到溥仪的祖父——载涛的父亲奕譞乘坐轿子路过。正当奕譞一挑轿帘时，瞧见了张茂滢的祖父，很是喜欢，便询问他愿不愿意跟着进醇亲王府。他立时高兴地答应下来：

"我愿意呵。"

于是，张茂滢的祖父便被老醇亲王奕譞带进了府里当差。谁也没想到，这个小孩儿聪明过人，教什么会什么，确实是一个人才，深得奕譞喜欢。

奕譞将他随时带在身边，又让他读了不少年书，一直长大成人。后来，奕譞把他保荐给皇上，也受到天子的宠幸，被封了一个官职，竟然一步登天。于是，这成了醇亲王府传得很远的一个"神话"。

张茂滢的父亲继承上一辈的家产，在京东采矿，做起大买卖，从此发了家。到了张茂滢这一辈儿，俨然一位漂亮的阔小姐。当溥仪在伪满挑妃子时，她还作为候选人"入围"，然而，最终没能成为溥仪的意中人。

虽然，载涛多次给溥仪推荐，到后来，溥仪发了话，嫌她出身官僚资本家的家庭，又没有工作，是一个资产阶级的"大小姐"，自己不能再跟剥削阶级沾边儿。

当王乃文受载涛之托再次找到溥仪时，他已陆续被介绍了七八个对象，依然没选中。溥仪终于对七婶说了实话：

"我得找一个有正经工作的。"

当她回去跟载涛复述后，"皇叔"这才死了这条心。

"皇帝"没嫁成，嫁"皇弟"还有点谱儿。载涛和王乃文便屡次与溥任沟通，终于事从人愿，在载涛夫妇努力下，溥仪的四弟溥任与张茂滢喜结良缘。

载涛和王乃文欣喜地出席了溥任的婚礼。

谁知，溥仪的新婚之缘却是在全国政协巧遇的。

经过在北京植物园一段时间的劳动之后，溥仪来到全国政协文史资料委员会上班。

他没料到，全国政协的同事为给这些专员"光棍"介绍对象，十分尽心，曾经一天便拿来几张未婚女子的照片，这天，同处一个办公室的文史专员周振

强,又拿来五六张:

"老溥,你一个人过可不行呵,好歹也得找个'娘娘'啊。"

"不价,我一个人过挺好。"

"不行,一个人怎么过日子呀?"

"我可有一个条件,不管什么照片拿来,都要有工作的女子才行。"

专员室简直成了婚姻介绍所。大家陆续拿来了不少女子照片,什么职业都有。

谁料,溥仪一眼便相上李淑贤这张照片,一打听,是位护士,更是十分感兴趣地说:

"她是个护士,这倒挺好的。"

那阵儿,李淑贤身材挺丰满。溥仪来到载涛家,拿出照片对载涛夫妇说:"七叔,我看这人不错。"

就这样,溥仪从照片上挑上了李淑贤。

据王乃文回忆,那时李淑贤身体不错,岁数也合适——三十七岁。婚后反倒患了不少病,什么神经衰弱、子宫肌瘤等,一下便消瘦下去,两腮也瞎了进去,胳膊忽然变得特别细。

据说,李淑贤初来北京时,有一个南方女伴儿跟着来的。由于她是南方人,见人总打听南方的事儿。

婚礼之前,载涛和王乃文前去溥仪家里看望。因为是头次见面,总要有点儿见面礼,王乃文知道溥仪吸烟,便对载涛建议说:

"见面礼买点儿什么呀?最好得瞧着新鲜哪。"

王乃文曾记得溥仪说,他瞧见过一个烟缸,轻轻一按,烟卷就会弹出来,觉得挺有意思。她遂出了个主意,跟载涛同去买回一个新型黑漆烟缸,作为新婚礼品送给了溥仪。虽然李淑贤当面没说什么,内心却挺不乐意。

婚礼堪称节俭。那天,溥仪与李淑贤在"欧美同学会"举行婚典时,去了不少全国政协文史专员以及李淑贤在关厢医院的同事。除此,溥杰和妻子嵯峨浩以及三妹韫颖也参加了婚礼。由于溥仪事先有话,不希望"皇族"来人太多,结果整个爱新觉罗家族也没去几个人。

当婚礼举行的前几天晚上,溥仪亲自出面来找载涛,邀请七叔来当主婚人。自然,载涛责无旁贷地满口应承。

载涛和王乃文坐在主宾席上,刚过一会儿,司仪邀请载涛上台担任主婚人。其实,当年溥仪宫中的大婚,便是载涛亲自操持的,这次依然由他担任主

载涛成了溥仪家的常客。左起：溥杰的女儿嫮生、溥仪、载涛、润麒、溥任、溥仪的二妹夫郑广元

角。然而，已物是人非，他以七叔的名义主持公民溥仪的婚礼。

"婚礼开始！"

载涛仿佛成了主角，不仅主持婚礼，还代表爱新觉罗家族长辈，宣读了新婚贺词：

"祝新郎和新娘，好好工作、生活、白头偕老……"

载涛在台上，自然要说一些吉祥话，又让一对新人相互敬礼。然后，溥仪夫妻俩双双向载涛深鞠一躬，共道一声：

"谢谢七叔……"

载涛根本不知，溥仪极为重视七叔的新婚贺词，曾经亲笔工工整整地抄录一遍，直到逝世仍然收藏在最珍惜的手稿里。

俨然演绎成了不变的礼节——此后每年春节，溥仪都要到载涛家给七叔拜年。每当溥仪见到载涛夫妇，便客气地问候：

"七叔，您来啦，七婶儿您挺好吧？"

溥仪婚后,载涛和王乃文有时到这位侄子家里串门,溥仪总愿留七叔夫妇俩在家吃便饭,大多是由李淑贤亲自下厨。一次,载涛夫妇顺路来到溥仪家,正赶上他家吃饺子,溥仪热情地对载涛夫妇说:

"七叔、七婶,您都别走了,反正也没什么菜,就在我这儿吃饺子吧。"

那天,载涛夫妇尝到了李淑贤亲手包的饺子。而溥仪不会包饺子,便帮着打杂儿,从厨房往餐桌上端盘子。临别时,溥仪和李淑贤对载涛夫妇热情地说:

"七叔、七婶,您老二位以后常来呵。"

说着,溥仪又转身对李淑贤说:

"咱俩以后没事儿,得常上七叔那儿瞅瞅去。"

"那好呵。"载涛夫妇表示欢迎。

彼此表面的过分客气,却掩藏着溥仪夫妻之间的潜在危机。据王乃文所知,溥仪在与婉容结婚之前便已经阳痿①,连文绣也一直是"处女之身",所以导致在天津发生"离婚案"。

对于自己的"病情",溥仪始终没有对李淑贤说起。据王乃文回忆,直到结婚之后发生矛盾,他才对李淑贤坦白相告:

"因为喜欢你,所以,事先没告诉你。"

其实,这种说法并不能解释清楚所有问题。为筹备溥仪结婚,全国政协机关专门腾出后院两间宿舍,婚后,溥仪夫妻一度居住在那里。

全国政协的同事无人不知,溥仪新婚之后,李淑贤不喜欢他抽烟,多次劝他戒掉。载涛和王乃文一次前去溥仪家串门,见李淑贤不顾外人在场,仍当面斥责溥仪吸烟,让其戒烟。载涛内心感到十分不悦,没待多大一会儿,便告辞而去。

最终,溥仪在妻子力劝下,戒掉了吸烟的习惯,然而,烟缸却一直摆放在家中的圆桌上。载涛夫妇每逢见此,心里就感到别扭。

另一次,李淑贤有意背着溥仪,独自来载涛家里串门,对王乃文小声地叨唠起来:

"有人对我说,我嫁给'皇上',没那造化,结果'烧'得我浑身是病……"

"真的吗?甭听别人乱嚼舌头。"王乃文说。

"我真的浑身不舒服,总得病,身体再也不像结婚前了……"

---

① 关于溥仪何时阳痿,另有不同说法。此处采纳王乃文的回忆。

实际上，李淑贤说的倒是实话。溥仪发现妻子婚后时常患病，十分焦急。这样，一天到晚，俩人总往医院跑，成了一对"病包儿"。

溥仪新婚之后，皇族的人们都关心他的家庭生活，见面就问载涛。有时，载涛参加全国政协的老人聚会，大家也都很关心溥仪：

"载老，近来您见到溥仪了吗？他怎么样呵？"

偶尔，载涛遇到郭沫若，郭老也会询问起溥仪婚后的家庭生活。

有一时期，溥仪与李淑贤的关系极为紧张，"闹离婚"直至吵到了全国政协机关。载涛和王乃文也到他家去劝解过。眼见溥仪无奈地对李淑贤说：

"别再闹了，你提什么条件我都答应你，千万别再提离婚了。"

回到家里，载涛对妻子感慨地说：

"说句实话，大爷改造得真算不错啦。细想想，哪代的皇帝能得到这样善终呀？……"

一九六四年，全国政协组织全国政协委员和文史专员外出参观，可以偕妻子前去。溥仪异常喜悦，来到七叔家，说：

"甭看我当过'宣统皇帝'，可从没去过南方，这下可开了眼。"

然而，李淑贤因患多种疾病，无法长途跋涉，只好经常待在室内。有时身体稍好，预先说好五天游，她最多待上三天，返京便要到医院去看病。

然而，相形之下，溥杰和嵯峨浩夫妇的身体却很健康。当嵯峨浩从日本返回中国后不久，便由溥杰陪同前来看望载涛。

在王乃文眼里，溥杰个子不算高，跟妻子嵯峨浩高矮差不多，他为人聪明，待人彬彬有礼。其实，平常嵯峨浩跟王乃文交往也不多，但对她尤有好感。照嵯峨浩的话来说，没别的道理，只是凭着一种感觉。

对于溥仪的几个兄妹家，嵯峨浩大多没去过，据说，她轻易不到哪家串门，连大哥溥仪家里也极少去。在皇族亲戚里，她似乎只是多次去过载涛家拜望。

每逢王乃文前去溥杰家看望，嵯峨浩便拿出日本糖非让她尝尝不可。有时，她问起嵯峨浩为什么对自己如此友好，嵯峨浩面露笑意，用不十分熟练的汉语对她说：

"咱俩有缘呗……"

当溥仪新婚之后，嵯峨浩便让溥仪的三妹韫颖一起陪同去看望，还特意为溥仪夫妻送去贺礼。嵯峨浩唯恐中文说不利索，还带来一位日文翻译。其实，皇族都知道嵯峨浩在日本发生的那些故事，虽说当时没登过中国报纸，嵯峨浩在日本出版过一本书——《流浪的王妃》，在日本报刊上连载数月，已是尽人皆知。

据王乃文所知,当溥杰被关押在苏联和抚顺监狱那些年代,嵯峨浩离别十八年,始终没嫁人,只是孤独地守着两个女儿艰难度日。无论是爱新觉罗家族还是日本人士,在这一点上,都挺钦佩她的。

见多识广的载涛,不仅当面表示,背地里也对妻子坦率直言:

"我挺喜欢浩子……"

嵯峨浩自从返日之后,始终自食其力,偶尔还给日本报纸写一些文章,再加上出版书也有版税。王乃文曾经听她说,一家人就指着这点儿钱生活,并不算富裕。返京之后,她对载涛夫妇坦诚披露了内心世界:

"能回到中国跟溥杰团聚,这就实现了我一生的梦想。"

目睹溥杰夫妻团聚的坎坷经历,曾拥有四房妻妾的载涛,倒是十分欣赏嵯峨浩忠贞不贰的爱情观:

"从浩子身上可以看出来,日本女子大多是很重情的呵!……"

1954年8月，毛泽东主席接见载涛并亲切握手

第叁拾陸章

知恩图报

＊谁能想到，毛主席竟然派章士钊送来两千块钱稿费为"皇叔"修房。载涛既感动又不安。因为他在银行仍存有不少钱，怕露馅才"装穷"，私下议论说：

"若在从前，那可是欺君之罪哟！……"

"当然呵，我父亲就是在涛贝勒府当厨的老侯嘛。"

＊听到侯宝林的话，载涛才如梦方醒，幽默地说："我这个演猴儿的，碰上你这个老侯的儿子小侯啦。"

＊他亲授刘长瑜《贵妃醉酒》。文化部部长沈雁冰找到载涛，当面提出希望，务必不能使宝贵的京剧曲目失传："载老呵，您至少留下三出戏，千万别带走，行吗？

图片说明：载涛曾应文化部部长沈雁冰之邀，亲授刘长瑜《贵妃醉酒》。图为刘长瑜演唱的《红灯记》中的李铁梅，颇得载涛赞赏投桃未报李。

自知犯下"欺君之罪",多日不敢向毛泽东写感谢信。

难怪屡屡自称——知我者,毛主席!

原来话里有话。

…………

自打姜夫人逝世后,载涛便亲自掌管起家里的钱财。当载涛去马政局上班一个月后,发下了工资,直到他当了全国政协委员,工资没涨,倒是增加了一些补助。

"皇叔"总算有了不薄的薪水,足以能够维持生活,全家人都不由松了一口气。

自然,王乃文再也不用凌晨陪着载涛奔"鬼市"了。

然而,载涛全家人都没有工作,仅凭其有限工资度日,毫无其他进项,经济上依然十分拮据。

毛泽东派章士钊送来稿费为"皇叔"修房

"皇叔"万万没想到,"知我者"——毛主席,竟然掏出稿费为自己修房。

一年夏天,酷暑难耐,京城内外下起了倾盆大雨。

忽然,载涛家的北屋顶上,塌下了一角。那是一间空房,暂时没住人。王乃文赶过去一看,破旧不堪的房顶已透了天。此时,载涛正在全国政协机关开会,于是,她马上焦急地给他打去电话:

"载老,您赶紧回来吧,北屋的房顶都塌了,如果不修,就会越漏越大,有可能影响咱家的卧室……"

载涛听到这一消息,心急如焚。如果屋顶塌下来,显然波及夫妻俩仅一墙之隔的卧室安全,这绝非小事儿。与会的人们闻讯,都颇感意外:

"载老,您家的房子怎么塌啦,屋顶儿都掉下来了?……"

载涛连忙向全国政协领导请假返家修房:

"真不好意思,我家的房子塌了一个窟窿,需要告假回家修房……"

闻听此讯,全国政协领导马上嘱咐他回家,抢修漏房。

谁想,这件事竟然被毛泽东主席知道了,得知载涛家没钱修房,马上掏出两千块钱稿费亲交章士钊①,转请他立即给载涛家送去:

"我从稿费里拿出两千块钱来,给载涛先生修房吧。"

遵照毛主席的指示,章士钊马上坐着小卧车来到载涛家里,把这笔钱亲手交给了载涛的妻子金孝兰。当章士钊来到载涛家时,王乃文恰巧没在,当她刚回到家便听到载涛激动地述说:

"你想不到,刚才是谁来了呀。"

"谁呀?"

"是毛主席派章士钊送来了修房的钱,听说,这笔钱不是国家的公款,是毛主席从自己的私人稿费中掏出来的。"

王乃文听到后,也和载涛一样感动万分。这时,载涛发自内心地说:

"这让我怎么感谢毛主席呀?……"

提起章士钊,载涛向王乃文形容,这是一个瘦瘦的老者,戴着金丝眼镜,文质彬彬:

"章士钊跟毛主席交情很深,原来当过律师。他可不简单,是一个大学问家……"

他还告诉妻子,章士钊来家时,是金孝兰招待的,可是,章士钊仅品啜了几口茶,连饭也没吃,便告辞而去。

第二天,载涛给毛主席写了一封情深意长的感谢信,以表达全家人对毛主席的感激之情。

不久,在全国政协举办的一次宴会上,载涛和王乃文见到了章士钊,再三表示感谢。然而,章士钊却笑着摆摆手,说:

"这是毛主席让我送去的,是他老人家一片心意。"

当载涛拿到这笔修缮费之后,招来一批建筑工,重新挑掉屋顶,修葺了整整一个多月,在屋内还建起了隔断,使住宅更加坚固。

为便于整修房顶,载涛叫人把北屋的东西全搬了出来,连自己睡觉的卧室、客厅的摆设等物品也摆在了那间小西屋里。载涛吩咐家人说:

"我这卧室应当刷一遍,把能拿动的东西都搬出去。不然,赶明儿个不好

---

① 章士钊,字行严,1881年出生,湖南长沙人,著名教育家和政治活动家。清末任上海《苏报》主笔。曾任北京大学教授、广东军政府秘书长、南北议和南方代表。解放后,曾任中央文史馆馆长、全国政协常委、全国人大常委。1973年,章士钊第四次赴港与台湾会谈两岸统一,病逝于香港,享年九十二岁。

刷,桌椅容易落上灰……"

　　载涛又特地叮嘱家人,拾掇房屋时务必摘下墙上的珍贵古画,先收藏到其他屋里去。所有旧家具和硬木器具,暂时移到东屋。据王乃文回忆,后来才知这间屋内随便拿出一幅古画,甭说修缮旧房,即使新盖十间豪宅也有富余。

　　每逢阴天下雨时,载涛夫妇便不由自主地想起这件令人感动无比的往事。

　　过后,在一次春节教育座谈会上,毛泽东主席又重新提起了这件事:

　　"我听说载涛生活不宽裕,房子坏了没钱修,就从稿费里拿了两千块钱,让章士钊先生拿去给先生修房……"

　　难道说,若没有毛主席这一笔稿费,载涛这幢旧房便果真无法翻盖?

　　其实,内中不乏奥妙之处。多年以来,在撰写这一史实时,我始终心存疑问,仿佛记得听王乃文说起过此事背后的故事。但翻遍采访资料,苦于找不到第一手史料,无法下笔,因为仅凭印象,终归内心不踏实。

　　当此书完稿,即将出版之际,我在尘封已久的采访记录中发现了一纸采访王乃文的记录零页——"记录于一九八一年六月,溥仪遗孀李淑贤新居,团结湖某楼二〇三号"。

　　据王乃文回忆,载涛自从卖掉山老胡同的宅院之后,搬进西扬威胡同从前的马厩,居住条件较差。一次开会时,他遇到了章士钊,聊起这些情况。哪知,章士钊随后将此事透露给了毛主席。于是,毛主席当即掏出两千块钱稿费①,委托章士钊送交载涛修房。

　　拿到这笔钱之后,载涛不仅翻盖了北房,还修缮了洗澡间和厨房,安装上了土暖气。小院内,顿时焕然一新。

　　说起来,载涛既感动又不安,因为他在银行里仍有不少存款,只是怕"露馅"才对外"装穷"。当溥仪得知这件事之后,并未说出其他话,而是深有感触地说:

　　"毛主席待人真好啊……"

　　每当载涛私下与王乃文谈起此事,便心虚地做着鬼脸儿,又一伸舌头:

　　"如果在从前,那可是欺君之罪哟!……"

　　说着,载涛便以一个戏曲动作,用袖子急掩其口。此后,若逢有人询问起此事,载涛总是三缄其口,王顾左右地岔开这个敏感的话题。

---

① 王乃文记得毛主席送来修房的稿费是四千块钱。此处以"毛主席在春节教育座谈会上的讲话"为准。

哪料,载涛家的房子还没最终竣工,便闹起了"文化大革命"。此是后话。

演猴儿的遇上老侯的儿子小侯

无人不知侯宝林是著名相声演员。然而,罕为人知的是,他和涛贝勒府渊源颇深。

原来,侯宝林的父亲曾当过涛贝勒府做饭的厨子。

然而,直至侯宝林成名,载涛仍不知道厨子老侯与侯宝林这层父子关系,到后来听侯宝林坦言,他才豁然明白。

有一次,全国政协召开委员大会。散会之后,载涛刚走下台阶,此时,已成为全国政协委员的侯宝林,连忙走过来搀扶他,载涛连连客气地说:

"侯老板,谢谢您,实在不敢当。"

"哎哟,涛七爷,您可甭这么恭维我,我可是吃您的饭长大的呀。"

载涛似乎有些疑惑不解,微笑着对侯宝林说:

"哎,当然得谢你呀。此话何来?……"

见状,侯宝林连忙接过话来,解释说:

"载老,您可不知道,不单我叫您老爷子,连我父亲也得叫您老爷子哪。您干吗跟我这么客气呀?"

载涛听此,愈加不解,连忙追问:

"请问侯先生,令尊是谁呀?"

"哎哟,您都不知道啊,我父亲不就是您涛贝勒府的厨子吗?"

"啊?是真的吗?"轮到载涛吃惊不已。

"当然呵,我父亲就是在涛贝勒府当厨的老侯嘛。"侯宝林笑着对载涛说。

"咳,我还真不知道呢。"此时,载涛甚感出乎意外,如梦方醒,"原来,你父亲是厨房的老侯啊。"

"是呵,我是小侯。"侯宝林嘿嘿一笑,风趣地说。

载涛与侯宝林边走边说,俩人哈哈大笑。临握别时,载涛幽默地对他说:

"我这个演猴儿的,碰上你这个老侯的儿子小侯儿了。"

"是啊,您这回知道了吧,老侯有我这么一个小侯儿。"

俩人正说着,小卧车驶到了面前,两人各自登车,挥手告别。

载涛返回家,依然笑个不停,刚走进门,便对王乃文边笑边说:

"你猜,我今儿个遇见谁啦?"

"您就直说吧,遇到谁了,这么高兴呵?"

"你绝想不到,是侯宝林。"

"噢,侯宝林不就是那个说相声的吗,那有什么稀奇呵?"

"你不知道吧,我也是刚知道,侯宝林的父亲就是咱府里的厨子老侯!"

载涛将此当做一件稀罕事儿,不仅告诉溥仪,也说给了溥杰。不久,爱新觉罗家族便都知道涛贝勒府的厨子老侯,就是侯宝林的父亲。

据说,又一次开会时,载涛与侯宝林会面,风趣地叫了侯宝林一声:

"侯老板。"

"哟,是您哪。涛贝勒,您可别这么称呼我,我可真是从小吃您的饭长大的呵。往后,我可得叫您一声'老饭东'。"

从此,每逢见面,侯宝林就戏称载涛为"老饭东",俩人弓身弯腰,握手不止。时常引得旁边的人笑个不停。

"哎,侯宝林说话总那么风趣,一张嘴就逗人乐。"

载涛模仿得活灵活现,逗得王乃文开怀大笑。

在载涛保存于院内小西屋的众多藏品中,始终珍存着一张再普通不过的五十年代的天安门灰观礼台的请柬,虽然已褪色,却依然完好如初。

那次,天安门前举行国庆阅兵和群众游行,载涛让王乃文为自己准备好一身灰色制服和帽子,愉快地参加了观礼。节日降临,雄伟的天安门前摆满鲜花,夫妇俩登上观礼台欣喜地观赏着鲜花的海洋……

即使天安门广场举行的晚间联欢,载涛也总是一次不落。归来之后,他又让妻子陪同他参加晚上的焰火晚会。见到小卧车来接,载涛竟然像孩子似的说:

"乃文,咱俩走吧,去看放礼花啦。"

站在天安门一侧的灰观礼台上,载涛夫妇一直坚持到晚会结束,才恋恋不舍地返家。

邀溥仪观看妻子演出京剧

载涛重新燃起了对京剧的热情。

从五十年代以来,王乃文在民革京剧组,先后演过《坐宫》、《醉酒》等不少京剧。载涛始终鼓励妻子登台演戏,叮嘱她背戏词儿时,要多理解剧情,还经常为她详细解析剧本。于是,她在弄懂剧本和调门的同时,也认识了不少生僻字。

载涛曾应文化部部长沈雁冰之邀,亲授刘长瑜《贵妃醉酒》。图为刘长瑜演唱的《红灯记》中的李铁梅,颇得载涛赞赏

王乃文三十多岁时,上台演出《穆桂英挂帅》,饰主角穆桂英,仅扮妆就需要一定功夫——头后插靠背旗,两肩之下衬棉垫,再用细绳勒住。令载涛欣喜的是,在东城区剧场演出时,与妻子同在东城区政协京剧组的侄女——溥仪三妹韫颖,也同台参加了演出。

这次,载涛亲自到场坐阵,还不时与现场指导白连云交换意见。此前一直为李少春操琴的京剧行家白连云、民革京剧组的琴师朱师傅都来指导她吊嗓子、定弦。

在载涛的热情支持下,一九五九年,王乃文在吉祥戏院连续演出四场戏——《武家坡》《进窑》《算卦》《大登殿》,且在戏中饰演主角王宝钏。登台排练之前,载涛不止一次对她详析剧情:

"你演出这个角色正好,因为王宝钏在薛仁贵出征时,正是十八岁,等了十八年,回来时恰好三十六岁,你不到四十岁,年龄多合适呵……"

正式演出那天,载涛亲自站到台边把场,连民革京剧组的琴师朱师傅,也十分佩服涛贝勒的认真劲儿。

不久，东城区政协京剧组又排演了一出"京剧新编"折子戏，载涛尤感兴趣，又亲临现场指导排戏。

最使王乃文感动的是，一次，载涛约请特赦后的溥仪一起去演乐胡同工人俱乐部观赏她的京剧演出。这不仅使她受到鼓舞，也使东城区政协京剧组的同仁大为激动，议论纷纷：

"'皇上'也来观看演出啦！……"

亲授刘长瑜唱戏

如今，刘长瑜①已是蜚声中外的京剧名角。可有谁知道，她竟然是载涛的亲授弟子。

无疑，载涛的传奇经历，以及他擅演的传统京剧曲目，成了一座珍稀宝库。虽然，他交友谨慎，厌烦官场的应酬以及频繁的社会交际，以致从来没宴请过当政的官员，但若有人前来探讨京剧，他却总是热情相待。

一次，文化部部长沈雁冰亲自找到载涛，当面提出希望他向后辈传授三出拿手好戏，务必不能使宝贵的京剧曲目失传：

"载老呵，您至少留下三出戏，千万别带走，行吗？"

载涛闻言，连连高兴地回答说：

"好呵，太好啦。"

"您说吧，能教哪几出戏？"沈雁冰步步紧逼。

"我琢磨了一下，"载涛略略思索了一下，"这三出戏是猴戏《安天会》、张飞戏——《芦花荡》，还有反串的《贵妃醉酒》。"

"那好呵，这都是您的拿手好戏。"沈雁冰听后，极为兴奋，"可您传授给谁呀，谁有幸传承下来呢？"

于是，载涛在沈雁冰的再三督促下，亲自挑选优秀的京剧苗子。在戏校推荐的基础上，他选中一女两男三名优秀学生——刘长瑜以及侯正仁、郭育德。此后，载涛点名让戏曲学校的毕业生侯正仁，先跟他学习武戏：

"依我观察，戏曲学校有一个新毕业的学生，叫侯正仁。让他跟我学《闹天宫》这出戏吧。我看过他翻的跟头，挺地道。"

"行，只要载老瞧着行，我们就马上把他调来。"沈雁冰满口应承。

---

① 刘长瑜，著名京剧表演艺术家，曾任中国京剧院副院长。

"我不保守,凡是我会什么戏就教什么,就是甭没学生传授,那就惨了。"

第一次见面,刘长瑜和侯正仁、郭育德是由戏曲学校领导陪同,一起前来拜望载涛的。

此后,戏曲学校每星期用小卧车接载涛到戏校给这三名学生授课,后来,又改为派三位学生前去载涛家里听课。

先说《安天会》这出戏,侯正仁刚毕业,便由载涛亲自单独传授一整出"猴儿戏"——《安天会》,而《闹天宫》则是别称。载涛第一次见面授课,便对侯正仁提出了明确要求:

"小侯呵,你得有点儿狠劲儿,不然,学不到真本事。"

载涛见这个小伙儿是块好材料,亲自上阵连续督战两个多月。戏曲学校校长也亲临现场观看,又对载涛介绍说:

"这是我们学生班里数一数二的。"又转而对侯正仁说,"你跟着载老要当好学生,到时候你学不会可不行呵。"

按说,载涛教授的《贵妃醉酒》,属于戏行里的"反串",频经多位京戏名家的交流,已达炉火纯青。所以,戏校决定把这一出绝活,让载涛传授给聪明伶俐的刘长瑜。那时,她在戏校众学生中确属出类拔萃。

其实,载涛在不久前,曾经悄悄观看了刘长瑜演戏,回到家里,便对王乃文夸赞说:

"她扮相好,唱得也好,演得简直活灵活现呵。"

那时,刘长瑜年纪显得忒小,载涛总亲热地称她"小长瑜",还对妻子说:

"哎,小姑娘真行,赶明儿个咱们接接……"

在王乃文的记忆里,刘长瑜第一次来到西扬威胡同的家里,尊敬地称载涛为"老师"。据王乃文回忆,载涛私下对她说,刘长瑜的父亲是旧北平市市长周大文,在解放前便与载涛时常交往,彼此很熟悉。加上这一层关系,载涛更是喜欢小长瑜。

王乃文曾好奇地问起载涛,既然刘长瑜的父亲是周大文,她怎么不姓周呢?他告诉妻子,因为刘长瑜改姓母亲的姓。她这才恍然大悟。实际上,她也极为喜欢这个可爱的小姑娘。刘长瑜十分懂事儿,见了面,便热情地称呼王乃文:

"师母,您好。"

那时,载涛每星期去戏曲学校一次,专门向老友的女儿刘长瑜传授《贵妃醉酒》这出青衣戏。

不仅如此,载涛还多次邀刘长瑜来家里,向她单独授课。载涛愿意教授,刘长瑜也爱学戏,两人关系极为融洽。

除了唱腔以外,载涛还对王乃文提起,刘长瑜最初学的是荀派,如果学《贵妃醉酒》,就要往"大青衣"方面演变,连动作也要重新调整才行:

"找时间,我再给她说一说腰身的功夫吧。我虽然是个老头儿了,内在的功夫倒还没丢掉……"

如果载涛去戏校教戏,王乃文每次都要跟随而去。因为载涛年近七旬,在炎夏的季节,室内又没有空调,载涛刚开始只能穿短衣,后来索性只穿一件背心,浑身淌着汗,时而还要人递过手巾板随时擦汗。

戏曲学校专门给载涛预备了茶水,他却不敢多喝,怕汗水出得过多,影响授课。他分文不要报酬,连午饭都不在戏校而返回家里吃。

按照预先安排,戏校学生郭育德跟随载涛学习《芦花荡》这出戏。然而,学成之后,却许久没有登台。后来王乃文一打听,此人虽然岁数不算大,汇报演出结束不久,便患了半身不遂症。

其实,偶然前来看望载涛的李万春,早就看出了问题。当瞧过一遍授课,观察力极强的李万春,便偷偷对载涛说:

"载老,您瞧小郭多年轻呵,可实际身体不行,才练一会儿就出虚汗。依我看,连您也比他强多啦。"

尽管如此,载涛传授的心血终归没白费。据王乃文回忆,戏曲学校对于载涛亲授的三出戏,分别让学生作了汇报演出,载涛亲临现场指导。头一出戏是《安天会》,第二出戏就是《芦花荡》,第三出戏是《贵妃醉酒》。

当载涛"亲传"的三出京戏彩排时,文化部部长沈雁冰和京戏界的前辈也一同前来观看演出。王乃文陪着载涛观看到最后谢幕。

在经久不息的掌声中,人们的目光都一致投向了低调的载涛。他在观众席中,微笑着频频向人们鞠躬。

不久,北京京剧团赴日本演出,其中就有载涛的两名学生——刘长瑜、侯正仁。对于这次成功的演出,一九六四年二月,新华社以"中国京剧艺术在日本受到欢迎"为题作了专题报道①。

---

① 在近半个世纪前的陈年报道中,本书作者找到了这一则新华社电讯:中国京剧院赴日京剧团一行六十多人到达日本,进行演出。京剧团由优秀青年演员杨秋玲、俞大陆、侯正仁、刘长瑜、李丽、李嘉林等组成。演出的剧目有《杨门女将》、《野猪林》、《闹天宫》、《虹桥赠珠》等。这次演出,受到日本各界的热烈欢迎。日本共产党主席野坂参三观看了中国京剧团的演出,并在演出结束后一同摄影留念。

菊坛春晓。载涛的家里,俨然成了梨园子弟的交流场所,不时有徒弟前来看望。一天上午,他的徒弟李万春,走进了西扬威胡同的住所。

此时,载涛赶紧让王乃文为他沏茶,她以为李万春闲暇之际抽空来串门,询问起来,才知李万春从内蒙京剧团调回了北京。

聊起猴戏,载涛坦诚直言,由于岁数大了,轻易不会再唱《齐天会》这出戏。李万春说:

"您甭亲自演出了,有我们替您上台。我又带了一个唱猴戏的徒弟,过几天带来让载老您看看。"

"那不就成了我的猴孙了?哈哈哈……"

载涛不禁抚掌大笑。

蘭芳千金一笑

第叁拾柒章

梅兰芳的戏缘

*世人罕知，载涛与梅兰芳不仅相互切磋唱腔，梅兰芳还谦逊地让载涛反过来给他"说戏"。王乃文记忆弥深——载涛曾当面给梅兰芳说过《贵妃醉酒》这出戏。

*梅兰芳以《贵妃醉酒》为例，反复强调，"一是双目平视、心态平静。二是兰花指。再，便是步伐，脚尖要微抬……"显然，这是梅兰芳传授的梅派平中见奇的三个诀窍。

*载涛与梅兰芳相识已久，为何直到解放后才往来密切起来。这个谜底，他悄悄告诉了王乃文。

图片说明：梅兰芳剧照。源自本书作者收藏的民国初年首版的中国第一部京剧杂志《菊部丛刊》

泱泱大国之戏曲,乃历史承载的绝妙形式。

无形文化遗产,自然出于有形演绎。

舞台上的一招一式,分明是千古文明的浓缩。

以往现实中的帝王将相,偏爱反串舞台上的才子佳人。

倘如此,岂不成相反相成的哲学?

....

"名师出高徒",载涛终生信奉这句名言。

虽然,他的京戏功力深厚,并非自吹自擂、故意卖弄之人。但在唱戏上,却有自知之明。

也许正因如此,他不仅带妻子屡次观赏梅兰芳演戏——"庆乐"、"护国寺"等戏院,无不留下了夫妻俩的足迹。他还亲自请来梅兰芳让妻子拜师,一板一眼地学习"梅派"的戏路子。

"你要学梅派的戏,光看不行。最好能得到他的亲授和指点,这样长进才快,才能够学到真本事……"

载涛对王乃文说这番话时,她起初并没怎么留意,只当一听而过。

梅兰芳亲授《宇宙锋》

一天早晨,载涛身穿西服去全国政协开会。散会之后,梅兰芳与载涛边走边聊:

"七爷,今儿个,您坐我的小卧车,我送您回家吧。"梅兰芳对载涛一直官称其"七爷"。

"行呵,那咱俩一起走,顺便到我家去串门。"于是,载涛诚邀梅兰芳来家里做客。

"得,那今儿个,我就到府上再拜访一次。"

"那好,欢迎,欢迎……"载涛一连兴奋地说了两个"欢迎"。

说着,俩人乘坐着小卧车径奔西扬威胡同。途中,梅兰芳微笑着跟载涛聊起了闲话:

梅兰芳剧照。源自本书作者收藏的民国初年首版的中国第一部京剧杂志《菊部丛刊》

"七爷,您忙吧?老弟我总也没得空儿给您请安去。"

"哎哟,那可别价,您太客气了……"

到了地儿才发现这座旧宅临门处有一座花障,汽车无法进入,只好停在门外。随即,载涛把梅兰芳让进客厅。室内陈设简单,最显眼的只是一张硬木书案,比原来龙头井老府的境况差多了。

说起来,梅兰芳是京戏名角儿,载涛也属"票友"中的翘楚,两人颇有共同语言,也往往说得到一块去。非但如此,两人在某些艺术观点上也颇多一致,彼此异常敬重。

早在日伪时期,梅兰芳曾蓄须明志,拒不为日本人和汉奸演戏,隐居在家赋闲。载涛对他这一点很赞佩,暗地里多次称赞他有中国人的骨气。

日本人虽多次派人游说载涛出任汉奸职务,但他始终没搭理过。对此,梅兰芳先生也对载涛十分钦佩。因为在民族气节这一点上,他俩见解极为相同。

王乃文不止一次听到梅兰芳屡屡当着别人的面,深有感触地说:

"载老,您当初在日伪时期还真是头脑清楚,不然,现在还不知怎样了呢!"

"我心里太明白了,如果我像'红豆馆主'①那样昧着良心为汪伪做事,我早就被'崩'了!"

载涛说罢,二人会意地相视大笑。

俩人在客厅落座。聊天之中,载涛向梅兰芳谈起了妻子的心愿:

"贱内乃文,一直想拜您为师呢……"

---

① 指溥侗,溥仪的族弟,曾任汪伪政权"国民党中央执行委员",被国民党政府通缉。

"哎哟,不敢。七爷,您就请她来吧。"梅兰芳用了一个"请"字,显得十分客气。

于是,载涛快步赶去跨院,去叫王乃文来见梅兰芳:

"乃文,快跟我走,梅先生来了。"

"哎哟,等我擦一把脸吧。"她一听,立时就慌了神。

随后,王乃文匆忙擦了一把脸,又换上一件衣裳,快步赶去见梅兰芳。

原先她素知梅兰芳是京戏世家,他的祖父和父亲都曾在清宫的升平署①供事,堪称颇有名望的京剧界人士。

虽是民国时代,各王府对在清宫侍奉过"皇上"的梅兰芳一家仍抱有亲近感,大多也喜欢"梅派"戏。说起来,她见过梅兰芳多次,但多数却是仰望台上。

载涛陪着王乃文走进客厅,她走上前去,先向梅兰芳深鞠一躬:

"梅先生好呵,您今儿个可真是贵客,我早就想拜您为师……"

哪知,梅兰芳见到她,马上站了起来:

"不敢当,实在不敢当。"

乍瞧上去,面前的梅兰芳,匀称的身材,白净的面孔,一双炯炯有神的大眼,举止落落大方。他身穿一件青布长衫,脚下是一双黑色千层底布鞋,静静地坐在客厅内,显得潇洒自然。

这时,载涛说:

"梅先生,不瞒您说,您以前给乃文指点过《贵妃醉酒》,她可是一直想拜您为师呢。"

载涛说着又朝她示意,"你这还不赶紧跟梅先生拜师啊?……"

她连忙朝梅兰芳面前迈了两步。这时,梅兰芳双手抱拳,稍一欠身,说:

"这我可不敢当,实在不敢当……"

"您甭客气了……"载涛也冲梅兰芳略一抱拳,笑着说,"多多拜托。"

这当儿,梅兰芳禁不住载涛一再盛情相邀,慨然应允。然而,王乃文此后一直没向梅兰芳行拜师之礼。也就是说,梅兰芳并没有正式收下她这个徒弟。

只是,碍于载涛的面子,梅兰芳当面答应亲自指点她学戏,倒是实情。由此,她在家里开始向梅兰芳学起了梅派青衣。王乃文躬身对梅兰芳说:

"梅先生,您既然来了,就请给我说说戏吧。"

---

① 升平署,清朝掌管宫内演戏的机构。宫内遇有吉庆大典以及大婚、节日等,大多由该署的演员来演出。演员中既有宫内的太监,也有民间的职业演员和演奏艺人。

"行啊,说戏这事好办。"梅兰芳没正面回答拜师之事,只是笑问载涛,"七爷,您看,给她说说哪段戏?"

"就先说说《宇宙锋》?"载涛客气地试探说。

若论起来,梅兰芳可不像一些名家那么保守,教授她的第一出戏便是其拿手之作——《宇宙锋》,亦称《金殿装疯》。

往往,教戏之初,先要说戏,俗称"说活儿",就是要把剧情和人物交代清楚,然后再把表演当中的手、眼、身、法、步,一一细抠明白。对于初学者而言,其实最难掌握的是感情变化。

这一出《宇宙锋》,述说的是秦二世胡亥荒淫无道,宠信宦官赵高。而赵高暗害其婿匡忠一家之后,胡亥见赵高之女赵艳容长得美貌,想纳其为妃。但是,她矢志不从,由于受到了哑婢的暗示,装疯哭闹,使胡亥的企图未能得逞。

虽然,梅兰芳唱戏委婉动听,说话却是直截了当,当即问起王乃文学这出戏时,存在什么问题。于是,她实实在在地向梅兰芳讨教说:

"《宇宙锋》那出戏里,'装疯'时翻腕子、揪下父亲的一根胡子使劲吹起来这两个动作,我怎么总做不好呢?"

梅兰芳站起身来,语气平和地对她说,台上这一招一势都有一定规矩:

"翻腕子要经常练,慢慢就好了。吹胡子的动作,主要是腰身的配合,手捏着胡子一甩,腰身随之往上一起,'噗'地一吹,就把胡子吹起来了……"

这时,王乃文嘴里轻哼着曲调,同时模仿着梅兰芳的优雅动作。载涛则在一旁边观赏边悠闲地品茗。

"你瞧,"梅兰芳边说边做示范动作,"这样,手腕慢慢就变过来了。"

…………

"《醉酒》里,还有一个地方,上桥扭身,往河里瞧鸳鸯,这个动作我总做得不自然。"王乃文索性又道出了学习《贵妃醉酒》时心存的困惑。

听此,载涛端起茶杯,轻轻指着王乃文,对梅兰芳说:

"梅先生甭忙,先喝口茶,再给乃文说吧。"

"好,我琢磨一下,再告诉你。"梅兰芳倒是很实在,说着,便在屋里做起身段,然后,又以慢动作为她表演了一遍。

"梅先生,您再给她说一下'兰花指'吧。"接着,载涛诚恳地对梅兰芳说。

"行呵。"梅兰芳倒是毫不推托,当即伸出手,做了一个优雅的姿势。依她

看来,梅兰芳的一招一式确是"国粹"。在一旁观赏的载涛,也钦佩地对她说:

"乃文,你瞧梅先生的手一伸出来,就是'兰花指',多棒呀!……"

载涛应邀为梅兰芳"说戏"

载涛因戏结缘,和梅兰芳关系日益密切。

忽然一天,王乃文正在家闲着没事,只见载涛匆匆迈进门,一边叫着她的名字一边说:

"乃文,你来瞧瞧,谁来了呀?"

正喝着茶的王乃文,应声走出来一看,没想到,载涛又将梅兰芳先生拽到家里来了:

"乃文,你过来,让梅先生再给你说说戏……"

然后,载涛转过脸对梅兰芳说:"乃文一直在学您的'梅派'戏,也挺上心,您如果有空就给她多说说吧……"

"行啊,涛贝勒,您说吧,还给她说哪一段?"

"怎么样,来一段《凤还巢》吧?"载涛转身和王乃文商量。

"听您的。"王乃文说话倒利索。

"你瞧,这么着……"梅兰芳说着,轻挽袖口,拉起了唱戏的架势。

《凤还巢》,是一出极为讲究唱、做功的梅派青衣戏。梅兰芳从第一个字头发音教起,一句句唱腔做示范,直到她学会为止。

尔后,梅兰芳又来家里细细给王乃文"抠"了一遍。那当儿,载涛始终陪在一旁,恭敬地倾听着梅兰芳的传授。

时隔多年之后,梅兰芳授课时的神情以及一招一式的优雅动作,王乃文依然记忆犹新。起初她有些紧张,学起来也有些不大自然。可是,见到梅兰芳和善的面容以及耐心的态度,她渐渐学入了门。

恐怕一般人所不知的是,载涛与梅兰芳二人不仅相互磋商唱腔、唱技,梅兰芳还谦逊地让载涛反过来给自己说戏。

最使王乃文记忆深刻的是,载涛曾当面给梅兰芳说过《贵妃醉酒》这出戏。那次,梅兰芳谦逊地向他询问:

"涛贝勒,有一句唱词,我怎么也做不好身段。"

"哪一句呀?"

"就是这句……"说着,梅兰芳轻甩两袖,哼了起来,"……金色的鲤鱼把奴嘞……"①

"噢,是这句呵……"

载涛听到之后,琢磨了一会儿,边唱边舞起身段来。

"这样做,可能会好一些……"载涛的话,似乎留有余地。

当梅兰芳观看了载涛的示范以后,觉得颇受启发,一再称赞载涛说的这段戏实在太好了,表示即按照他的示范来做,日后也要常来请教。

仅从此事,足以说明梅兰芳善学人之长,虚怀若谷,也足证载涛确有独到之处。不然,梅兰芳作为一位中外闻名的表演艺术家,如何就教于他呢?

当送别梅兰芳之后,载涛对王乃文赞叹地说:

"你瞧,梅兰芳确实是一位戏曲大师,多谦虚呵。"

赴梅宅拜访梅兰芳

此后,王乃文不仅随载涛到"庆乐"和"护国寺"剧场,多次观赏梅兰芳演出的《贵妃醉酒》《宇宙锋》,还屡赴梅宅登门求教。

其实,载涛多次偕妻子王乃文去梅兰芳家做客,仍想让妻子正式拜梅兰芳为师。

刚一见面,梅兰芳就亲热地称呼王乃文:

"七奶奶,您来了?"

此时,王乃文尊敬地冲梅兰芳一拱手:

"梅大爷,您今儿个又要受累了呵。"

"您甭客气。"

在王乃文眼里,梅兰芳始终是那么儒雅。跟他人见面的礼节不同,王乃文与梅兰芳会面时,从不握手,只是拱手作揖。即使载涛一同前来,也是依此旧礼,从不改变。

那次,正巧梅夫人——福芝芳在家,客气地端出上好的茶水招待。福芝芳待人彬彬有礼,虽已年纪不轻,却性格开朗,颇有风度。载涛与梅兰芳聊起京戏,津津乐道,无不认为戏曲本是相通的,彼此切磋,互有启迪。提起梅夫人,梅兰芳对载涛直言不讳:

"贱内原来并非唱京戏的。"

---

① 此处系以前的旧唱词。如今流行的这句唱词是:金色鲤鱼在水面朝——作者注。

"噢?"载涛不知内情,只得洗耳恭听。

"她原来是学梆子戏的。"

梅兰芳告诉载涛,福芝芳十六岁嫁给自己,前后一共生过九个孩子,后来,因家务繁多,梅夫人便不再登台,而专心在家相夫教子。尔后,他俩谈天说地,又聊起了彼此的家长里短。

返回家里,载涛谈起梅兰芳与孟小冬那段恋情,认为若不是福芝芳性格刚烈,大闹一场,"梅孟之恋",还真没准儿维系下去,孟小冬也不至于远走沪上,下嫁杜月笙。

而对于孟小冬绝佳的老生才艺,载涛则赞不绝口,因为她短不了在醇亲王府唱堂会,也在涛贝勒府的私家舞台上频频"亮相"。载沣和载洵、载涛这三兄弟,都十分喜欢孟小冬的唱腔,且出面捧过她。这却是外界所知之不多的。

后来,王乃文又多次单独去梅宅请教,因为梅兰芳过于繁忙,她反倒有些不好意思,而梅兰芳却始终微笑待之,诲人不倦。

经过观察王乃文的表演身段,梅兰芳耐心地分析,她的毛病不在腿脚,而主要在于一双手的动作技巧:

"唱京戏,务必要学好'兰花指'。你要瞧清楚,这个手指如何弯屈,怎么指人……"

"嘟……嘟……"表面看起来,这个动作好像表演生气,实际是在"装疯"。梅兰芳以身示范,如何表达内心复杂情绪的动作,又教她"兰花指",应如何适度弯屈。

伴随着锣鼓点的响起,"嘟……"她在梅兰芳的教诲下,每饰演一次装疯过程,心里就兴奋不已,入睡之前回想一遍,也能成为欢乐的催眠曲。

即使送客之际,梅兰芳也会给她说一点儿"点睛"之功。她每次前去拜访,无不受益颇丰。当她向梅兰芳学艺过后才知,早先会的那点儿戏,充其量只是皮毛而已。

不止一次,梅兰芳以《贵妃醉酒》为例,对王乃文屡次强调:

"一是双目平视、心态平静。二是兰花指。再,便是步伐,脚尖要微抬……"

显然,这是梅兰芳向她传授的梅派平中见奇的三个诀窍。

"唱腔无须过多雕饰,才显平中见奇。音断气不断,气息最重要。一个海岛冰轮的'海'字的吐音,几乎代表了梅派发音特征……"

载涛作为梅兰芳的知音,对"梅派"作出了客观而独到的评价:

"扮相大气,堪称雍容华贵,举手投足之际,彰显尊贵身份。这些,乍听起来不复杂,学起来着实不易呵……"

其实,载涛与梅兰芳相识已久,但直到解放后才往来密切起来。这个谜底,载涛悄悄透露给了王乃文:

"这就是旧意识嘛。过去,无论梅兰芳再有名气,也是一个戏子。我再怎么穷,也是涛贝勒,跟戏子来往过多,怕人笑话呵。"

在私底下,载涛又对她说,以往尤其跟饰演青衣的男戏子关系过于密切,大都会惹出闲话,载涛的原话是:

"这犯不着呵。"

也就是说,在解放前,载涛从骨子里仍然视梅兰芳为"戏子"。直到如今,观念才有了彻底改变。

第叁拾捌章 楚溪春和仇鳌、李淑一

*载涛夫妇不仅结识了楚溪春夫妇,也与仇鳌和李淑一成了挚友。

*周总理关切地询问载涛:"最近,溥仪上你那儿去了没有啊?"

"去了,"载涛回答周总理说,"溥仪经常到我家去串门。"

"那好啊,"周总理叮嘱载涛,"你们皇族要多帮助他,他是你的侄子嘛。"

*在四川饭店,由载涛出面牵线邀李淑一、仇鳌共餐,又隆重推出了溥仪,"这是我的侄子……"

图片说明:载涛家中悬挂的载涛照片和李淑一手书毛泽东诗词《蝶恋花·答李淑一》(本书作者摄于九十年代初)

虽素知诸葛孔明交友三则：友直、友谅、友多闻——
倒也并非完全因崇拜所致，其攀缘交友，大多围着毛泽东的身边老友转。
京城"名票"未弃京戏雅好，却偏好一曲《蝶恋花》。
皇叔攀缘心自知。
…………

解放之后，载涛的社会交往变得简单多了，除了皇族的一些至亲以外，大多是全国政协的同事。其中关系最密切者，便是介绍他加入"民革"的楚溪春。

时常，楚溪春夫妇一起到载涛家做客。往往，性格活跃的李淑一①也跟随前来，她以浓郁的湖南腔，凑近载涛跟前，往往一聊就是半天，俨然成了喧宾夺主的客人。

老友楚溪春

在王乃文眼中的楚溪春，说话爽快，是典型的北方人性格。他的夫人是山西人，高挑的个子，喜欢绘画且水平不低。这一行人来到载涛家里做客，往往一见面，两位老翁就会彼此随便地打起哈哈，说一阵笑话。有时，楚溪春还爱说俏皮话儿，这被载涛戏称作"小哩嬉"。

几人凑在一起，一阵天南海北聊天过后，总是喜欢到外边小餐馆去吃饭，倒大多是载涛提起话头：

"走啊，咱们找个喜欢的馆子吃吧。"

脾气相投之人凑在一起，说话直来直去，说走就走。只不过，由于李淑一是南方人，喜欢挑南方餐馆，载涛和王乃文则愿去找老北京风味的餐馆。而性格随和的楚溪春夫妇，却是夫唱妇随，任凭哪种风味都行。

---

① 李淑一，1901年出生于湖南省望城县白箬铺镇桃林村。中学时与毛泽东妻子杨开慧结为好友，又经杨开慧介绍，遂结识毛泽东、柳直荀，并与柳直荀结婚。直到解放后，李淑一才知柳直荀早在1932年去世。1957年5月，毛泽东致信李淑一，她接到毛泽东的信后，将早年写下的《菩萨蛮·惊梦》书赠毛泽东。因此毛泽东手书一首诗词《蝶恋花·答李淑一》，寄托他对杨开慧和柳直荀的哀思。李淑一生前曾任中央文史馆馆员。1997年在北京逝世。本书作者与李淑一之子柳晓昂为多年好友，李淑一曾亲手赠作者一幅手书《蝶恋花·答李淑一》。

载涛跟他们在一起，倒显得做事风格"前卫"，每人掏一份钱，多数是五个人凑一起，各点一样菜，餐费按人头均摊。载涛夫妇二人则按照规矩办事，掏两份饭钱。无论这几位老人到哪家饭馆就餐，都会带来一片欢快的笑声。

六十年代初，载涛作为全国政协委员，享受一些生活照顾，每月两斤糖、两条香烟，还有两斤带鱼，以及一些黄豆。当王乃文第一次买了两斤带鱼拿到家之后，载涛却不知道如何烹制，也不敢吃，因为他从没吃过，于是疑惑地对王乃文说：

"你去鱼店打听一下，需要刮鱼鳞吗？"

王乃文打听回来，告诉他，不光要刮掉鳞，还要把带鱼背上的黑线抽出来，才能做着吃。载涛亲自下厨房，仿照他从前跟御厨学来的一手"糖醋鱼"的做法，烹制出来，端上了餐桌。没想到，没一会儿，就被全家人吃了个精光。

从前，载涛最喜欢吃鳜鱼和鲤鱼，而此后，载涛这道"糖醋带鱼"，则成了他的拿手菜。连溥仪和溥杰兄弟俩，也品尝过"皇叔"这道厨艺。

仇鳌和李淑一

其实，载涛夫妇是在社会活动中，偶然结识的仇鳌和李淑一。

每隔一些时日，全国政协便举办一次联谊晚会，由全国政协主席周恩来宴请一些知名人士，王乃文往往陪同载涛前去参加。

有意思的是，全国政协在宴会上还单设了"老人席"。那次，王乃文刚一进门，不由"哎哟"一声，吓了一跳。她见面前坐着一排白胡子、黑胡子老人，从没见过如此之多长胡子的老头儿坐成一排。她低声对载涛嘀咕说：

"这些人都是干什么的呀？"

"他们可不简单，都是辛亥革命的历史老人嘛。"载涛轻松地对她说。

在众多老人之中，唯有载涛没留胡子，显得相对年轻一些。

"难怪，周总理请这些历史人物吃饭哪。"王乃文这才明白过来。

她瞧上去，一个个长须老人静静坐在那里，便逐个观察起来，感到内心似乎多少有点儿紧张：

"哎哟，载老，我瞧有一个老头儿倒长得挺善静的，那是谁呀？"

"那是仇鳌呀。"载涛对她说，"那可是个人物，毛主席还称他老师呢。"

虽然，载涛向她介绍了不少情况，她也没记住，倒是说了实话：

"噢，那老头儿虽然瞅着挺善静，可我有一点儿害怕。"

闻此,平时习惯谦让妻子的载涛,手指着妻子,哈哈大笑:

"这世上还有你怕的人呀?"

过了一会儿,晚宴宣布开始。谁想,载涛夫妇与仇鳌竟恰巧坐在一个圆桌旁。载涛与仇鳌相视而笑,随之冲妻子一努嘴,先开了腔:

"仇老,乃文夸您长得挺善静。"

仇鳌听到之后,很高兴地询问载涛:

"这是您的爱人?"

"是呵。"

"好,真好呵。"

起先,仇鳌从没仔细瞅过她,这次细细端详过后,颇有好感地说:

"乃文颇有才艺啊,堪称才女,我看过她演唱的京戏……"

"那好呵,仇老如果喜欢,您就认她个干闺女吧?"载涛随口提议道。

"唉呀,不敢当,那怎么好意思呢,她是你的夫人呵。"

此时,王乃文注意到了一个细节,仇鳌因是湖南人,不会说"您"字,跟谁交谈时,都称对方为"你"。载涛笑了笑,说:

"仇老,您甭客气,乃文也瞅着您挺好,就这么一言为定吧。"

正说着,周恩来总理和郭沫若前来给各桌的老人逐一敬酒,打断了他们的谈话。

"总理好,郭老好。"王乃文连忙站起身问候。

"你也好呵,"周总理随口答应着,端着酒杯给载涛敬酒,"载老最近身体怎么样?"

"托总理的福,身体挺好的。"载涛说着,又竖起大拇指,指着周总理悄声对妻子说,"总理身体多棒呀。"

周总理听到此话,不禁笑了,又关切地询问起载涛:

"最近,溥仪上你那儿去了没有啊?"

"去了,"载涛回答说,"溥仪经常到我家去串门。"

"那好啊,"周总理谆谆嘱咐载涛,"你们皇族要多帮助他,他是你的侄子嘛。"

"一定照办。"载涛毕恭毕敬地对周总理表态说,"我们爱新觉罗家族,全都感谢总理对我们的关怀哪。"

敬过酒之后,周恩来总理和郭沫若便转到旁边的酒桌去了,载涛依然尊敬地久久目视着周总理渐远的背影。

当时,这种"老人会",全国政协机关基本每月召开一次,不谈政治,只是喝酒吃饭,之后便观赏文艺节目,有时还观看京戏或电影,气氛十分轻松。

这次载涛回到家之后,对王乃文调侃地说:

"仇鳌这老头儿,可不简单。你真行,怎么一眼就瞧出这老头儿不错呵?"

"你猜怎么着,我瞅这老头儿挺善静的。"王乃文仍是那句老话,"不然,我还敢跟他说话?"

"好吧,"载涛说,"只要你愿意,我就给你再敲定这事儿。"

当晚,载涛便提笔给仇鳌写去一封信:

"乃文很仰慕您,说您慈眉善目……"

载涛的这封亲笔信使仇鳌乐不可支。就在接到这封信不久,仇鳌竟然亲自登门到载涛家做客来了。

此后,载涛夫妇又一起到东城区北小街草园胡同的仇鳌家回访,仇鳌一见到王乃文,更是喜悦异常。她和载涛很欣赏仇鳌家的幽静环境、陈设典雅,显得古色古香。

午饭时,仇鳌亲自给她拿来筷子和碗,把她当做了自家人,吩咐吃饭时,让王乃文使他的碗和筷子,宛如亲生女儿。仇鳌的夫人见此,亲切地对她说:

"乃文,以后你就成我女儿啦,我就是你的母亲。"

"那是一定的,我以后当然要孝敬父亲和母亲。"王乃文故作顽皮地表态。

此后,王乃文经常跟随载涛去仇鳌家里做客。她十分佩服老人家琴、棋、书、画样样精通,还很爱听仇鳌讲述起早年他与毛泽东交往的故事,至今仍然交情深厚,俩人时常通信。打这儿起,凡她来到仇鳌家里,夫妇二人便热情款待。

偶尔,仇鳌出面宴请客人时,也往往叫来王乃文作陪。仿佛成了惯例,别人若宴请仇鳌必有她参加,她仿佛成了他的亲闺女,关系越来越密切。

由于她时常陪同载涛在全国政协开会,偶然通过仇鳌结识了李淑一。

自幼,李淑一生长在南方,跟仇鳌是湖南同乡,她没拜仇鳌为干爹,但仇鳌仍叫其"闺女",他曾将一幅书法赠送李淑一,并亲笔写下四个字的题款——"义女淑一"。

据说,从小起,李淑一便在仇鳌家跟他的闺女一起玩儿、念书,连吃住都在一间屋里。后来,仇老的闺女由于患病,没有长大成人便去世。仇老心疼得很,从此把她当成了亲闺女。

王乃文首次见到李淑一,便对她说:

载涛家中悬挂的载涛照片和李淑一手书毛泽东诗词《蝶恋花·答李淑一》（本书作者摄于九十年代初）

"人家都说您的字写得好，您给我写一幅书法吧。"

"行，行。"

李淑一满口应承，几天以后便将一幅书法《蝶恋花·答李淑一》亲自送至载涛家里。自然，李淑一受到了载涛夫妇的热情招待，彼此聊了许久。载涛不仅酷爱书法，也颇为懂行，细细端详李淑一所撰写的那幅书法，上款是：

"乃文同志雅属——"

此时，王乃文仔细看过题款，娇嗔地对李淑一说：

"淑一，你怎么给我写乃文同志哪，怎么不写妹妹？太客气了嘛，咱俩是姐儿们呀，得罚你。"

"哎，真是的，忘掉了，呵呵……"

载涛见到李淑一亲笔书写的《蝶恋花·答李淑一》，一个劲儿称赞她的楷书颇有功力，又对王乃文说：

"你看人家写得多好啊。多咱，你也学学毛笔字吧。"

"载老，那您也得教我呵。"王乃文的嘴历来不饶人。

载涛跟李淑一交谈时，王乃文往往喜欢站在一旁默默倾听。

"你是个大名人——'皇叔'，你擅书法又会绘画，赶明儿送我一幅吧。"

"好呵，这太简单了。"载涛满口答应下来。

交谈当中,载涛提及,除李淑一以外,还认识另一位女士——康同璧,不仅书法不错,颇有功底,在诗词方面亦颇具造诣。

当李淑一走后,载涛便对王乃文述说起晚清宫廷的故事。

清末宫里历来分为两派,"帝、后两党"——慈禧太后一派,光绪皇帝一派。而光绪皇帝的主心骨就是康有为……多年来,康有为的大闺女一直居住在美国,二女儿康同璧则住在北京东城根护城河边不远的一处宽敞的大院里。

载涛对妻子娓娓说起,康同璧家里的日本樱花,每年盛开一次,每逢花开时节,她便盛邀京城名人前去那座庭院做客。有时宾客蜂拥而至,连坐的地方都没有,只能伫立着赏花。

那座宅院颇大,王乃文曾多次跟随载涛去那里赏花,平时认识的各界人士很多,熟悉她的人也颇为广泛。在那里,王乃文还遇到过也来观赏樱花的李淑一,随之便拽她到一个角落里,交心地聊个不停。

因为仇鳌算是王乃文的干爹,她作为义女,仇鳌无论去哪儿都喜欢把她带在身边,甚至,对她多少有些偏爱。若全国政协召开演出晚会,政协委员每人一张票,仇鳌年近耄耋,连走路都要别人搀扶,所以,往往把入场票遣人给王乃文送去。

这样,她有了这张票,便可以和载涛一起去观看演出。久而久之,大伙儿知道后,纷纷说:

"乃文呵,如今给仇老当闺女啦。"

她听到后,总是显得挺高兴。仇鳌外表长得相貌堂堂,说话底气也很足,每逢在政协大礼堂遇到载涛,总爱捋着胡须询问王乃文的近况:

"载老,总没见了,乃文还好吧?"

每当全国政协召开联欢晚会,总短不了王乃文的京戏演出。如果她演唱《贵妃醉酒》,之前便会找来戏班的演员配戏,载涛则大多前来陪练把关。

仇鳌特别愿意听京戏,若有她登台,每次必来捧场,还总是嘘寒问暖,使她很是感动不已。见此情景,载涛总是哈哈一笑:

"瞧你们这一对父女俩……"

有一次,王乃文和李淑一在仇鳌家里闲聊天,仇鳌对她俩说:

"我现在的亲人哪,就剩下你俩这一对干女儿了。"

王乃文受宠若惊地反问道:

"此话果然当真吗?"

"君子无戏言,"仇鳌说完,放声大笑。

此时,李淑一开玩笑地学了一句北京话——"戗行",对王乃文说:

"原来,仇老只有我这一个干女儿,如今对你这么好,可戗我的行了。"

仇鳌听到这儿,微笑着对李淑一说:

"淑一,你俩都是我喜欢的干女儿,你可别忌妒乃文呀。"

"干爹,你别多心了,咱俩都认识多少年了?"

此时,仇鳌当着王乃文的面,用手一比划,对李淑一说:

"你才这么高,我就认识你了,那时候眼瞧着你呀,还用板凳垫脚去接电话呢。"

当溥仪特赦之后,在载涛家里无意间看到了李淑一亲笔书写的《蝶恋花·答李淑一》条幅,便询问起李淑一,载涛便兴趣盎然地提起了与李淑一和仇鳌的交往。溥仪听到之后,居然连连追问起详情。

随之,载涛心领神会,便让王乃文找到仇鳌,说是要做东,请溥仪和这几个老朋友聚餐一次。仇鳌从没见过溥仪,也想见一见传说中的"宣统皇帝"。

溥仪虽然避免多与皇族见面,对于毛泽东身边熟悉的人,却格外感兴趣。这样,经王乃文搭线,一拍即合。

牵线邀李淑一、仇鳌与溥仪共餐

于是,在四川饭店,便有了一次由载涛出面邀请的朋友聚会。

落座之后,载涛自然先是隆重推出了溥仪,亲热地称他:

"这是我的侄子——溥仪。"

接着,逐一介绍了到来的几位宾客。

刚一见面,说话直爽的李淑一便风趣地对溥仪说:

"李淑一拜见'皇上'呵,你是名人。"

"哪里,你才是大名人哪。谁不知道毛主席那首诗词——《蝶恋花·答李淑一》?"

这样,载涛夫妇在说笑之际,与溥仪、仇鳌和李淑一在西单附近的四川饭店,品尝了一顿小笼包子。

席间,溥仪饶有兴趣地问起了仇鳌与毛主席的渊源,仇鳌略略思索了一下,说:

"这说起来,就话长了。我当时在湖南办报纸,毛主席当时向我投过稿……"

"难怪啊。"溥仪这才解开了心中的疑问。

提起当年的毛泽东,仇鳌深情地回忆说:

"那时,毛泽东叫润之,平时不爱打扮,也不太爱说话,是一个性格偏内向的学生。现在看来呵,毛主席这个人不忘旧。"

于是,仇鳌讲述起毛主席一直称他为"老师",在解放以后,还把王季范①和他都接到了北京。这时,王乃文插话说:

"在我干爹——仇老家,我也见过王季范,那可是一个善良的老人。"

载涛承诺说,再找时间,我们一起聚会一下嘛。

因载涛是光绪皇帝的七弟,不知怎么话题转到了光绪皇帝身上……溥仪听说康有为的女儿康同璧仍然健在,随即询问起了她的近况。载涛介绍说:

"康有为的女儿康同璧,比我还大几岁。见了面,她就叫我'七弟',我称她'二姐'……"

"她来过西扬威胡同看过几次载老呢,"王乃文插话说,"记得,康同璧穿着大褂,是乘坐三轮车来看我们的。"

此时,溥仪默然无语,只是一个劲儿微笑着点头。

聚会散去。归途中,载涛向溥仪聊起了与康同璧多年的交往……实际上,载涛内心再明白不过,因为康有为是光绪皇帝的心腹,对慈禧太后一直心存恶感,自然其女儿康同璧与自己格外亲近,也就无足为怪了。早在解放前,载涛便曾带着王乃文去朝阳门内的康宅,回访过康同璧,遂成一段佳话。

---

① 王季范,湖南湘乡人。毛泽东的姨表兄,解放前多次救援毛泽东渡过难关。曾任第一、二、三届全国人大代表。

第叁拾玖章

「历史中人」撰著
文史资料

*频经笔耕，载涛与光绪皇帝史官之子——恽宝惠合作撰写了一篇颇具价值的文史鸿篇——《清末贵族之生活》。

*载涛毅然披露辛亥革命前后的官廷内幕，以"历史中人"的身份，一语点破，奕劻与那桐勾结小德张，诱使隆裕皇太后贪小利而上了袁世凯的当——颁布"宣统逊位诏书"。

*曾在载涛手下的军咨府任过科长的张联棻，偕夫人来到载涛家，交流文史心得，还顺便核实了一些老辈儿的晚清轶闻。

图片说明：辛亥革命五十周年纪念会上，当年的"逊位者"溥仪（左二）和载涛（右一）与辛亥老人鹿钟麟（左一）、熊秉坤（右二）在一起交谈历史果是任人打扮的小女孩儿？

回首"亲历"，递傍光绪史官之子撰述，诚留信史。

史鉴堪为良师。详析"辛亥"成败，乃从家兄谈起，自是鞭辟入里。

历史内幕，总须局中人揭示才行。

············

忽然，王乃文发现，著名的晚清宫廷史官恽毓鼎①之子——恽宝惠②，成了频频光顾家里的常客。一问才知，载涛正与他一起撰写文史资料。

在午夜的灯下，无论春夏秋冬，总是晃动着两位老人手擎纸笔的苍老身影。

与光绪皇帝史官之子——恽宝惠的合作

一眼瞧上去，恽宝惠衣着朴素，俨然一副老学究的模样，待人异常客气。

虽说他是京郊大兴县人，祖籍却是江苏常州。早年，他曾在载涛的手下，当过禁卫军处长，堪称"皇叔"的老部下，也是出名的大笔杆子。

自幼，王乃文没读过几天书，却最喜欢文化人。每当恽宝惠到来，她总是沏茶倒水，热情款待。有时，她还主动请求到恽宝惠家里取回完成的手稿。总之，她以在俩人之间起到牵线搭桥作用尤感愉悦。

频经一番辛勤笔耕，载涛与恽宝惠合作撰写了一篇颇具历史价值的文史鸿篇——《清末贵族之生活》。

这篇文章被收入了全国政协文史资料选辑，还被文史出版社作为重点文章，结辑收入《晚清宫廷生活见闻》。在撰写这篇文章过程中，载涛虽然口述了不少亲身所历之事，却是由恽宝惠执笔完成的。

---

① 恽毓鼎，字薇孙，河北大兴人，祖籍江苏常州。光绪十五年考中进士，历任宫廷起居注官、翰林院侍讲、国史馆协修、纂修、总纂、提调，文渊阁校理、侍读学士、国史馆总纂、宪政研究所总办等职，任晚清宫廷史官达十九年。

② 恽宝惠，江苏常州人，恽毓鼎长子，历任清末陆军部主事、秘书科长、陆军大臣行营秘书长、司长、禁卫军秘书处长。北洋政府时任国务院秘书长、蒙藏院副总裁。曾任伪满洲政府内务府部长，后任职于北京故宫博物院。1948年返乡，总纂《毗陵恽氏家乘》三十二卷。解放后任全国政协文史专员。

此后，恽宝惠在一九六〇年，毅然把父亲恽毓鼎所遗留下的珍贵日记，全部赠送北京大学图书馆。当然，这得到了载涛的充分肯定。

说起来，载涛与恽宝惠算得上是父一辈、子一辈的世交。因为，恽宝惠的父亲恽毓鼎，曾任载涛兄长——光绪皇帝的起居注史官十九年，自然也成了载涛的多年好友。另一方面，恽毓鼎的耿直与才学，始终被载涛所看重。

这部《恽毓鼎澄斋日记》，起于一八八二年，讫于一九一七年，计一百二十万字，是恽毓鼎几十年宫廷生活的全面记录。譬如，例行的新年庆典、外国使臣觐见、慈禧太后及光绪皇帝的丧礼、宣统登基……他均不避琐细，一一秉笔照实记录下仪式程序、官员服色，乃至有关现场人员的言行举止，亦历历在目。

其实，早在清末，恽毓鼎便留下了一部珍贵的《崇陵传信录》，记载了光绪年间，朝廷内外发生的鲜为人知的史事。对这部著作，载涛始终赞赏有加。

当一九六一年辛亥革命五十周年即将来临之际，载涛引人注目地成了一个热门人物。

因为，洞悉宫廷内幕的人已所剩无几，而他作为光绪皇帝的胞弟、溥仪的七叔，自然成了"宣统逊位"前后那一段历史的最知情者。

全国政协文史资料委员会的负责人屡次派人前来，催促他撰写文章，务求留下这一历史性的文史资料。于是，载涛经考虑再三，亲笔撰写了一篇珍贵的亲历文章——《载沣与袁世凯的矛盾》。

载涛亲笔记载的辛亥革命前后的宫廷内幕

历来，对于辛亥革命之后发生的"宣统逊位"，众说不一，迷雾重重。

其实，对此前后的宫廷内幕，作为亲历者的载涛，知之较确。

皆因为，他的兄长载沣处于权力核心，侄子溥仪又是"逊位"的主角，而他本身又是统辖禁卫军的实际"领军人物"。

在如此重要的历史一幕中，摄政王载沣的作用最为关键。然而，细究慈禧太后为什么起用其五哥载沣当摄政王，载涛作过这样的客观记述：

慈禧太后之所以属意载沣，是因为她观察皇族近支之人，只有载沣好驾驭，肯听话，所以先叫他做军机大臣，历练历练。慈禧太后到了自知不起的时候，光绪帝虽先"驾崩"，她仍然贪立幼君，以免翻她从前的旧案。

然而，慈禧太后又很明白光绪皇后（即后来的隆裕太后），亦是庸懦无能、听人摆布之辈，绝不可能叫她来重演"垂帘"的故事。所以，她既决定立载沣之子为嗣皇帝，又叫载沣来摄政，这仍然是以其"私见"来安排朝政后事。

在此处，载涛一语中的，点明了慈禧的最大"私心"所在。

但是，载涛却并不赞成一般人认为载沣糊涂的说法。他认为，载沣虽无统驭办事之才，然而并不能说他糊涂。因为说他糊涂的人，大部分都由于责怪他没能杀掉袁世凯之事。而载涛较为客观地分析了其兄长载沣当时面临的险恶形势：

"他摄政以后，眼前摆着一个袁世凯，处于军机大臣的要地，而奕劻又是叫袁拿金钱喂饱了的人，完全听袁支配。近畿陆军将领以及几省的督抚，都是袁所提拔，或与袁有秘密勾结。他感到，即使没有光绪帝的往日仇恨，自己这个监国摄政亦必致大权旁落，徒拥其名。"

面对众说纷纭的光绪帝临终遗嘱载沣"杀袁"之事，究竟有无？

半个世纪之后，载涛在亲笔撰写的这篇文史资料中，客观地写道：

"至于传闻之说，如光绪临危拉着载沣的手，叫他杀袁世凯。又如隆裕太后面谕载沣，杀袁给先帝报仇等等，载沣生前并没有向我说过，或许是他保密的缘故。因此，是否真有其事，我也无从判断了。"①

但载涛明确地指出，载沣下谕罢免袁世凯，却是千真万确的，而且披露了他所知道的绝密内情：

"据我所知，促成其事的是肃亲王善耆和镇国公载泽。他两人向载沣秘密进言，此时若不速行处置，则内外军政方面，皆是袁之党羽。从前袁畏惧的是慈禧太后，太后一死，在袁心目中已无人钳制他了，异日势力养成，消除更为不易，且恐祸在不测（大意就是说袁心存叛逆）。善耆主张非严办不可；载沣彼时对袁，也觉得是自己的绝大障碍，遂同意善耆等的做法，又将谕旨用蓝笔写好（彼时尚在大丧百日之内，不能动朱笔）。其实，这种事必须用迅雷不及掩耳的手段去做，不是可以迁延时日，从容研究的。"

然而，载沣为何没有在最后时机，果断地除掉袁世凯？载涛首次揭示了世人罕知的谜底：

"事后就有人说过，袁每日上朝，仅带差官一名，进乾清门后，便只他单身一个人，若能出以非常手段，干了再说，即使奕劻如何有心庇护，张之洞如何危言耸听，亦来不及了。可是载沣哪里有康熙擒鳌拜的果断和气魄呢？据闻那一道谕旨原文，是将袁革职拿交法部治罪。这从袁的方面讲，就已因此有了宽

---

① 引自文史资料选辑——载涛撰文：《载沣与袁世凯的矛盾》。

转,结果可以不死了。及至拿给奕劻等一看,奕劻尚模棱其词,不过说:'此事关系重大,请王爷再加审度。'张之洞则明白地说出什么'主少国疑,不可轻于诛戮大臣'。力为反对。彼时,凡是谕旨非经军机大臣副署不能发表。载沣处此僵局之下,竟自无可如何。乃将原谕一再修改,措辞前紧后松,变为'开缺回籍养疴'。纵虎归山,自贻后患,善耆等亦只有付之浩叹而已……"

当辛亥革命爆发后的当年冬天,曾任陆军部军法司长的丁士源①好奇地询问过载沣的皇族本家肃亲王善耆:

"王爷,在光绪戊申年②十一月的时候,您为什么不帮助摄政王载沣除掉袁世凯呢?"

谁知,善耆竟然委屈地回答说:

"你哪儿知道呵。我们宗族王公,在宫廷内错走一步便是死罪,我虽是御前大臣,怎么敢在宫内乱来呀?……"

为查证这一段珍贵的历史对话,载涛曾仔细地翻阅过丁士源所作的笔记之后,才落笔写入文史资料,可见其下笔之审慎。

对于其兄载沣为何没能除掉袁世凯,载涛斟酌之后,作了这样一个简短结论,也算是对载沣的一种解脱:

"载沣究竟不是皇帝,其不能作断然处置,此亦原因之一。"

至于袁世凯后来居然反败为胜,最终被起用,竟致借镇压辛亥革命爬上内阁总理的宝座,载涛以亲历者的第一手史料,披露了这一历史内幕。

"袁住在彰德洹上村之时,善耆对他并不放心。那时,日本人川岛浪速是善耆的警察顾问,亦即是他的心腹之人。川岛手下曾秘密侦探袁的行动,随时都有密报。这种报告,善耆曾经给我看过。当辛亥年四月,新组成之内阁(将军机处归并内阁)受各省咨议局的攻击说:'皇族内阁不合君主立宪公例,失臣民立宪之希望,请另行组织。'于是总协理大臣均奏请辞职。奕劻、那桐、徐世昌的原奏,均在政治官报上发表。所最不可解者,那、徐两人均说,自己才力短绌,从前罢免之袁世凯,'其才胜臣等十倍,若蒙特予起用,必可宏济艰难'云云(大意如此)。徐世昌本是袁一手提拔的私党,不足深论;那桐是一个著名圆滑的官僚,何以亦有这样说词?况且其时各省并无特别事故,必须袁出来收拾。他们两人既敢如此说,监国亦居然未加斥责,凡看到官报的人无不

---

① 丁士源,浙江吴兴人,清末后历任陆军部军法司长、高等巡警学堂总办、段祺瑞副官长、京绥及京汉铁路局长等。后曾任伪满洲国驻日公使、伪满洲国驻国联代表等。1945年病逝。
② 戊申年,即公历1908年。

诧异。"

袁世凯凭借手中军队镇压武昌起义之机,要挟软弱的清政府,才得以重新上台,这便是载涛的结论。

"到了武昌首义,革命爆发,那、徐协谋,推动奕劻,趁着载沣仓皇失措之时,极力主张起用袁世凯……冯国璋、段祺瑞是袁的嫡系心腹大将,亦认为'非宫保再出,不能挽救危局'。"

事后,载涛对于朝廷在此期间没能起用他耗费心血所"新练成"的禁卫军,深感遗憾。

继之,载涛敏锐地分析认为,这是袁世凯之所以能翻身的一个切入点——借助老部下冯国璋和段祺瑞所统帅的第一、二军,反过来向清廷伸手讨要砝码。

谈起辛亥革命导致的清廷最后结局,载涛以复杂的心情回忆说——

当袁世凯出任内阁总理,掌握了实权之后,隆裕太后发布懿旨,让监国摄政王载沣归家,不预政事——回家抱孩子了。在此之际,袁世凯不仅勾结奕劻,而且又利用与那桐的姻亲关系,篡夺了清朝实际大权。

对此,载涛更是无可奈何,因为,他也被开缺了所有官衔,回归涛贝勒府,驯马兼"票戏"去了。

至于他的侄子溥仪"逊位"幕后的奥秘,载涛更是极少数知情人之一。

载涛对此,曾经撰文回忆了袁世凯利用太监小德张贿赂隆裕太后的经过:

"隆裕太后之为人,其优柔寡断更甚于载沣,遇着极为难之事,只有向人痛哭。平日宠信太监张兰德,言听计从。张亦居然以李莲英自居,器小易盈,唯知聚敛赀财。袁世凯摸清这条路线,专派人密向张联络,许以巨额金钱,叫他向隆裕施用威胁利诱的手段,说袁世凯如何忠心,但是各省纷纷独立,前敌军队撤不下来,外债无望,饷项难筹,若不答应民党的要求,则革命军队杀到北京,您的生命难保。倘能依从让位,则优待条件如何如何,仍可安居宫闱,长享尊荣富贵,袁世凯一切可以担保云云。"

在这里,载涛以"历史中人"的身份,明确指出,即奕劻与那桐勾结小德张,才诱使隆裕皇太后贪图小利而上了袁世凯的当。

"他们二人与张兰德里应外合,不由得隆裕不入他们的圈套。后来,他们三人皆如愿以偿,各自在家纳福去了。奕劻在天津所买大楼房,即是张兰德的产业……"

众所周知的是,隆裕太后死后,在宫中大殿悬挂的竟然是极具讽刺意义的一副挽联：

"女中尧舜"。

内中所含"禅让"之意的黑幕，被载涛以寥寥数语直接拆穿：

"这种'禅让'之局得以成功，可说是全由奕、那、张三人之手。"

至于载沣对于"宣统逊位"的内心真正态度，载涛当然知之最清。他以历史过来人的身份，如实记述道：

"载沣对于皇帝退位，是始终不赞成的。但他无权无力，在袁世凯看来，已在无足重轻之列。但因他优柔寡断已贻误于前，到此也就没有任何办法了……"①

---

① 此节所参考内容，大部分为载涛于1961年7月所撰写的《载沣与袁世凯的矛盾》。载于文史资料出版社出版《晚清宫廷生活见闻》，1982年9月第一版。

第肆拾章 暮年生活

＊外人难以想象，载涛居然对乒乓球运动颇感兴趣，乃至连续多日固守电视机前，观赏国手庄则栋争夺世界冠军的比赛。

＊暮年，他曾向妻子吐露真言，"见到你之前，一个朋友曾经告诉过我，养生的秘诀，就是采阴补阳。"王乃文听此，气不打一处来，横眉立目地对载涛说，"难怪，闹了半天，你娶我就是为了暖被窝呵！"

＊载涛见妻子果真动了怒，连连道歉。

图片说明：本书作者当年采访时与载涛遗孀王乃文
　　　　（右）在其住宅楼下合影

一叶一菩提。

最后一位"载"字辈,腹"载"有清以来的皇朝始末。

或许,举步蹒跚而慢踱于胡同的迟暮背影,守望着普通公民的新生。

回溯往昔,历夏经秋,大雪过后,了无痕迹。

…………

时光疾驶。六十年代,爱新觉罗家族中,"载"字辈的皇族近亲,陆续先后过世,只剩下孤零零的载涛一人。

他居住在西扬威胡同的平房里,安然过着普通公民的生活,自然也伴随着日常的凡人琐事。

丰富多彩的社会活动

早在"文革"前,载涛家里便有一台黑白电视机,晚上一家人时常聚在屋里看电视。

外人根本想象不到,他居然对乒乓球运动感兴趣,连续多日固守在电视机前,观赏国手庄则栋[①]争夺世界冠军的比赛。当庄则栋夺得乒乓球世界冠军之后,他观看完电视,兴奋地对家人说:

"这是为国争光啊!……"

一九六三年秋,载涛随同全国人大代表团视察了福建省人民抗御百年未遇的自然灾害的活动,深受感动。返京之后,他在全国人大会议上,发表了真实的观感。

他这次履行全国人大代表职责的最后一次离京视察活动,被记入了历史档案之中。

在王乃文的记忆里,她陪同载涛至少参加过三次重大的社会活动,多年之后,仍然记忆犹新。

一九六一年十月十三日,载涛和溥仪作为辛亥革命的特殊历史当事人,共

---

① 庄则栋,江苏扬州人,三次蝉联国际乒乓球男子单打冠军,成为中国第一个在世界乒乓球锦标赛荣获"三连冠"的人。后曾任国家体委主任、北京市少年宫乒乓球教练。

同被邀请出席全国政协举行的"辛亥革命座谈会"。在这次会上,叔侄俩与打响武昌首义第一枪的熊秉坤①以及逼迫溥仪出宫的鹿钟麟会面并交谈。

在历史性的会见中,载涛和溥仪都情不自禁追忆起当年的切身经历,回顾时代发生的巨变。当年的仇人,如今都成为了共同建设社会主义新中国的伙伴儿。从留下的这四位历史人物的照片中,不仅可以见到他们握手拥抱的场面,也可以从中看到四位历史老人兴奋地感叹历史变化的灿烂笑容。

另一次,是参加一九六三年六月,欢迎驾机起义返归大陆的台湾飞行员徐廷泽座谈会,溥仪和载涛叔侄俩双双发言。没过几天,她又陪载涛到中央人民广播电台发表了对台湾同胞的讲话,鼓励台湾人士弃暗投明。

鉴于载涛的特殊历史身份,不少国民党高级将领曾在他辖管的军咨府军校受过训练,所以产生了不同于他人的广泛影响。

"文革"前夕,原国民党代总统李宗仁从海外归来。载涛也参加了民革中央举行的欢迎宴会。席间,载涛与李宗仁夫妇举杯共祝,尽早实现海峡两岸的统一……

暮年往事之怨

人到暮年,易忆及往事。

闲聊天之际,王乃文曾向笔者谈起载涛暮年跟她发生的一次冲突。此事纯发于偶然。

当晚间载涛啜着一点儿小酒,谈论起养生之道时,她好奇地问起年近八旬的丈夫:

"那时,我才十九岁,您怎么想起娶我的呀?"

"你也知道,我的老婆有的才十五岁就'收房'的呀。"

"您倒是直接说嘛,当年究竟看上我哪儿啦?"

没想到,载涛底下说出的话,竟然使她顿时变得怒不可遏。

此时,载涛抿着酒,望着王乃文,微笑着说:

"那时的确看上你唱大鼓不错,再有,就是看上你年轻呵。"她清楚地记得,当年嫁过去时,还不到二十岁,载涛已年届五十,两人相差三十岁出头儿。

---

① 熊秉坤,湖北武汉人,武昌起义中率兵首先占领军械库。后曾任国民党政府军委委员,新中国成立后,历任湖北省人民委员会委员、省政协常委、全国政协委员等职。

"仅仅是年轻？……"她感到疑惑不解。

此时,载涛不由慢慢悠悠地吐露了真言：

"见到你之前,一个朋友曾经告诉过我,养生的秘诀,就是采阴补阳……"

"采阴补阳？"她更是懵了,变得一头雾水。

"说你也不明白。打个比方吧,冬天睡觉被窝里凉,用什么法子也不如人暖好啊……"

王乃文听到此处,气不打一处来,立时横眉立目地对载涛说：

"难怪你对我不好,闹了半天,你娶我就是为了暖被窝呵！"

载涛见妻子果真动了怒,连连道歉：

"全怪我,喝了一点儿酒,说话走板了,对不起,对不起……"

此时,她仍然余怒未消,拂袖而去。

事隔一天,载涛懊悔地来找王乃文,一再检讨不已——那是过去三妻六妾的封建思想,诚恳地向她道歉。

尽管她仍然耿耿于怀,毕竟是多年老夫老妻,渐渐地,此事也就淡化若无了……

关心幼子婚姻

提起载涛的小儿子——金从政结婚的事儿,起初,全家人只有载涛表示反对。

然而,家里的事儿他说了算,因为他是唯一的长辈。

六儿子金从政是中学教师,同院的一个女孩儿时常去找他请教功课,两人渐渐产生了感情。他所看中的姑娘,叫南娟,底下还有一个弟弟、妹妹。

因为南娟的父亲开设过一家汽车行,另有一间铺面房,总共两辆汽车出租,生意还算不错,在大杂院内的生活属于中上等水平。相形之下,此时的载涛已经卖掉了汽车,连马车都没了,似乎成了一介贫民。

每当载涛一家人出行时,南娟总是劝载涛坐她家的车,关系不由近了一步。南娟待人友善,见到载涛往往显得十分亲热：

"老爷,老爷……"

偶尔,金从政指点南娟温习功课,其父瞧女儿很晚还没回家,顿时发了火：

"这么晚了,还不回来？"

老人勃然大怒地来到金从政居住的后院,大声喊出女儿,吓得她跑进自己卧室便关上了门。

"温什么功课？你看看这是什么时候啦？你再有这么一回，看我不劈了你！"

当这次被父亲教训过一顿之后，南娟再也不敢晚归。

面临抉择，金从政明确地向老父亲载涛交了底：

"我和南娟已经交上了朋友。"

"那你们就交吧。"载涛听了，并没反对。

但是，南娟的父亲死活不愿意，又找到了载涛：

"我看呵，两人不相当。大伙儿瞅着也不合适，最好不要再让从政理我闺女。"

无奈之下，载涛觉得面子上过不去，遂明确表态，不赞成二人继续交往下去。

然而，两人关系日益密切，载涛看他俩挺合得来，左思右想，便改了话口：

"唉呀，只要俩人觉得合适，其他也就无所谓了吧。"

有载涛这么一句话，金从政也就放了心。

以往，载涛见家里的儿子都是奶妈奶大的，唯独对幼子金从政改变了做法，甚至对于教育方式，也渐渐倾向于疏导。其女友南娟高中毕业之后，也有了正当职业，在东安市场卖布，工作积极努力，具备了完婚条件。

于是，载涛发了话，同意俩人举行婚礼，也没惊动外人，仅是两家亲人出席。女方那边，因南娟的父亲已病逝，由她母亲以及亲姨参加，男方这边是金从政的母亲作为家庭代表。依从特殊年代的时尚，新郎和新娘在卧室的毛主席像下，念诵一遍毛主席语录，彼此鞠了一躬，就算结婚仪式结束。

对于幼子，载涛从来关怀备至。从小时起，王乃文便拿金从政当亲子看待，经常到他的屋里看望。金从政也接长不短来王乃文屋里一起打牌玩儿，彼此关系融洽。自然，作为家长，婚礼当然须出席。

然而，等载涛和王乃文匆匆赶来时，新婚典礼已结束。于是，载涛出面邀请这一对新婚夫妻到外边饭馆就餐：

"咱们一起出去吃顿饭，就当做喜宴吧。"

这样，载涛夫妇偕一对新婚夫妻，在附近一家餐馆吃了一顿团聚饭，算是办完了结婚喜宴。

当然，这一桌喜宴由载涛掏钱。从前，载涛即使有钱也不舍得花，更很少到大饭馆吃喝，这次破了例。

新婚喜宴结束之后，载涛和王乃文由这对小夫妻引领，参观了新房，那是两间北屋中的一间。

其实，此前载涛早就打算给一对新人添置新房用品、筹办喜事，还预备下三间北房做洞房。但没来得及办，随着全国陷入"动乱"，婚事便拖了下来。迟至"文革"结束，金从政与南娟才举行婚礼。

这也化解了载涛的一块"心病"。

"文革"前，王乃文作为全国政协委员家属，每星期到政协机关去学习一天，被称作"政协委员家属会议"。

当时，周恩来总理兼任全国政协主席，由邓颖超主持组织这二十多位特邀委员家属，每星期学习两次。参加者，包括全国政协副主席钱昌照的夫人沈杏元、邵力子的夫人——时任幼儿园园长、程砚秋的夫人果素瑛以及马连良的夫人、荀慧生的夫人等。因马连良的夫人居住不远，她经常与其搭伴儿一起乘小卧车往返。

对此，载涛非常重视，总是催促她不要忘记按时去参加会议。在学习中，邓大姐时常谈起周恩来简朴的家庭生活：

"恩来每月的工资基本都花光，其实我俩开销不多，主要支持外边以及侄子和侄女的生活、学习。平时，我俩也没几件衣服，都很注意节俭。恩来连洗脸手巾用旧了，还要当擦桌布使……"

载涛听了王乃文回到家里所讲述的这些情形，颇受感动，鼓励她向邓大姐学习。王乃文告诉载涛，邓大姐说，我和恩来是参加革命的共产党员，你们是政协委员家属，不一定非参加共产党，拥护共产党就行了，要照顾好老爱人，为国家出力，不也是大家功劳吗？……

载涛叮嘱妻子，往后邓大姐说过的话，多跟我叨唠一下，很有益处。

这个学习组似乎成了风向标，每当"运动"来临时，学习次数便骤减。直到一九六六年春夏之交，邓大姐专门召集她们开了一次会议，通知"暂停学习"。

从此，她再也没迈进过全国政协机关的大门。

喜欢一人遛弯儿

西扬威胡同离北海公园颇近，走不了几步路就到了。

偶尔，载涛会偕王乃文到北海公园去遛弯儿，而大多时，则喜欢独自一早晨步行去北海公园,听人吊嗓子、唱京戏。有时,载涛抑制不住"戏瘾",还会走上前吼上两嗓子。

每当载涛感觉身体累了在家休息,王乃文仍坚持每天去公园散步,逐渐认识了不少熟人。多数是普通老头儿、老太太,这些人差不多都是养病或前去晨练的。老人们一半遛弯儿,一半练嗓子,既有唱戏的,也有练太极拳的。有的老人虽已六七十岁,仍然唱得不错,不为吊嗓子,只为过戏瘾。

此时,王乃文的腿病明显加重,两条腿总是疼痛不止,稍走上一会儿,就得且歇上一阵儿才行。这些人后来才知道,她是涛贝勒的妻子,都愿意主动接近她。于是,她就时常跟大伙儿坐在长椅上一起聊天。载涛听说之后,表示非常支持:

"你身体不好,得经常到外头遛弯儿,锻炼一下。不遛可不行。"

起初,她多少有些"杵窝子",不愿意结识陌生人。见此,载涛总是一再劝她:

"你的腿有毛病,可不能老在家里待着,每天去公园里遛遛吧。"

她的身体虚弱,刚走进北海后门,就得到路边的第一个长椅上坐下歇一会儿。起身时,还得一点点儿锻炼挪动,继而,再挪动到第二个长椅上。接着,第三个长椅、第四个长椅……慢慢地,她居然登上了高耸的白塔。

到后来,载涛嫌她走路太慢,极少跟她一起出去散步。她感到双腿仍然不够灵活,登上台阶尤其吃力,便以单独遛弯儿作为锻炼项目。载涛虽然年迈,依然喜欢在城里穿来遛去,以此活动身体,他没什么目的,想钻哪个胡同就钻哪个,随意遨游于这座简直熟透了的京城小胡同里,仿佛观赏一道道独特的风景线……

载涛一个人乐得逍遥自在,想上哪儿就去哪儿。一次归来,他得意洋洋地告诉妻子:

"不是我夸口,京城这些胡同呵,没有我不认识的。"

他出门遛弯儿从不喜欢带家人,如果走近路,至多让王乃文陪伴。她最早不识路,他便带着她四处转悠,饿了,就随便找一家小饭馆饱餐一顿,老两口感到可开心了。偶尔,载涛还带她品尝一顿老北京的豆汁、炸焦圈、糖耳朵……

闲暇之际,载涛夫妇喜欢去护国寺胡同的溥杰家里串个门,稍待片刻便走。也有时,溥杰的妻弟嵯峨公元自日本赴京,邀请载涛夫妇品尝一顿日餐,总是溥杰夫妇作陪。席间,少不了听到载涛愉快的谈话和爽朗的笑声。

暮年,载涛最喜欢跟善良而随和的老友楚溪春在一起谈笑风生。直到年近耄耋，俩人见面仍总是亲热地不着边际地乱侃一通，大到国家大事，小至家长里短，当然不过是玩笑而已。逢年过节慰问时，楚溪春代表"民革"过来亲切看望，彼此说两句客气话，便告辞而去。

虽然，载涛不经常到溥仪家里串门，而溥仪夫妇逢年过节却必来看望。直到溥仪因病住院，继而一场"浩劫"爆发，他才与皇帝侄子暂时断了联系。

然而，"文革"刚刚爆发之际，溥杰夫妇仍不放心地来探望过载涛，顿使他感到宽慰不已。

第肆拾壹章

文化被『革命』

*本以为安度晚年的载涛,重又陷入困境。全国政协机关骤然减薪,只发给载涛全家十八块钱生活费。他只好让妻子买棒子面蒸窝头,剩下几个切成片,在火上烤着吃。

*噩梦突如其来。对载涛震动最大的,莫过于"文革"之中,妻子金孝兰抹脖子自杀而死。一个红卫兵还在金孝兰的尸体上搁上了一张白纸,上面写着几个大字:"自绝于人民!"性格豪爽的载涛,竟变得终日不语,甚至欲弃世而去。他居然心情悲愤地对王乃文说:

"哎,我跟你说实话吧,真不愿意活了……"

图片说明:载涛夫人金孝兰(前左)与其子金从政(前右)及载涛的孙女

文化被"革命",颇感莫名其妙。
面对妻子突如其来亡于非命的尴尬,情何以堪?
曾经沧海难为水,除却巫山不是云。
一个"死"字,顿使万念俱消。
…………

一箱珍贵历史照片被抄走

灾难倏然降临。

一天早晨,街道主任突然前来通知,各家不准再养金鱼,说是资产阶级"四旧"。

自从搬到西扬威胡同,他始终未放弃喂养几条金鱼,甚至勒紧裤带也要"坚持",这是他自打"卖府"之后留下的唯一雅趣。

前不久,家里的那些小缸金鱼早就被迫上交,只剩下几尾小金鱼在桌上的一个玻璃瓶里养着玩儿。连这样还不行吗?……

闻此,载涛顿时怒气横生,立马站起身来,把屋内的玻璃瓶连同小金鱼全部泼出了门外……

转过身,他强忍着一口闷气躺倒在床上。伴随一阵喧闹,溥仪妹妹的儿子——过去管载涛叫"七姥爷",竟然带着北京市一所中学的红卫兵闯了进来。哪知,此前北京政法学院的红卫兵声称金荫珧的爷爷是"反动王爷",早已用两张封条封上了院内的

西扬威胡同的大杂院如今被居民隔成了狭长的小院(本书作者摄于二〇一一年九月)

两间小东屋，又把载涛以及一家人拘押在一间澡房里，不允许出来。

接着，又闯进来一群自称是东城区"三结合"革命委员会的红卫兵，四处搜索查抄。

"咚咚咚，咚咚咚……"

载涛在屋内只听到那群红卫兵一溜小跑儿地往外"抄家"，很快就把那间小东屋的东西——包括珍贵的文物、字画以及古旧书籍，全部一搬而空，连唯一剩下的旧王府的大躺箱也搬走了。之后，一个造反派头头儿还派来一名红卫兵专门看管他们，唯恐出乱子。

趁混乱之际，红卫兵抄走了整整一箱珍贵的历史照片，这尤其使载涛感到心痛万分。

最可惜的是，还被抄走不少他亲笔所绘的国画作品。载涛正屋里挂着的一幅珍贵的国画精品——《奔马》，也被席卷而去。此后究竟流落到了何处，无人知晓。

炎夏之中，那群红卫兵仍然强迫他一家人挤坐在小屋里，也不让往外瞧，只能老老实实待着，任谁也不敢动。

直到红卫兵全部走后，载涛迈进小东屋，只见四个旮旯皆空空荡荡，终于压抑不住内心的气愤，发了几句牢骚话：

"嗨，家里的好东西全被抄走了！……"

他向街坊一打听，原来有些字画竟然是全国政协造反派抄走的。载涛即使生气，也不敢明说，只好一口气憋闷在肚里。

第二天，院内忽然又闯进来几个红卫兵，赫然大骂起载涛，还对他推推搡搡：

"你这个老帮子……"

此时，载涛丝毫不敢言语。后来，一个红卫兵头头儿叫走了他们。临走时，那群红卫兵又纷纷冲着他叫喊起来：

"赶明儿见，你这个老东西！"

"老小子，回头见！……"

在那些"非常日子"里，一些红卫兵不止一次闯进院门，企图揪斗载涛，被立即赶来的派出所民警出面阻止，坚决不让揪走批斗。据说，这源自周恩来总理的指示。事后，派出所民警还把那群红卫兵找去，告诫说：

"载涛是周总理让'保'的，谁也不准动他。"

或许王乃文的话不无道理——以往，载涛平时为人不错，跟街坊们关系都挺好。不然,在"文革"中,也许早就没了命。

此后,由于传达了周恩来总理的明令,谁也不能随便到他家里去"抄家",形势似乎趋于好转。听到这些,载涛私下对妻子感激地说:

"没想到,周总理还能想着爱新觉罗家族呵。"

不久,街坊又发生了欲挑头揪斗载涛的事件。谁想,这次闹事的是大院内一个糊涂醉鬼,他过去以蹬三轮为生,只要一喝上酒,就四处找茬儿打架,连自己的媳妇也不放过。

为此,载涛曾经当众斥责过他,还让王乃文上前劝解过,于是,他始终怀恨在心。这天,醉鬼趁着醉意,吵闹着闯进载涛家里:

"我得揪斗载涛!"

可是,根本没人搭理那个醉鬼,他又站在院内大声叫喊,然而,街坊四邻谁也没来响应。王乃文见状,依恃跟他平时关系熟悉,急忙连哄带吓唬地把醉鬼拽了回去。

虽然揪斗没成功,但随之而来的红卫兵却强行规定不准家人给载涛做饭吃,硬说这是"封资修"①遗风,让他自己动手。全家被吓得谁也不敢沾边,王乃文竟然站了出来,说自己是贫民出身、根红苗正,敢为载涛做饭。

此时,身处特殊境遇的载涛受到了感动,端起饭碗吃饭时,深情地瞧着妻子,偷偷地说了一句多年没有过的话:

"谢谢呵。"

只有王乃文深知这句话的分量。她曾自豪地回忆说,别人没遭的罪,她大都尝过了。当街道喊她买冬储大白菜时,她披着一件破棉大衣,到菜站去买白菜,由于没有小车运载,只好用大衣前摆兜着一步步挪回家。

恰巧,途中偶遇过去的王府仆人——老陈,于是,赶快紧走上几步,接过她几棵白菜,帮着抱回了家。

她走进院,赶紧偷着藏起来,唯恐别人看见。因为没有这几棵白菜,就无法为载涛做炒白菜。

当晚,载涛尝到了她炒的一盘香喷喷的素炒白菜丝。

载涛——"真不愿意活了"

噩梦,突如其来。

---

① "封资修",当时"文革"的批判对象,即封建主义、资本主义、修正主义的简称。

载涛夫人金孝兰（前左）与其子金从政（前右）及载涛的孙女

对载涛震动最大的，莫过于"文革"之中，妻子金孝兰抹脖子自杀而死。

那一天午前，载涛随意询问了金孝兰一句：

"哎，咱们中午饭吃什么呀？"

"吃面条吧。"她仅是简单回答了一句，便再也没有别的话。

这时，街上传来红卫兵又即将来抄家的消息，载涛便披上衣裳，去门口张望。过了一会儿，他见没什么动静，便说：

"甭管什么情况，咱们先准备吃饭吧。"

刚说完，一群红卫兵忽然闯入院内，载涛被吓得躲进屋内再也不敢出来。此时，王乃文听到，社会上纷纷传言，红卫兵一天要杀几个人，自然与金孝兰一样，被吓得面如土灰，赶紧闭门不出。

临近中午，同样听到这种吓人传闻的金孝兰，惊魂未定地在厨房做饭。此时，载涛的幼子金从政，正从学校下课，回到家里，顺便走进厨房瞧了瞧：

"妈，饭得了吗？"

"甭急，马上就得啦。"

说着，金从政走到北屋，跟父亲说起近日听到的好消息：

"您甭害怕了，听说周总理最近有指示，把咱们爱新觉罗家族全保下来啦。可您也得少出门呵……"

听到儿子这些宽心话，载涛觉得略微松了一口气。金从政从父亲的屋里出来，不解地自言自语：

"今儿个饭不是做好了吗，怎么还没拿来呀？"

哪知，他没听到任何回音，十分纳闷儿，再走进厨房一瞧，母亲金孝兰无声地趴在地下，遍地鲜血，已经咽了气。他赶紧大声喊叫起来：

"不好了，我妈抹脖子啦。"

惊慌失措的金从政又赶紧跑去告诉王乃文，她当时没跟金从政在一个院

里住,而和金蔼玥居住在另一个院内。王乃文听到这一凶讯之后,连忙对金从政说:

"那赶紧抢救吧。"

"看来是救不过来了。"金从政显得万分痛楚。

"哎哟,"听到喊声立刻跑出屋门的载涛,不禁立时愣住了,"这是怎么回事儿呀?"

此时,王乃文也闻讯赶了过来,只见载涛顿足捶胸,然而,为时晚矣。

一群红卫兵在院内继续吵闹,还歇斯底里地厉声叫嚷:

"这是畏罪自杀!……"

一个红卫兵竟还在金孝兰的尸体上搁上了一张白纸,上面写着几个大字:

"自绝于人民!"

尽管载涛一生经历过无数变故,然而,初次见到这种亲人自杀的场面,依然被吓得不知所措,赶紧喊街坊叫来派出所民警。

此时,心情无比沉痛的载涛跑进屋内,哭泣得极为伤心,王乃文安慰了他几句,仍无济于事。若按她的话来说,那阵儿胡同里昼夜"跑"死尸。无奈,载涛亲自跑出院门口找车,正巧瞧见一辆拉尸体的平板车,只好又让街坊在路上截住一口棺材,连忙央告说:

"别让那辆车走,告诉他我家里刚死了人,让他们赶快拉走吧。"

这样,家人拿来一床旧被子,金从政亲手裹起母亲,用三轮平板车直接送到了火葬场火化。

显然,载涛心情非常难受,走进屋里半天没迈出门。由于出了人命案,红卫兵也就不再轻易闯进载涛的家门。

没几天,载涛让儿子金从政取回骨灰,安然下葬。

渐渐地,妻子王乃文才发觉,红卫兵不止一次在背后询问过院内的老街坊:

"这家的老头儿,不是一个清朝王爷吗?平时表现怎么样?"

"为人不错呵,挺老实的……"

在居住多年的大杂院内,极少有人说载涛的坏话。最终,他侥幸逃过了这一"劫"。

前不久,离婚而终身未嫁的周妙云,因患肝癌去世。虽然,她早已跟载涛办理了正式离婚手续,毕竟夫妻一场几十年,感情依然存在,载涛连续多日心情不悦。

由于数年精神不畅,红卫兵又时常前来威胁,载涛的家业所剩无几,多年

的妻子又自杀而死,精神受到极大刺激。联想到家里的种种不幸,一天,他居然心情悲愤地对王乃文说:

"哎,我跟你说实话吧,真不愿意活了……"

她听到此话,似乎受到同样心理暗示,也赌气地对载涛说:

"载老,如果要死,咱俩就一起死吧。你如果不活了,我也活不了啊。"

殊不知,载涛一生屡经无数坎坷,竟然冒出如此厌世的话来,想见悲观到了极点。照王乃文看来,他可不是轻易说出这种"软话"的人。

晚饭之后,她凑到载涛面前,本想说几句宽慰的话,谁知,丈夫依然没有改变弃世的想法,于是,她似乎发了疯,一边落泪一边对默然无语的丈夫愤然地说:

"你死吧,我瞧着你死!……一个人让我怎么活呀?"

载涛听了,显得万分难过,双目紧闭着,只是消沉地说了一句话:

"唉,我怎么早没死呢……"

自此,再也不做一声。

稀世珍宝上交国家

然而,载涛没有死于"文革",而是顽强地活到了"动乱"结束。

"文革"期间,爱新觉罗家族确有两人一起死去的,那就是溥雪斋父女俩。

在"抄家"高潮中,突然传来溥雪斋携女儿失踪的意外消息。平时,载涛与皇族并无过多联系,但与住在东四无量大人胡同的溥雪斋一家住得较近,关系也不错。他多次四处打听消息,只知道他家被红卫兵抄得一干二净,但父女俩的踪迹却一直不知所终。

一天,载涛从街上返回家里,悄悄告诉王乃文:

"哎,你猜我遇到谁了?"

"谁呀,你说得这么神神秘秘的?"

"溥雪斋的儿子呵。我问起他父亲有讯儿没有,他说,连一点儿消息都没有。"

听到这个不幸的消息,作为叔父辈的载涛,顿时感到无比痛心,连续几天不断地唉声叹气。

不久,居住在大佛寺附近的溥雪斋的兄弟上吊自杀。载涛住在西扬威胡同,住得不算远,自然听说了此事。但那时谁也顾不了谁,他最多只能内心祈祷而已：

"这老两口过去也享过福啊……"

周围终日笼罩在恐怖的气氛之中。住在同院的街坊江太太，是一个挺老实的女人，被街道揪斗之后，回家就上了吊。她女儿正上着班，归家开门一瞧，母亲竟然吊死在了屋内。载涛听到这个意外消息，又是半响没说话。

对于载涛来说，不断传来的不祥消息，不啻炼狱般煎熬。出于人身安全考虑，家人不许他再出院门，唯恐遇见成群结队的红卫兵。其实，若非周总理的指示，"皇叔"的性命实难保全。据王乃文追忆，街道"革委会"告知，周总理对于保护载涛等皇族成员，明确发了话：

"对于皇族，不能打也不能骂。"

她不允许载涛上街，也不准他去邻居院里串门。所幸，派出所民警也下达了指令，不允许红卫兵到院里去揪斗载涛。他倒不惹事，总在屋里闷着。

他终日躺卧在床，即使起来坐一会儿也腻得慌，什么心思都没有。载涛一向好动不好静，平生没这样苦闷过，内心万分烦恼。

红卫兵一趟趟闯进院内来抄家，使载涛心惊肉跳。在最紧张的那几天里，他几乎彻夜不眠，终于痛下决心，索性把家中仅存的一些旧物件，全部上交国家。他打电话给全国人大常委会机关，一位姓叶的女负责人亲自到他家来清点。

这次统一上交的不仅有珍贵的清朝首饰、古玩，还有宫中珍藏的玉器、文物。全部清点造册之后，望着离去的人们，载涛冲着王乃文长舒一口气：

"如今家里没了旧物件儿，心里才踏实了……"

"文革"中，戏院里演的全是"八个样板戏"，连屋里的收音机里，也时常飘出广播电台成天播送的样板戏唱腔。对于这几个样板戏，载涛并无多少恶感，他甚至对于刘长瑜扮演的现代京剧——《红灯记》里李铁梅的演唱，评价甚高。他还曾以内行的口吻，实事求是地说：

"样板戏唱腔设计得不错，主角挑选得不错，配角也不错。"

但是，对于这几出样板戏，载涛却从没到戏院观赏过。妻子问起来，他总是淡淡地说：

"真没这个心情……"

也有偶然事件发生。载涛晚上在院内散步，遇到街坊那个时常酗酒的莽汉，喝得醉意醺醺，正巧跟家里吵架出来，歪歪斜斜地在院中乱走，不断爆出"国骂"粗口，还一个劲儿狂喊乱叫。见到这种情形，载涛好心地劝他：

"嘿,你瞧喝的这样,醉了巴叽的,少喝点儿吧。"

"不错,我是喝了酒,可是喝你们家酒了吗?"这个醉鬼嗔着载涛多了嘴。

载涛历经多日精神压抑,顿时来了气,借题发挥地大声冲他吼了一嗓子:"告诉你,你这么喝酒闹事就是不行!"

谁也没料到,载涛站在院中大发光火,醉鬼立马酒醒了,蔫蔫地躲进屋内,再没敢滋事。

第肆拾贰章

历经风雨

* "这是乾隆第五子永琪亲手所绘呵……"王乃文偶然从旮旯翻出了一本绘画册页，随手递给载涛。他马上偕王乃文亲手把这本国宝级册页，连同所剩的一些其他珍贵文物，全部上缴给全国人大机关。

* 面对妻子的质询，以及女儿和女婿达理札雅的惨死，载涛伤心地流下无言的泪水……

* 对于溥仪是否葬在八宝山革命公墓，载涛的意见倒很明确："溥仪离'革命'二字还很远，他成了公民，最好就葬在人民公墓吧……"

* 令人惊诧的是，他七十九岁最后一次骑自行车往返十三陵。

图片说明：载涛的女婿达理札雅（右）和女儿金允诚在"文革"中被迫害去世。图为达理札雅夫妇在民国期间留影历史定律——

无论皇帝抑或皇叔,无一能逃脱"一抔黄土"的命运。

为溥仪服务到"家",主持皇族讨论,一锤定音末代皇帝葬地。

年近耄耋之年,骑车往返百余里,岂为赴十三陵告别列祖列宗?

…………

"你可别小看这本册页,这是乾隆第五子永琪①亲手所绘呵……"

不经意间,王乃文偶然从旮旯翻出了一本绘画册页,随手递给了载涛。经过仔细辨认,他以罕见的认真态度,对她说出了上述这几句话。

原来,这是载涛分府时,从老一辈儿传下来的"国宝",若再往上推溯,最初则是宫中的皇上所赏赐。载涛马上偕王乃文亲手把这本国画册页,连同所剩的其他一些珍贵文物,全部上缴给了全国人大机关。

返回家时,载涛才算放下一桩心事,对她轻声说:

"要是被红卫兵抄走,这些稀有的国宝,就被糟蹋啦……"

达理札雅夫妇之死

亲人的悲惨遭遇使载涛感到心痛,而至亲的突然离世,更使他陷入无法自拔的境地。

"文革"中,载涛的女婿达理札雅正在北京养病,被内蒙古的造反派突然揪回呼和浩特,连续批斗多日致死。

消息传来,他的妻子即载涛的二女儿金允诚,顿时瘫倒在床。早在一九二五年,达理札雅年仅十九岁,就在北平与金允诚结为伉俪,两人感情弥深。当达理札雅去世百天祭日之际,金允诚悲愤之中,突发心脏病,在东单附近的居所潸然病逝。

听说这一噩耗,载涛无异失去掌上明珠,心情哀痛至极,马上嘱王乃文前

---

① 清朝乾隆皇帝第五子,即爱新觉罗·永琪。生于乾隆六年,卒于乾隆三十一年。死后,谥"纯",此乃极高评价,因乾隆皇帝的谥号也是"纯"。永琪通晓诗书画,骑射娴熟,兼通满、汉、蒙古三种语言,乃乾隆诸子中出类拔萃者。因其书画作品传世极少,当属国宝级珍品。

载涛的女婿达理札雅(右)和女儿金允诚在"文革"中被迫害去世。图为达理札雅夫妇在民国期间留影

去看望,并协助处理后事。她进屋之后,见到金允诚的尸体旁边,只有最小的一个未婚女儿和伺候多年的保姆——老王妈。

于是,她帮助金允诚穿上了崭新的"装裹",又给她洗过脸,送至火葬场火化。

送葬之后,王乃文回到家中,向载涛详细叙述了前后的情况,载涛半晌无语,只是追问了一句:

"她的骨灰呢?"

她只好如实相告,金允诚的骨灰已被其子迎回内蒙古草原。王乃文内心极度伤感,禁不住对载涛发起了牢骚:

"载老,您瞧瞧,涛贝勒府上上下下,我哪一个没伺候到呵?再看看,咱家的现状吧,多惨呵。"

面对妻子的质询,以及女儿和女婿的凄惨之死,载涛无言以对,又默默地流下伤心的泪水……

侄子溥仪病逝前后

听说溥仪病重，载涛由王乃文陪同，前去人民医院看望。

以往，载涛夫妇去侄子家里做客时，溥仪离着老远便热情地高声招呼，"七叔来了!"说完，便亲自沏茶倒水，一聊就是半天。溥仪总是对别人说：

"七叔是我最亲近的人了。"

几乎，每次溥仪都挽留载涛夫妇吃饭：

"七叔、七婶呵，别走了，就在这儿吃吧。"

一般载涛轻易不在别人家吃饭，而到了溥仪家却毫不见外，坐等溥仪的妻子李淑贤炒几样南方菜，一解其馋。载涛总是不免叹息，由于姜婉贞病逝多年，家里许久没尝南方菜肴了。

自从"文革"爆发之后，载涛再也没敢到溥仪家里串门，还叮嘱王乃文没事儿也不要轻易去，以免招惹麻烦。

当此次载涛夫妇前去协和医院看望时，卧床不起的溥仪，挣扎着要伏身起来，他赶忙止住侄子。溥仪身体极为虚弱，已无力高声招呼七叔。

载涛紧紧地握住侄子的手，俯身谈话。病中的溥仪显得尤为动心，低声而亲切地叫了一声"七叔"，伸手搂住载涛，不由落下两行热泪。此时，溥仪说不出更多的话来，只是双眼紧盯着七叔的尴尬笑脸。

溥仪病重期间，载涛由王乃文陪同，又前去侄子入住的人民医院探望。见到七叔夫妇走进病房，溥仪又激动得热泪盈眶。载涛听医生说，周总理不止一次向医院打招呼：

"一定要治好溥仪的病。"

当溥仪病逝之后，溥杰前来通知载涛，并和七叔商量丧葬问题。溥仪遗体告别那天，载涛没能来到现场，而是悲伤地对妻子王乃文说：

"我如果看到溥仪的遗体太伤心，就不去了。"

当时，周总理提出了一个无法规避的后事问题，溥仪是否土葬？

此时，全国政协也来征询载涛对于溥仪丧事的处理意见，全家族都拿不定主意。载涛脑子颇为灵活，不温不火地对家人说：

"连毛主席都说过，人都要火化么……"

这样，爱新觉罗家族的最高长辈发了话，其他人也就不吱声，算是统一了意见。后来，载涛索性提议说：

"溥仪的遗体火化吧。"

此时,载涛先是邀请皇族的几家人到溥杰家商议,然后又在西扬威胡同家里专门磋商了一次。

在座的人们建议请载涛代表爱新觉罗家族向周总理作汇报。对于溥仪是否埋葬在八宝山革命公墓,载涛的意见倒很明确:

"溥仪离'革命'二字还很远,他成了公民,最好就葬在人民公墓吧……"

全国政协采纳了载涛提出的建议。最后,溥仪的遗体火化之后,骨灰放入梨木骨灰盒里①,摆置在了八宝山人民公墓。

令载涛伤心的是,身边的老友也一个个受到冲击。一九六六年下半年,载涛听闻老友楚溪春在家中自杀的消息之后,伤心不止,一连几天心情忧郁。

他想来想去,本打算找到老友——市民政局局长王旭东倾诉心中的苦恼,谁知,听说王旭东已被造反派打倒。连当初王旭东为溥仪的四妹韫娴——"皇姑"安排工作,居然也成了一大罪状:

"溥仪的妹妹工作轻,工资高!……"

当受到大字报批判时,王旭东没过多解释,等到军宣队进驻时,他向军代表汇报了此事,这是周恩来总理亲自让他安排的呀。

不久,一些人拿出了一幅历史照片,上面是王旭东陪同廖沫沙参加中央各民主党派座谈会的合影。上面有溥仪和载涛等人,没想到,这幅照片居然也成了反革命罪行。

理由是,载涛是皇叔,溥仪是战犯!

王旭东百口莫辩,抑于当时的政治压力,只能被迫接受造反派的无理批判。

此后,载涛又忽然听到老友仇鳌病逝的噩耗。由于金孝兰自杀之后,他的心情久久难以平静,加之又死去一个女儿,身体始终不好,再也不到哪家去串门。这次,载涛让王乃文代他前去吊唁,又向仇鳌一家人捎去问候。

在王乃文的印象中,这成了载涛轻易不再出门的标志。

七十九岁最后一次骑车赴十三陵

"文革"渐渐淡出历史,载涛的生活日趋正常。

---

① 1980 年 6 月 2 日上午,在八宝山公墓,本书作者受李淑贤和溥杰委托,在溥仪骨灰盒上,捉刀题写了墓志。

然而,外人颇难以想象载涛日常生活,能够算计到何种程度。这始终使王乃文耿耿于怀。但他仍然每年自费订阅《人民日报》、《北京日报》,时时关心着国内外的风云变幻。

载涛历来主张勤俭持家,绝不能浪费,无论家里买来什么,都要求上账。甚至连几毛钱,他也要亲自督促她晚上记账。眼见生活变得异常拮据的王乃文,经常牢骚满腹:

"载老呵,统共才几毛钱,还记什么账呀?"

他不答应。王乃文说,其实他若不叫真,家里没人过问。因为谁都知道家里根本没多少钱,记账无法使钱变多——这是一句重复的老话。然而,载涛仍然时不时过问:

"乃文,你记没记账啊?"

"载老,您放心吧,我早记上账了……"

暮年的载涛,只剩下一个爱好——爱车和骑车。

这里的"车",指的是自行车。载涛把这视为生命的一部分,早年,他曾手把手教王乃文骑车,晚年依然成天人不离车,直至病倒在床。

他的倔犟脾气,终生未改。过去,家里好车颇多,譬如"三枪""凤头儿"等等,无一不是外国名牌自行车。最终,他留下两辆"菲力浦",而舍弃了"三枪"。他特别喜爱这两辆自行车,没事儿便亲手擦一擦,或纵身骑上在院子转一圈。老朋友见面时,时常跟他逗着玩儿:

"呵,七爷骑新车啦,这是什么牌的外国车?"

大伙儿一看载涛骑自行车,就起哄似的跟他开玩笑。他从来不急不恼,倒是喜欢出城兜风潇洒,时常挑个吉利日子,约亲友们骑车到西郊或妙峰山野游,有时队伍竟达十多人。

他尽管年龄大了,骑车途中仍然喜欢跟同伴儿比赛,绝不甘于落在他人后头。他早已无法骑马,却偶尔会念叨起往日在大街上驰骋的情景。他有时骑着自行车出去,依然在街上跑得飞快。

他对于什么都好"奇",总是对王乃文说:

"我无论干什么事,都要干出点儿样儿来,让人们都知道,七爷不是孬人。"

当载涛年过古稀之后,全家人纷纷劝说他:

"载老,您可别再骑自行车了,您出门大伙儿都不放心,该收收啦。"

那一天,载涛骑车返回家时,正赶上一位孙子辈儿的夫妻回到北京,得知

老阿玛骑车逛游回来,孝顺的俩人便把亲手做的炖肉、炖鸡全端上了餐桌。吃饭时,家人再次好意劝说载涛:

"您那么大年纪,可别再骑车了,免得出现危险。"

这时,载涛稍稍琢磨了一下,随即挺干脆地回答说:

"好吧,我今年七十九了,到八十岁就不骑了。算起来,还有一年,我要最后骑一回,看最远能骑到哪儿,我从此就'收'了……"

事隔几天,正赶上星期日,载涛愉快地对家人说:

"我今儿个,要带老六骑自行车去一趟十三陵。"

"您别骑到十三陵,太远了。"家人知道他所说的"老六",即是他的六子金从政,纷纷劝阻他。

"不算太远嘛,试试吧……"

眼见载涛已拿定主意,谁劝也不行。全家人无人不知他的犟脾气,于是,只得退而求其次,反复劝他:

"您最好骑到哪儿累了,就下车歇歇吧。"

"好,你们尽管放心吧。"

这天早晨起来,载涛和金从政各自骑着自行车,一直骑抵京郊十三陵。

全家人都在惦念着载涛父子俩的长途骑车"拉练"。在整整一天里,隔不一会儿,家人便分别从各处打来电话,询问载涛是否顺利返回家里。

"七爷回没回来呀?"

"载老还没回来哪?……"

其实,载涛父子俩抵达十三陵之后,才吃上午饭。歇过以后,载涛感觉体力稍恢复一些,便对金从政说:

"你先骑回去吧。我得慢慢儿骑,一人骑回家去。"

这样,金从政孤独地骑车返回家中。此时,已是午后两点多钟。

见金从政独自一人归来,王乃文劈头问道:

"你爸哪儿去啦,怎么还没回来哪?"

"他在后头,身体太累了,慢慢儿骑呢……"面对全家人询问的目光,金从政说了实话,"哎呀,我实际早就累了,屁股都骑疼了,也不敢言语,只好随着老阿玛吧。"

整整一下午,全家人都在焦灼地等待载涛归来。

下午近五点,载涛独自骑着车,慢悠悠地返回了西扬威胡同的住宅。守候在门旁的家人赶紧接过自行车,搀扶他一把。谁想,载涛只是简短地轻轻说了一句：

"不要紧……"

虽然历经近百里长途跋涉，他并不感觉过分疲劳，仍然笑呵呵地端起一杯晾好的茶水，一饮而尽。

年近八十的载涛伫立在屋子正中央，依然显得十分威武，信誓旦旦地说：

"这次长途骑车算是最后一次。我这两辆'坐骑'，以后就得在家里搁着了。闲着没事儿瞧着它，也好嘛……"

载涛先生在京逝世

新华社三日讯　全国人民代表大会代表、中国国民党革命委员会中央委员载涛先生（满族），因病医治无效，于九月二日在北京逝世，终年八十四岁。

《一九七〇年九月四日·人民日报》

第肆拾叁章　病逝前后

*"皇叔"传奇人生谢幕。

*清晨即起，载涛突患半身不遂，瘫倒在床。

*起初，他仍惦念家里的支出流水账，偶尔还拿过账本瞧一眼。后来日渐病重，顾不上了。

*不幸的是，一年多之后，他又被北京医院确诊患了前列腺癌。

*周总理明确指示，载涛的骨灰葬在八宝山革命公墓骨灰堂，并对载涛其他后事做了安排，还明确指示："登报。"

*据此，《人民日报》登载了载涛的讣告。

图片说明：本书作者保存的《人民日报》关于载涛在京逝世的报道暨本书作者当年在剪报上写下的笔迹

载涛先生在京逝世

新华社三日讯　全国人民代表大会代表、中国国民党革命委员会中央委员载涛先生（满族），因病医治无效，于九月二日在北京逝世，终年八十四岁。

《一九七〇年九月四日·人民日报》

第肆拾叁章

病逝前后

* "皇叔"传奇人生谢幕。

* 清晨即起，载涛突患半身不遂，瘫倒在床。

* 起初，他仍惦念家里的支出流水账，偶尔还拿过账本瞧一眼。后来日渐病重，顾不上了。

* 不幸的是，一年多之后，他又被北京医院确诊患了前列腺癌。

* 周总理明确指示，载涛的骨灰葬在八宝山革命公墓骨灰堂，并对载涛其他后事做了安排，还明确指示："登报。"

* 据此，《人民日报》登载了载涛的讣告。

图片说明：本书作者保存的《人民日报》关于载涛在京逝世的报道暨本书作者当年在剪报上写下的笔迹

天意从来高难问。

人总被命运抉择——

载涛不赞成溥仪的骨灰葬在八宝山革命公墓——称之离"革命"二字尚远，而主张安葬人民公墓。他自己的骨灰却被安放在了八宝山革命公墓。

果是命运使然？

己身已然完全不能自主。

……

突患半身不遂

"我才不去医院呢，身体没事儿，你放心好了……"

早晨起床之后，载涛忽然觉得浑身难受，王乃文一再劝他到医院诊治，谁知他死活不去。以往，载涛没有什么大病，从来不去医院。有时，他的血压骤然升高，依然显得满不在乎。

偶尔，载涛着凉或受热，就让王乃文买来几片西药，吃过便好。这也可能受遗传的影响，载涛与其兄载沣对此绝无两样。这仿佛成了习惯，他若在家里生病，即使到药房买药吃，也不愿意去医院治疗。

其实，他也有个难以启齿的原由，那就是家里没多少闲钱。

不久，载涛早晨起床之后，又突感身体不适，脸色变得十分苍白。他平常又不愿意量血压计，家人不知因何引起，连忙询问他：

"载老，您怎么啦？"

"我还是感觉脑袋有一点儿疼。"

"那是到医院瞧病，还是买点儿药吃？"

"还是到外边买一点儿药吃吧。"

载涛依然按照老习惯凑合。然而，他服药后依然觉得头晕，走路时竟然摔了一个跟头。

王乃文勉强说服他来到北京医院检查，诊断的结果是，患高血压、血管硬化。从此，载涛便开始打针吃药，每天叫街道的红医工来家里注射。

似乎是个不祥之兆。载涛临患病之前,把家里仍然保留的两辆外国进口自行车——"菲力浦",一辆送给幼子金从政,另一辆送给了溥儇二十多岁的儿子金虎庭留作纪念。

对于载涛的不寻常举动,王乃文冥冥之中似乎有了一丝察觉。

兆头果然应验。

渐渐地,载涛发展到了下地行走都变得很困难。

一天早晨刚起来,载涛突患半身不遂,瘫倒在床。

王乃文叫上金从政和溥儇之子——金玉珑,乘坐公共汽车去医院看病。车上的人们见载涛老态龙钟的病状,纷纷起身让座。王乃文回忆说,只不过,车上的人们不知这位年过古稀的老人,就是"皇叔",不然,一定惊讶他如此凄婉的境遇。

这次从医院归来之后,载涛渐趋病重,竟致躺在床上不能自起。他平时好动,此时躺在床上无法活动,成天焦躁不安,不断地叹息说:

"哎呀,我怎么得了这种病呵……"

他的双人床两边设有围栏。于是,他在病床左右围栏上各拴了一根绳子,想要起身时,只好拽着绳子勉强半坐起来。他是一个有毅力的人,经常独自在大床上来回左右滚动着锻炼,幻想着将来有朝一日能从床上重新起来。

虽然,吃、喝、拉、撒、睡,都在这张床上,他却没有丧失生活信心。

王乃文变得疲惫不堪。载涛终日在床上又拉又尿,屋内又不能有异味儿,得经常保持清洁。她每天至少洗换三四次,载涛也觉得十分难堪。

除照顾载涛病情以外,每天早晨八点钟,她要准时去挖俩钟头战备防空洞,十点钟才能回家。事先,她需准备好载涛的早点,然后,扛着铁锹走进小餐馆,买一碗豆浆、一个油饼,一直顶到吃午饭。午后还要挖两个小时,一天至少要劳作四个小时。

成天如此轮转,王乃文累得简直不行。继而,她的腿病渐重,尽管走路一瘸一拐的,还得努着劲出去买菜。

载涛的病情引起街道居委会的重视。恰逢街道主任前来看望,王乃文指着躺在病床上的载涛,疲惫不堪地说:

"您瞧,载老躺着没法儿动弹。家里有个重病人,床上弄得太脏也不行,我要开会,又要挖防空洞,这一个人怎么受得了呢?"

她因载涛受到了特殊照顾。街道居委会让王乃文不必再挖防空洞,安心在家伺候丈夫。

每天晚上,她为家人做饭之后,还要给载涛单做一顿,等他吃过饭,简直累瘫了。睡觉时,一躺下就觉着浑身哆嗦,几次去医院诊治后,才稍稍感觉缓解一点儿。

载涛和王乃文同居一室,只是分别睡在两张床上。她睡眠时得时刻警醒,夜里还要注意观察,载涛是否拉、尿,必要时还得起来为他洗澡。这当儿,载涛的头脑一点儿不糊涂,始终忒清醒,时常以感激的眼神目视着妻子。

最有意思的是,载涛尽管瘫痪在床,起初仍惦记着家里的支出流水账,偶尔还拿过账本瞧一眼,即使病重期间,依然如此,只不过问得少多了。后来日渐病重,也就顾不上了。

初夏,全国政协的领导得知载涛患病,纷纷前来看望。

载涛躺在床上,见到全国政协领导前来,总是热情握手,从不失礼,也从来不向他人念叨家里的忧烦,而喜欢谈论吉祥之事。载涛即使身体糟糕如此,仍然不止一次对王乃文说:

"你瞧,我现在起不来床,也不能工作了,想起来真是遗憾。要不,还能够为国家多干一些事儿……"

相隔不久,全国政协又派专人前来探视,载涛的一番话说得更是冠冕堂皇。此人回去向全国政协领导汇报:载涛病重,心里仍一心想着为国家效力。

其实,他依然惦念着家里的经济状况。王乃文告诉他,一家人还是吃那几样饭菜,没多少难处,又劝他说:

"载老,您就甭管了,反正您想吃什么,就跟我说,一定满足您。"

一般说来,全家人吃什么就给载涛端上啥饭。如果载涛另外提出来想吃什么,王乃文再单给他做点儿偏食。

他虽然每月几百块钱薪水,多年来却积攒不多。后来,稍微有一点儿富余,但由于子女太多,再加上载涛平时讲究吃,开销很大,所剩无几。

想吃"老北京风味"

幸而,载涛饭量不减,还总想尝尝北京小吃及点心,什么核桃酥、炸糕等等。有一次,他竟然想起了小时吃的北京小吃——"糖耳朵",叫王乃文马上到附近饭铺去买回来,拿到手几口就吞了下去。

他躺在床上,亦成了任性的小孩儿,经常回忆起幼年吃过的各种北京风味食品,如若想吃,不管多少钱也要买。有一次,载涛忽然提出想吃一样"老北

京风味",王乃文一打听,那种食品得花四块钱,一贯花钱节省的载涛,却毫不犹豫地说:

"你们给我买去吧。"

闻听此言,王乃文便立马出去买。后来才知,那是载涛幼年最爱吃的"老北京风味"。她还叫孙女蔼玲去东安市场买回几个空饭盒,专门盛放各式北京风味点心,摆放在载涛身边,可以随时拿起来吃。

按王乃文的话来说,可怜的是,载涛直到临死,手里也没攒下几千块钱——然而,却一生遍尝老北京风味。

载涛需要有人在旁边伺候,须臾离不开人了。她每天伺候一天三顿饭,还要一勺勺地喂他。王乃文每天早晨六点起床,直到夜半才睡,需经常给他撤换身下的垫子,晚上还要为他洗澡,累得不堪重负。

"乃文呵,真是难为你了呀……"

载涛发自内心的话,使她十分感动。俩人往日发生的种种隔阂,似乎早已烟消云散。

在最后艰难的日子里,夫妻间的感情受到了考验。

"嗯,嗯……"吃过妻子单独为他做的饭,载涛往往不再说什么,只是时而还记挂起孙子和孙女的近况。

一天清晨,过了许久,载涛仍然没有起床,王乃文叫他,半天也没应声,她顿时慌了神:

"看来不行了,送载涛上医院吧?"

她连忙喊人抬起他到医院急救,但他轻轻摇头不肯去,仍然只是到街道红医站拿了一点儿药,打了一针,便返回家。他刚感觉稍好一点儿,勉强能够说话,便不解地问起王乃文:

"我这全身怎么不能动弹啦?"

就这样,载涛终于全身瘫痪。

他开始并不知自己患了什么病,只是打那天起,便完全躺倒在床上,再也无法动弹。周围一些多年老街坊,纷纷议论说:

"载涛这个老头儿不错,人挺快性的,怎么得这病了呀?"

起初,他大小便还有知觉,到后来竟完全失禁,总不时喊她过来:

"乃文呵,你来瞧瞧呀。"

她看到此种情景,便赶紧走上前去,把他全身衣服换洗过。一天忙碌下来,她累得没了魂,不时回想起载涛当初在"文革"之初说过的话:

"我这是怎么了？还不如死了呢……"

她终日烦躁不安，一生从来没有过如此心累。晚上往床上一挨，便浑身疼痛不止，等载涛入睡之后，才能半睡半醒地躺下。

没多大一会儿，天将大亮，她又得起床。那时她身体极其瘦弱，脸色晦暗，勉强挣扎着日复一日地守候在载涛的病床前。

平时，载涛若想翻身，如果没有别人帮忙，她根本抬不起他，只好唤街坊来帮忙：

"我抬不动载老，他那么高大的身子呀。"

她为载涛擦洗一次身体，便用尽浑身气力。然而，他有时却无缘无故发起脾气来，她多少有些不解，静下心来琢磨，自己如此操劳，却受累不讨好，想起来就落泪不止。

载涛挺喜欢溥僡的二儿子，俩人关系最融洽，经常一起谈笑。这个孙子唯恐王乃文累病，晚上便懂事地走过来，劝她说：

"奶奶，您早点儿去歇会儿吧，我今儿个没事儿，夜里就在这儿守着爷爷了。"

于是，二孙子时常过来陪着爷爷过夜，多少能照顾点儿。每逢此时，她总算能抽空儿休息一下。

虽然卧床许久，载涛的高大身躯，并未因屡受折腾而减轻体重。他想吃什么，王乃文便马上去买。她每天到市场捧回四个饭盒，每个饭盒盛上一样菜或北京风味点心。

载涛的儿女和儿孙辈，也时常为他买来油炸或烩炒的菜肴。凡是他点名爱吃的，都给他买回来。病中，侄子溥杰和夫人嵯峨浩时常前来看望，每次总是握着七叔的手，安慰说：

"您好好养病，有什么困难就跟我说，好吗？……"

恰巧，一次溥杰和妻子嵯峨浩前来看望，全院的街坊都跑出来好奇地瞧着这位打扮讲究的日本太太。按照载涛的看法，溥杰的日本妻子嵯峨浩性格直爽，见到不喜欢的事，就愿意多说几句，再加上历史原因，早年遂与溥仪一个妹妹发生过隔阂。每当提及此事，载涛便感叹地说：

"浩子是日本华族，就是这么一个直脾气，多年也没改噢。"

这一天，溥杰夫妇刚迈进门，便微笑着问候载涛：

"您近来好些吧，我俩瞧七叔来啦。"

瘫倒在床的载涛，见到溥杰夫妇又来看望，不禁露出了笑意。

"我一见到你俩,就特别高兴呵。"

"您想吃什么,我就让浩给您做吧。"溥杰靠近七叔,亲切地说。

"可别提了,"载涛叹了一口气,似乎开玩笑地说,"我现在什么都吃不着呵。"

然而,按照王乃文的说法,载涛身边的两个饭盒总是装得满满的,都是家人给他买来的。听到载涛的话,王乃文也开玩笑似的对溥杰说:

"您瞧,载涛成了老小孩儿了,总说没吃的。这两个饭盒的点心是他吃着玩儿的,有时还掉着'科'的要,还说吃不着,您给评评理儿。"

"七爷这不是逗乐嘛。"溥杰呵呵笑着说。

"如果来了外人,载老这么一说,多寒碜哪。"

载涛这时却笑了起来。王乃文打开饭盒子让溥杰瞅,里边装满了饼干等食品。她对溥杰不由诉起苦衷——给载老买炸糕,他却说爱吃洋点心,刚拿来洋点心,他又说想吃"老北京点心"。溥杰听了,风趣地对她说:

"七婶呵,这是七爷考验您的耐心哪。"

这次,溥杰的妻子给他买来的是西式奶油蛋糕,这可遂了载涛的愿,张嘴便是几口入肚。

溥杰每隔几天就去探望载涛一趟,颇懂人情事理。王乃文回忆说,有时,溥杰和日本妻子一起同来,夫妇俩每次走进门,便亲热地问长问短:

"七叔,您好一点儿吧?"

"你俩一来,我就好多了。"

王乃文叮嘱溥杰不能买太多点心,否则吃不了。溥杰对她说,七爷吃不了,您帮着吃点儿嘛。载涛听见后,插话说:

"乃文可不能吃,吃多了闹肚子……"

幽默的载涛虽然病倒在床,依然喜欢开玩笑。

全国政协委员李以劻等原国民党特赦人员,也惦记着载涛。他们前来看望时,一开始载涛说话还算明白,不久犯起病来,就一阵儿明白一阵儿糊涂了。几位老朋友见到载涛病情日重,无不发出同情的唉叹。

自从李以劻等人走后,载涛变得有些糊涂,但仍忘不了对王乃文唠叨说:

"你怎么也不给我买好吃的呵……"

"载老呵,"她半开玩笑地对他说,"你说话净亏心,哪次你要吃好东西我没给你买呀?"

这时,载涛仍不断地抬起头来,反复念叨:

"快去买呵……"

她从彼此玩笑中察觉，载涛的病情似乎在日益变重。

确诊前列腺癌

载涛病倒之后，在床上整整躺了一年多。

不幸的是，继而，他又被北京医院确诊患了前列腺癌。

从醇亲王府这一支脉而言，载沣、载涛以及溥仪、溥杰连同几个妹妹，大多死于肾癌、膀胱癌或前列腺癌症。想来，这与遗传并非无关。在晚年，王乃文亦曾多次谈及此事。

对于身后事，载涛颇为想得开。一次，他平静地躺在床上，显得蛮心宽地说：

"乃文呵，要按照毛主席指示办，我赶明儿个也要火化啊。"

"这是哪儿的话呀？"她打断了丈夫不吉利的话题。

王乃文经常守候在载涛身边，成了他的依赖。每当街道的红医工来打针，他糊涂地叫嚷起来时，只要她一说话，他便立马安静下来。有时，她出去拿药或拿针，载涛就会大声嚷着找她。

"她刚出去，马上就回来。"

"哎……"听说妻子仍在，他长叹一口气之后，就不再叫嚷。

其实，载涛只是心里闷得慌，时刻要亲人陪候在身旁。

由于病情日渐加重，他住进了医院。护士发给家属一个小牌儿，谁想来看望，持牌儿才能轮流走进病房探视。家人需事先排好班，轮值看护载涛。

多年以来，载涛有一个怪僻的毛病，素来不喜欢吃中药。即使医生开了中药他也不愿意吃，非要等候家人送来西药。他在病房住时，时常惹得中医大夫面显不悦。

载涛一度出院，居住在家里调理身体。然而，他虽然面色红润，病情却始终不见好转。难得的是，全国政协联络处的耿文茹和一位赵同志，时常来家里看望载涛，这使他感到十分宽慰。

他终生喜欢甜食。直到去世前，床边还总是堆着各种中式和西式甜点心，尤其是奶油甜点心，每隔几天就让王乃文出去买一趟。

他瘫倒在病床上，无法起身，却并不影响思维和语言。临终前两天，载涛依然能说话，但口齿已不太清楚了。

一天早晨，载涛嘴里"啊，啊"地叫嚷不停，但说不出一句完整的话来。王乃文低头询问了一声：

"载老，喝一点儿奶吧？"

他仍然双眼紧闭，并不说话。

"载老，醒醒，醒醒吧。"

"啊，啊……"载涛依然闭着双眼嚷个不停。

"今儿个怎么这样啊？"

王乃文疑惑地尝试着给载涛喂牛奶，他却不会喝了。

九月一日，天刚亮。金从政和金玉珑，便开始尽心地守候在载涛病床旁。

当晚七点，王乃文见载涛病情愈重，急忙喊来另一位亲属：

"你瞧他怎么了？绝对不像往常，每天喂他吃、喝都行，他今儿个反而不会咽东西了……"

"那就赶快送医院吧。"

于是，她马上叫来救护车，火速送往北大医院，然后给全国人大办公厅打去电话，报告了载涛的病情。

当晚，全国人大常委会两位办公厅负责人前来探望，嘱咐医院全力抢救。

载涛的儿孙们，轮流来到医院守护。当王乃文向医生询问病情时，医生直率地对她说：

"载老这次够呛，看来回不去家了。"

果然不出医生所料，载涛自从抢救之后，始终昏迷不醒。

夜半，医生低声告诉王乃文，已经无能为力了。

九月二日早晨六点零三分，载涛在北大医院病逝。

在沉痛的心情中，金从政和金玉珑将停止呼吸的载涛，缓缓推进太平间。载涛的遗体被安置妥当，全家人暂时返家休息。

因载涛是全国人大代表，王乃文和家人赶紧报告全国人大，以便派人来医院办理相关手续，并由全国人大和全国政协机关来协商载涛后事的办理。

王乃文返回家去给载涛取"寿衣"，挑来一身从未穿过的崭新的灰色中山服。她拿来之后，询问家人：

"你们瞧，穿这身衣裳行不行？……"

她知道，这身灰色中山服是载涛生前最喜爱的。由于载涛是为数极少的全国人大驻会代表①，全国人大非常重视，立即派人前来北大医院，与大夫和家属

---

① 据了解，当时全国最多不超过七八名驻会代表。

进行沟通。家人表示,载涛是全国人大代表,政府打算怎么办丧事都行……

周总理亲自批示《人民日报》发布讣告

载涛病逝,惊动了周恩来总理。

当载涛刚刚去世,周恩来总理亲自派全国人大和全国政协的军代表前去医院了解情况,并提交了一份正式治丧报告:

> 第三届人大代表、民革中央委员、全国政协第二届委员载涛,满族,因患心脏病、前列腺癌等病,卧病年余,九月一日突然昏迷。经北大医院抢救无效,于九月二日晨六点零三分逝世。终年八十四岁。
> 　　　　　　全国人大、全国政协军代表李启煌(章)

此后,由全国人大出面,在北大医院举行了简单的遗体告别仪式。

仪式似乎没有显得多么隆重,气氛却是异常凝重的。

那天,正值令人心情压抑的天气。载涛全家二十多人,包括几个儿子和儿媳,以及孙子、孙女,溥仪三妹韫颖在东城区京剧组时常和载涛接触,素来感情深厚,也前去参加了遗体告别仪式。

当时"文化大革命"尚未完全结束,仅举行了简单的遗体告别——挽联和花圈放置在太平间里,由载涛的家属以及全国人大和全国政协机关工作人员一起,集体向载涛的遗体三鞠躬。随之,遗体被送往八宝山火化。

使王乃文颇感意外的是,国家派出"红旗"轿车送她和家属去八宝山,国家民委主任谢扶民亲自主持遗体火化仪式。

那时谁也不知把载涛归入哪一"类"人物。于是,按照老人的生前遗愿,载涛与此前病逝的溥仪一样,病逝之后遗体遂被火化。

当载涛的治丧报告提交周恩来总理之后,周总理于当天,即九月二日圈阅,并亲笔做了多处修改。同时批示,载涛的骨灰安放在八宝山革命公墓骨灰堂,还对载涛其他后事做了安排,明确指示:

"登报。"

当载涛病逝两天之后,《人民日报》在一九七〇年九月四日,登载了新华社九月三日发布的一则通稿:

> [新华社三日讯] 全国人民代表大会代表、中国国民党革命委员会中央委员载涛先生(满族),因病医治无效,于九月二日在北京逝世,终年八十四岁。

载涛先生在京逝世

新华社三日讯 全国人民代表大会代表、中国国民党革命委员会中央委员载涛先生（满族），因病医治无效，于九月二日在北京逝世，终年八十四岁。

《一九七〇年九月四日·人民日报》

本书作者保存的《人民日报》关于载涛在京逝世的报道暨本书作者当年在剪报上写下的笔迹

世事难料。载涛早年的打算——夫妻合葬——并未如愿。当年他的夫人姜婉贞病逝后，埋葬在了福田公墓。载涛去世后，骨灰却安放在了八宝山革命公墓。

或许这是历史的选择。

载涛没有同意侄子溥仪的骨灰安放在八宝山革命公墓——理由是他离"革命"二字还很远，而建议葬在人民公墓。有趣的是，他自己的骨灰却被安放在了八宝山革命公墓。

难得的是，载涛在生前便对服侍他一生的仆人的后事做了安排。

当载涛去世后，家中的老仆人陈勇德也已耄耋之年。临走，王乃文按照载涛生前的嘱托，送给陈勇德五百块钱，权作偿还多年的人情，感动得老陈连连朝她作揖。

直到王乃文即将从西扬威胡同搬到和平里，才由全国人大机关出面联系了北京市养老院，让老陈颐养天年，于三年后在养老院安然逝世。

似应提及，早在姜夫人病逝之后，载涛仍然吩咐家人，每天负责老太监贾顺儿三顿饭，一直养到死后送终。解放后，载涛对于府里留下的两女一男这三名仆人，始终奉养至老。直到载涛去世之后，才把他们送到养老院，颐养天年。

当载涛丧事办理之后，政府仍然每月按照载涛遗孀的待遇，发给王乃文生活费度日。

偌大的家里仅剩下她一个人,实在居住不起大房子。她发起了愁:

"我可不住这么大的房子,在冬天连烧煤也买不起呵。"

从前由于公家负责生活用煤,冬季降临前便拉来。载涛去世后没人送煤,她虽是全国人大代表遗孀,但按照规定政协机关不再负责。于是,王乃文提出调换住房,想找一套稍小的楼房居室,只要有煤气、暖气就行。

事从人愿,全国政协果然为她在东城区和平里找到了一套三居室的住房。煤气、暖气都不用交钱,一切给予特殊照顾。

然而,人去楼空。空荡荡的家中只剩下王乃文孤零零一人。

第肆拾肆章 载涛逝世之后的故事

＊或许是命运的安排，连骨灰室的编号——"八"，也是如此凑巧，若与作为皇帝等级的"九"字相比，"皇叔"恰少一位数字。联想也许是多余的，王乃文与载涛的数十年坎坷姻缘，却无疑折射了世间的白云苍狗之幻变……

＊令人珍罕的是，王乃文留下了曾由梅兰芳和载涛亲授的《贵妃醉酒》影像。

＊不少老北京仍时常询问起"皇叔"家人的现状。如今，"皇叔"载涛儿孙满堂，竟有数十人之多，大多是自食其力的劳动者。

＊末代皇族的子孙，已悄没声儿地融入平凡大众的人流……

图片说明：王乃文录制梅兰芳亲授的京剧《贵妃醉酒》影像。图为王乃文和琴师郭师父对弦（本书作者摄于九十年代初期）

人,至今难以解释"宿命"二字。

位极人君,"九"则是皇帝的专擅——溥仪的囚号"九八一"。骨灰盒的编号是"九";

而"皇叔"的骨灰盒编号,偏巧是"八"。

任何联想,都可能是多余的。

一曲余音绕梁的《贵妃醉酒》,似在袅袅追忆着载涛反串的传奇人生。

⋯⋯⋯⋯

心思缜密嵯峨浩

载涛病逝之后,适值春暖花开的季节,王乃文正式迁住和平里居民楼。

暮年丧偶的悲痛,使她受到不少亲朋故交的关切,时常有人前来嘘寒问暖,也使她感到莫大宽慰。

一个阳光明媚的上午,溥杰和嵯峨浩夫妇以及李以劻夫妇一起热忱地来到她家里探望。

或许并不仅因为载涛以往在皇族中的辈分,而是脾气相投,嵯峨浩与王乃文一直相处默契。她听嵯峨浩说起,在日本生活必须极为尊重长辈,否则失礼,是绝不能得到亲友原谅的,所以始终以尊老爱幼奉为做人之本。

多年以来,嵯峨浩与王乃文一向交往频繁。她感到奇怪的是,这次嵯峨浩特意拿来两包茶叶和一些日本方糖。刚迈进门槛,嵯峨浩便亲热地对她说:

"七婶,我带来两包好茶叶,还有一些从日本带来的方糖送给你。"

"好,那就大伙一起吃吧。"

那一天,溥杰和嵯峨浩等总共四人。她再一数,嵯峨浩拿来的日本方糖恰好四块,不由笑了起来,正好用这些借花献佛之"礼"招待客人,见此,李以劻夫妇十分感叹:

"唉呀,七婶一人过日子,真不容易,谢谢你的招待呵。"

"招待不周,还望多多原谅。"王乃文歉意地说,"这些茶叶和糖果,都是浩带来的,理应谢她才是呵。"

"七婶，您这两间屋子阳光真不错……"嵯峨浩连忙转移了话题。

最初王乃文并不明白，后来才知嵯峨浩唯恐她家无力招待。可以想见，嵯峨浩的确心思缜密。

人们欣喜地参观新居，在屋里这儿看看，那儿瞧瞧，直到她沏好茶，大家品尝过后，才告辞而去。

骨灰室的编号——"八"

王乃文思念着远行的载涛，连续几年清明节去八宝山公墓祭奠。

松涛翠浪，宛如思绪如潮。有一年，清明扫墓的人们已走光，唯独她依然没有离去，而是深深地朝着载涛的骨灰盒鞠了一躬，然后，又小心翼翼地把骨灰盒捧下来细心擦拭。面对着载涛的骨灰盒，她又恭敬地连续三鞠躬，言词恳切地吐露了长长的一番心里话：

"载老呵，我来这一趟啊，真不容易呀。这几年来，我双腿一直疼得厉害，来看一趟您，还得跟人家搭车，实在不容易。往后，我能来就一定来看您，赶明儿个实在挪不动窝，我就不来了。载老，那您就原谅我吧……"

宛如夫妻俩生前彼此促膝谈心，她刚说完，又猛然想起了久久埋藏于内心的期盼：

"载老呵，我会在心里始终惦念你的。你在天堂等我呵……"

她双眼含泪，又轻轻地把骨灰盒搁回壁架上。为示敬意，她倒退几步，缓步走出了八宝山革命公墓第八骨灰收藏室。

或许命运的安排，连骨灰室的编号——"八"，也是那么凑巧，若比起作为皇帝等级的"九"相比，他这位"皇叔"恰少一位数字。联想也许是多余的，然而，王乃文与末代皇叔载涛的数十年坎坷姻缘，却无疑反映了世间的白云苍狗之幻变，却并非多余的渲染之墨。

仅以此而言，倒也绝非虚构的演绎。

在寂静的八宝山公墓门口，她朝西北方向驻足遥望，似乎回想起了载涛生前的"号"——"野云"。远处青山连绵起伏，天空中飘浮着一片片随心所欲而又逶迤行走的云……

追忆载涛的最后录像和录音

"最难风雨故人来。"

在披霜沥雪的多年交往中,我时常在工作之余匆匆赶赴载涛遗孀——王乃文家中采访,遂与孤独的老人结下了忘年之谊。

每逢我略显疲惫地迈进她家,便见善良的老人面露愉悦之色,时常与我交谈甚欢。由于我也酷爱京剧,年轻时曾登过业余舞台,对于京剧源流以及各派唱腔不算陌生,恰与老人不仅有了共同语言,也产生了共鸣,交流起来颇有"同好"之感。

一般说来,自幼的经历对谁而言,无不留有终生难以磨灭的印痕。

王乃文的早年从艺经历,使她一生对京剧和曲艺充满激情,但凡谈起总是眉飞色舞,聊至兴浓之处,还不免哼唱几句载涛以及梅兰芳亲授的"青衣"唱段。这往往使人感到并不宽敞的室内似乎顿然闪过一抹绚丽的夕阳。

在经年采访之中,不难获知,戏曲不仅是载涛的毕生喜好,也是其妻王乃文难舍的酷爱。同时,也堪称两人终生姻缘的"大媒"。

一天晚餐之后,她在暮霭之中,偶然兴趣盎然地聊起了载涛生前唱戏的轶事。

由于王乃文侧身面对着玻璃窗,无法观察到她的神态。然而,从侧边瞧上去,娓娓而谈的老人仿佛成了一幅生动的剪影。三十年代末,发生在山老胡同涛贝勒宅第的一幕戏友聚会,重又浮现眼前⋯⋯

仲夏傍晚,载涛和几位京城的"名票",在载涛的庭院兴趣盎然地唱戏聚会。梅兰芳因有事没去,特遣他的琴师徐兰沅先生前来助兴,经年累月,徐兰沅始终为梅兰芳操琴伴奏,堪称当代高手。据说,除京城几处高雅的府第和戏院以外,他是死活不肯屈尊而就的。

当晚总共没几位宾客,每人连续登场清唱了几段拿手好戏,气氛显得异常活跃。在载涛的撺掇之下,王乃文也缓步上前,清唱起载涛和梅兰芳先后亲授的《贵妃醉酒》,柔音婉转,如泣如诉。

也正是在这次"票友"堂会中,她的柔美唱腔刚落下,载涛不禁罕见地评论起妻子得天独厚的嗓音:

"乃文确是一条天生好嗓子,她早年唱过大鼓嘛。所以嗓子音域宽厚,拔高音也不费劲儿,连唱戏专业——吃这碗张口饭,也蛮有富余呵。"

听到载涛的简短评析,徐兰沅连连点头,表示赞同:

"涛贝勒言之有理。梅先生也夸奖过乃文的先天条件,确实不错哟。"

"兰沅先生,"载涛说完,又补了一句,"您能听得出来,乃文唱的《贵妃醉酒》,可是受过梅先生的亲传哪……"

"涛贝勒此话不假,确实如此。"说着,徐兰沅啧啧有声,"像那句'皓月当空,恰便似嫦娥离月宫'……乃文对于这句高音不仅唱得委婉,而且挺'润',实在难得。一般的票友,可很难达到这种水准呵。"

聊过这段梨园往事,王乃文又对笔者有感而发地谈起多年的戏瘾,不由长叹一声:

"载老是京剧高手,这其实是我嫁给他的主要原因呵。"

这两句肺腑之言,首次道出了王乃文肯于嫁给载涛的真实内心秘密。

见老人兴致正浓,我遂邀王乃文清唱一段《贵妃醉酒》,她听后,客气地对我说:

"英华呵,我今天实在唱不了,近来患了感冒,再说我这嗓子太差,气力也不行……"

瞧得出来,她确非搪塞之言。经过一番耐心劝说,她终于露出了应允的笑容,但有一个先决条件——让我帮忙速找一位会拉京胡的琴师来伴奏。

这顿时使我喜出望外。虽然过去屡屡听老人哼唱,却始终没听过她由京胡伴奏的一段完整唱腔。我欣喜若狂,暗自叨念,这次机缘实在太难得了,我无论如何也要满足她的要求。

翌日,我经过多方联系,得以邀请一位业余琴师——郭师父前来拉京胡伴奏。意外的是,他还擅长书法,随手又带来一幅亲笔抄录的《贵妃醉酒》唱词,以适时为王乃文提词而用。

听说王乃文多年没吊过嗓子,郭师父担心老人几十年前学会的这段《贵妃醉酒》,行腔和唱词儿能否记得起来?于是,他事先小心翼翼地询问起老人:

"这一段'醉酒',您还能记得起每句唱词儿吗?"

"没问题。就这点儿唱词儿,我一辈子都忘不了。甭忘了,这出戏是梅先生和载老亲授的呀。"

一缕和煦的朝阳,透过玻璃窗,漫洒在王乃文的脸上。她笑了,笑得是那么阳光,那么灿烂。

在双方愉悦的漫谈之中,开始对弦。王乃文与郭师父面对面,调试了演唱

之前的音准。见郭师父正微调着一把京胡琴弦,在一旁侧身而立的王乃文,微笑而面带歉意地说:

"好,拉得不错,只是弦儿定得稍微高了点儿。"

我静静地伫立一旁,看着俩人默契地配合着。王乃文一边试腔,一边扭头对我说:

"你知道吗?我当年学这段《贵妃醉酒》时,才二十二岁。那时,载老真逼着我下过狠功夫。"

难得一见她雅兴正浓,我轻声地询问起来:

"您这段《贵妃醉酒》,登台演唱过吧?"

"当然喽。每逢全国政协演出,我都要登台。台下的观众里还有溥仪呢。"

"'皇上'也来听戏,那您唱的京剧,可有历史意义喏。"

"岂敢,圈内人都知道,我的唱腔、身段是梅先生和载老口传心授的。你想想呵,学梅派除唱腔之外,最讲究身段做派嘛,不过身段忒复杂,一般人不容易学精罢了……"

在王乃文的追忆之中,载涛曾多次评价过她,看得出来她的身段做派,梅派的味道尤为浓厚。载涛也素来喜欢《贵妃醉酒》这出戏,再三要求她的表演身段务必与戏词合拍,还曾在现场多次叮嘱过:

"你甭管什么戏,都要一定把它抠瓷实……"

她起初万没想到,练到最后居然能够正式登台演出。说到这儿,王乃文显得兴奋起来:

"英华,咱俩也是缘分儿。你要没事,以后经常到我这里来,咱们一起过过戏瘾。"

"好呵,我会常来的。"我发自内心地答应着。

"按说,平时唱戏或练书法,对人身体都挺好的,"她一如往常,微笑着对我说,"还能陶冶性情,就什么忧愁事儿都没啦。"

"您这么大年纪了,嗓子还真不错。"我不由钦佩地对老人说。

"近三十年来,净光哼唱,一直没上弦儿。我从前行腔还算比较瓷实,不过如今身体不行了,如果再好点儿的话,也还可以上台比划一下。"

"您每天早晨可以锻炼一下身体。"

她不无愧意地告诉我,早晨不敢天天再出去遛弯儿,因为双腿患病,行走艰难。

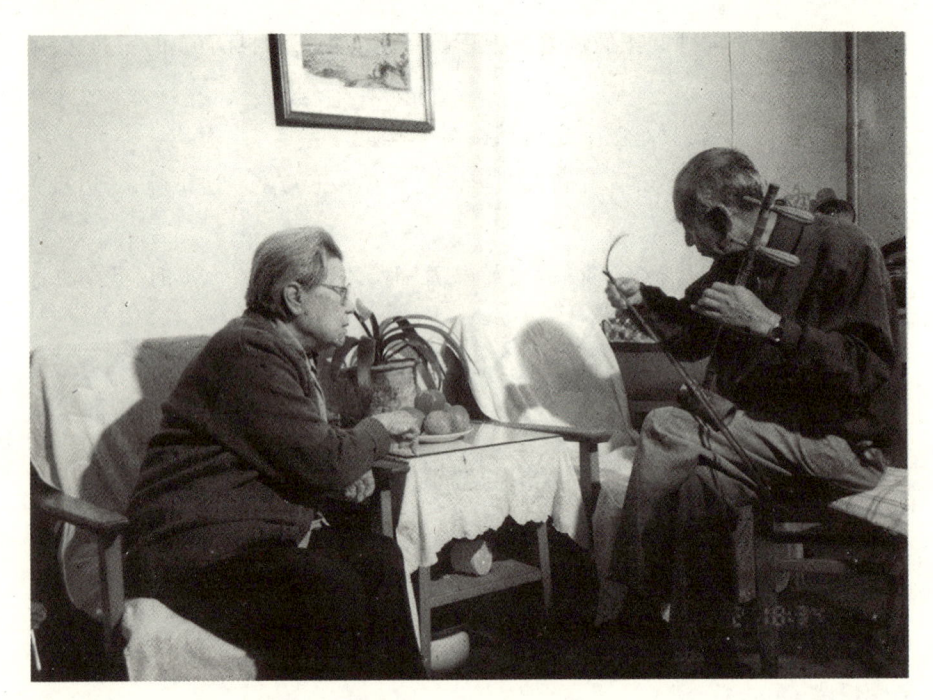

王乃文录制梅兰芳亲授的京剧《贵妃醉酒》影像。图为王乃文和琴师郭师父对弦（本书作者摄于九十年代初期）

我建议她，最好每天让小保姆搀着遛一会儿弯儿，透透空气，总待在楼房里也不好。哪怕出去十分钟或二十分钟，稍微走一走也行。

她惬意地点着头。

王乃文留下《贵妃醉酒》珍贵影像

在愉快的交谈中，她对我坦诚地说，平时不出门时，最喜欢在家里听梅兰芳的京剧录音，欣赏梅派唱腔。

其间，我谈起这出"醉酒"，尤其彰显唱腔的真功夫。她频频点头同意，又补充说，梅兰芳亲授的《凤还巢》，除唱腔以外，也格外讲究表演做派和姿势：

"《凤还巢》表面看起来容易唱一些，其实如果真唱出韵味，也是挺难的。我主张甭会多少出戏，而要少而精。一段清唱亮出去，人家听一百遍都喜欢。如果连一段精雕细琢的戏也拿不出手，那可不行哟。"

她动情地追忆起，载涛生前有时从全国政协机关打来电话，询问她在政协礼堂登台演出时，打算演哪出戏：

"乃文,你上哪出戏心里最有底呵?"

"我真说不好,只能先试一试。"

听到王乃文忆起当年载涛与她对于京戏的痴迷与执著,我深受感染,诚挚地对她说:

"是呵。您如果不留下《贵妃醉酒》的音像资料,梅兰芳和载涛当年共同亲授的这段戏没准儿就失传啦。"

"那倒是,真可能会失传。谁能想到,当年我这一试居然成功了。"

"您今年高寿呵?"我询问起她的年岁。

"我今年六十六,确实不年轻喽。"王乃文抿嘴而笑。

此时,她瞧郭师父正把亲笔书写的《贵妃醉酒》唱词往墙上挂,随口说道:

"其实不用提词儿呵。你不知道,这些戏词儿早都印在我心里了,一辈子都忘不了噢。"

"这幅《贵妃醉酒》的书法挂在屋里,给您留个纪念吧。"我顺便插了一句话。

"好吧。其实,唱戏主要是'精气神'之中的这个'气'。"她话犹未尽,说这是载涛生前所传授的唱戏诀窍,"平常就要侧重练这种'真功'。"

此时,王乃文聊起来,滔滔不绝。见势,我婉言打断了老人的话头,提议马上开始录像。

"咱们现在就开始录像。您看,这小过门拉得行吗?"

"这段小过门儿伴奏,刚才切磋过了,问题不大。"她的话里蛮透着自信。

"您今天清唱感觉怎么样?原来登台表演有身段吧?"

"清唱没问题,身段就免了吧。我这两条腿一直有点儿毛病,唱戏可不碍事儿。"

"咱这调门还可以吗?"郭师父再次轻声向老人确认,"刚才,我又把调门微降了一点儿,您再试试?"

此时,王乃文清了清嗓子,跟着悠扬的胡琴清唱起来。只见她身板挺得倍儿直,头微微上扬,凝神屏气,俨然一副梅派青衣的范儿,立时呈现面前。

一遍又一遍,她仿佛忘却了时间。一连几个小时过去了,她累得坐在椅子上喘气,却显得极为兴奋,还不忘招呼大伙喝茶。我轻步走过去,恭敬地为老人端上一杯香茗:

"一直没敢过来打扰,我怕离得太近,您心情紧张。"我发自内心地说,"您可真棒,这么多年了,戏词儿还能记这么清楚呵。"

"是呵,戏词儿还能忘了吗?今儿个,我气力好像足点儿了,还真能唱上去。"

录制结束了,大伙望着脸上汗涔涔的老人,不由使劲儿鼓起掌来。我们一行人在恋恋不舍之中,告辞离去。

天空下起了微微细雨,王乃文站在门口仍然遥望着我们缓缓远去的背影。

我偶然回头一望,老人扬起右臂,正冲我们招手。在拐弯处,我回首猛然发现,老人依然久久凝视着前方,眼神中似乎透出一丝惆怅……

不久,我如约来到她的住所看望老人。易于怀旧的王乃文,又聊起了一些故人轶事——遗憾的是,早在一九八五年,载涛的亲授弟子李万春便去世。她还提起,其弟李庆春虽然从外地返回北京,然而,没想到,其子李小春竟也猝然离世……

述说到此处,王乃文啜了一口茶,深情地回忆说:

"那可真是一个好孩子,那武功和扮相儿,漂亮极了。不知怎么忽然就走了,真令人可惜呵。"

我跟王乃文正随意地聊着天,她忽然指着电视里演唱京戏的刘长瑜,感慨地说:

"你瞧,刘长瑜真成了大人样儿,不像当年演铁梅似那样的小姑娘了。她起初跟载老学戏时,还不到二十岁。现如今,她看起来还那么年轻呵……"

当我告别离去时,她拖着病弱的身躯,依然缓步走出门送客,倚在门口,频频招手朝我微笑示意。

…………

谁知,她的微笑,竟成了最后诀别。二〇〇三年秋,王乃文猝然病逝。此前,她加入"民革",已成为北京市政协委员。

转眼之际,北京古城发生了时代巨变。

走进西扬威胡同西口不远,昔日南侧的破马厩,已被修葺成了一处风味餐馆。旧宅大门两侧新添了一对精巧的石狮,放眼看去,似乎已了无当年"皇叔"宅院的痕迹。

唯有临街的"如意门"上的一副红纸对联,依然隐约透出些许书卷气的京城古韵……

"皇叔"后裔

风云变幻,时代更迭。

近年,不少老北京仍时常询问起"皇叔"家人的现状,尤其是载涛的几个儿孙生活得如何?……

说起来,"皇叔"载涛的名下,人丁不可谓不旺,然而,境遇却各异。

当年载涛与四个妻妾先后共生下六个儿子、两个女儿,却只有四个儿子和一个女儿活到了新中国。

早在载涛的福晋姜婉贞生下第一个儿子之前,便曾生下一个女儿,却不幸早夭,连个名字都没留下。

到一九〇六年,姜婉贞生下了第二个女儿韫慧,即金允诚,早年嫁给内蒙古王爷达理札雅为福晋,于一九六六年在"文革"期间,由于丈夫被迫害致死而忧郁亡故。

载涛的前四个儿子,无一不是福晋姜婉贞所生。不幸的是,姜婉贞在光绪三十一年,即一九〇六年生下的第一个儿子,还未起名,便在襁褓中不幸夭折。

第二个儿子,便是溥佳。他出生于光绪三十四年,即一九〇八年,就在刚刚懂事时,便被挑中陪伴溥仪进宫读书。他后来在伪满洲国内廷任过溥仪的近侍处处长,一九四五年前,伪满临垮台前返回北京。

遗憾的是,他一直抽大烟,始终没找到正式职业。新中国成立后,一度在内蒙古自治区政协工作,撰写并留下了一些珍贵的文史资料,于一九七九年病逝。其夫人逝于丈夫之后。似应提及的是,溥佳的儿子金子中,曾留学日本,会一口流利的日语,曾为溥杰当过多年秘书。

载涛的第三个儿子,叫溥佾,出生于宣统三年,即一九一一年。他虽毕业于辅仁大学经济系,却曾在西陵守卫队充任队长,后任华北绥靖总署兵器科长,因患脑溢血,一九四四年死在国民政府的办公室。

第四个儿子,是一九一五年出生的溥伸。他沾了其父载涛的光,由于其父纂修"玉牒"有功,在编纂成功的当年,即一九二二年,七岁的溥伸便被溥仪赏赐头品顶戴。岂知,天未假年,他在溥仪出宫后第四年,即一九二八年因病去世。

载涛的第五个儿子是溥僖,即金岱宾,系庶夫人周妙云于一九二四年所生。他曾在解放前就学于北平大陆汽车学校,成为新中国第一代北京市运输公司汽车司机，于一九八三年病逝。

　　载涛的第六个儿子，即幼子溥仕，又名金从政，乃庶夫人金孝兰所生。他长期从事教育工作，曾在北京市第八十五中学教书育人，是爱新觉罗皇族——醇亲王府这一支近宗"溥"字辈中，硕果仅存的一人。

　　如今，载涛后裔儿孙满堂，竟有数十人之多，大多是自食其力的劳动者，兢兢业业奋斗在各行各业，都已成为普通公民中的一员。即使对面交谈，如不刻意介绍，谁也难以瞧出站在面前的，竟然是"末代皇叔"——载涛的后人。

　　在时代进化的默默步履中，末代皇族的子孙，已悄没声儿地融入平凡大众的人流……

后　　记

缘分。

或许,这是世间最难以说清的一个奥妙的字眼。

时间定格在二〇一〇年十月二十八日上午。

这一天恰值我的胞弟建华的女儿怡然的新婚典礼。正当婚礼即将举行之际,听说男方家里一位长辈正在匆匆赶往婚礼现场,大家焦急地等待着老人到来。

忽然,大厅门启处,走来的人群簇拥着一位满头银发的老奶奶,我和弟弟赶忙迎上前去。正当我握住老人的手时,谁料,老人却意外地对我微笑着说:

"哎,你不是贾英华吗?"

立时,我愣住了,由于没认出面前的老人,一时竟然不知说什么好:

"您是?……"

"不认识我了吗?"老人一句神秘的发问,使我顿时茫然失措,"你三十年前,在我家吃过饭嘛。"

吃过人家的饭,居然辨认不出老人家,实在太令人奇怪了吧?正当我疾速搜索记忆思维之际,这位端庄的老人使劲握住我的手,大声地对我说:

"我是金蔼珧呵!"

我如梦方醒。原来,面前站着的是载涛的孙女金蔼珧。此时,金蔼珧的丈夫忙走过来,欣喜地对我说:

"英华,不认识了吧?你家的女婿,就是我家的孙外甥呵。"

奇妙与姻缘,使我一家成了载涛后裔的亲戚。我惊叹缘分,居然有如此奇巧!

临参加婚礼前,我刚刚放下手里正在最后润色的《末代皇叔载涛》这部书稿,半个多小时之后,竟然与主人公的孙女不期而遇,更没想到的是,我们居然成了联姻之亲。

作为这次婚礼的主婚人,我在台上拿出准备送给我侄女的《末代皇帝的后半生》一书,翻到有关金蔼珢那一页,激动地介绍说:

"在溥仪的《我的前半生》一书里,以及我这部《末代皇帝的后半生》里,都提到了溥仪称赞爱新觉罗家族有位唯一的共产党员,还是'最可爱的人',这就是今天到场的载涛的二儿子溥俊之女——金蔼珢!……"

顿时,全场响起了热烈的掌声。婚礼进入了意想不到的高潮。

此时,正站起身来,频频向大家招手致意的金蔼珢,把我带入了三十年前的采访场景……

那时,为撰写《末代皇帝的后半生》一书,我费尽周折找到了居住在北京市西城区车公庄附近的金蔼珢,出乎我的意料,她是那么出众的秀丽端庄。可以想象,采访十分融洽。然而,谁知皆因我的粗心大意,一句意外的提问,使金蔼珢变得极为恼怒。

由于我错把载涛长子溥佳一度充任伪满汉奸的经历,说成了溥俊。本来,金蔼珢已亲手做好了午饭,打算留我在家里就餐。这时,她的脸色陡变,把两只竹筷子直直地戳在了我的饭碗里,顿然使我变得异常尴尬。幸而,她察觉失态,依然好言留我吃过午饭才离去。

然而,这始终成了我的一块心病。

不久,当我去老友溥杰先生家串门时,偶然提及金蔼珢"变脸"之事,溥杰宽厚地笑了,又半带调侃地对我说:

"爱新觉罗家族别的不怕,就怕被扣上'汉奸'的罪名。你把溥佳当成她爸爸,她还不跟你急才怪了呢……"

说罢,溥杰哈哈大笑。

镜头闪回到新婚仪式上。当金蔼珢的丈夫走过来,重提当年这档旧事时,对我客气地解释说,你别太见怪,金蔼珢由于长期服用安眠药,记忆力严重减退,对有些往事,恐怕早已了无印象,但对你一直印象深刻。

婚礼结束之后,我依依送别金蔼珢,又相约适时前去家里看望,再叙前缘。

书归正传。这部《末代皇叔载涛》书稿撰毕,总算了却一件久悬心中多年的"旧事"。

细算起来,此书算是"末代皇族系列"的第九部。

其实,此书成稿,颇费了一番周折。从初识金蔼珢的年代便可知,早在八十年代,我就开始了采访,部分书稿早在一九九〇年初,便已草成近十万字,然而,最终完稿却前后历经三十年之久。

若再追溯往事，我与载涛遗孀——王乃文老人，相识于七十年代初，还是在溥仪遗孀李淑贤家中偶然邂逅的，相约以后时常往来。经查我的采访笔记可知，一九八八年五月二十一日晚间，那是一个星期六，我第一次去她家采访并作了笔录。

谁料，此后几次连续攀谈之后，再也无法觅其踪迹。

在此前后，我在和平里的寓所采访过载涛的幼子、时年四十五岁的金从政，然而，连他也不晓王乃文迁往何处。于是，我辗转找到王乃文的胞妹——王敏家里，打听其具体住所，不料其妹却吞吞吐吐，似有难言之隐。王敏亦不知她身在何地，只是告诉我，她有一位亲侄女住在广安门外附近。

经过辗转打听，我终于在广安门外找到了她的侄女，但听说王乃文被一位皇族后裔接走奉养，仿佛与世隔绝。

恰巧，那一年中共十三大召开，我奉命参加会议筹备工作，暂住马甸附近。此间一个朋友忽然来电话告知王乃文所居住的地址，我见相距颇近，连忙抽暇前去探望。

老人见到我，顿然老泪纵横。趁他人不在时，她低声告诉我，由于全国政协机关还没给她新房子，目前正在过着"飘泊生活"，所以对外联系不便，叮嘱我说话务必注意。我说明来意，只是想继续采访，写成《末代皇叔》这部书，别无他意。

老人点点头，然后诚恳地告诉我，她赞成且支持此事。不料，第一次谋面的某人直率告诉我，非经其同意不得让我采访。我感到惊愕万分。

事有转机。过了一段时间，王乃文向全国政协机关申请到了住房，迁到团结湖北里的楼房里。我听说这一消息，马上奔赴她的新居。

见到老人时，才知她独自居住在一个普通的两居室内，过着近乎隐居的孤独生活。

她向我倾诉着几年来的坎坷遭遇，甚至跟他人签订了类似供养协议的一纸文字。她说，曾经给我办公室打过不止一次电话，但我都恰巧不在。经过一番沟通，老人愿意继续接受我的采访。此后，我又带着一位老朋友前去为其拍摄了不少照片，说定作此书配图。

每逢采访之前，老人总是要"梳妆"一番，我笑话她这么大年岁还扮俏，她却微笑着反唇相讥，这不是纯为自己，而是尊敬来客。一席话说得我自愧弗如，觉得内心境界比起老人差了许多。

此后几年里，团结湖北里俨然成了我经常光顾之地。我时常给她捎去蔬菜和时令水果，她也经常挽留我在家吃饭，友谊俨然成了作家和被访者的纽带。老人的珍贵回忆，敞开了心扉，尽吐其往昔岁月的记忆。

尽其所知，从涛贝勒府的奢侈生活，再到穷困潦倒的贫民境遇，从溥仪对其器重，乃至毛泽东主席任命载涛为"弼马温"，洋洋洒洒，无所不谈……

自九十年代中期开始，短短数年之间，我通过录音或录像，有幸留下了王乃文珍贵的第一手追忆载涛往事的历史资料。

然而，事涉家庭琐事，即使具有文史价值，因不免涉及具体人物，仍然不得不忍痛割舍。至于，如再牵扯到一些私家财物事宜，更力求避免为是。由于避讳了许多历史细节，读来未免有着不少遗憾。但这确是得以出版的前提。

既要力求真实，又不能超越法律界定，这是此书的一个宗旨。

可以"避讳"，但不能随意更改史实。如实记史，我认定不容犹豫。

王乃文的晚年，有一事似应记载。当她身体不适时，经常提起"百年后事"，她既不想火葬也不想和载涛合葬，而想土葬，屡次托我到偏僻的乡间选一块"吉地"，预先做好墓穴，以备后事。

闲暇之际，她还多次邀我老母亲前去跟她一起聊天打牌，我的母亲听到这些情形，一直婉言托词没去，只是劝我事涉"土葬"事宜谨慎为好。最终此事没能办成，这使得王乃文心事重重，到最后竟成了一桩"心病"，每次见面都不由自主地叨唠起来。

客观地看，由于王乃文在皇族中的辈分，使她洞悉不少溥仪夫妇之间的"隐私"。她数十次回忆的口述史料，对于我的溥仪研究，提供了无可替代的珍贵史料。这确是不应忘记，且特别应感激这位老人的。

此外，亦应感谢载涛幼子溥仕，即金从政先生等一切曾接受我采访的人们。若无他们，此书无法问世。

尤应提及，一九九五年十二月二十三日，出于对我的信任，王乃文老人欣然为尚未最终完成的此书作序签名。她从多年交往中，尤其看过我撰写的《末代皇帝的后半生》，且多次听到皇族的人们议论，写得很真实，她还听溥杰不止一次提及，这部书连细节甚至对话都没有任何虚构。鉴于这种情况，她不仅签名，且亲手盖上了那枚篆字小印章。

这激励着我不仅要完成此书，而且务使一部力求真实的"历史纪实"问世，否则对不起老人的一片真心和信赖。如今，这部书稿终于杀青，使我长舒一口气。

曾有不少媒体记者关切地询问我对于以后撰写"末代皇族系列作品"的

打算。以内心的真实想法而言，稍待闲暇之际，我将整理出多年来收藏的数百小时采访晚清以来人物的录音及录像，将其剪辑出版奉献社会。同时，我打算退休之后与电视、电台暨网络媒体合作，亲口讲述本人所结识的这些晚清以来的历史人物真实而有趣的系列故事。

自然，欢迎影视界朋友将这些传奇性的人物和故事，以立体方式搬上银幕和荧屏，让大家分享这些独家史料所带来的愉悦感受。此乃我所热忱期冀的。

应当说明，此书有关内容，尽量参考了近年发现的一些新史料，其中包括登载在河北省政协《文史资料选辑》中常新瑞、王坚才整理的郑新潮文章——《回忆载涛先生》等。其他引用或参考书籍及资料，在本书中力求一一注明出处，可供后来者研究。倘有不周之处，诚望方家指正，在此亦一并表示感谢。

值此书出版之际，诚挚地感谢提供部分载涛照片的北京古籍拍卖公司总经理彭震尧先生暨李京红夫妇，其中珍贵的晚清历史照片，使此书增色不少。尤其衷心感谢著名清史专家阎崇年先生、著名清代"帝王系列"小说家二月河先生的鼎力支持。亦感谢多年老友——故宫博物院林京先生、向斯先生，多年来对我的支持，此次又帮助翻拍了部分照片，提供了历史线索。在此一并致谢。

藉以此书纪念辛亥革命暨"宣统皇帝逊位"一百周年。内中寓意，包括百年来社会制度以及末代皇族的巨大演变，自不待言。

兹为后记。

一九九〇初年，完成部分初稿
二〇〇二年四月二十七日改于中国农业大学
二〇〇五年三月二日初步（分节）整理稿
二〇〇九年十二月十九日，草成初稿
二〇一〇年四月二十七日至八月二十日，终稿

附 录 一

载涛简历

1887 年　6 月 23 日凌晨（光绪十三年，阴历五月初三日），出生于北京醇亲王府。
1890 年　（光绪十六年），慈禧太后赐头品顶戴并赏花翎。
　　　　赐封二等镇国将军。
1894 年　（光绪二十年），晋封为不入八分辅国公。
1897 年　（光绪二十三年），奉旨过继给贝子奕谟为嗣。
1902 年　（光绪二十八年），奉旨过继钟郡王奕詥为嗣，并承袭贝勒。
1904 年　（光绪三十年），（1904 年至 1906 年），与五哥载沣和六哥载洵一起，在陆军贵胄学堂学习两年。
　　　　奉慈禧太后懿旨"指婚"，与姜婉贞结婚。
1908 年　（光绪三十四年），加封郡王衔。
　　　　任专司训练禁卫军大臣。
　　　　领衔建立皇家禁卫军。
1909 年　（宣统元年），任军咨大臣。
　　　　军咨处从陆军部划分出来（成立陆海军联合参谋总部）。
　　　　赴法国索米骑兵学校学习，专修骑兵作战科目（1909 年至 1910 年）。
1910 年　（宣统二年），毕业后奉旨赴欧洲考察陆军。
1911 年　（宣统三年），任军咨大臣并掌管禁卫军，后任蒙古镶黄旗都统。
　　　　上谕开去训练禁卫军大臣。
　　　　上谕开去军咨大臣。
　　　　任禁卫军统制（1911 年至 1912 年）。
1914 年　礼亲王世铎去世，溥仪赏给其陀罗经被，并派载涛前往治奠。

1915 年	任宗人府左宗正。
1916 年	任宗人府宗令。
1917 年	庆亲王奕劻去世,溥仪赏给陀罗经被,派载涛前往治奠。"张勋复辟"中,被任命为禁卫军司令。
1919 年	推荐英国人庄士敦作为溥仪学习英文的洋师傅。经李经迈介绍,庄士敦自沪来京,会晤载涛。
1924 年	斡旋溥仪出宫前后事宜。
1925 年	将龙头井的涛贝勒府作价十六万元租金,以百年为限典给天主教本笃会,以作辅仁大学的校址,又用此款购买了山老胡同二号等房宅。
1931 年	被国民政府聘为国难会议员。
1936 年	与王乃文结婚。
1949 年	福晋姜婉贞病逝。
1950 年	8月10日,毛泽东主席代表中央人民政府人民革命军事委员会,签署委任令,任命载涛为中国人民解放军炮兵司令部马政局顾问。 8月18日,中央财经委主任陈云、副主任薄一波、马寅初、李富春联合签名,将载涛的提案交总后勤部办理。 全国政协一届二次会议通过了政协委员载涛提出的《改良马种以利军用》提案。
1951 年	年初,朱德总司令指示,马政局归炮兵司令部领导。 冬,与郑新潮一起赴西北山丹军马场等视察。
1952 年	10月4日,载涛出席全国政协联席会议并发言。
1954 年	8月,毛泽东主席接见载涛并亲切握手[①]。 12月21日至1959年4月16日,任第二届全国政协委员。
1955 年	随全国政协代表团,视察北京等地区满族现状。
1956 年	随全国政协代表团,视察广州、四川等地区满族现状。 3月,受毛泽东主席委托,携溥仪的三妹韫颖、五妹韫馨前往抚顺战犯管理所探望溥仪等人。
1957 年	任北京市民族委员会副主任。 3月,在全国政协第二届三次会议,载涛作为全国政协委员,在大会上作了发言。

[①] 载涛得到毛泽东主席接见并亲切握手的照片见封面及正文第400页。

	响应国家号召,购买国家公债二千万元,捐献飞机、大炮五百万元,
	捐水灾款四百万元等。
1959年	4月17日至1964年12月19日,任第三届全国政协委员。
	12月,陪同周总理会见溥仪等第一批特赦战犯。
1960年	参加全国政协会议,主持民族组讨论制定该组工作计划。
	1月,陪同周总理接见溥仪等爱新觉罗家族成员。
	5月,参加周总理会见溥仪以及皇族成员关于溥杰的妻子嵯峨浩归国问题的谈话。
1961年	参加全国政协会议,主持民族组讨论有关地区的民族问题。
	大年三十,参加周总理邀请爱新觉罗家族成员在中南海西花厅举行的晚宴。
	10月13日,载涛和溥仪在辛亥革命纪念会上,与打响武昌首义第一枪的熊秉坤,以及逼迫溥仪出宫的鹿钟麟会面并交谈。
1962年	参加全国政协会议,主持民族组听取云南、新疆等地区问题汇报。
	4月底,以主婚人的身份,代表爱新觉罗家族在溥仪与李淑贤的婚礼上致贺辞。
1963年	出席全国政协举行的、欢迎从台湾归来的国民党驾机起义人员徐廷泽的座谈会。
	在中央人民广播电台发表对台湾同胞广播讲话。
1965年	参加中央"民革"举行的、欢迎原国民党代总统李宗仁从海外归来的宴会。
1966年	在"文化大革命"中,载涛受到抄家冲击。
1967年	和妻子王乃文一起多次看望因病住院的侄子溥仪。
	10月17日,溥仪因病逝世于北京市人民医院。
1969年	9月底,载涛突患偏瘫,卧床不起。
	确诊患前列腺癌。
1970年	9月2日,晨六点零三分,载涛在北京北大医院逝世。终年八十四岁。
	9月2日,根据周恩来总理亲笔作出的批示,载涛的骨灰安放在八宝山革命公墓骨灰堂第八收藏室。
	9月4日,根据周恩来总理指示,《人民日报》刊登新华社关于载涛病逝的消息。

附 录 二

主要参考资料暨书目

1. 作者贾英华采访载涛夫人王乃文的亲笔记录暨录音、录像资料。
2. 采访皇族,如载涛后人暨亲戚金从政、鄂静元、金蔼珖、王敏、史钦夫、王秀明等人笔录。

参考作者贾英华采访末代皇族以及相关人员三百多人笔录。

3. 全国政协、全国人大及各方所收藏的载涛档案资料。
4. 原中国人民解放军马政局所收藏载涛的档案资料。
5. 中国第一档案馆等处所藏载涛档案资料。
6. 庄士敦著《紫禁城的黄昏》,紫禁城出版社,1987年6月,第1版。
7. 史奥娜·艾尔利著《回望庄士敦》,马向红译,山东画报出版社,2009年7月,第1版。
8. 溥仪著《我的前半生》全本。群众出版社,2007年1月,第1版。
9. 溥杰等著《晚清宫廷生活见闻》,文史资料出版社,1982年9月,第1版。
10. 全国政协文史资料委员会编《文史资料选辑》,文史资料出版社,1962年出版。
11. 贾英华著《末代皇帝的后半生》,人民文学出版社,2004年8月,第1版。
12. 贾英华著《末代太监孙耀庭传》,人民文学出版社,2004年8月,第1版。
13. 贾英华著《末代皇帝立嗣纪实》,人民文学出版社,2004年8月,第1版。
14. 冯其利著《寻访京城清王府》,文化艺术出版社,2006年9月,第1版。
15. 窦忠如著《北京清王府》,百花文艺出版社,2007年5月,第1版。
16. 叶明、石军著《正说清朝十大贵族》,海风出版社,2006年11月,第1版。
17. 那桐著《那桐日记》,北京市档案馆编,新华出版社,2006年3月,第1版。
18. 郑孝胥著《郑孝胥日记》,中国国家博物馆编,劳祖德整理,中华书局,1993年10月,第1版。
19. 叶赫那拉·根正著《我所知道的末代皇后隆裕》,中国书店,2008年1

月,第 1 版。

20.《河北文史资料》第 18 辑。郑新潮:《回忆载涛先生》——常新瑞、王坚才整理。

21. 那凤英著《清西陵探源》,河北科学技术出版社,2004 年 9 月,第 1 版。

22. 陈宝蓉编著《清西陵纵横》,河北人民出版社,1998 年 5 月,第 1 版。

附录三

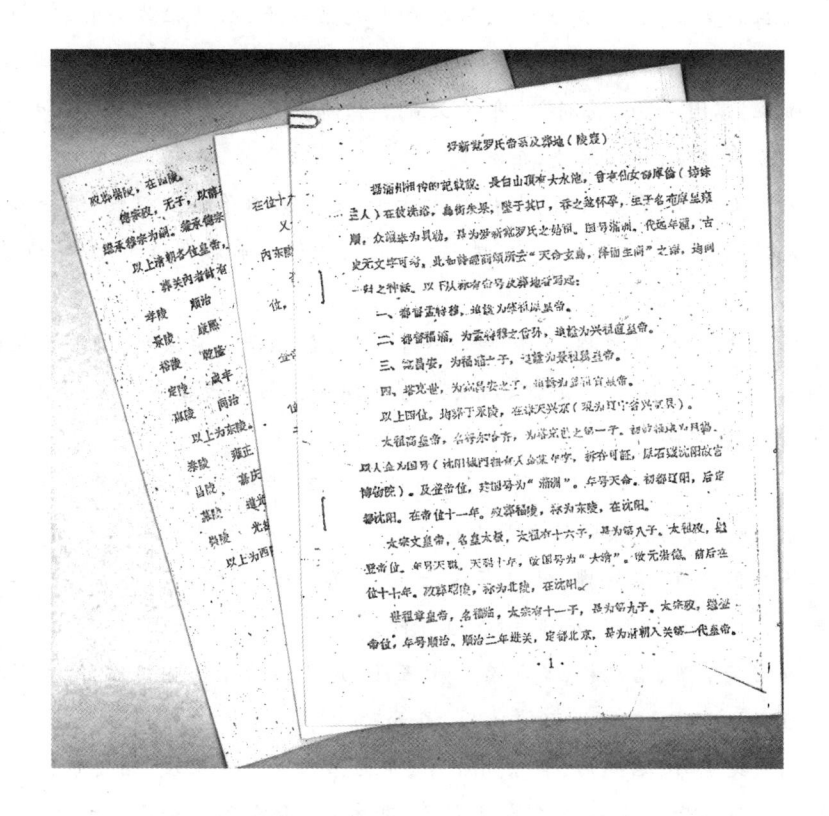

爱新觉罗氏帝系及葬地（陵寝）

据满洲相传的记载说，长白山顶有大水池，曾有仙女佛库伦（姊妹三人）在彼洗澡，鸟衔朱果，坠于其口，吞之遂怀孕，生子名布库里雍顺，众议举为贝勒，是为爱新觉罗氏之始祖。国号满洲。代远年湮，古史无文字可考。此如《诗经·商颂》所云"天命玄鸟，降而生商"之语。均同一归之神话[①]。

以下从称有帝号及葬地者写起：

一、都督孟特穆，追谥为肇祖原皇帝。

二、都督福满，为孟特穆之曾孙，追谥为兴祖直皇帝。

[①] 载涛此文，系载涛遗孀王乃文女士生前提供，作为此书附录参考。

三、觉昌安,为福满之子,追谥为景祖翼皇帝。

四、塔克世,为觉昌安之子,追谥为显祖宣皇帝。

以上四位,均葬于永陵,在奉天兴京(现为辽宁省兴京县)。

太祖高皇帝,名弩尔哈齐①,为塔克世之第一子,初被推戴为贝勒。以大金为国号(沈阳城门额有大金某年字,拆存可证,原石藏沈阳故宫博物院)。及登帝位,建国号为"满洲"。年号天命。初都辽阳,后定都沈阳。在帝位十一年。殁葬福陵,称为东陵,在沈阳。

太宗文皇帝,名皇太极,太祖有十六子,是为第八子。太祖殁,继登帝位,年号天聪,天聪十年,改国号为"大清"。改元崇德。前后在位十七年,殁葬昭陵,称为北陵,在沈阳。

世祖章皇帝,名福临,太宗有十一子,是为第九子。太宗殁,继登帝位,年号顺治。顺治二年进关,定都北京,是为清朝入关第一代皇帝。在位十八年,殁葬孝陵,在东陵。

又太宗之皇后博尔吉济特氏,是为世祖之母,殁于康熙年间,葬关内东陵,名曰昭西陵,因为太宗昭陵之西南也。

圣祖仁皇帝,名玄烨,世祖有八子,是为第三子。世祖殁,继登帝位,年号康熙。在位六十一年。殁葬景陵,在东陵。

世宗宪皇帝,名胤禛,圣祖有三十五子,是为第四子。圣祖殁,继登帝位,年号雍正。在位十三年。殁葬泰陵,在西陵。

高宗纯皇帝,名弘历,世宗有十子,是为第四子。世宗殁,继登帝位,年号乾隆。在位六十年。立颙琰为皇太子,即帝位,尊为太上皇帝。于嘉庆四年殁,葬裕陵,在东陵。

仁宗睿皇帝,名颙琰,高宗有十七子,是为第十五子。高宗内禅,继登帝位,年号嘉庆,在位二十五年,殁葬昌陵,在西陵。

宣宗成皇帝,名旻宁。仁宗有五子,是为第二子。仁宗殁于热河,继登帝位,年号道光,在位三十年。殁葬慕陵,在西陵。

文宗显皇帝,名奕詝,宣宗有九子,是为第四子,宣宗殁,继登帝位,年号咸丰。在位十一年。殁葬定陵,在东陵。

穆宗毅皇帝,名载淳,文宗有二子,是为第一子,文宗殁于热河,继登帝位,年号祺祥,又改为同治。在位十三年。殁葬惠陵,在东陵。

---

① 原文如此,未改动。弩尔哈齐,今一般写为"努尔哈赤"。

德宗景皇帝,名载湉,穆宗无子,以醇亲王奕譞(宣宗第七子)之子载湉继承文宗为嗣。穆宗殁,继登帝位,年号光绪。在位三十四年。殁葬崇陵,在西陵。

德宗殁,无子。以醇亲王奕譞之孙溥仪,是为醇亲王载沣之长子,继承穆宗为嗣。兼承德宗之祧,继登帝位,年号宣统。在位三年。退位。

以上清朝各位皇帝,葬关外者,为永陵、福陵、昭陵。

葬关内者计有:

孝陵　　顺治

景陵　　康熙

裕陵　　乾隆

定陵　　咸丰

惠陵　　同治

以上为东陵。在直隶(现改河北)遵化州(现改县)之马兰峪。

泰陵　　雍正

昌陵　　嘉庆

慕陵　　道光

崇陵　　光绪

以上为西陵,在直隶(现改河北)易州(现改县)之梁格庄。

载　涛

一九六一年三月